Guide des monastères

Maurice Colinon

Guide des monastères

France

Belgique
Luxembourg
Suisse

16° édition

Horay

Les Editions Horay remercient tout particulièrement Frère Fernando de l'abbaye de La Pierre-Qui-Vire, Frère Guillaume de l'abbaye Notre-Dame de la Sainte-Espérance de Mesnil-Saint-Loup, Frère Pierre-Marie Jourdan de l'abbaye Sainte-Anne de Kergonan, Sœur Barbara du monastère de Marie Médiatrice à Herne en Belgique, Sœur Marie du Saint-Esprit du monastère de la Clarté Notre-Dame de Taulignan, ainsi que tous les moines et les moniales qui nous ont chaleureusement aidé et conseillé tout au long de cette édition.

CREDIT

As de cœur 134. Aiguebelle 22. Serge Benbouche 156, 157, 158, 160. Marcel Chevret 27.95 Studio Delforge 28, 213. CIRIC/P. Franck 24, 38, 271. Editions Gaud 254. Christian Gérard 182. Jouques 37. Julie Horay 23, 268. Sophie Horay 289. Limon Vauhallan 39. Orval 33. Julien Taburiaux 303. Pierre Vals 37. Couverture La Pierre-Qui-Vire.
Tous les autres documents proviennent des archives photographiques des monastères.

Cartes et plans Editions Horay
Aquarelles Serge Benbouche
Saisie Madeline Petit-Gallion
Maquette Nicolas Marchand
Mise à jour Julie Horay

22 bis Passage Dauphine 75006 Paris
e-mail editions@horay-editeur.fr
www.horay-editeur.fr
ISBN 2-7058-0345-9

COMMENT UTILISER CE GUIDE

NOTE DE L'ÉDITEUR

Certains des monastères présentés dans ce guide ne peuvent accueillir de retraitants par manque de place ou par respect de la solitude des moines et des moniales. Ils sont dans ce cas mentionnés pour leur importance spirituelle ou historique et leurs activités artisanales.

Nous attirons l'attention de nos fidèles - ou nouveaux lecteurs - sur le caractère œcuménique du Guide dans cette nouvelle mise à jour, accueillant des confessions autres que catholique, notamment protestante et orthodoxe.

L'éditeur ne peut être tenu responsable des erreurs qui subsisteraient dans le guide : les informations ont été fournies par les monastères eux-mêmes, et peuvent changer à tout moment.
Pour une constante amélioration du guide, écrivez-nous vos remarques et suggestions à l'aide de la **Page des lecteurs** située en fin d'ouvrage.

POURQUOI CE GUIDE

Si l'on nous demande pourquoi nous avons tant tenu à réaliser ce guide, notre réponse sera simple : c'est parce qu'il n'existait, à ce jour, rien de comparable.

Il fallait, pour y parvenir, mériter la confiance des moines et des moniales, dont le moins qu'on puisse dire est qu'ils sont peu soucieux de publicité. Cet ouvrage a donc été construit page à page avec eux, d'après les indications qu'ils ont consenti à nous communiquer. Ce fut parfois, nous le savons, après un véritable et sérieux débat au sein de leurs communautés.

Pareille tâche eût été, il est vrai, impossible avant le Concile Vatican II qui a ouvert à la fois les esprits et les grilles. Aujourd'hui, moines et moniales sont moins des exclus, retranchés du monde, que l'ébauche du "sel de la terre", paradoxe incarné dont la seule existence pose des questions essentielles.

C'est dire qu'on ne trouvera ici que des monastères "vivants". Ceux qui ont cessé d'abriter une vie conventuelle n'étaient pas notre objet, quelle que fût la grandeur de leur passé, de Cluny à Jumièges.

L'agitation contemporaine pousse de plus en plus de gens de toutes conditions à rechercher des havres de calme, physique et surtout moral. Où les trouver, si ce n'est au sein de ces monastères et de ces abbayes traditionnellement accueillantes à tous ? Nombreux aussi sont ceux qui aiment à retrouver, lors des offices conventuels, ces chœurs de moines qui ont conservé les splendeurs du chant grégorien.

En même temps qu'évoluaient les costumes et les règles monastiques, le travail prenait dans les cloîtres une place nouvelle. Autrefois, les monastères étaient fondés par de riches donateurs qui veillaient à leur prospérité matérielle. Les religieuses "de chœur" apportaient en entrant une dot qui venait grossir le trésor commun. Les temps ont changé et il leur faut désormais "gagner leur vie", même si le terme a quelque chose d'inattendu dans la bouche d'une moniale.

"Ce que nous gagnons par notre travail, dit fort bien une Visitandine, c'est notre droit à la prière, comme l'ouvrière d'usine y gagne son droit à l'indépendance ou à l'éducation de ses enfants."

Il y a, c'est une évidence, une vogue des produits monastiques, dont l'étonnante diversité va de la liqueur de Chartreuse au fromage de Tamié en passant par les foulards de chez Hermès et les robes de mariée patiemment brodées au fond des Carmels. Quant aux produits alimentaires : miel, vins, chocolats ou confiserie, leur naturel, leur parfaite honnêteté sont en accord avec un autre aspect fondamental de la sensibilité de nos contemporains.

Aux centaines de religieux et de religieuses qui nous ont aidés à réaliser ce guide, nous voudrions dire ici notre infinie gratitude. Combien ont tenu à y ajouter un "petit mot" venu du cœur, dont l'encouragement discret était comme un sourire des cloîtres ? Nous pensons à cette petite sœur qui, en face de la question : "Vos produits peuvent-ils être achetés par les visiteurs ?" répondit, d'un grand élan de plume : "Oh ! Oui !". Deux syllabes qui en disaient long...

Nous n'oublierons pas non plus cette Prieure d'un Carmel au si déli-

cat scrupule. Dans la colonne concernant les possibilités d'accueil de son couvent, elle avait inscrit simplement : "Non" Deux jours plus tard, elle écrivait de nouveau : "J'ai peur que vous ne vous mépreniez. Certes, nous ne refusons pas d'ouvrir nos portes. Mais nous n'avons que trois petites chambres, et elles sont si pauvres que nous n'osons pas les offrir à qui n'a pas fait, comme nous, vœu de pauvreté."
C'est de touches successives comme celles-ci qu'est tissé ce guide pas tout à fait comme les autres. Il apporte au lecteur, croyant ou non, les clés d'un royaume encore à peu près inconnu. A chacun maintenant, pas à pas, à son propre rythme, d'en parcourir après nous les surprenants chemins.

Maurice Colinon

SUIVEZ LE GUIDE

Les monastères sont référencés par le nom de la commune où ils se trouvent. Ils sont classés par pays (France, Belgique, Luxembourg, Suisse), puis par région à l'intérieur de la France, mais par ordre alphabétique de villes en Belgique, Luxembourg et Suisse. Des cartes nationales et régionales, découpées en départements, permettent de localiser rapidement les lieux cités. Deux **index** en fin d'ouvrage facilitent les recherches par nom de lieu ou de monastère.

Dans chaque notice est mentionné l'Ordre auquel appartient le monastère, suivi d'un rapide historique. Des mots-clés indiquent les autres thèmes traités :

Voir : sites, beautés architecturales et œuvres d'art

Offices : horaires des célébrations et liturgie suivie

Accueil : conditions d'accueil des visiteurs et des retraitants

Artisanat : produits fabriqués par le monastère et lieux de vente

A noter : fêtes annuelles, activités particulières...

Accès : comment se rendre au monastère par la route et le train.

L'Introduction au monde monastique et la Bibliographie orienteront ceux qui souhaitent en savoir plus sur les monastères, leur histoire et la vie de leurs occupants.

Les clefs d'un monde et de ce guide

Petite histoire du monachisme

Ordres religieux

Glossaire des termes religieux

Architecture : quelques plans explicatifs

Travaux des moines et moniales

PETITE HISTOIRE DU MONACHISME

Toutes les religions comptent des hommes et des femmes épris d'absolu. Pour consacrer leur existence, leur être à la recherche de Dieu, ils ont choisi un style de vie particulier. Moines et moniales s'inscrivent dans la lignée de ces “passionnés de Dieu”

Dès les débuts du christianisme, l'idée prit corps et se répandit qu'une vie vraiment chrétienne était incompatible avec les joies terrestres et qu'il fallait aller dans le désert pour fuir, non seulement les tentations, mais encore les tièdes. Ainsi, comme l'étymologie nous en conserve la trace, un moine était un homme qui vivait seul. C'est pourquoi les premiers moines du désert égyptien furent des ermites. Ils furent rarement aussi solitaires qu'ils l'eussent souhaité, leur renom de sainteté leur attirant maints disciples. On en vint très vite à des communautés de moines, vivant dans des monastères (*coenobia*) ; on les appela donc cénobites.

Le père du monachisme fut probablement saint Antoine, à la fin du IIIe et au début du IVe siècle. Déjà, saint Paul avait permis aux veuves âgées de mener une vie d'ascèse. La pauvreté qu'il leur imposa parut naturelle dans une communauté où les démunis étaient nombreux.

La première “règle” destinée à organiser la vie communautaire fut élaborée par saint Pacôme, vers 320. Elle fut révélée à l'Occident par saint Athanase, exilé à Rome. Des monastères se fondèrent dans la Ville éternelle sous la direction de saint Jérôme ; en Gaule aussi, avec saint Martin (Ligugé, vers 360) et saint Honorat (Lérins, vers 410). Il est remarquable que ces deux abbayes soient encore très vivantes aujourd'hui.

Les abbayes s'édifièrent peu à peu chacune autour d'un martyrium, c'est-à-dire des quatre murs destinés à protéger l'endroit où avait vécu et où était mort un saint. On se groupait pour garder leur dépouille, chanter leur louange et s'inspirer de leurs vertus. «Toutes les sépultures fameuses ont fait naître des communautés ; c'est pourquoi la liste de nos martyrs se confond avec celle de nos abbayes : Saint-Denis, Saint-Martial, Saint-Victor, Saint-Front, Saint-Hilaire, Saint-Trophime sont des appellations de collégiales et d'abbayes» (Léon Maître, *Les débuts du christianisme en Gaule*).

Ces monastères étaient de bien modestes établissements. Il s'agissait, le plus souvent, d'un ensemble de huttes dont chaque moine avait bâti la sienne. Un peu plus tard, devant la menace des invasions, on entreprit de fortifier cette agglomération, moins pour la protection des religieux que pour celle des précieuses reliques dont on redoutait plus que tout la profanation. Une foule de gens vinrent se réfugier à l'abri de ces saintes places fortes ; ainsi naquirent un grand nombre de villes, comme Limoges et Tours.

Cependant, au VIe siècle encore, les abbayes n'étaient guère organisées. On suivait une vingtaine de méthodes d'ascétisme différentes et les moines passaient d'un monastère à l'autre, cherchant celui qui leur conviendrait le mieux. Saint Basile donna une “Règle” aux communautés orientales vers le milieu du IVe siècle ; saint Augustin fit de même pour les communautés féminines qu'il supervisait au début du Ve siècle. Mais il fallut attendre saint Benoît (Benoît de Nursie) pour que s'unifie la vie monastique, autour de la célèbre "Règle bénédictine", rédigée au Mont Cassin (au sud de Rome) sans doute vers 530 et toujours en vigueur de nos jours.

Désormais, les moines doivent prononcer des vœux solennels d'obéissance, de conversion des mœurs et de stabilité. La prière liturgique occupe la première place dans l'emploi du temps, mais les moines (et les moniales) doivent également travailler de leurs mains et pourvoir aux œuvres de charité. Chaque monastère devant se suffire à lui-même, on aboutit à ces fameux religieux, à la fois défricheurs et érudits, laboureurs et copistes savants, qui marqueront tout le Moyen Age de leur durable empreinte.

On trouvera ici un résumé de l'histoire de chaque abbaye. Reviennent les mêmes événements qui jalonnèrent la vie de ces communautés : l'abandon progressif des règles d'ascèse primitives, justifiant les grands sursauts de Cîteaux (saint Robert vers 1097, puis saint Bernard) et de La Trappe (Soligny, abbé de Rancé, XVIIe siècle). La Révolution dispersa les couvents et leurs biens. Les survivants les restaurèrent, parfois trente ans après l'exil. Les lois antireligieuses les chassèrent au début du XXe siècle ; comme les religieuses, ils revinrent après la guerre de 1914-1918, rachetèrent ou reconstituèrent leurs anciens biens.

Pour être moins spectaculaire, la mutation récente n'en est pas moins visible et, à certains égards, surprenante. On a vu les carmels s'ouvrir pour permettre aux Carmélites d'aller remplir leur devoir électoral. A la Visitation, à la suite du Concile Vatican II, on a supprimé les grilles de la clôture, adopté un costume plus "moderne" et appris à chanter les offices en français (sans abandonner, heureusement, le grégorien qu'on ne chante nulle part mieux qu'à l'ombre des cloîtres). Partout, les monastères s'ouvrent aux personnes isolées et aux groupes. Par la porte entrebâillée s'engouffrent, chaque année, des dizaines de milliers d'hommes et de femmes, au point qu'il faut agrandir les hôtelleries réservées aux hôtes, et en bâtir là où il n'en existait pas.

L'histoire détaillée du monachisme, qui a parsemé la France et l'Occident chrétien d'immortels chefs-d'œuvre d'architecture, est inscrite dans bien des livres. Nous ne nous substituerons pas à eux. Ce guide témoigne, à sa plus modeste place, que le monachisme n'est pas une survivance du Moyen Age, un pittoresque anachronisme, mais une des plus vivantes et des plus convaincantes réalités de notre temps. Cela ne vaut-il pas la peine d'y aller voir ?

ORDRES RELIGIEUX

Petit dictionnaire des principaux Ordres

A côté d'Ordres prestigieux datant de plusieurs siècles, dont les fondateurs ont laissé une trace prépondérante dans l'Histoire, figurent ici des congrégations et des communautés plus récentes, parfois œcuméniques, et pleinement reconnues par l'Église.

Adoration réparatrice. Congrégation féminine de vie contemplative, centrée sur le mystère eucharistique par l'adoration permanente et enracinée dans la spiritualité du Carmel. Fondée par la Vénérable Mère Marie-Thérèse du Cœur de Jésus, Théodelinde Dubouché. Sa maison mère est à Paris, 39, rue Gay-Lussac.

Annonciades (Ordre de la Vierge Marie dit de l'). Ordre fondé par sainte Jeanne de France en 1501. La vie de l'Annonciade est une vie monastique qui s'épanouit dans le regard habituel sur Marie.

Bénédictins. Pour le public profane, un moine, c'est un Bénédictin, ou peu s'en faut. Benoît de Nursie (480-547), frappé par la corruption et la dégradation morale de Rome, se retira dans une grotte et rédigea au Mont Cassin la Règle dite de saint Benoît. Celle-ci édicte notamment la pauvreté et la chasteté, l'indépendance et la séparation du monde de la communauté monastique, l'obligation du travail pour subvenir aux besoins des moines et l'accueil des pélerins. A sa mort, trois couvents vivaient sous sa Règle. Ils sont environ cinq cents aujourd'hui. Longue histoire jalonnée des noms de quarante papes, d'une dizaine de milliers de bienheureux et de saints, et d'une solide tradition d'art et d'érudition. On n'insistera pas sur les diverses obédiences existant actuellement ni sur leurs subtiles nuances. Elles comportent des abbayes d'hommes et de femmes, au renom souvent prestigieux. On les trouvera chacune à sa place dans ce guide.

Bernardines (d'Anglet). Moniales qui sont la branche contemplative de la Congrégation des Servantes de Marie. Leur spiritualité, qui s'inspire de celle de Cîteaux, a été conçue à l'origine (en 1852) pour les "repenties" désireuses de changer de vie (ce caractère a disparu aujourd'hui). Le monastère est ouvert à toute personne appelée à chercher le Seigneur dans une vie de solitude, de silence, de travail, de prière.

Bernardines d'Esquermes. Voir Cisterciens.

Bethléem. Monastères de vie solitaire et liturgique. La famille monastique de Bethléem est fondée en 1951 dans sa branche féminine, en 1976 dans sa branche masculine. Les moines et les moniales de Bethléem vivent d'un même esprit. Ils forment deux communautés autonomes qui habitent des monastères distincts. En certains cas, la liturgie les rassemble. La vocation de la Famille Monastique de Bethléem est de demeurer dans la source vive de l'Évangile. Elle se laisse enseigner en silence par le mystère de la relation d'amour que Jésus et la Vierge Marie vivent avec le Père et avec leurs frères. C'est saint Bruno, patriarche des solitaires d'Occident, qui lui donne la sagesse d'une vie de solitude et de communion apparentée à celle des "laures" des vallées de Bethléem et d'Égypte : ermitages groupés les uns près des autres où une profonde solitude implique des relations fraternelles qu'illumine la solitude pour Dieu. Dans tous les monastères, chacun des membres de la communauté demeure habituellement en cellule. Là, il prie, il étudie la Parole de Dieu, il célèbre certains offices liturgiques. Le travail s'accomplit en cellule dans la mesure du possible. Certains membres de la communauté, appelés à la solitude mais dans une modalité complémentaire assument la responsabilité de l'organisation pratique de la maison. La communauté se réunit à l'église pour célébrer les Matines, l'Eucharistie et les Vêpres. La journée du dimanche e st marquée par la célébration en commun de toutes les Heures liturgiques, par une rencontre fraternelle et par un repas au réfectoire (en silence avec lecture) auquel, dans certains monastères, les hôtes en retraite peuvent participer.

Capucines. Branche féminine de l'Ordre capucin, fondée en 1614 par Mère Françoise Taffin à Bourbourg (Nord) où est encore sa maison mère. Leur supérieure porte le titre d'Ancelle (Servante).

Carmélites. L'ordre de la Bienheureuse Vierge Marie du Mont-Carmel est né au XIIe siècle en Palestine, au Mont-Carmel, près de l'actuelle Haïfa. En ce lieu où demeurait vivant le souvenir du prophète Elie, s'étaient installés des ermites latins autour de la chapelle consacrée à la Vierge Marie. Après les Croisades, l'Ordre se développe en Europe, où sont fondés les premiers monastères féminins. Au XVIe siècle, en Espagne, le Carmel est renouvelé par sainte Thérèse d'Avila (1515-1582). Après sa mort, ses premières compagnes sont appelées à fonder à Paris, par Madame Acarie et le cardinal de Bérulle. Il y a actuellement en France plus de cent carmels. Pour garder à ces monastères le caractère de "petite famille" voulu par sainte Thérèse, le nombre des religieuses reste limité et, sauf exceptions, ne dépasse pas vingt et une moniales. Uniquement contemplatives et sans apostolat extérieur, les Carmélites vivent leur vie de prière et leur vie fraternelle dans le travail, le silence et la solitude de la clôture, avec la note de simplicité et de joie caractéristique des filles de sainte Thérèse. Sainte Thérèse de Lisieux, Thérèse de l'Enfant Jésus (1875-1897), proclamée par Pie XI patronne des missions, est la plus connue et la plus populaire des saintes du Carmel de notre temps. Au cours d'une cérémonie solennelle qui s'est déroulée à Saint-Pierre de Rome le 19 octobre 1997, sainte Thérèse de l'Enfant Jésus a été reconnue "docteur de l'Église" C'est la troisième sainte qui obtient ce titre après Thérèse d'Avila et Catherine de Sienne.

Chartreux. Religieux de l'Ordre fondé en 1084 par saint Bruno dans le massif alpin de la Grande Chartreuse. Ils vivent en ermites dans des maisonnettes disposées autour du cloître. La vie solitaire est tempérée et équilibrée par une part de vie commune, donnant ainsi à la Chartreuse une grande stabilité à travers le temps, "non réformée car non déformée" dit la tradition. L'Ordre compte environ trois cent soixante moines et quatre-vingts moniales.

Cisterciens. Du nom de la célèbre abbaye fondée à Cîteaux en 1098 par Robert de Molesmes. Autre figure prédominante de l'Ordre des Cisterciens, saint Bernard (1090-1153), fondateur de l'abbaye de Clairvaux (1115). Moine et abbé mystique, adversaire d'Abélard, promoteur de la Dévotion à la Vierge, il prêcha la 2e croisade et fut le conseiller des rois et des papes. La réforme cistercienne avait pour but un retour à une observance plus exacte de la Règle de saint Benoît, d'où une ascèse plus grande et une pauvreté plus stricte. Trois branches issues de l'histoire mouvementée de Cîteaux ont en commun un même patrimoine spirituel et bien des observances : le "Saint Ordre de Cîteaux" dont fait partie Lérins en France et auquel est rattachée l'abbaye féminine de Castagniers ainsi que Boulaur ; "L'Ordre des Cisterciens de la Stricte Observance", plus couramment appelé "Trappistes", issu de la réforme de l'abbé de Rancé à la Trappe de Soligny (1664), et qui compte en France seize monastères d'hommes et quatorze de femmes ; "L'Ordre des Cisterciennes dites Bernardines d'Esquermes", issu de trois monastères du nord de la France supprimés à la Révolution, et qui compte actuellement plusieurs monastères en France et en Belgique.

Clarisses. Les "Pauvres Dames" de sainte Claire sont filles de saint François d'Assise. Leur fondation date officiellement de 1253. Rénovées en France par sainte Colette (voir Poligny, p. 133), elles sont régies par une abbesse élue pour trois ans et rééligible. On compte aujourd'hui dix-huit mille Clarisses en environ huit cents monastères (en France, sept cent quatre-vingts Clarisses dans cinquante monastères). Un style de vie qui "les fait entrer dans la condition des pauvres", un travail qui "est vraiment un gagne-pain" et, si besoin est, la quête, main tendue, marquent ces communautés dotées d'un grand esprit de famille.
A Saint-Hilaire du Harcouët, sur la route du Mont-Saint-Michel, un musée de la vie monastique s'est installé dans un ancien couvent de Clarisses, quitté il y a dix ans par les moniales qui ont rejoint leurs sœurs de Rennes. Le musée s'ouvre sur un cloître couvert d'une verrière en dôme. Dans une première salle, un film montre la place occupée par l'Ordre des Clarisses dans le monde monastique. La deuxième salle est consacrée à la vie de sainte Claire, fondatrice de l'Ordre qui compte près d'un millier de couvents à travers le monde. La troisième salle retrace, grâce à des photos, la vie des sœurs qui y ont vécu, et le jardin garde le souvenir des moniales qui y travaillaient. Des expositions ont fréquemment lieu dans la chapelle ; on peut admirer de beaux objets d'art sacré (orfèvrerie, vêtements religieux, etc.) et la maquette de la célèbre abbaye de Savigny.
Centre d'art sacré et musée de la vie monastique, 37 boulevard Gambetta, 50600 Saint-Hilaire du Harcouët. Tél : 02 33 49 67 06. Fax : 02 33 59 60 57. Ouvert de Pâques au 15 octobre, du mercredi au dimanche, de 10h à 12h et de 14h à 17h (http://catholique-coutances.cef.fr/patrimoine/centreartsacres/).

Cœur de Jésus (Religieuses du). Fondées en 1857, au diocèse de Grenoble par Mère Marie-Véronique du Cœur de Jésus (Caroline Lioger), une mystique dont le Curé d'Ars avait encouragé la mission. "Présentes au monde dans le Cœur du Christ", elles veulent s'unir à son mystère pascal, "mystère de vie jaillissant de la mort", pour communiquer cette vie à leurs frères. Leur maison mère est à Draveil (Essonne).

Dominicaines. "Les moniales de l'Ordre des Prêcheurs ont pris naissance, en 1206, quand le bienheureux Dominique rassembla dans le monastère de Sainte Marie de Prouilhe des femmes converties par lui à la foi catholique" (Constitution fondamentale). Veillant dans la louange et l'intercession, elles furent étroitement associées par la prière et la pénitence à sa sainte Prédication. Comme toutes les moniales, les Dominicaines mènent dans le silence et la communion fraternelle, une vie de prière et de travail, avec cette note propre d'être partie intégrante d'un Ordre de Prêcheurs. "Aux frères, aux sœurs et aux laïcs de l'Ordre de proclamer par le monde la bonne nouvelle du Nom de Notre Seigneur Jésus Christ", aux moniales de Le chercher, de penser à Lui, de L'invoquer - dans le secret - afin que la Parole qui sort de la bouche de Dieu ne Lui revienne pas sans fruit mais accomplisse en plénitude ce pour quoi Il l'a envoyée. Les premières Sœurs sont devenues près de cinq mille établies dans presque toutes les parties du monde. En France, treize monastères offrent à ceux et celles qui le désirent un espace de prière et de partage, dans un cadre silencieux et accueillant.

Fraternités Monastiques de Jérusalem. Cette "communauté nouvelle" est née à Paris, en l'Eglise Saint-Gervais le jour de la Toussaint 1975 à l'initiative du Père Pierre-Marie Delfieux, ancien aumônier de la Sorbonne. Au terme d'un séjour de deux ans comme ermite à Tamanrasset, au Sahara, il a ressenti l'appel à fonder "dans le désert des villes" marquées par tant de solitude, des Fraternités monastiques urbaines répondant à l'appel de l'église d'aujourd'hui.
Depuis, frères et sœurs, laïcs et consacrés, vivant en solitude ou en communauté, ont grandi en autant de Fraternités laïques ou monastiques formant ensemble la Famille de Jérusalem.
En 1995, le Cardinal Lustiger, a érigé les Fraternités de moines et moniales de Jérusalem en deux Instituts Religieux à caractère monastique de droit diocésain.
Sept lieux en Europe: Le Mont-Saint-Michel, Paris (Saint-Gervais), Vézelay, Strasbourg, Magdala (la Ferté-Imbault 41), Florence (Italie), Bruxelles (Belgique). 160 moines et moniales de 30 nationalités différentes.

Orantes de l'Assomption. De spiritualité augustinienne, communautés consacrées à la prière, offices, adoration, foyers eucharistiques ouverts. "Prier, donner envie de prier, aider à entrer dans la prière est notre mission au service de l'Église" De la famille de l'Assomption, fondées en 1896 par Isabelle de Clermont-Tonnerre et le Père Picard, A.A.

Passionnistes. Branche féminine de l'Institut de la Passion de Jésus fondée en 1771 par saint Paul de la Croix. Elles vivent dans la "pauvreté et la joyeuse pénitence", du mémorial de la "Passion et de la mort du Christ", pour participer à sa glorieuse Résurrection et y faire entrer tous les hommes rachetés. De leurs trente-quatre monastères, deux sont en France, deux en Belgique.

Prémontrés. Appelés aussi "Pères blancs", ils appartiennent à l'un des plus anciens Ordres de l'Eglise et dont l'originalité consiste à n'être pas des moines, mais des curés. Leur titre exact est "chanoines réguliers de l'Ordre de Prémontré", du lieu (proche de Laon) où fut fondé l'Ordre en 1120 par saint Norbert, grand ami de saint Bernard. Ils concilient une spiritualité de tendance érémitique avec la charge des paroisses avoisinant leur monastère. Le but de l'Ordre, c'est la splendeur du culte. Leur devise : "Prêts à toute œuvre de bien". Leur Règle : celle de saint Augustin. Leurs quatre "maisons" françaises Saint-Michel-de-Frigolet, Mondaye, Bonlieu-sur-Roubion et Conques, comme leurs sept maisons belges, sont des "abbayes".

Rédemptoristines. "Filles" de saint Alphonse de Liguori, leur spiritualité est proche de celle des Passionistes, mais leur régime moins austère (Suzanne Cita-Malard le situe "entre le Carmel et la Visitation").

Sacramentines. Fondées en 1639 par le Père Antoine Lequieu. Contemplatives par excellence, elles se veulent "le cœur large, l'esprit joyeux et l'âme abandonnée"

Serviteurs de Jésus et de Marie. Il s'agit d'une congrégation religieuse apostolique de droit diocésain, fondée en 1930 par le Père Jean-Edouard Lamy (1853-1931). Les Serviteurs de Jésus et de Marie vivent en communauté et consacrent une large partie de leur temps à la prière. Comme mission apostolique, ils se dédient principalement à la formation spirituelle des jeunes et des enfants. Ils font la catéchèse, prennent en charge l'aumônerie de divers mouvements ou écoles, prêchent des retraites, animent des pèlerinages, assurent un accueil spirituel. Ils animent également des missions d'évangélisation dans les paroisses et dans les établissements scolaires. Des communautés sont implantées en France (Oise et Haut-Rhin), au Brésil et en Argentine.

Trappistes. Voir Cisterciens.

Visitandines. L'Ordre de la Visitation est l'œuvre de saint François de Sales et de sainte Jeanne de Chantal, qui en posèrent les bases à Annecy le 6 juin 1610. Leur but commun était "de remettre à l'honneur la pauvreté, l'humilité, la simplicité, la pureté" fort oubliées en leur temps, même des couvents. La vie y est volontairement équilibrée, sans austérités exagérées, ce qui permet d'accepter les postulantes de tout âge et de toutes santés, quitte à se rattraper sur les mortifications intérieures. Le succès, si l'on peut dire, fut immense. Il y a aujourd'hui dans le monde environ cent soixante "Visitations" (plus de quatre mille moniales), dont une trentaine en France.

Répertoire des monastères selon les Ordres

Le guide recense la quasi-totalité des monastères existants. Toutefois, quelques communautés ont demandé à ne pas y figurer ; il va sans dire que nous avons respecté ce désir. Pour la Belgique, d'autres abstentions ont été motivées par des raisons linguistiques. Enfin sont cités quelques monastères suisses francophones et luxembourgeois.

Le répertoire renvoie au nom de la commune où se trouve le monastère. Chaque fois que celui-ci porte un nom connu, il est précisé entre parenthèses. L'**index** par nom de lieu (voir p. 355) permet de situer les monastères dans le guide.

HOMMES

Bénédictins. FRANCE Le Barroux, Le Bec-Hellouin, Codalet (Saint-Michel de Cuxa), Dourgne (En Calcat), Etiolles, Flavigny-sur-Ozerain, Fontgombault, Ganagobie, Gaussan, Landévennec, Lepuix-Gy (Chauveroche), Ligugé, Maylis, Mesnil-Saint-Loup, Paris (Abbaye Sainte-Marie), La Pierre-Qui-Vire, Plouharnel (Kergonan), Randol, Saint-Benoît-sur-Loire, Saint-Pierre de Clairac, Saint-Wandrille, Simiane-Collongue, Solesmes, Tournay, Triors, Urt (Belloc), Wisques. BELGIQUE Affligem, Brugge (Bruges), Chevetogne, Dendermonde (Termonde), Denée (Maredsous), Leuven (Louvain), Ottignies, Quévy-le Grand, Stavelot. LUXEMBOURG Clervaux.

Bethléem (Frères de). FRANCE Saint-Laurent-du-Pont.

Byzantins (orthodoxes). FRANCE Béziers, Le Bousquet d'Orb.

Carmes. FRANCE Avon, Rions.

Chanoines réguliers. FRANCE Bazougers.

Chanoines réguliers de saint Augustin. SUISSE Grand-Saint-Bernard, Saint-Maurice.

Chartreux. FRANCE Benonces (Portes), Méounes-les-Montrieux (Montrieux), Saint-Pierre-de-Chartreuse (Grande Chartreuse), Simandre (Sélignac). SUISSE La Valsainte.

Cisterciens. FRANCE Gordes (Abbaye Notre-Dame de Sénanque), Lérins (Iles de). SUISSE Hauterive.

Cisterciens-Trappistes. FRANCE Aiguebelle, Bégrolles-en-Mauges (Bellefontaine), Bellegarde-Sainte-Marie (Sainte-Marie du Désert), Bréhan (Timadeuc), Bricquebec, Dompierre-sur-Besbre (Sept-Fons), Entrammes (Port-du-Salut), La Meilleraye, Le Mont-des-Cats, Œlenberg (Mont-des-Olives), Saint-Laurent-les-Bains (Notre-Dame des Neiges), Saint-Nicolas-les-Cîteaux, Soligny (Grande Trappe), Tamié, Vitreux (Acey). BELGIQUE Achel, Aubel (Val-Dieu), Forges (Scourmont), Orval, Rochefort, Westmalle, Westvleteren (Saint Sixte).

Communauté du Chemin neuf. FRANCE Hautecombe, Le Plantay.

Communauté de Taizé. FRANCE Taizé.

Fraternité monastique de Jérusalem. FRANCE Le Mont-Saint-Michel, Vézelay.

Fraternité de la Vierge des pauvres. FRANCE Pontenx-les-Forges.

Frères Franciscains Mineurs Conventuels. FRANCE Cholet.

Orthodoxes. FRANCE Béziers (Saint-Jean-Baptiste), Le Bousquet d'Orb.

Prémontrés. FRANCE Bonlieu-sur-Roubion, Conques, Juaye-Mondaye, Tarascon (Saint-Michel de Frigolet). BELGIQUE Averbode, Bois-Seigneur-Isaac, Dinant, Grimbergen, Heverlee (Abbaye du Parc), Postel, Westerlo (Tongerlo).

Serviteurs de Jésus et de Marie. FRANCE Ourscamp.

Trappistes. Voir Cisterciens-Trappistes.

FEMMES

Adoration réparatrice. FRANCE Paris.

Annonciades. FRANCE Saint-Doulchard, Thiais, Villeneuve-sur-Lot. BELGIQUE Westmalle.

Bénédictines. FRANCE Angers, Argentan (Almenesches), Le Barroux, Bayeux, Le Bec-Hellouin, Bouzy-la-Forêt, Brou-sur-Chantereine, Chantelle, Cotignac, Dourgne, Erbalunga, Eyres-Moncube, Faremoutiers, Flée, Foix, Jouarre, Jouques, Limon Vauhallan (Saint-Louis du Temple), Martigné-Briand, Mesnil Saint-Loup, Montmoreau, Moustier-en-Fagne, Nans-sous-Sainte-Anne, Oriocourt, Ottmarsheim, Paris, Plouharnel (Kergonan), Poitiers, Pont-de-Beauvoisin, Pradines, Prailles, Rosans, Rosheim, Rouen, Saint-James, Saint-Sernin-sur-Rance, Saint-Thierry, La Seyne-sur-Mer, Simiane-Collongue, Solesmes, Tourcoing, Urt, Uzos, Valmont, Valognes, Vanves, Venière, Wisques. BELGIQUE Affligem, Bonheiden, Brugge (Wijngaard), Ermeton-sur-Biert, Geraardsbergen (Grammont), Gistel (Sainte-Godelieve), Liège (La Paix-Notre-Dame), Loppem, Maredret, Namur, Quévy-le-Grand, Rixensart, Saint-Hubert (Hurtebise), Schotenhof. LUXEMBOURG Peppange.

Bernardines. FRANCE Anglet.

Bethléem (Sœurs de). FRANCE Aix-les-Bains, Boquen, Épinac, Les Monts Voirons, Nemours, Paris, Roujan (Mougères), Saint-Laurent-du-Pont, Le Thoronet, La Verne.

Byzantines (catholiques). BELGIQUE Namur (Résurrection).

Capucines. Bourbourg. SUISSE Fribourg.

Carmélites. FRANCE Albi, Alençon, Amiens, Angers, Arles, Ars, Aubigny-les-Pothées, Autun, Avignon, Avranches, Bagnères-de-Bigorre, Bayonne, Bergerac, Béthune, Boulogne-sur-Mer, Bourges, Caen, Carpentras, Carros, Castres, Chambéry, Chartres, Chavagnes-en-Paillers, Clamart, Cluses, Cognac, Compiègne, Condom, Créteil, Domont, Le Dorat, Douai, Évreux, Figeac, Flavignerot, Forges, Le Havre, Laval, Lectoure, Limoges, Lisieux, Lons-le-Saunier, Lourdes, Luçon, Lyon, Marienthal, Marseille, Mazille, Meaux, Mende, Metz, Migné-Auxances, Molineuf, Montbard, Montpellier, Morlaix, Mozac, Muret, Nantes, Nevers, Niort, Orléans, Pamiers, Paris, Le Passage d'Agen, Pontoise, Le Puy, La Rochelle, Rodez, Saint-Brieuc, Saint-Flour, Saint-Germain-en-Laye, Saint-Pair-sur-Mer, Saint-Sever, Sens, Sète, Surieu, Talence, Troyes, Uzès, Valenciennes, Vannes, Verdun, Vezin-le-Coquet, Villefranche-de-Rouergue, Vinça. BELGIQUE Brugge (Bruges), Bruxelles, Embourg, Floreffe, Liège, Marche-en-Famenne, Mons, Rochefort, Waterloo. LUXEMBOURG Luxembourg. SUISSE Develier.

Chanoinesses de l'ordre du Saint Sépulcre. BELGIQUE Brugge, Hasselt-Kuringen.

Chartreuses. FRANCE Latour (Nonenque), Reillanne (Notre-Dame).

Cisterciennes. FRANCE Auros (Sainte-Marie-du-Rivet), Boulaur, Campénéac, Castagniers, Chaux-les-Passavant (La Grâce-Dieu), Rieunette. SUISSE Fribourg.

Cisterciennes, dites Bernardines. FRANCE Saint-André, Saint-Bernard-du-Touvet. BELGIQUE Peruwels. SUISSE Collombey, Sierre.

Cisterciennes de la Merci-Dieu. FRANCE Saint-Jean d'Assé.

Cisterciennes-Trappistines. FRANCE Anduze, Arcis-le Ponsart, Blauvac, Échourgnac, Ergersheim Altbronn, Espalion (Bonneval), Laval (La Coudre), Roybon (Chambarand), Saint-Georges-des-Gardes, Saint-Pol-sur-Ternoise (Belval), Ubexy. BELGIQUE Bocholt, Bouillon (Clairefontaine), Chimay, Fleurus (Soleilmont), Romont, Tilff.

Clarisses. FRANCE Aix-en-Provence, Alençon, Arras, Azille, Bastia, Besançon, Béziers, Castelnaudary, Chamalières, Cormontreuil, Crest, Fourmies, Haubourdin, Lavaur, Lourdes, Marseille, Mazamet, Millau, Montbrison, Montfavet, Mur-de-Barrez, Nantes, Nérac, Nice, Nieul-sur-Mer, Nîmes, Orthez, Paray-le-Monial, Paris, Perpignan, Pessac, Poligny, Le Puy, Rennes, Romans, Roubaix, Sigolsheim, Toulouse, Tours, Le Val d'Ajol, Vals-les-Bains, Vandœuvre-les-Nancy. BELGIQUE Hannut, Malonne. SUISSE Jongny.

Cœur de Jésus (Religieuses du). FRANCE La Roche-sur-Yon.

Communauté des Béatitudes. FRANCE Beaune.

Communauté du Chemin neuf. FRANCE Hautecombe,Le Plantay.

Communauté grecque-catholique. FRANCE Aubazine.

Dominicaines. FRANCE Dax, Évry, Grignan, Langeac, Lourdes, Orbey, Paray-le-Monial, Plerguer, Prouilhe, Saint-Mathieu-de-Tréviers, Saint-Maximin-la-Sainte-Baume, Sens, Taulignan, Voreppe. BELGIQUE Herne. SUISSE Estavayer-le-Lac.

Communauté des Sœurs contemplatives inscrite dans la tradition dominicaine. FRANCE Callas.

Fraternité monastique de Jérusalem. FRANCE Vézelay.

Orantes. FRANCE Bonnelles.

Orthodoxes. FRANCE Grassac.

Orthodoxes de tradition russe. FRANCE Bussy-en-Othe

Passionistes. FRANCE Croisy-sur-Eure, Mamers. BELGIQUE Heule, Tielt.

Rédemptoristines. FRANCE Landser, Riom.

Sacramentines. BELGIQUE Halle.

Visitandines. FRANCE Amiens, Annecy, Boulogne-sur-Mer, Caen, Lourdes, Moulins, Nantes, Nevers, Orthez, Paray-le-Monial, Paris, La Roche-sur-Yon, Saint-Flour, Saint-Héand, Saint-Pierre-d'Albigny, Scy-Chazelles, Sorgues, Tarascon, Thonon-les-Bains, Troyes, Vaugneray, Vif, Voiron. SUISSE Fribourg.

Communauté à l'Office

Glossaire des termes religieux

Abbaye. Monastère important dirigé par un Abbé, supérieur élu pour une longue période ou à vie et gouvernant à la manière d'un père de famille nombreuse. Il s'agit bien d'une famille, puisque le moine y entre pour la vie. Il n'entre pas dans l'Ordre bénédictin, mais dans telle abbaye. Les novices y font leur "apprentissage", les jeunes moines leurs études. Chez les Bénédictines, les Trappistines, mais aussi chez les Clarisses, la supérieure porte le titre d'Abbesse. (Voir p. 29 les plans de différentes abbayes.)

Abside. Partie arrondie d'une église située derrière le chœur.

Apostolat. Mission des apôtres et, par extension, activité de propagation de la foi chrétienne, notamment par la prédication, les œuvres de bienfaisance et l'enseignement.

Armarium. Au Moyen Age, pour leur conservation, les manuscrits particulièrement fragiles et précieux étaient rangés dans des meubles adaptés à cet usage. A l'origine, ce pouvait être un simple placard mural. Plus tard, ce mobilier ouvragé a donné naissance à nos bibliothèques.

Bref. Document pontifical contenant des règles moins importantes que celles d'une bulle.

Bulle. Décret du Pape scellé de plomb.

Cellérerie. Vestiaire où sont rangés les vêtements, les outils et autres objets usuels. En entrant au monastère, le moine se sépare de ses effets personnels et revêt l'habit monastique. La cellérerie est tenue par le cellérier. De nos jours, c'est devenu l'endroit où se gère l'administration temporelle du monastère.

Cellule. Chambre individuelle réservée à chaque moine. Son mobilier est d'une rigueur austère.

Cénobitisme. Mode de vie communautaire des moines vivant en groupe, par opposition à la vie solitaire des ermites.

Chanoine. Dignitaire ecclésiastique. La notion a évolué depuis saint Augustin, mais la distinction essentielle aujourd'hui est entre chanoine régulier (religieux appartenant à un ordre) et chanoine séculier assurant l'office de l'église cathédrale.

Cellule

Chapitre. Salle destinée aux réunions de la communauté monastique. L'une d'entre elles commençait naguère par la lecture d'un chapitre de la Règle. Se dit aussi du groupe de moines ainsi réunis pour délibérer des affaires de l'abbaye.

Chapitre

Chauffoir (en latin *calefactorium*). C'était autrefois l'unique pièce chauffée par des poêles ou des cheminées, où se réunissaient les moines.

Chœur. Le mot grec *chorus* désignait l'ensemble des chanteurs d'un spectacle, d'où le terme de chœur pour l'ensemble des chanteurs d'une communauté religieuse. Il servit à désigner par la suite dans l'église la partie où se tenaient les choristes devant le maître autel ; d'ordinaire le chœur est flanqué des deux côtés de stalles en bois réservées aux religieux.

Cloître. Espace de forme carrée ou rectangulaire, entouré d'une galerie à colonnades, situé au cœur du monastère et lieu de circulation, de prière et de méditation pour les moines. Qu'il soit roman ou gothique, il entoure d'ordinaire un jardin verdoyant autour d'un puits ou d'une fontaine. (Dessin : cloître de l'abbaye de Fontenay.)

Clôture. C'est l'enceinte, englobant bâtiments et jardins, dont l'accès reste strictement réservé à la communauté monastique, masculine ou féminine.Une moniale la définit ainsi : “Elle n'est pas d'abord un mur, mais un respect et une pudeur ; elle n'est contre personne, mais pour tous, ceux du dedans comme ceux du dehors ; parfois aussi une mesure de bonne entente, entre moines et touristes, par exemple.“

Complies. Dernière prière avant le sommeil. Dans l'Ordre de Cîteaux et de saint Dominique, les Complies s'achèvent par le chant du Salve Regina.

Concile. Assemblée d'évêques et de théologiens qui décident des questions de doctrine et de discipline ecclésiastique. Les conciles sont œcuméniques, nationaux ou provinciaux suivant que les évêques convoqués proviennent du monde entier, ou seulement d'un pays ou d'une région (voir Vatican II).

Congrégation monastique. Groupement de plusieurs monastères placé sous l'autorité d'un supérieur général.

Convers. Frères laïcs d'une communauté monastique qui s'occupaient des travaux manuels et agricoles.

Couvent. Le couvent désigne la communauté d'un ordre régulier, en particulier celle des ordres mendiants, franciscains ou dominicains. Employé dans le langage courant pour la plupart des maisons religieuses.

Croisée. Point central des églises cruciformes où se croisent la nef et le transept. Une tour s'élève souvent sur cette travée.

Dortoirs. Meublés très simplement, pour le repos nocturne, ils sont situés au premier étage des monastères qui ne comportent pas de cellules individuelles.

Église. Lieu de prière par excellence, commune ou privée. dans un ensemble monastique, elle peut être une modeste chapelle aussi bien qu'une magnifique basilique.

Ermitage. Lieu habité par des ermites. On parle souvent en littérature de Thébaïde, par allusion aux chrétiens réfugiés au IIIe siècle dans les déserts qui entourent Thèbes en Egypte, pour fuir parfois les persécutions.

Ermite. Religieux désireux de vivre isolé du monde dans l'ascèse et la méditation. Aux débuts de la vie érémitique, on employait le mot anachorète (de anachoreo : se retirer) : ils pouvaient vivre dans une grotte ou une cabane.

Eucharistie (action de grâce). Remplace souvent le mot "Messe" mais garde la même signification.

Grandes heures. Voir Petites heures.

Higoumène. Equivalent du Père Abbé pour les orthodoxes.

Hôtellerie. Elle accueille retraitants et pèlerins pour un séjour à proximité d'une communauté.

Laudes. Prière qui coïncide en principe avec le lever du jour ; son nom vient de *Laudate*, premier mot des psaumes célébrant les œuvres admirables du Créateur de toutes choses. Leur caractère matinal est très bien exprimé par ces paroles de saint Basile le Grand : "Louange du matin, pour consacrer à Dieu les premiers mouvements de notre âme et de notre esprit, pour que nous n'entreprenions rien avant de nous être réjouis à la pensée de Dieu."

Chœur

Lectio Divina. Lecture méditative et explicative des textes bibliques et patristiques ou spirituels.

Liturgie. Ensemble des rites et des actions permettant la célébration du culte. Peut également désigner seulement un office.

Marial. Qui se rapporte à la Vierge Marie.

Matines. Office nocturne, plutôt appelé Vigiles de nos jours. C'est l'Office le plus long ; son horaire varie avec les saisons. Hymnes, Psaumes, Répons alternent avec la voix d'un lecteur offrant à ses frères des sujets de méditation.

Moines. Du grec *monos*, *monachos*, solitaire ; personne qui mène une vie retirée et frugale dans un but spirituel. Les moines forment une catégorie spéciale de religieux. Ils se distinguent des autres Ordres (jésuites, franciscains, etc.) par le fait qu'ils se consacrent uniquement à la recherche et à la louange de Dieu, et qu'ils le font au sein de communautés vivant en retrait par rapport au monde extérieur. “S'il est vrai que le moine vit en retrait par rapport à certaines réalités du monde moderne, il n'en porte pas moins en sa prière le souci de tous les hommes.“

Monastères. Étymologiquement, ce sont des “maisons de moines” Les communautés actuelles ne sont plus aussi fermées au monde qu'elles le furent à d'autres époques. L'assouplissement permet parfois aux moines et aux moniales de garder un contact avec les réalités d'aujourd'hui. “Le moine séparé de tout est uni à tous.” (Evagre le Pontique).

None. L'une des Petites heures (15h). Elle commémore l'heure traditionnelle de la mort du Christ.

Noviciat. Période d'initiation des candidats à la vie monastique. Le noviciat dure de un à trois ans et s'achève par l'émission des vœux. Désigne aussi la partie où sont logés les novices durant le temps de leur formation initiale.

Offices. Temps de prière communautaire (voir Petites heures et Grandes heures).

Parloir. Salle de réception des familles et des visiteurs prévue pour les entretiens avec les religieux ou les religieuses.

Père Hôtelier. Religieux préposé à l'organisation et à la bonne marche de l'hôtellerie.

Petites heures. Chaque Petite heure correspond à un temps de prière communautaire célébrée à une heure déterminée de la journée (Tierce à 9h, Sexte à 12h, None à 15h). Avec les Grandes heures (Vigiles ou Matines la nuit, Laudes au lever du jour, Vêpres à la fin de l'après-midi et Complies avant le coucher), elles composent l'Office liturgique de la journée monastique selon la Règle de saint Benoît.

Porterie. Bâtiment se trouvant à l'entrée du monastère et comprenant le logement du Frère portier. Celui-ci est “un sage vieillard qui sache recevoir et rendre une réponse, et d'une maturité qui le préserve de courir ça et là.” (Règle de saint Benoît, chapitre 65).

Cloître

Presbiterium. Espace entourant l'autel (endroit de l'église réservé au clergé).

Prieur. C'est le supérieur d'un monastère appelé prieuré.

Prime. Fut, jusqu'au Concile Vatican II, la première des Petites heures (6h). La remise en valeur des Laudes, comme louange matinale, n'a fait garder que trois "Petites heures" Tierce, Sexte, None correspondant à la troisième, sixième, neuvième heure de la journée romaine.

Porterie

Récollection. Retraite spirituelle de courte durée.

Réfectoire. Salle où la communauté prend ses repas, d'ordinaire sur de grandes tables avec des bancs en bois. C'est d'une chaire ou d'un pupitre qu'un moine ou une moniale fait la lecture durant les repas qui se prennent en silence.

Règle. Rédigée vers 530 au mont Cassin par saint Benoît (Benoît de Nursie), cette règle bénédictine s'impose au VIIIe siècle à l'ensemble des monastères occidentaux, et continue, de nos jours, de rythmer la vie des moines et moniales à travers le monde. Divisée en 73 chapîtres, elle énonce conseils spirituels et obligations pratiques, alternant prière et travail dans un emploi du temps très concret.

Sacristie. Annexe de l'église où sont conservés les vases sacrés, les ornements liturgiques et les objets du culte. C'est là que se préparent les prêtres et ceux qui les assistent avant les offices liturgiques.

Salle capitulaire. Voir Chapitre.

Scriptorium. Salle où travaillaient jadis les copistes, les enlumineurs et les calligraphes, éclairée par la lumière du jour et parfois divisée en cellules. Aujourd'hui c'est la salle d'étude commune, en particulier chez les Cisterciens, où chaque religieux dispose d'une table ou d'un bureau pour son travail personnel.

Réfectoire

Sexte. Petite heure célébrée vers midi.

Suppressions. A diverses reprises, au cours de l'Histoire, de nombreux ordres religieux ont été frappés de mesures extrêmes par le gouvernement en place : réquisition, expulsion, confiscation des biens monastiques, et même destruction des bâtiments et persécution des religieux.

Tierce. Petite heure célébrée vers 9 heures.

Travail manuel. Bien que la principale occupation du moine soit la recherche de Dieu dans la prière et l'étude, il doit cependant subvenir à ses besoins matériels par le travail. Comme tout homme, le moine doit travailler pour gagner son pain. Indispensable à la vie de la communauté, le travail manuel occupe la moitié de la journée monastique. Selon saint Benoît, "l'oisiveté est ennemie de l'âme. Les frères doivent donc s'occuper en certains temps au travail des mains, en d'autres heures à la lecture divine (...) Si les frères sont obligés, par la nécessité ou la pauvreté, de travailler eux-mêmes aux récoltes, ils ne s'en attristeront pas : alors ils seront devenus vraiment moines, lorsqu'ils vivront du travail de leurs mains, comme nos pères et les apôtres" (Règle de saint Benoît, chapître 48).

Vatican II. Concile œcuménique tenu dans la basilique Saint-Pierre-de-Rome d'octobre 1962 à décembre 1965, sous les pontificats des papes Jean XXIII puis Paul VI. Il induit une évolution intéressante dans l'Église catholique, notamment par la réforme de la liturgie, rendue plus simple et plus accessible, le retour vers les textes des Écritures, l'affirmation du rôle des laïcs (notamment dans leur participation active à la Messe), et l'unité des diverses confessions, à travers le décret sur l'œcuménisme.

Vêpres. Prière à la fin du travail, elle tire son nom de *vesper* : c'est l'Office du soir et un remerciement pour les grâces reçues au cours de la journée qui s'achève.

Vigiles. Voir Matines.

Scriptorium

Architecture : quelques plans explicatifs

Les plans qui suivent sont de simples points de repère puisque, dans chaque notice, on trouvera des explications détaillées sur les particularutés architecturales et artistiques de chaque monastère.
La définition de certains mots des légendes est donnée dans le **Glossaire des termes religieux** (voir p. 23).

Abbaye cistercienne

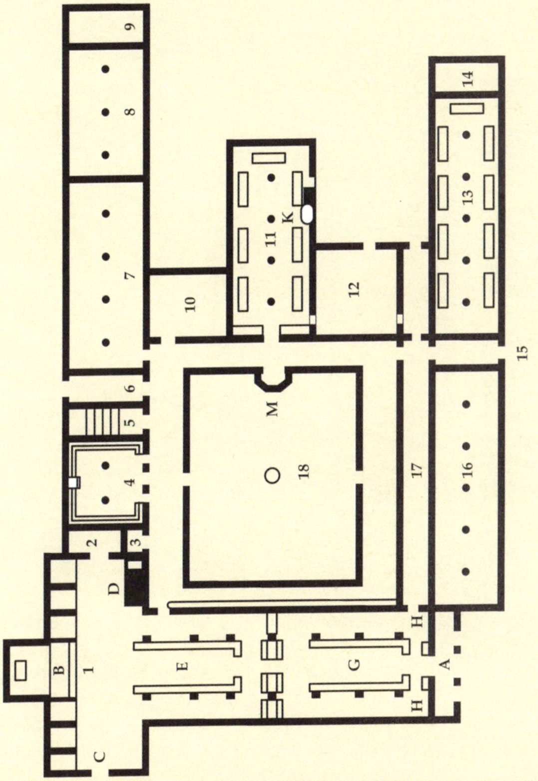

1) église
A) narthex (porche)
B) presbiterium
C) porte menant au cimetière
D) escalier des matines
E) chœur des moines
F) jubé
G) chœur des convers
H) bancs des personnes âgées et des infirmes
2) sacristie
3) armarium (bibliothèque)
4) chapitre
5) escalier conduisant au dortoir
6) parloir
7) scriptorium
8) noviciat
9) latrines
10) chauffoir
11) réfectoire
I) pupitre du lecteur
J) passe-plats
12) cuisine
13) réfectoire des convers
14) latrines
15) entrée du monastère
16) cellier
17) couloir des convers
18) cloître
K) lavabo

Abbaye bénédictine

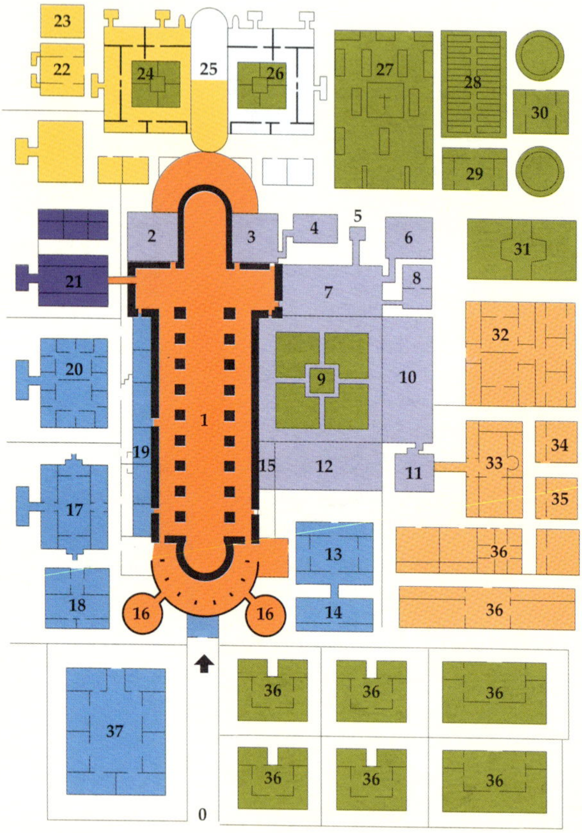

0) Entrée du Monastére
1) Église
2) scriptorium
3) sacristie
4) préparation des offrandes
5) cheminée
6) latrines
7) chauffoir, dortoir (à l'étage)
8) bains
9) cloître
10) réfectoire
11) cuisine
12) cellier
13) aumônerie
14) cuisine pour les pèlerins
15) parloir
16) tours
17) hôtellerie pour les hôtes de qualité
18) cuisine
19) père hôtelier
20) école
21) logis de l'abbé
22) logis du médecin
23) jardin des simples (plantes médicinales)
24) Infirmerie
25) chapelle
26) Noviciat
27) verger et cimetière
28) potager
29) logis du jardinier
30) basse-cour
31) grange
32) ateliers
33) brasserie et boulangerie
34) moulin
35) pressoir
36) ferme (étables et écuries)
37) auberge

Grande Chartreuse

Ce plan est issu de l'ouvrage *Au "désert" de Chartreuse*, Robert Serrou-Pierre Vals, Editions Horay.

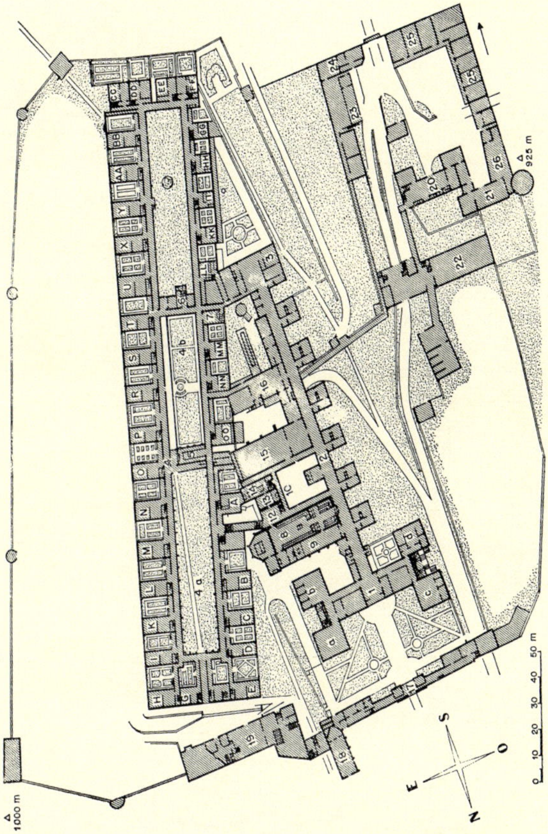

1) chambres des prieurs
A) pavillon de France
B) pavillon de Bourgogne
C) pavillon d'Italie
D) pavillon d'Allemagne
2) cloître des officiers, galerie des cartes (à l'étage)
3) cellule du Révérend Père Général
4) grand cloître
E) partie gothique
F) cimetière
G) cellules
5) chapelle des morts
6) bibliothèque
7) chapelle Saint-Louis
8) église
9) chapelle de famille
10) petit cloître
11) tour de l'horloge
12) vestibule de l'église, chapelle des reliques (à l'étage)
13) chapitre des frères
14) chapitre des pères
15) réfectoires, salle du chapitre général (à l'étage)
16) cuisine
17) porte d'entrée
18) chapelle de la Salette
19) cellule des Frères
20) salle des plantes
21) ancien moulin
22) ancienne distillerie
23) forge
24) menuiserie
25) écuries
26) grange

Travaux des moines et des moniales

Où trouve-t-on encore des produits alimentaires "à l'ancienne", sans colorants ni additifs chimiques ? Des broderies dont la finesse résulte d'une patience et d'une compétence rares ? Des poteries réalisées avec l'art et le sens de la beauté ?... Tout cela à des prix très étudiés par rapport à leur qualité ? Dans les monastères.
Acheter ce qui vient d'un monastère, c'est aider les moines et les moniales à vivre. L'artisanat est souvent vendu sur place, à la porterie ou dans un magasin spécialement aménagé. Certains monastères éditent aussi un catalogue de leurs productions, et les expédient à leurs clients. Enfin, les boutiques de l'Artisanat monastique, implantées dans les villes, servent de relais entre les monastères et le public. Elles réunissent une grande variété de produits et de cadeaux originaux et authentiques, identifiés par la marque reproduite ci-dessus.

Boutiques de l'Artisanat monastique

Bordeaux
4 rue du Palais Gallien. 33000 Bordeaux
Tél : 05 56 81 45 58.
Fax : 05 56 52 81 57
Ouvert de 10h à 12h30 et de 14h à 18h30. Fermé le dimanche et de mi-juillet à fin août.

Lille
Parvis Notre-Dame de la Treille. Place Gilleson. 59800 Lille
Tél : 03 20 55 22 19.
Fax : 03 20 42 16 13
Ouvert de 9h30 à 18h30. Fermé le dimanche, le lundi matin et en août.

Maternité de la Sainte-Famille. 44 rue Marx-Dormoy. 59800 Lille
Ouvert de 14h à 18h.

Lyon
11 rue Plat. 69002 Lyon
Tél : 04 78 42 82 45. Fax : 04 78 42 82 67
E-mail : monastique@lyon.total-tour.com
Site Internet : www.lyon.total-tour.com/monastique
Ouvert de 10h à 12h30 et de 13h30 à 18h30. Fermé le lundi matin et en août.

Marseille
17 rue Wulfran-Puget. 13008 Marseille
Tél : 04 91 71 32 87. Fax : 04 91 22 06 44
Ouvert de 14h à 18h. Fermé le dimanche et de mi-juillet à fin août.

Paris
68 bis avenue Denfert-Rochereau. 75014 Paris
Tél : 01 43 35 15 76. Fax : 01 43 35 14 43
Ouvert du lundi au vendredi de 12h à 18h30, le samedi de 14h à 19h. Fermé le dimanche et en août.

Rennes
40 rue d'Antrain. 35700 Rennes
Tél : 02 99 38 95 85. Fax : 02 99 63 62 46
Ouvert de 10h à 12h et de 14h à 18h30 (ouvert de mi-juillet à fin août les mardi et vendredi après-midi). Fermé le dimanche.

Toulouse
11 rue Fermat. 31000 Toulouse
Tél : 05 61 55 51 00 Fax : 05 62 26 55 42
Ouvert de 10h à 12h30 et de 14h à 18h30. Fermé le lundi matin et en août.

Association MONASTIC
10, allée du Carmel. 40500 Saint-Sever
Tél/Fax : 05 58 76 28 64 (de 10h à 12h)
www.monastic-euro.org

Répertoire des produits

Ce répertoire renvoie à la commune où se trouve le monastère. Les précisions entre parenthèses servent à distinguer les différents monastères d'une même ville.

Archivage numérique. FRANCE Montmoreau

Bière. BELGIQUE Aubel, Denée, Dinant (bière de Leffe), Forges, Leuven, Orval, Rochefort (Trappistes), Tilff, Westerlo-Tongerlo, Westmalle (Trappistes), Westvleteren.

Bijoux, émaux, étains, orfèvrerie. FRANCE Épinac, Fontgombault, Ligugé, Paris (Bethléem), Plouharnel (Bénédictines), Roujan, Saint-Benoît-sur-Loire, Saint-Jean-d'Assé, Taizé, Tourcoing. BELGIQUE Chevetogne, Ermeton-sur-Biert, Liège.

Bois (Objets en, reproductions collées sur et sculptures sur). FRANCE Aix-les-Bains, Blauvac, Le Bousquet d'Orb, Campénéac, Clamart, Épinac, Lepuix-Gy, Martigné-Briand, Montbard, Plouharnel (Bénédictines), Saint-Laurent-du-Pont (Bethléem), Le Thoronet, Venière, La Verne. BELGIQUE Liège (Bénédictines), Maredret.

Bougies. FRANCE Alençon (Carmélites), Anduze, Arles, Avranches, Le Bec-Hellouin (Bénédictines), Chamalières, Ganagobie, Hautecombe, Limon Vauhallan, Lourdes (Dominicaines), Lyon, Le Mont-Saint-Michel, Plerguer, Pradines, Reims, Saint-Benoît-sur-Loire, Sigolsheim, Taulignan, Urt (Bénédictines), Vannes, Vinça, Voiron. BELGIQUE Bocholt, Bruges (Bénédictines), Ermeton-sur-Biert. SUISSE Fribourg (Cisterciennes), Jongny, Romont.

Boulangerie, biscuiterie, pâtisserie. FRANCE Le Barroux, Bayonne, Bazougers, Campénéac, Chavagnes-en-Paillers, Gaussan, Jouques, Limoges, Lourdes (Carmélites), Migné-Auxances, Montpellier, Niort, Le Passage d'Agen, Plouharnel (Bénédictines), Rieunette, Rouen, Triors, Verneuil-sur-Avre, Villeneuve-sur-Lot, Vinça, Voreppe. BELGIQUE Bouillon, Bruges (Carmélites), Fleurus, Liège (Bénédictines), Westerlo-Tongerlo.

Broderie main et machine. FRANCE Albi, Anglet, Arras (Clarisses), Aubigny-les-Pothées, Bagnères-de-Bigorre, Bergerac, Castelnaudary, Castres, Cotignac, Crest, Croisy-sur-Eure, Forges, Lectoure, Lourdes (Carmélites, Clarisses), Marienthal, Montpellier, Muret, Nevers

(Visitandines), Le Puy (Carmélites), La Roche-sur-Yon (Visitandines), Rodez, Saint-Pierre d'Albigny, Sète, Tourcoing, Uzès, Villefranche-de-Rouergue, Voiron. BELGIQUE Bouillon, Herne, Maredret. SUISSE Sierre.

Calligraphie, enluminure. FRANCE Argentan, Montbrison, Reims, Taulignan, Villefranche-de-Rouergue. BELGIQUE Bouillon, Fleurus.

Cannage, rempaillage. FRANCE Aubigny-les-Pothées, Castelnaudary, Clamart, Lectoure, Lisieux (Carmélites), Mazille, Reims, Saint-Pierre d'Albigny, Sète.

Champignons. BELGIQUE Tilff.

Chapelets, crucifix. FRANCE Alençon (Carmélites), Arras (Clarisses), Aubazine, Le Barroux (Bénédictins), Bourges, Créteil, Dax, Lepuix-Gy, Limon Vauhallan, Lourdes (Dominicaines), Luçon, Meaux, Montbard, Paray-le-Monial (Visitandines), Perpignan, Plerguer, La Pierre-Qui-Vire, Rodez, Roybon, Saint-Maximin-la-Sainte-Baume, Uzos. LUXEMBOURG Clervaux. SUISSE Collombey, Fribourg (Capucines).

Charcuterie, viande. FRANCE Bellegarde-Sainte-Marie, Boulaur, Bricquebec, Échourgnac, Rieunette.

Chocolats. Voir Confiseries.

Cidre et jus de pomme. FRANCE Bazougers.

Cithares. FRANCE Dourgne (Bénédictins).

Confiseries, pâtes de fruits, chocolats, confitures, entremets. FRANCE Anduze, Arcis-le-Ponsart, Le Barroux, Bastia, Bazougers, Bégrolles-en-Mauges, Bellegarde-Sainte-Marie, Boulaur, Brehan, Campénéac, Castagniers, Chaux-les-Passavant, Crest, Cuixa, Echourgnac, Espalion, Eyres-Moncube, Fontgombault, Gaussan, Grassac, Hautecombe, Le Havre, Jouques, Landévennec, Laval (Trappistines), Lourdes (Carmélites, Dominicaines), Martigné-Briand, Nîmes, Le Plantay, Plerguer, Randol, Rieunette, Rosans, Saint-Benoît-sur-Loire, Saint-Georges-des-Gardes, Saint-Nicolas-les-Cîteaux, Soligny, Tournay, Triors, Verneuil-sur-Avre, Vinça. BELGIQUE Maredret, Tilff. SUISSE Fribourg (Cisterciennes).

Confitures. Voir Confiseries.

Couture, confection, lingerie. FRANCE Azille, Bagnères-de-Bigorre, Bergerac, Boulogne-sur-Mer (Carmélites), Castelnaudary, Chaux-les-Passavant, Cotignac, Forges, Lisieux, Marseille (Carmélites), Mozac, Nevers (Carmélites), Paris (Clarisses), Prouilhe, Le Puy (Carmélites), La Roche-sur-Yon (Visitandines), Riom, Saint-Flour, Saint-Pair-sur-Mer, Sens (Carmélites), Tourcoing, Valenciennes, Vaugneray. BELGIQUE Liège (Bénédictines).

Crèches et santons (cire et terre cuite). FRANCE. Albi, Alençon (Carmélites), Arles, Ars, Avignon (Carmélites), Beaune, Épinac, Jouarre, Limon Vauhallan, Lyon, Martigné-Briand, Mazamet, Montpellier, Les Monts Voirons, Nemours, Paris (Bethléem), Roujan, Saint-Laurent-du-Pont (Sœurs de Bethléem), Saint-Sever, La Verne, Vinça. BELGIQUE Bruges (Carmélites), Mons (Carmélites), Waterloo. LUXEMBOURG Clervaux.

Crèmerie (beurre, œufs, yaourts). FRANCE Œlenberg, Oriocourt, Roybon, Tarascon (Visitandines). BELGIQUE. Westerlo-Tongerlo, Tilff.

Dactylographie, traitement de texte. FRANCE Aubigny-les-Pothées, Besançon, Douai, Dourgne (Bénédictines), Langeac, Luçon, Molineuf, Nantes (Clarisses, Visitandines), Paray-le-Monial (Dominicaines), Saint-Sever.

Dentelle. FRANCE Argentan. BELGIQUE Bruges (Bénédictines), Liège (Bénédictines).

Disques, CD, cassettes,vidéo-cassettes. FRANCE Argentan, Aubazine, Le Barroux (Bénédictines), Bellegarde-Sainte-Marie, Brehan, Dourgne (Bénédictins), Épinac, Flavigny-sur-Ozerain, Foix, Fontgombault, Ganagobie, Gaussan, Juaye-Mondaye, Landévennec, Ligugé, Montmoreau, Les Monts Voirons, Nemours, Paris (Bethléem), La Pierre-Qui-Vire, Pradines, Randol, Roujan, Saint-Laurent-du-Pont (Sœurs de Bethléem), Saint-Nicolas-les-Cîteaux, Saint-Wandrille, Solesmes (Bénédictins), Tournay, Urt, Vezelay. BELGIQUE Achel, Aubel, Chevetogne, Denée, Grimbergen, Quévy-le-Grand (Bénédictins), Stavelot, Tilff. LUXEMBOURG Clervaux. SUISSE Hauterive.

Drapeaux et fanions. FRANCE Albi, Forges. LUXEMBOURG Luxembourg.

Édition, librairie. FRANCE Beaune, Bégrolles-en-Mauges, Bellegarde-Sainte-Marie, Le Bousquet-d'Orb, Bussy-en-Othe,

Conques, Dourgne (Bénédictins), Grassac, Jouques, Juaye-Mondaye, Laval (Cisterciennes-Trappistines), Lons-le-Saunier, Le Mont-Saint-Michel, Le Plantay, La Pierre-Qui-Vire, le Plantay, Roybon, Saint-Benoît-sur-Loire, Saint-Wandrille, La Seyne-sur-Mer, Solesmes (Bénédictins), Taizé. BELGIQUE Achel, Affligem, Averbode, Bonheiden, Denée, Leuven, Liège (Carmélites), Rixensart. LUXEMBOURG Clervaux.

Encadrement. Voir Peinture.

Faïences. Voir Poterie.

Fleurs, pépinières, arbres d'ornement, plantes et plantes médicinales. FRANCE Argentan, Crest, Gordes, Grignan, Maylis, Saint-Nicolas-les-Cîteaux.

Fromages. FRANCE Boulaur, Le Bousquet-d'Orb, Bréhan, Codalet, Échourgnac, Foix, Fontgombault, Gaussan, Laval (Trappistines), Le Mont-des-Cats, La Pierre-Qui-Vire, Randol, Rieunette, Roybon, Saint-Nicolas-les-Cîteaux, Saint-Pol-sur-Ternoise, Urt (Bénédictins). BELGIQUE Aubel, Denée, Forges, Leuven, Orval, Postel, Tilff, Westerlo-Tongerlo, Westmalle (Trappistes).

Fruits frais, noix. FRANCE Aubazine, Bégrolles-en-Mauges, Triors.

Hosties, pains d'autel. FRANCE Aix-en-Provence (Carmélites), Albi, Angers (Carmélites), Annecy, Ars, Bagnères-de-Bigorre, Bastia, Bayonne, Bergerac, Blauvac, Bourges, Caen (Carmélites), Castelnaudary, Castres, Chamalières, Chambéry, Chavagnes-en-Paillers, Dax, Évreux, Landser, Laval (Carmélites), Lectoure, Limoges, Lons-le-Saunier, Lourdes (Visitandines), Luçon, Meaux, Mende, Metz, Millau, Molineuf, Montmoreau, Morlaix, Nantes (Carmélites), Nérac, Nevers (Carmélites), Ottmarsheim, Paris (Visitandines), Le Passage-d'Agen, Perpignan, Poitiers, Pontoise, Le Puy (Clarisses), Reims, Rennes, La Rochelle, Rodez, Romans, Rosans, Rosheim, Roubaix, Saint-Brieuc, Saint-Flour (Carmélites), Sens (Carmélites), Talence, Ubexy, Vézin-le-Coquet, Villefranche-de-Rouergue. BELGIQUE Bruxelles, Chimay, Fleurus,Halle, Hannut, Liège (Carmélites), Mons, Saint-Hubert, LUXEMBOURG Peppange. SUISSE Collombey, Estevayer-le-Lac, Fribourg (Capucines, Cisterciennes), Romont, Sierre.

Icônes, croix, médailles, statuettes, plaquettes décorées. FRANCE Aix-les-Bains, Amiens (Carmélites), Anduze, Argentan, Arras (Clarisses), Aubazine, Le Barroux (Bénédictins), Bayonne, Bazougers, Beaune, Bellegarde-Sainte-Marie, Boquen, Boulogne (Visitandines), Bourges, Le Bousquet-d'Orb, Bréhan, Bussy-en-Othe, Caen (Carmélites), Castelnaudary, Chambéry, Cotignac, Dourgne (Bénédictins), Épinac, Eyres-Moncube, Flavigny-sur-Ozerain, Fontgombault, Forges, Grassac, Hautecombe, Le Havre, Jouarre, Landser, Limon Vauhallan, Lisieux, Lons-le-Saunier, Lourdes (Dominicaines), Marseille (Carmélites), Martigné-Briand, Mazamet, Millau, Montbard, Le Mont-Saint-Michel, Les Monts Voirons, Morlaix, Moustier-en-Fagne, Nemours, Nevers (Carmélites), Nice, Paris (Bethléem), La Pierre-Qui-Vire, Plerguer, Poitiers, Prouilhe, Reillanne,

Reims, La Rochelle (Carmélites), Roujan, Saint-Georges-des-Gardes, Saint-Laurent-du-Pont, Saint-Maximin-la-Sainte-Baume, Saint-Nicolas-les-Cîteaux, Solesmes (Bénédictines), Surieu, Taulignan, Le Thoronet, Uzos, Vannes, La Verne, Vinça, Voiron. BELGIQUE Affligem (Bénédictines), Bruges (Bénédictines), Chevetogne, Ermeton-sur-Biert, Halle, Liège (Bénédictines), Ottignies, Peruwelz-Bonsecours, Quévy-le-Grand, Saint-Hubert, Schotenhof, Stavelot.

Images et cartes de vœux, papier à lettres. FRANCE Albi, Annecy, Argentan, Ars, Avranches, Bellegarde-Sainte-Marie, Boquen, Caen (Carmélites), Castelnaudary, Chamalières, Chaux-les-Passavant, Clamart, Croisy-sur-Eure, Douai, Épinac, Foix, Jouarre, Jouques, Landser, Limon Vauhallan, Lisieux, Luçon, Mazamet, Meaux, Millau, Les Monts Voirons, Nantes (Carmélites), Nemours, Nevers (Carmélites), Nice, Nieul-sur-Mer, Nîmes, Paris (Bethléem), La Pierre-Qui-Vire, Poligny, Pont-de-Beauvoisin, Pradines, La Roche-sur-Yon (Cœur de Jésus, Visitandines), Roujan, Saint-Laurent-du-Pont (Sœurs de Betléem), Saint-Maximin-la-Sainte-Baume, Sens (Carmélites), Thiais, Valenciennes, Vaugneray, La Verne, Vinça, Voiron. BELGIQUE Bouillon, Bruges (Carmélites), Chevetogne, Ermeton-sur-Biert, Fleurus, Herne, Maredret, Waterloo. SUISSE Hauterive, Jongny.

Imprimerie, PAO. FRANCE Amiens (Carmélites), Le Barroux (Bénédictins), Cognac, Compiègne, Domont, Dourgne, Flavigny-sur-Ozerain, Grassac, Jouques, Langeac, Laval, La Meilleraye, Nantes (Clarisses), Pont-de-Beauvoisin, Pradines, Prailles, Saint-Sever, Saint-Thierry, Surieu, Toulouse, Uzès, Vandœuvre-les-Nancy.

Jouets, peluches, poupées folkloriques, habillage de poupées. FRANCE Bayonne, Chartres, Chavagnes-en-Paillers, Paray-le-Monial (Dominicaines), Poitiers.

Layettes. Voir Tricots.

Levure de bière. BELGIQUE Bocholt, Chimay.

Liqueurs. FRANCE Lérins, Saint-Pierre-de-Chartreuse, Tarascon (Prémontrés). SUISSE Fribourg (Capucines, Cisterciennes).

Literie, couettes, édredons, couvertures. FRANCE Caen (Carmélites), Chartres, Nevers, Verdun.

Maroquinerie. FRANCE Amiens (Carmélites), Limon Vauhallan.

Menuiserie, menuiserie aluminium, meubles et sièges, ébénisterie. FRANCE Benonces, Bourges, Forges, Méounes-les-Montrieux.

Miel. FRANCE Alençon (Carmélites), Le Barroux (Bénédictins), Bazougers, Bellegarde-Sainte-Marie, Blauvac, Chaux-les-Passavant, Dourgne (Bénédictins), Foix, Gaussan, Gordes, Grassac, Hautecombe, Jouques, Lérins, Méounes-les-Montrieux, Nantes (Carmélites), Nieul-sur-Mer, Plerguer, Randol, Reillanne, Thiais, Tarascon (Visitandines), Triors. BELGIQUE Tilff.

Parchemins. FRANCE Reims.

Parfums, produits de toilette. FRANCE Aiguebelle, Anduze, Bellegarde-Sainte-Marie, Blauvac, Bouzy-la-Forêt, Chantelle, Cognac, Ganagobie, Grignan, Jouques, Lérins, Nîmes. BELGIQUE Tilff.

Peinture, peinture sur porcelaine, encadrement. FRANCE Castelnaudary, Chartres, Craon, Dourgne, Foix, Reims, La Roche-sur-Yon (Visitandines), Saint-Benoît-sur-Loire, Saint-Flour (Carmélites), Saint-Palais-sur-Mer, Taizé, Taulignan, Venière. BELGIQUE Embourg, Ermeton-sur-Biert, Halle, Liège (Bénédictines).

Peinture (fabrication de). BELGIQUE Stavelot.

Peinture sur soie (batiks). FRANCE Laval (Carmélites), Nantes (Carmélites), Plerguer, Saint-Thierry, Simiane-Collongue (Bénédictins). BELGIQUE Bouillon, Liège (Bénédictines). SUISSE Jongny.

Philatélie. FRANCE Saint-Maximin-la-Sainte-Baume.

Photographies d'art. FRANCE Paris (Bethléem).

Poterie, céramique, faïences, vaisselle en grès. FRANCE Avranches, Beaune, Le Bec-Hellouin (Bénédictin(e)s), Boquen, Codalet, Dourgne (Bénédictines), Épinac, Foix, Fontgombault, Jouarre, Landévennec, Mesnil-Saint-Loup (Bénédictins), Les Monts Voirons, Nemours, Paris (Bethléem), Le Plantay, La Pierre-Qui-Vire, Plouharnel (Bénédictins), Pont-de-Beauvoisin, Prouilhe, Roujan, Saint-Brieuc, Saint-Laurent-du-Pont (Sœurs et

Frères de Betléem), Saint-Pair-sur-Mer, Simiane-Collongue (Bénédictines), Taizé, Le Thoronet, Tournay, Triors, Vannes, La Verne, Voiron, Wisques. BELGIQUE Bouillon, Bruges (Carmélites), Chimay, Denée, Embourg, Fleurus, Gistel, Maredret, Ottignies, Quévy-le Grand (Bénédictines), Schotenhof, Stavelot, Tilff.

Produits de la ferme. FRANCE Anglet, Foix, Fontgombault, Méounes-les-Montrieux, Œlenberg, Verneuil-sur-Avre.

Produits naturels. Voir Régime.

Régime (produits de) et produits naturels. FRANCE Aiguebelle, Aubazine, Dompierre-sur-Besbre, Épinac, Maylis, Nemours, Œlenberg, Le Plantay, Plouharnel (Bénédictines), Saint-Laurent-du-Pont (Frères de Bethléem), Le Thoronet. SUISSE Fribourg.

Reliure (industrielle et d'art). FRANCE Anglet, Avranches, Le Barroux (Bénédictines), Bastia, Bayeux, Benonces, Béthune, Caen (Visitandines), Castres, Clamart, Dax, Douai, Dourgne (Bénédictines), Flavignerot, Foix, Landser, Limon Vauhallan, Lisieux, Mende, Méounes-les-Montrieux, Montbard, Montbrison, Montmoreau, Muret, Nantes (Visitandines, Clarisses), Nevers (Carmélites), Nîmes, Paray-le-Monial (Dominicaines), Le Passage-d'Agen, Pradines, Reillanne, Saint-Flour (Carmélites), Saint-Héand, Saint-Sever, Scy-Chazelles, Talence, Taulignan, Uzès. BELGIQUE Ermeton-sur-Biert, Waterloo.

Reprographie, polycopie, duplication, reproduction sur microfilm. FRANCE Bourges, Clamart, Dourgne (Bénédictines), Mazamet, Montbrison, Paray-le-Monial (Visitandines, Dominicaines), Pont-de-Beauvoisin, Saint-Wandrille, Toulouse, Vandœuvre-les-Nancy. BELGIQUE Ermeton-sur-Biert.

Rideaux, voilage. FRANCE Chartres, Forges.

Rotin, vannerie. FRANCE Arcis-le-Ponsart, Béthune, Mazille, Prouilhe. BELGIQUE Ermeton-sur-Biert, Rixensart.

Sandales. FRANCE Arras (Clarisses).

Sculptures. Voir Bois.

Tapis (fabrication et restauration de). FRANCE Saint-Thierry, Urt.

Tapisserie. FRANCE Aubazine, Cognac, Le Puy (Carmélites). BELGIQUE Schotenhof.

Tissage. FRANCE Aubigny-les-Pothées, Dourgne (Bénédictines), Flavignerot, Pradines, Reillanne, Saint-Jean-d'Assé, Simiane-Collongue. BELGIQUE Bocholt, Schotenhof.

Tissu provençal. FRANCE Blauvac.

Tricots, lainages, layettes. FRANCE Arcis-le-Ponsart, Bergerac, Boulogne (Visitandines), Caen (Visitandines), Campénéac, Castelnaudary, Flavignerot, Fourmies, Lisieux, Luçon, Mamers, Marseille (Carmélites), Meaux, Mesnil-Saint-Loup (Bénédictines), Nimes, Paray-le-Monial (Dominicaines), Poitiers, Sète, Valenciennes, Vaugneray, Vinça, Wisques (Bénédictines). BELGIQUE Maredret.

Vaisselle. Voir Poterie.

Vêtements et ornements liturgiques. FRANCE Albi, Anglet, Ars, Azille, Bastia, Le Bec-Hellouin (Bénédictines), Besançon, Boulogne-sur-Mer (Carmélites), Chambéry, Cotignac, Crest, Dourgne (Bénédictines), Flavignerot, Foix, Jonques, Lectoure, Lisieux, Lons-le-Saulnier, Lourdes (Clarisses), Marienthal, Marseille (Carmélites), Mazille, Metz, Millau, Molsheim, Montbrison, Montmoreau, Montpellier, Muret, Nantes (Carmélites, Clarisses), Nérac, Nice, Nîmes, Niort, Oriocourt, Paray-le-Monial (Dominicaines), Le Passage-d'Agen, Plerguer, Pont-de-Beauvoisin, Pradines, Le Puy (Clarisses), Reims, La Roche-sur-Yon (Visitandines), Rodez, Saint-Jean-d'Assé, Scy-Chazelles, Sigolshein, Simiane-Collongue (Bénédictines), Solesmes (Bénédictines), Surieu, Urt (Bénédictines), Uzos, Vals-les-Bains, Vandœuvre-les-Nancy, Vannes, Vaugneray, Venière, Villefranche-de-Rouergue, Vinça. BELGIQUE Chimay, Embourg, Herne. LUXEMBOURG Luxembourg. SUISSE Collombey, Fribourg (Capucines), Sierre.

Vins. FRANCE Le Barroux (Bénédictins), Codalet, Gaussan, Hautecombe, Lérins, Saint-Laurent-les-Bains. SUISSE Saint-Maurice, Sierre.

Vitraux. FRANCE Dourgne (Moines), Ligugé, Simiane-Collongue (moines).

TABLE DES REGIONS DE FRANCE

Les chiffres en italiques renvoient aux pages REGION du Guide.
Les chiffres en romain devant les départements indiquent leur numéro.

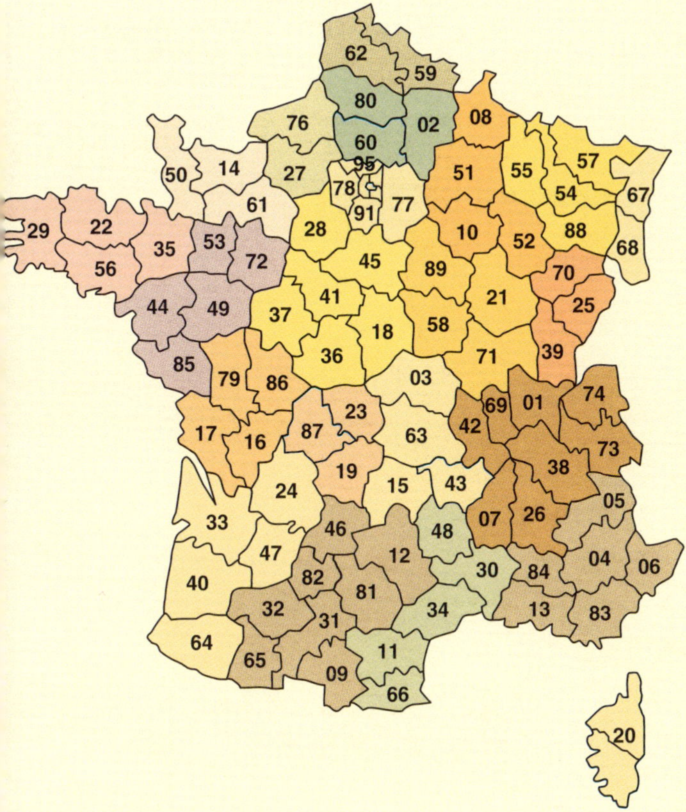

FRANCHE-COMTE 129
25 Doubs
70 Haute-Saône
39 Jura
90 Territoire-de-Belfort

HAUTE-NORMANDIE 135
27 Eure
76 Seine-Maritime

ILE-DE-FRANCE 145
91 Essonne
92 Hauts-de-Seine
75 Paris
77 Seine-et-Marne
93 Seine-Saint-Denis
95 Val-d'Oise
94 Val-de-Marne
78 Yvelines

LANGUEDOC-ROUSSILLON 163
11 Aude
30 Gard
34 Hérault
48 Lozère
66 Pyrénées-Orientales

LIMOUSIN 175
19 Corrèze
23 Creuse
87 Haute-Vienne

LORRAINE 179
54 Meurthe-et-Moselle
55 Meuse
57 Moselle
88 Vosges

MIDI-PYRENEES 185
09 Ariège
12 Aveyron
32 Gers
31 Haute-Garonne
65 Hautes-Pyrénées
46 Lot
81 Tarn
82 Tarn-et-Garonne

NORD-PAS-DE-CALAIS 201
59 Nord
62 Pas-de-Calais

PAYS-DE-LA-LOIRE 213
44 Loire-Atlantique
49 Maine-et-Loire
53 Mayenne
72 Sarthe
85 Vendée

PICARDIE 229
02 Aisne
60 Oise
80 Somme

POITOU-CHARENTES 235
16 Charente
17 Charente-Maritime
79 Deux-Sèvres
86 Vienne

PROVENCE-ALPES-COTE-D'AZUR 245
04 Alpes-de-Haute-Provence
06 Alpes-Maritimes
13 Bouches-du-Rhône
05 Hautes-Alpes
83 Var
84 Vaucluse

RHONE-ALPES 269
01 Ain
07 Ardèche
26 Drôme
74 Haute-Savoie
38 Isère
42 Loire
69 Rhône
73 Savoie

Alsace

Bas-Rhin

Haut-Rhin

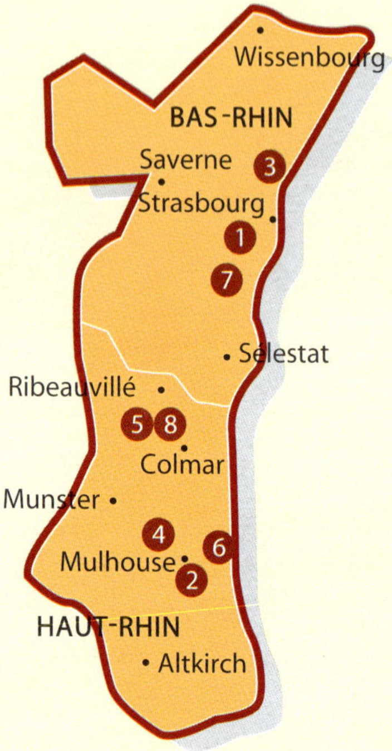

ALSACE

67 Bas-Rhin

❶ **Ergersheim** : Abbaye Notre-Dame d'Altbronn
❸ **Marienthal** : Carmel du Sacré-Cœur
❼ **Rosheim** : Monastère des Bénédictines du Saint-Sacrement

68 Haut-Rhin

❷ **Landser** : Monastère Saint-Alphonse
❹ **Œlenberg** : Abbaye de Notre-Dame d'Œlenberg
❺ **Orbey** : Monastère Saint-Jean-Baptiste d'Unterlinden
❻ **Ottmarsheim** : Monastère Sainte-Anne
❽ **Sigolsheim** : Monastère des Clarisses-Capucines

ERGERSHEIM

Abbaye Notre-Dame d'Altbronn

67120 Ergersheim
Tél : 03 88 47 95 40. Fax : 03 88 47 95 47
abaltbronn@wanadoo.fr

Cisterciennes-Trappistines. Fondé en 1825.

Offices. Chantés en français, tous les jours. Eucharistie à 7h20 (10h30 le dimanche), Vêpres à 17h15 (17h le dimanche).

Accueil. Ouvert aux personnes recherchant un espace de silence pour la prière et le recueillement et une participation à l'office monastique.

Artisanat. Vêtements liturgiques. Vente sur place et par correspondance.

Accès. 23 km au S-O de Strasbourg par la N 392. SNCF : Molsheim, puis taxi (5 km) ou voiture du monastère.

LANDSER

Monastère Saint-Alphonse

Landser. 68440 Habsheim
Tél : 03 89 81 30 10. Fax : 03 89 26 87 56

Rédemptoristines. Le couvent fut construit en 1655 et offert aux Capucins suisses. Il fut ensuite acheté par les Pères Rédemptoristes, en 1842. Chassés par Bismarck, ils y revinrent en 1921. Le 10 août 1931, ils le cédaient aux Rédemptoristines exilées à Namur depuis 1903.

Offices. Tous les jours : Laudes à 7h30 suivies de la Messe (Messe à 17h le mardi, à 10h45 les dimanches et fêtes), Vêpres à 17h, Vigiles à 18h, Complies à 20h45.

Accueil. Les retraites individuelles sont réservées aux femmes et aux prêtres (séjour de 5 jours maximum). Accueil de groupes d'adultes et de jeunes pour la journée (20 à 30 personnes maximum), avec participation aux Offices. Possibilité de faire la cuisine. Pas d'accueil du 15 novembre au 15 décembre.

Artisanat. Reliure, icônes, hosties, cartes artistiques, images, livres d'art floral et bandes dessinées. Vente sur place et dans les boutiques de l'Artisanat monastique. Vente par correspondance des livres d'art floral et des cartes postales artistiques.

Accès. Depuis Mulhouse, suivre les directions Zoo, Mœnschberg, Bruebach puis Landser. Par l'autoroute, suivre la direction Bâle et sortir à Rixheim - Dietwiller - Landser. SNCF : Mulhouse, puis bus "Schlierbach" (12 km de Landser).

MARIENTHAL

Carmel du Sacré-Cœur

4, rue de la gare. 67500 Marienthal
Tél : 03 88 93 87 18. Fax : 03 88 93 55 89

Carmélites. Fondé le 25 octobre 1887.

Voir. La chapelle et ses vitraux, qui datent de 1951 et représentent les grands saints du Carmel : le prophète Élie, sainte Thérèse d'Avila, sainte Thérèse de l'Enfant Jésus...

Offices. Tous les jours : Laudes à 7h30, Messe à 8h15, Office du milieu du jour à 11h30, Vêpres à 17h, Lectures et Complies à 20h15. Messe à 9h le dimanche.

Artisanat. Confection et broderie de vêtements liturgiques, nappes brodées en couleur. Vente essentiellement sur commande (s'adresser à la porterie).

Accès. 20 km au N de Strasbourg ; 5 km au S d'Haguenau par la D 48. SNCF : Marienthal.

ŒLENBERG

Abbaye de Notre-Dame d'Œlenberg

68950 Reiningue
Tél : 03 89 81 91 23. Fax : 03 89 81 86 07

Trappistes. L'abbaye a été fondée en 1046 pour des chanoines réguliers de saint Augustin par la comtesse Heilwige d'Eguisheim, dont un fils devint pape sous le nom de Léon IX et consacra la chapelle du nouveau prieuré. Guerres et jacqueries la mirent souvent à mal, mais elle connut un grand rayonnement quand elle fut confiée aux Jésuites de Fribourg-en-Brisgau de 1626 à 1773. La Révolution passée, la vie monastique y renaît (29 septembre 1825) sous l'impulsion des Cisterciens de Darfeld, couvent fondé en 1795 par des moines de La Trappe, qui, après avoir fui la Normandie s'établirent à Westmalle. Après leur bannissement, ils trouvèrent asile à Darfeld ; ils poussèrent néanmoins jusque Driburg dans les environs de Paderborn. En 1802, ils retournèrent à Westmalle. Entretemps, quelques moines de Morimond s'établirent à Darfeld, et bientôt des Allemands entrèrent aussi au couvent. En 1815, après l'exil de Napoléon, les Français retournèrent à La Trappe, à Port-du-Salut. Petrus Klausner devint moine à Darfeld en 1804, puis prieur après le départ des troupes françaises. En 1825, le couvent Darfeld acquit Œlenberg, vendue en 1796 comme "bien national" et qui appartenait alors à l'évêché de Bâle. En outre, en 1825, les trappistes allemands de Darfeld rejoignirent Œlenberg, avec un groupe de moniales qui avaient vécu dans le monastère Rosenthal, près de Darfeld. En 1895, les moniales transférèrent leur couvent à Ergersheim, à Notre-Dame d'Altbronn. Le prieur Petrus Klausner mourut le 28 juin 1850 à Œlenberg.

Offices. En français ; Messe chantée en grégorien. En semaine : Laudes et Messe concélébrée à 7h10, Vêpres à 17h30, Complies et Salve à 19h45. Les dimanches et fêtes : Grand-Messe concélébrée à 10h30, Vêpres à 16h, Complies et Salve à 19h45.

Accueil. 26 chambres pour des retraites individuelles et collectives (hommes et femmes). Fermé en février et mars.

Artisanat. Farine, œufs. Vente au magasin du monastère.

Accès. 12 km à l'O de Mulhouse par la D 20. Par l'A 36, sortie Thann ou Colmar. SNCF : Mulhouse, puis cars Chopin à côté de la gare (ligne Mulhouse/Reiningue/Thann).

ORBEY

Monastère Saint-Jean-Baptiste-d'Unterlinden

53, Holnet. 68370 Orbey
Tél : 03 89 71 23 30. Fax : 03 89 71 35 61

Dominicaines. Fondé à Colmar en 1232. Supprimé pendant la Révolution et restauré en 1899, il fut transféré de Colmar-Logelbach à Orbey en 1973.

Offices. Le dimanche : Messe à 10h, Vêpres à 17h30.

Accueil. Séjours de 8 à 10 jours maximum, en petits groupes de réflexion et en individuel.

Accès. 21 km à l'O de Colmar par la N 415 et la D 11.

OTTMARSHEIM

Monastère Sainte-Anne

68490 Ottmarsheim
Tél : 03 89 26 05 29

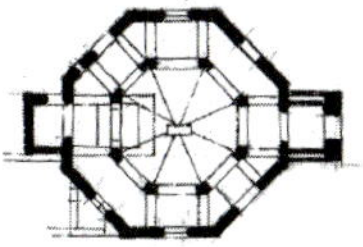

Bénédictines. L'abbaye fut fondée vers 1030, par un des aïeux de la famille des Habsbourg, Rodolphe. Les Bénédictines s'y réinstallèrent en 1848.

Voir. L'abbatiale octogonale, du XIe siècle, une des merveilles de la région rhénane, copie de la chapelle palatine de Charlemagne à Aix-la-Chapelle. Petit guide sur place.

Offices. Messe à 8h.
Artisanat. Hosties.
Accès. 13 km à l'E de Mulhouse par la N 66 et la D 108. SNCF : Mulhouse, puis car (horaires à la sortie de la gare).

ROSHEIM

Monastère des Bénédictines du Saint-Sacrement

1, rue Saint-Benoît. 67560 Rosheim
Tél : 03 88 50 41 67. Fax : 03 88 50 42 71
info@benedictines-rosheim.com
www.benedictines-rosheim.com

Bénédictines. Fondé en 1862, le monastère eut, jusqu'en 1939, un pensionnat renommé pour sa culture française.
Voir. Entre le monastère et son hôtellerie, l'antique tour des arts (monument historique) et, à la chapelle, une *Pietà* polychrome du XVIe siècle.
Offices. En français, Messe chantée en grégorien. Vigiles à 6h15 (5h55 les dimanches et fêtes), Laudes à 7h15, Messe à 9h (9h30 les dimanches et fêtes), Vêpres à 17h30, Complies à 20h30.
Accueil. Le monastère reçoit des couples et des familles en période de vacances et de congés. Accueil pour des retraites privées et en groupe, et pour des sessions de chant grégorien deux ou trois fois par an. Hôtellerie ouverte toute l'année.
Artisanat. Pains d'autel (hosties blanches, dorées épaisses et pour concélébration). Expédition en France et à l'étranger.
Accès. 25 km à l'O de Strasbourg par l'autoroute direction Molsheim. SNCF : Rosheim (ligne Strasbourg/Sélestat).

SIGOLSHEIM

Monastère des Clarisses-Capucines

5, rue Oberhof. 68240 Sigolsheim
Tél : 03 89 78 23 24. Fax : 03 89 47 11 26

Clarisses-Capucines (Première Règle de Sainte Claire). Fondé à Marseille en 1629, transféré à Sigolsheim en 1951.
Chantés, tous les jours. En semaine : Office du matin à 7h, Office du soir et Eucharistie à 17h15. Le dimanche : Eucharistie à 10h, Office du soir à 17h.
Accueil. 3 chambres, disponibles toute l'année pour des prêtres, des religieuses, des dames et des jeunes filles. Séjour de 3 à 8 jours maximum. Salle d'accueil pour la journée : 20 à 30 personnes (groupes de jeunes, notamment).
Artisanat. Linge des paroisses, bougies (sur commande).
Accès. 10 km au N-O de Colmar par la N 415. SNCF : Colmar, puis car Salta.

Aquitaine

Dordogne

Gironde

Landes

Lot-et-Garonne

Pyrénées-Atlantiques

AQUITAINE

24 Dordogne

- 4 **Bergerac** : Carmel du Sacré-Cœur
- 6 **Echourgnac** : Abbaye Notre-Dame de Bonne-Espérance

33 Gironde

- 2 **Auros** : Abbaye de Sainte-Marie du Rivet
- 13 **Pessac** : Monastère des Clarisses de Fontaudin
- 15 **Rions** : Monastère du Broussey
- 18 **Talence** : Carmel de Bordeaux

40 Landes

- 5 **Dax** : Monastère Saint-Dominique
- 7 **Eyres-Moncube** : Abbaye Notre-Dame Saint-Eustase
- 8 **Maylis** : Abbaye Notre-Dame de Maylis
- 14 **Pontenx-les-Forges** : Fraternité de la Vierge des Pauvres
- 17 **Saint-Sever** : Carmel du Christ-Roi

47 Lot-et-Garonne

- 9 **Nérac** : Monastère Sainte-Claire
- 12 **Le Passage d'Agen** : Notre-Dame-de-Beauregard
- 22 **Villeneuve-sur-Lot** : Monastère de l'Annonciade
- 16 **Saint-Pierre de Clairac** : Monastère Sainte-Marie de la Garde

64 Pyrénées-Atlantiques

- 1 **Anglet** : Couvent des Bernardines
- 3 **Bayonne** : Monastère du Carmel
- 10 **Orthez** : Monastère Sainte-Claire
- 11 Monastère de la Visitation
- 19 **Urt** : Abbaye Notre-Dame de Belloc
- 20 Monastère Sainte-Scholastique
- 21 **Uzos** : Prieuré Sainte-Marie

ANGLET

Couvent des Bernardines

Avenue de Montbrum. 64600 Anglet
Tél : 05 59 52 81 30. Fax : 05 59 03 19 09
lesbernardinesanglet@wanadoo.fr

Communauté des Sœurs Bernardines. C'est la branche contemplative de la congrégation des Servantes de Marie. Elle a été fondée en 1851 à l'initiative de jeunes filles désireuses de sortir des réseaux de la prostitution et accueillies par l'abbé Louis Edouard Cestac, dans le domaine appelé "Notre-Dame de Refuge". Aujourd'hui, le monastère accueille toute femme souhaitant mener une vie contemplative.

Offices. En semaine : Laudes à 7h, Messe à 7h30, Vêpres à 18h30. Le dimanche : Laudes à 7h30, Messe à 8h, Vêpres à 17h30.

Accueil. 5 chambres pour des femmes désirant vivre un temps de prière et de silence, pour une semaine maximum. Écrire au préalable à la sœur responsable. Partage de la prière et des repas (en silence) avec la communauté. Le monastère, de type rural, est situé entre Bayonne et Biarritz.

Artisanat. Produits fermiers et agricoles (vente sur place). Ornements liturgiques, broderie et reliure (sur commande).

Accès. 3 km au S de Bayonne. SNCF : Bayonne, puis taxi ou bus ATCR n° 7 (départ de l'hôtel de ville).

AUROS

Abbaye de Sainte-Marie du Rivet

33124 Auros
Tél : 05 56 65 05 30. Fax : 05 56 65 05 39
m.c.rivet@wanadoo.fr

Cisterciennes. L'abbaye, qui tire son nom du ruisseau le Rivet, affluent du Beuve chanté par Ausone, est un des plus anciens monastères de France. Un document de 1721 le fait remonter à l'époque de Charlemagne. Fondé par des Bénédictins, il adopta vers 1190 la réforme de Cîteaux et eut fort à souffrir des guerres et des Huguenots. Parmi les abbés du Rivet attachés à sa restauration, il faut citer Dom Charles Benjamin de Buffon, frère du célèbre naturaliste. Les Cisterciennes occupent de nouveau l'abbaye depuis 1938.

Voir. L'église du XIIIe siècle, avec des chapiteaux et des corbeaux classés de l'époque post-mérovingienne. Les fortifications du IXe siècle qui entourent le monastère.

Offices. Chantés en français avec quelques pièces en grégorien, tous les jours. Laudes à 7h30, Messe à 8h (11h le dimanche), Sexte à 12h15, None à 14h15 (14h45 le dimanche), Vêpres à 17h45 (17h30 le dimanche), Complies à 19h45.

Accueil. L'hôtellerie du monastère reçoit familles, prêtres, religieuses, retraitantes et jeunes (seuls ou en groupes).

Artisanat. Magasin ouvert tous les jours. Vente de produits monastiques.

Accès. 50 km au S-E de Bordeaux par la N 113 et la D 10. Par l'A 62 Bordeaux/Toulouse, sortie Langon. SNCF : Langon (ligne Bordeaux/Toulouse), puis taxi (9 km).

BAYONNE

Monastère du Carmel

2 chemin d'Arancette. Quartier Marracq. 64100 Bayonne
Tél : 05 59 63 35 12. Fax : 05 59 31 04 55
carmel.bayonne@wanadoo.fr
www.carmel.asso.fr

Carmélites. Fondé en octobre 1858.

Offices. Laudes à 7h15 (8h le dimanche), Messe à 7h45 (8h30 le dimanche), Vêpres à 17h30, Complies à 20h30.

Accueil. Pour des retraites. Place limitée, réserver les chambres à l'avance.

Artisanat. Jouets, icônes, pâtisserie, pains d'autel.

Accès. Le carmel se trouve à côté du centre hospitalier et du parc des sports Saint-Léon.

BERGERAC

Carmel du Sacré-Cœur

79, rue Valette. 24100 Bergerac
Tél : 05 53 57 15 33. Fax : 05 53 57 58 50

Carmélites. Fondé en 1858.

Offices. Chants en français. Tous les jours, Laudes à 7h45, Messe à 8h30 (10h le dimanche et pour les grandes fêtes), Vêpres à 17h, Office des Lectures à 20h30.

Accueil. Accueil de retraitantes et des familles des religieuses uniquement.

Artisanat. Broderie, lingerie, lainages, hosties. Travail sur commande et exposition à la porterie.

Accès. 47 km au S-O de Périgueux par la N 21. SNCF : Bergerac, puis 15 mn à pied ou taxi.

DAX

Monastère Saint-Dominique

62, rue Gambetta. 40100 Dax
Tél : 05 58 56 84 60. Fax : 05 58 74 97 25
dominicaines.dax@wanadoo.fr
http://catholique-aire-dax.cef.fr

Dominicaines. Fondé en 1863. Une nouvelle communauté s'est constituée le 20 avril 1996 par l'union de trois monastères : Clairefontaine, Dax et Saint-Martin-de-Hinx, auxquels s'est joint Pellevoisin en 1998.

Offices. Laudes à 7h30, Messe à 8h (9h le dimanche), Heure Médiane à 12h, Vêpres à 17h30, Complies ou Vigiles à 20h30.

Accueil. Ouvert à tous ceux qui désirent prendre un temps de réflexion spirituelle et partager la prière liturgique (personnes seules et petits groupes).

Artisanat. Pains d'autel (vente sur place et par correspondance), reliure, chapelets.

Accès. SNCF : Dax, puis taxi, bus (arrêt Dominicaines) ou 30 mn à pied.

ÉCHOURGNAC

Abbaye Notre-Dame de Bonne Espérance

24410 Échourgnac
Tél : 05 53 80 82 50. Fax : 05 53 80 08 36
mn.echourgnac@wanadoo.fr

Trappistines. Fondée en juillet 1868 par des moines de Port-du-Salut en Mayenne (voir p. 219), qui l'abandonnèrent en 1910, l'abbaye a été relevée par des moniales cisterciennes en 1923.

Offices. En français, et chant grégorien à l'Eucharistie. En semaine (en hiver) : Laudes et Messe à 7h15, Vêpres à 17h30. En semaine (en été) : Laudes à 7h45, Eucharistie à 12h15, Vêpres à 18h. Le samedi : Messe à 11h45. Le dimanche : Laudes à 7h30, Eucharistie à 11h, Vêpres à 17h.

Accueil. Hôtellerie ouverte à tous ceux qui désirent faire une halte spirituelle. Fermeture au mois de janvier.

Artisanat. Fromages, vendus essentiellement sur place et dans le département. Pâtes de fruits, confitures et pâtés de campagne. Vente sur place, dans d'autres magasins monastiques et dans les

boutiques de l'Artisanat monastique. Librairie religieuse sur place.
Accès. 90 km au N-E de Bordeaux par la N 89 et la D 708. SNCF : Montpon (15 km), Mussidan (18 km) ou Saint-Aigulin (22 km).

EYRES-MONCUBE

Abbaye Notre-Dame Saint-Eustase

Laféourère. 40500 Eyres-Moncube
Tél : 05 58 76 24 25. Fax : 05 58 76 32 01

Bénédictines (Congrégation du Mont Olivet). Fondée à Vergaville (diocèse de Metz) en 966, l'abbaye, placée tout d'abord sous le patronage de sainte Marie et de tous les saints, prit le nom de Saint-Eustase quand elle eut reçu, au XIe siècle, les reliques de ce saint (mort en 629), qui fut le successeur de saint Colomban à Luxeuil. Après la Révolution, la communauté se réunit dès 1802 à Ménil-lès-Lunéville, puis à Saint-Dié, et enfin à Flavigny-sur-Moselle, d'où elle fut expulsée en 1904. Réfugiée en Italie, elle revint en 1921 à Roville-aux-Chênes (Vosges), puis s'installa en 1936 au Château de Poyanne dans les Landes. En 1985, l'abbaye fut transférée dans le même diocèse, à Eyres-Moncube, et prit alors, selon ses origines, le nom de Notre-Dame Saint-Eustase.
Voir. L'église abbatiale, construite en 1988 et 1989, a été consacrée le 5 novembre 1989. Son architecture, sobre et classique, s'intègre parfaitement dans le paysage. Dans l'abside, outre les reliques de saint Eustase et des saints fondateurs du monastère, saint Sigerie et la Bienheureuse Betta, la statue de Notre-Dame du Magnificat accueille tous ceux qui entrent pour prier.
Offices. Chantés en latin et en grégorien, tous les jours. Messe à 9h ou 11h (10h le dimanche), Vêpres à 17h30 suivies de l'Adoration du Saint-Sacrement, Complies à 20h15.
Accueil. Parents et amis. Retraites individuelles, dans une hôtellerie modeste.
Accès. 25 km au S de Mont-de-Marsan par la D 933, 6 km de Saint-Sever par la D 944.

MAYLIS

Abbaye Notre-Dame de Maylis

40250 Maylis
Tél : 05 58 97 72 81. Fax : 05 58 97 72 58
abbaye.maylis@free.fr

Bénédictins. (Olivétains). Cette congrégation d'origine italienne (XIVe siècle) a deux autres maisons en France : le Bec Hellouin (voir p. 137) et Mesnil-Saint-Loup (voir p. 120). Le sanctuaire de Maylis (Mère-lys) date du Moyen Age et a connu un grand essor au XVIIe siècle et après 1880. Des moines en assurent l'animation spirituelle depuis 1946.

Voir. Deux églises récemment restaurées. L'une d'elles, reconstituée en pierre et dans le style du pays, est d'origine ancienne, tandis que la grande église est de la fin du XIXe siècle.

Offices. Messe conventuelle en grégorien. Offices célébrés à l'église abbatiale. En semaine : Messe conventuelle à 11h45, Vêpres à 18h. Le dimanche : Messe conventuelle à 11h, Vêpres et Salut à 16h15.

Accueil. Quelques retraites organisées et accueil de groupes divers pour la prière (s'entendre avec le Frère Hôtelier).

Artisanat. Une plante médicinale cultivée par les moines et réputée pour les affections du foie et des reins. Cire liquide et encaustique "Cire du Père Fulgence", de fabrication artisanale. Vente à la porterie et par correspondance.

Accès. 40 km à l'E de Dax par la D 32, 33 km au S de Mont-de-Marsan. SNCF : Dax, puis car SNCF (ligne Dax/Mont-de-Marsan, arrêt Mugron).

NÉRAC

Monastère Sainte-Claire

"Le Pin". 47600 Nérac
Tél : 05 53 65 01 38. Fax : 05 53 65 06 11

Clarisses. Fondé en 1358 et définitivement restauré le 19 mars 1935 "en un site idéal pour la vie contemplative, sur un piton qui surplombe la vallée de la Baïse".

Offices. En français. Messe à 10h15 (9h30 le dimanche, avec commun souvent en grégorien), Vêpres à 18h30.

Accueil. Familles des sœurs, quelques retraites isolées. Écrire à l'avance.

Artisanat. Vêtements liturgiques pour la demande locale. Vente sur place de pains d'autel et d'autres fabrications (se renseigner).

Accès. 30 km à l'O d'Agen par la D 656. SNCF : Agen, puis car (horaires variables, aucun car le dimanche). Service de cars également depuis Bordeaux (départ vers 16h, tous les jours sauf le dimanche).

ORTHEZ

Monastère Sainte-Claire

35, rue Saint-Gilles. 64300 Orthez
Tél : 05 59 69 46 55. Fax : 05 59 69 28 46

Clarisses. Fondé en 1874.
Offices. Office du matin à 7h30, Eucharistie à 8h (18h30 en juillet-août), Lectures et Office du milieu du jour à 11h30, Office du soir à 18h30 (17h45 le dimanche).
Accueil. Pas d'hôtellerie proprement dite, mais quelques chambres, une salle d'accueil et une cuisine permettant de préparer les repas. Possibilité de partager la prière de la communauté.
Accès. 66 km à l'E de Bayonne et 54 km à l'O de Pau par l'A 64 et la N 117. SNCF : Orthez, puis bus.

Monastère de la Visitation

Route de Bassercles. Sault de Navailles. 64300 Orthez
Tél : 05 59 67 52 31. Fax : 05 59 67 56 93

Visitandines. Fondé à Valence (Drôme) le 10 juin 1621, rétabli en 1815, installé à Orthez en 1920 et transféré à Sault de Navailles en mai 1986.
Voir. A la chapelle, Christ et statues du XVIe siècle.
Offices. En français. Offices à 8h30, 13h30 et 18h30.
Accueil. 8 chambres hors clôture, pour un temps de réflexion. Séjour de 8 jours maximum. Possibilité de suivre tous les offices avec les sœurs.
Accès. Voir Monastère Sainte-Claire.

LE PASSAGE D'AGEN

Notre-Dame-de-Beauregard

2, rue du Carmel. 47520 Le Passage-d'Agen
Tél : 05 53 96 12 29
carmel.beauregard@wanadoo.fr
http://perso.wanadoo.fr/carmel.de.beauregard

Carmélites. Fondé à Agen en 1628, transféré en juin 1976.
Offices. Tous les jours : Laudes à 8h, Messe à 8h30, Vêpres à 17h, Complies à 20h. Pour les grandes fêtes : Salut du Très-Saint-Sacrement vers 17h.
Accueil. Seulement pour des retraites en silence et en solitude.
Artisanat. Pains d'autel, ornements d'église, reliure, biscuiterie (s'adresser à la porterie).
Accès. 4 km au S d'Agen par la N 21.

PESSAC

Monastère des Clarisses de Fontaudin

6, allée Jeanne-Chaney. 33600 Pessac Chanay
Tél : 05 56 45 67 97. Fax : 05 56 45 86 95
sainteclaire@wanadoo.fr

Clarisses. Fondé en 1891 à Bordeaux-Talence, transféré à Pessac le 25 juin 1980.
Offices. En semaine : Office des Lectures à 8h, Messe à 9h (mardi et jeudi à 10h), Office du soir à 18h45. Le dimanche : Messe à 10h, Office du soir à 18h.
A noter. C'est au monastère de Bordeaux-Talence que mourut sœur Marie-Céline (1878-1897), dont la cause est introduite à Rome. Le 22 janvier 1957, elle a été reconnue “vénérable”. La translation de ses restes à Pessac a eu lieu le 28 juin 1980. On peut se recueillir près de son tombeau. Un livre est consacré à sa courte vie.
Accès. SNCF : Pessac (agglomération bordelaise).

PONTENX-LES-FORGES

Fraternité de la Vierge des Pauvres

Bourricos. 40200 Pontenx-les-Forges
Tél/Fax : 05 58 07 45 22
fratbour@aol.com
www.cef.fr/aire.dax/pays/sjb01.htm
http://catholique-aire-dax.cef.fr/viemonastique/bourricos/bourricos01.htm

Frères de la Vierge des Pauvres. Communauté d'origine bénédictine marquée par la spiritualité du Père de Foucauld, fondée en 1956 au cœur de la forêt landaise, dans un hameau abandonné, construit autour d'une chapelle romane.
Offices. Chantés en français. Vigiles à 6h, Laudes à 7h30, Office du jour et Vêpres à 15h, Messe à 19h. Horaire spécial le dimanche.
Accueil. 3 chambres (4 lits), dans un cadre de paix, de beauté et de simplicité et dans une grande solitude (à 5 km du village). Participation possible à la vie de la communauté : prière, travail, repas. Accueil des groupes à 1,7 km, aux “Pavillons de Bouricos” (15 lits, cuisine, sanitaires, chapelle). Confort réduit. Permanence. Tél : 05 58 07 46 47.
Accès. 83 km au S de Bordeaux par la N 10 (sortie n° 16 à Labouheyre) et la D 626 sur 13 km. SNCF : Labouheyre, puis car “Les Rapides de la Côte d'argent” (Tél : 05 58 09 10 89).

RIONS

Monastère du Broussey

33410 Rions
Tél : 05 56 62 60 90. Fax : 05 56 62 60 79
hotelier.broussey@carmel.asso.fr
www.carmel.asso.fr

Carmes. En 1841, première fondation d'un carmel déchaussé masculin en France depuis la Révolution par le père Dominique de Saint-Joseph, Carme espagnol fuyant la Révolution dans son

pays, l'abbé Guesneau, curé de Cardan, et Stanislas Chenart.
Offices. Possibilité d'assister aux offices. Tous les jours, Laudes à 8h, Messe à 11h30 (9h30 le dimanche), Office du milieu du jour à 13h30 (12h le dimanche), Vêpres à 18h, suivies de l'Adoration du Saint-Sacrement le samedi soir, Vigiles à 20h30.
Accueil. Les frères carmes déchaux aidés par les sœurs du carmel apostolique Notre Dame de Bethléem reçoivent toute l'année (sauf en novembre), dans un cadre de silence et de solitude, pour des retraites individuelles et collectives, animées par les groupes hébergés ou par la communauté.
Accès. 25 km au S-E de Bordeaux par l'A 62 (sortie n° 2 Podensac). SNCF : Cérons (à 7 km du monastère). Service de cars entre Bordeaux et Rions (à 4 km du monastère).

SAINT-PIERRE DE CLAIRAC

Monastère Sainte-Marie de la Garde

47270 Saint-Pierre de Clairac
Tél/Fax : 05 53 47 73 89

Bénédictins. Fondation de l'Abbaye Sainte-Madeleine du Barroux. Ouverte en novembre 2002.
Offices. Offices chantés en grégorien. Matines à 3h30, Laudes à 6h, Messe (rite traditionnel) à 10h dimanche et fêtes (en semaine se renseigner), Vèpres à 17h30, Complies à 19h45.
Accès. 10 km au N par la N 113 (Direction Puymirol). Par l'A 62 en venant de Toulouse sortie Valence d'Agen. SNCF : Agen puis taxi.

SAINT-SEVER

Carmel du Christ-Roi

10, allée du Carmel. 40500 Saint-Sever-sur-Adour
Tél : 05 58 76 00 15. Fax : 05 58 76 36 75
monastere.carmel.christroi@wanadoo.fr
www.boutique-theophile.com

Carmélites. Fondé le 27 octobre 1931, achevé en 1946.
Offices. Laudes à 8h, Messe à 9h, Vêpres à 17h30.
Accueil. Réservé aux retraitants (sur demande écrite), aux prêtres et aux religieuses, aux familles et aux amis des Carmélites. Visite de 10h à 12h et de 14h30 à 16h30. Porterie ouverte jusqu'à 17h30.
Artisanat. Reliure, reliure d'art : Premier prix de la ville de Ciboure, dans le cadre de la troisième Biennale Européenne de la Reliure d'Art 1995. Mosaïque sur cuir (liseuses et autres supports). Scapulaires de Notre-Dame du Mont Carmel, crèches avec santons de Provence. Graphie musicale, informatique, PAO, gestion de fichiers, routages. Carterie.
Accès. 16 km au S-O de Mont-de-Marsan par la D 133. SNCF : Mont-de-Marsan ou Dax, puis car SNCF.

TALENCE

Carmel de Bordeaux

56, rue Camille-Pelletan. 33400 Talence
Tél : 05 56 80 54 39

Carmélites. Fondé à Bordeaux en 1610, transféré à Talence en 1927.
Offices. En français, tous les jours. Laudes à 7h, Messe à 8h, Vêpres à 18h.
Artisanat. Hosties blanches et dorées, reliure.
Accès. 5 km au S de Bordeaux par la N 10, près du sanctuaire Notre-Dame de Pitié de Talence.

URT

Abbaye Notre-Dame-de-Belloc

64240 Urt
Tél : 05 59 29 65 55. Fax : 05 59 70 23 48
benedictins@belloc-urt.org
www.belloc-urt.org

Bénédictins. Fondée en 1875.
Offices. Tous les jours, liturgie monastique avec participation active de toute l'assemblée. Messe à 12h (10h30 les dimanches et fêtes), Vêpres à 18h30, Vigiles à 21h.
Accueil. Retraites individuelles et en groupe. Séjour d'une semaine maximum.
Artisanat. Fromage de brebis, tapis pure laine. Librairie religieuse et régionale. Vente sur place et par correspondance.
Accès. 25 km à l'E de Bayonne par l'A 64. SNCF : Bayonne, puis car SNCF (départ de la gare, arrêt à 5 km du monastère), ou car direction Saint-Palais Baïgorry (départ Place Saint-André, sauf les dimanches et fêtes).

Monastère Sainte-Scholastique

64240 Urt
Tél : 05 59 70 20 28. Fax : 05 59 29 18 64
soeur.accueil.urt@wanadoo.fr
http://belloc-urt.org

Bénédictines. Monastère fondé en 1883.

Offices. En français, avec quelques pièces en grégorien à la Messe. En semaine : Laudes à 6h45, Messe à 8h45, Sexte à 12h45, None à 14h45, Vêpres à 18h, Vigiles à 20h45. Le dimanche : Laudes à 7h30, Messe à 9h, Sexte à 12h35, None à 15h.
Accueil. Les sœurs reçoivent toute l'année des per-

sonnes seules, des familles, des groupes de jeunes mixtes, des groupes d'adultes de réflexion. Accompagnement spirituel. Participation aux offices avec la communauté. Pour les temps forts liturgiques de l'année, des retraites sont organisées. Tous les samedis après-midi à 15h, réflexion sur les textes liturgiques du dimanche. Accueil monastique. Pension complète. Séjour d'une semaine maximum (au plus 20 jours par an). Renseignements et inscriptions auprès de la Sœur Hôtelière.
Artisanat. Ciergerie : cierges liturgiques et bougies décorées. Atelier liturgique : aubes, étoles, chasubles.
Accès. Voir Abbaye Notre-Dame de Belloc.

UZOS

Prieuré Sainte-Marie

11, route des Côteaux. 64110 Uzos
Tél : 05 59 06 03 45

Bénédictines de Jésus Crucifié. Congrégation fondée en 1930, dont la maison mère est à Brou-sur-Chantereine en Seine-et-Marne (voir p. 148). Prieuré fondé en 1987.
Offices. Chantés en français. En semaine : Laudes et Eucharistie à 9h, Office des Lectures à 12h, None à 15h30, Vêpres à 17h, Complies ou Vigiles en soirée. Le dimanche : Laudes à 9h, Eucharistie à 11h, None à 16h, Vêpres à 17h, Complies à 21h.
Accueil. Personnes seules et petits groupes désirant partager la prière de la communauté et cherchant un lieu de silence et de réflexion.
Artisanat. Icônes peintes à la main ou collées sur bois. Atelier liturgique (commandes sur place et par correspondance), chapelets (vente sur place).
Accès. 5 km de Pau, à l'intersection de la route touristique de Piétat (D 209) et de la route des Côteaux. SNCF : Pau, puis taxi.

VILLENEUVE-SUR-LOT

Monastère de l'Annonciade

1, rue Crochepierre. 47300 Villeneuve-sur-Lot
Tél : 05 53 70 04 33. Fax : 05 53 70 21 26

Annonciades. Fondé en 1624. Le monastère actuel, au cœur de la ville, date de 1864.
Offices. En français. Participation offerte à tous.
Accueil. 4 chambres pour les familles des religieuses, les amis du monastère et pour des retraites individuelles.
Artisanat. Biscuits (vente sur place).
Accès. 30 km au N d'Agen par la N 21. SNCF : Agen, puis car.

Auvergne

Allier

Cantal

Haute-Loire

Puy-de-Dôme

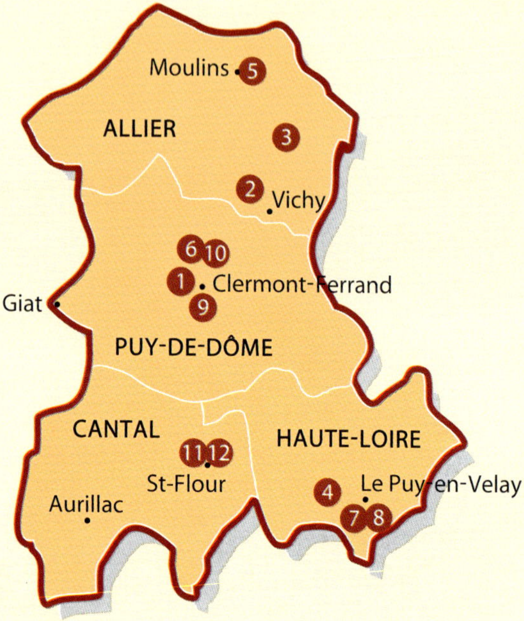

AUVERGNE

03 Allier

- ❷ **Chantelle** : Abbaye Saint-Vincent
- ❸ **Dompierre-sur-Besbre** : Abbaye de Sept-Fons
- ❺ **Moulins** : Monastère de la Visitation

15 Cantal

- ⓫ **Saint-Flour** : Carmel
- ⓬ Monastère de la Visitation

43 Haute-Loire

- ❹ **Langeac** : Monastère Sainte-Catherine
- ❼ **Le Puy** : Carmel
- ❽ Monastère Sainte-Claire

63 Puy-de-Dôme

- ❶ **Chamalières** : Monastère des Clarisses-Capucines
- ❻ **Mozac** : Monastère du Carmel
- ❾ **Randol** : Abbaye Notre-Dame de Randol
- ❿ **Riom** : Monastère des Rédemptoristines

CHAMALIÈRES

Monastère des Clarisses-Capucines

11, avenue de Villars. 63400 Chamalières
Tél : 04 73 37 73 11. Fax : 04 73 31 18 65

Clarisses-Capucines. Fondé à Lorgues (Var) en 1827, transféré à Chamalières en 1930.
Offices. Possibilité de participation à l'Eucharistie (8h en semaine et 8h15 le dimanche) et à tous les Offices (Laudes à 6h30 et Vigiles à 21h).
Accueil. 8 chambres, salle commune et jardin. Le monastère reçoit uniquement pour des temps de retraite spirituelle dans le partage de la prière et du silence. Séjour de 8 jours maximum.
Artisanat. Pains d'autel, bougies, cartes.
Accès. 15 km à l'O de Clermont-Ferrand par la D 68. SNCF : Clermont-Ferrand ou Royat, puis bus.

CHANTELLE

Abbaye Saint-Vincent

14, rue Anne de Beaujeu, 03140 Chantelle
Tél : 04 70 56 62 55. Fax : 04 70 56 62 69
sufb.chantelle@wanadoo.fr
www.benedictines-chantelle.com

Bénédictines. Le 26 mars 937 était fondé en ce lieu un prieuré, dont la charte de fondation fut signée par saint Odon, abbé de Cluny. Il était desservi par les chanoines de Saint Augustin jusqu'à la Révolution. Les moniales bénédictines y ont rétabli la vie monastique en 1853.

Voir. L'église romane (visites guidées pour les groupes, sur demande préalable), et le bel ensemble de l'ancien prieuré du xve siècle.
Offices. Messe en français avec des pièces en grégorien. Matines à 5h30, Laudes à 6h30, Messe à 8h (9h le dimanche), Heure médiane à 11h45, Vêpres à 17h30, Office du soir à 20h.
Accueil. Sont reçues les familles des sœurs, les oblats, et tous ceux qui désirent faire une halte spirituelle (en groupe ou individuellement).
Artisanat. Produits de toilette réputés : eau de Cologne, lait de Chantelle, savon. Vente au magasin de l'entrée, dans les boutiques de l'Artisanat monastique et par correspondance (envoi du catalogue sur simple demande).
Accès. 45 km au S de Moulins par la N 9. Par l'A 71 depuis Bourges, sortie Monmarault ; depuis Clermont-Ferrand, sortie Gannat. SNCF : Bellenaves (7 km), Saint-Germain-des-Fossés ou Vichy.

DOMPIERRE-SUR-BESBRE

Abbaye de Sept-Fons

03290 Dompierre-sur-Besbre
Tél : 04 70 48 14 90. Fax : 04 70 48 14 93
septfons@wanadoo.fr

Trappistes. Fondée en 1132 par des moines de l'abbaye de Fontenay, filiale de Clairvaux, l'abbaye fut réformée en 1663 par un jeune abbé de vingt ans, Dom Eustache de Beaufort, plusieurs mois avant la Trappe elle-même, et dans le même esprit. A la Révolution,

plusieurs moines de Sept-Fons périrent sur les fameux pontons de Rochefort. La vie monastique ne put reprendre qu'en 1845. Elle fut marquée notamment par la forte personnalité de Dom Jean-Baptiste Chautard (Abbé de 1899 à 1935) qui s'exerça sur toute l'Église de France pendant des générations.

Offices. Accessibles à tous. En semaine, Messe à 6h45, les dimanches et fêtes à 10h30.

Accueil. 27 chambres pour les retraitants, 10 chambres pour les retraitantes et les couples. Climat de silence à respecter.

Artisanat. Produits diététiques à base de Germalyne et de confitures. Vente à la porterie et sur commande.

A noter. Un montage audio-visuel (30 mn) présente le monastère et de la vie des Trappistes.

Accès. 31 km à l'E de Moulins par la D 12 ou la D 488 (l'abbaye se trouve à 4 km au N-E de Dompierre sur la route de Decize). 35 km à l'O de Paray-le-Monial par la N 79. SNCF : Dompierre-Sept-Fons, puis taxi.

LANGEAC

Monastère Sainte-Catherine

2, rue du Pont. 43300 Langeac
Tél : 04 71 77 01 50. Fax : 04 71 77 27 61
http://langeac.op.org

Dominicaines. Fondé en 1623, le monastère a compté parmi ses fondatrices une jeune fille du Puy, sœur Agnès de Jésus Galand (1602-1634), proclamée Vénérable en 1808. Grande mystique, elle révéla notamment à Monsieur Olier sa vocation de fondateur de séminaires. Le rayonnement de sa charité évangélique envers les pauvres, les pécheurs et les incroyants compose une extraordinaire histoire. On continue de l'invoquer pour les malades, les futures mamans et les pécheurs, de même que pour les vocations sacerdotales et les prêtres. Elle a été béatifiée le 20 novembre 1994.

Voir. La châsse où repose la Bienheureuse Agnès de Langeac.

Offices. En français. En semaine : Laudes à 6h15, Messe à 8h, Heure médiane à 11h45, Chapelet à 17h20, Vêpres à 17h40, Vigiles et Complies à 20h30. Le dimanche : Laudes à 7h30, Messe à 8h30, Heure médiane à 12h, Vêpres à 17h40, Vigiles et Complies à 20h30.

Accueil. Prêtres, religieuses, familles et amis des sœurs ; retraitants seuls et en groupe. Accueil toute l'année sauf en septembre. Demande par écrit.

Artisanat. Atelier d'offset (tous travaux de ville, revues, bulletins, dactylographie de thèses, pao).

Accès. 41 km au N-O du Puy par la N 102 et la D 56. SNCF : Langeac (le monastère est à 700 m de la gare).

MOULINS

Monastère de la Visitation

65, rue des Tanneries. 03000 Moulins
Tél : 04 70 44 27 43. Fax : 04 70 44 50 81
visitation.moulins@wanadoo.fr
www.ifrance.com/ordrevisitation

Visitandines. Troisième monastère de l'Ordre, fondé le 25 août 1616 sous l'impulsion de saint François de Sales et de sainte Jeanne de Chantal, qui y est décédée le 13 décembre 1641. Les bâtiments devinrent propriété de l'État au moment de la Révolution et on y installa le lycée Banville, premier lycée de France. Le monastère fut rétabli à Nevers en 1854 puis le couvent actuel de Moulins fut rétabli par le premier monastère de la Visitation de Paris, fondé par sainte Jeanne de Chantal. Neuf soeurs furent envoyées à Moulins en 1876 sous la conduite de Mère Isabel de Mendoza.

Offices. Chœur des moniales en français, tous les jours. Office du matin à 7h30, Eucharistie à 8h, Lectures à 11h30, Office du milieu du jour à 14h10, Vêpres à 17h30 (17h15 le dimanche), Complies à 20h45.

Accueil. En clôture, pour des retraites individuelles de religieuses, de dames et de jeunes filles en quête de prière et de silence. Séjour de 8 jours maximum, 5 personnes maximum. Hors clôture, séjour individuel et par petit groupe (8 chambres individuelles).

Accès. 72 km au N de Clermont-Ferrand par la N 9. SNCF : Moulins (ligne Bourges/Lyon).

MOZAC

Monastère du Carmel

17, avenue Jean-Jaurès. 63200 Mozac
Tél : 04 73 38 24 36. Fax : 04 73 38 76 42

Carmélites. Fondé à Riom en 1618, refondé en 1941 et transféré à Mozac en 1965.

Offices. En français, tous les jours : Laudes à 7h15. Messe à 9h, Heure médiane à 11h45, Vêpres à 17h, Office des Lectures à 20h15, suivi des Complies.

Accueil. Limité (6 chambres). Exclusivement pour des retraites.

Accès. 15 km au N de Clermont-Ferrand par la N 9, 3 km à l'O de Riom par la N 686. SNCF : Riom.

LE PUY

Carmel

48, route du Carmel, 43750 Vals près Le Puy
Tél : 04 71 09 22 52. Fax : 04 71 02 00 84

Carmélites. Fondé le 8 septembre 1860, au 63 avenue du Maréchal-Foch, transféré au faubourg de Vals (à 2 km au s-o) le 8 décembre 1970.
Offices. En français, tous les jours. Office du matin à 7h05, Eucharistie à 8h30 (9h30 le dimanche), Sexte à 11h45, None à 14h, Vêpres à 17h, Lectures à 18h30, Complies à 20h30.
Artisanat. Parures de berceau (brodées main). Vente sur commande et dans les boutiques de l'Artisanat monastique de Paris et Lyon. Chiffrage du linge de maison sur commande. Tapisserie sur commande et après devis (sur canevas peints ou tramés fournis par les clients).
Accès. 130 km au S-E de Clermont-Ferrand par l'A 75 et la N 102. SNCF : Le Puy, puis car Tudip Le Puy/Vals (8 mn, départ de la place Michelet, arrêt Carmel à 700 m du monastère. Pas de car les dimanches et fêtes).

Monastère Sainte-Claire

2, rue Sainte-Claire. 43000 Le Puy
Tél : 04 71 09 17 47

Clarisses. Fondé à l'emplacement actuel par sainte Colette, qui y résida pendant deux ans, de 1432 à 1434.
Voir. L'église du xve siècle, classée.
Offices. Chantés en français, tous les jours. Laudes à 7h (8h30 le dimanche), Messe à 7h30 (9h le dimanche), Vêpres à 18h30.
Accueil. Accueil des personnes en quête de calme, de juin à septembre et pendant les vacances scolaires. Hospitalité monastique, participation aux frais.
Artisanat. Pains d'autel, vêtements et linge liturgique (sur commande).
Accès. Voir Carmel (le monastère est à 5 mn à pied de la gare du Puy).

RANDOL

Abbaye Notre-Dame-de-Randol

63450 Saint-Amant-Tallende (Commune de Cournols)
Tél : 04 73 39 31 00. Fax : 04 73 39 05 28

Bénédictins. En 1971, l'abbaye de Fontgombault (voir p. 112) envoya quelques moines restaurer la vie bénédictine en Auvergne. En vain, ils avaient cherché d'anciens bâtiments monastiques à relever. Mais la vallée accueillante de la Monne en amont de Saint-Saturnin (dont la très belle église romane était jadis le centre d'un petit prieuré de moines), leur fit découvrir un site merveilleusement apte à la vie contemplative : une solitude à la fois austère et aimable, à la sortie des gorges sauvages de la Monne ; dominant de 100 m le torrent, un hameau s'accroche au flanc du rocher, un de ces vieux villages d'Auvergne comme il en meurt tant. Le monastère se construisit non loin du hameau, sur le versant escarpé. Entre 1969 et 1981 s'éleva un ensemble monastique de conception traditionnelle dans son plan, mais d'un style résolument moderne. Le silence et la solitude de la pleine nature s'accordent parfaitement à la recherche de Dieu.
Voir. Dans l'église aux lignes très modernes, le chœur élancé et lumineux ; dans la nef et la chapelle de gauche, les vitraux riches en couleurs (dalle de verre).

Offices. Chantés en grégorien, tous les jours. Messe conventuelle à 10h, Vêpres à 17h15 (17h les dimanches et fêtes, 15h30 les jeudis en été).

Accueil. L'abbaye pratique l'accueil monastique cher à saint Benoît. Il sera plus particulièrement apprécié de ceux qui recherchent le silence et la solitude assez austères qu'offre le site naturel de Randol. Les hommes (individuellement et en groupe) sont reçus au monastère même ; pension complète assurée.

Artisanat. Pâtes de fruits d'Auvergne, miel, fromages Saint-Nectaire. Enregistrement du chœur des moines. A la porterie, vente de livres, de cassettes et de disques religieux, d'objets de piété et d'art religieux.

Accès. 11 km au S de Clermont-Ferrand par l'A 75 (sortie n° 5), la D 213 et la D 96. SNCF : Clermont-Ferrand, puis car (30-45 mn, départ de la gare routière, direction Saint-Saturnin, aucun car les dimanches et fêtes), ou Les-Martres-de-Veyre (ligne Clermont-Ferrand/Issoire), à 10 km du monastère. Aucun car entre la gare et le monastère, mais belle route pour les marcheurs.

RIOM

Monastère des Rédemptoristines

2, faubourg de la Bade. 63200 Riom
Tél : 04 73 38 03 24

Rédemptoristines. Fondé à Grenoble en 1878 et transféré en 1973 dans un ancien monastère de Visitandines.

Offices. En français. En semaine : Laudes à 7h, Messe à 7h30, Vêpres à 17h30, Office des Lectures à 18h30, Complies à 20h45. Le dimanche : Laudes à 7h55, Messe à 8h30, Vêpres à 17h30 suivies de l'Adoration eucharistique.

Accueil. Quelques chambres pour les familles des religieuses.

Accès. 15 km au N de Clermont-Ferrand par la N 9.

SAINT-FLOUR

Carmel

7, montée des Roches. 15100 Saint-Flour
Tél : 04 71 60 01 66. Fax : 04 71 60 93 94

Carmélites. Fondé en juin 1839.

Offices. En français, tous les jours. Les horaires, variables selon la saison, sont affichés à la porte de la chapelle, à la cathédrale et au foyer des Flanchettes.

Accueil. Limité à des retraites en silence.

Artisanat. Pains d'autel, reliure (vente à la porterie). Tableaux pour enfants (vente à la porterie et dans les boutiques de l'Artisanat monastique).

Accès. 85 km au S de Clermont-Ferrand par l'A 75. SNCF : Saint-Flour (ligne Paris/Béziers).

Monastère de la Visitation

7, avenue du Docteur-Mallet. 15100 Saint-Flour
Tél : 04 71 60 07 82.
Fax : 04 71 60 43 97

Visitandines. Fondé à Annecy en 1610 par saint François de Sales et sainte Jeanne de Chantal. Installé à Saint-Flour en 1628 et restauré en 1926.
Offices. En français, tous les jours. Offices à 8h10, 13h30, et 17h, Complies à 21h15, Messe à 8h30 et 10h20.
Accueil. 55 chambres. Le monastère reçoit des hôtes et des retraitantes sur accord préalable.
Accès. Voir Carmel.

Basse Normandie

Calvados

Manche

Orne

BASSE-NORMANDIE

14 Calvados

5 **Bayeux** : Monastère de la Sainte-Trinité
7 **Caen** : Monastère des Carmélites
8 Monastère de la Visitation
9 **Juaye-Mondaye** : Abbaye Saint-Martin de Mondaye
10 **Lisieux** : Monastère du Carmel

50 Manche

4 **Avranches** : Carmel
6 **Bricquebec** : Abbaye Notre-Dame de Grâce
11 **Le-Mont-Saint-Michel** : Abbaye du Mont-Saint-Michel
12 **Saint-James** : Prieuré Saint-Jacques
13 **Saint-Pair-sur-Mer** : Carmel
15 **Valognes** : Abbaye Notre-Dame de Protection

61 Orne

1 **Alençon** : Monastère du Carmel
2 Monastère Sainte-Claire
3 **Argentan** : Abbaye Notre-Dame
14 **Soligny** : Abbaye de La Trappe, Grande Trappe

ALENÇON

Monastère du Carmel

2, place Marguerite-de-Lorraine. 61000 Alençon
Tél : 02 33 26 15 66

Carmélites. Fondé en 1778 par Madame Louise de France, Carmélite de Saint-Denis, et rétabli en 1888 par le carmel du Mans.

Voir. La maison d'accueil, du XVe siècle, construite par la duchesse d'Alençon, la bienheureuse Marguerite de Lorraine, bisaïeule d'Henri IV.

Offices. En semaine, Messe à 8h. Les dimanches et fêtes, Messe chantée en grégorien à 10h15.

Artisanat. Moulage d'Enfants-Jésus en cire, petites crèches et miel avec le label “Monastic”. Bougies, chapelets, scapulaires, Agnus Dei, etc. Vente à la porterie, par correspondance, et dans les boutiques de l'Artisanat monastique de Lille et de Paris.

Accès. 45 km au N du Mans par la N 138. SNCF : Alençon. Le carmel se trouve face à l'église Saint-Léonard, près du Centre hospitalier.

Monastère Sainte-Claire

7, rue de la Demi-Lune. 61000 Alençon
Tél : 02 33 80 21 70. Fax : 02 33 80 21 75

Clarisses. Sa charte de fondation fut signée par Marguerite de Lorraine, duchesse d'Alençon, le 6 octobre 1498, et le monastère érigé près du palais ducal. Refondé en 1819 à l'emplacement actuel.

Offices. Office du matin à 7h30, Messe à 8h, Office du soir à 18h (18h30 le dimanche, sauf le lundi). Prière franciscaine le jeudi à 18h.

Accès. Voir Monastère du Carmel.

ARGENTAN

Abbaye Notre-Dame

2, rue de l'Abbaye. BP 8. 61201 Argentan cedex
Tél : 02 33 67 12 01. Fax : 02 33 35 67 55

Bénédictines. L'abbaye, fondée à Almenesches à la fin du vie siècle, est une des plus anciennes de France. Le monastère, détruit par les invasions normandes, fut restauré vers 1060, puis réformé en 1517 par l'Ordre de Fontevraud. En 1736, Louis xv ordonna son transfert à Argentan, où l'abbesse Louise de Médavy avait fondé, en 1623, un prieuré dépendant d'Almenesches. Les moniales furent dispersées par la Révolution, mais les survivantes se regroupèrent à Vimoutiers en 1822, puis regagnèrent Argentan en 1830. Les bâtiments élevés alors, agrandis au cours du xixe siècle, ayant été détruits lors de la bataille de Normandie en 1944, la communauté dut se réfugier à Sées pendant la reconstruction du monastère. Le retour à Argentan eut lieu en 1958 dans l'abbaye nouvelle, située aujourd'hui en bordure de la ville.

Voir. Dans la nef de l'église abbatiale, une Vierge à l'Enfant du XIVe siècle en pierre, et dans la crypte, dédiée à sainte Opportune, une importante relique de la sainte, à laquelle l'abbaye voue un culte séculaire.

Offices. Les moniales d'Argentan suivent la Règle de saint Benoît dans la fidélité aux orientations du Concile Vatican II et aux enseignements des derniers papes. Elles ont maintenu la liturgie en latin et en chant grégorien. Tous les jours, Messe chantée à 9h25 (10h les dimanches et fêtes), Vêpres à 17h15 (17h les dimanches et fêtes).

Accueil. Quelques chambres, réservées aux familles et à des retraitantes. Une salle peut accueillir des groupes. Un logis annexé à l'abbaye, ouvert en particulier aux jeunes (sauf en hiver) permet, pour de brefs séjours, de participer aux offices monastiques. 2 petits ermitages sont mis à la disposition des hôtes en quête de solitude et de silence.

Artisanat. Dentelle à l'aiguille (point d'Argentan), visite de 14h30 à 16h, images photos et cartes de vœux, agrandissements photos,

reproductions d'icônes présentées sur bois, calligraphie, sérigraphie. Vente à la porterie. Les boutiques de l'Artisanat monastique font appel aux moniales pour des ateliers de photos-images, des cartes, de la sérigraphie, et de la calligraphie.
Le chœur des moniales a enregistré une série de disques et de cassettes de chants grégoriens. Vente à la porterie et par correspondance.
A noter. Une vidéo-cassette présente l'historique du point d'Argentan et les différentes phases de son exécution (durée 40 mn).
Accès. 44 km au N d'Alençon, au carrefour de la N 158 Sées/Caen, de la N 26 Verneuil-sur-Avre/Argentan et de la D 916 Vimoutiers/La Ferté Macé. Le chemin de l'abbaye est indiqué à toutes les entrées de la ville. SNCF : Argentan.

AVRANCHES

Carmel

59, boulevard du Luxembourg. 50300 Avranches
Tél : 02 33 58 23 66. Fax : 02 33 58 77 99

Carmélites. Fondé à Merville (Nord) en 1890, installé à Avranches en 1921. Pose de la première pierre du nouveau monastère en 1936 et dédicace de l'église en 1990.
Voir. La coupole de la chapelle, en dalles de verre éclaté, œuvre de M. Gabriel Loire, Maître-verrier de Chartres.
Offices. Chantés en français tous les jours. Laudes à 8h25, Messe à 9h, Office du soir à 17h45.
Accueil. 5 chambres à l'hôtellerie pour des retraitants, des retraitantes et les familles des sœurs. Possibilité d'accueil de groupes d'avril à octobre, dans une maison mitoyenne du monastère, pour des journées de prière et des week-ends (10 personnes maximum).
Artisanat. Bougies d'art, cartes et cadres paille, céramique, reliure. Vente sur place et dans les boutiques de l'Artisanat monastique.
Accès. 80 km au N de Rennes par l'A 84 et la N 175 à la sortie d'Avranches, à 800 m du monument Patton. SNCF : Avranches (ligne Paris-Saint-Lazare/Saint-Malo), puis taxi.

BAYEUX

Monastère de la Sainte-Trinité

48, rue Saint-Loup. 14400 Bayeux
Tél : 02 31 92 88 82 et 02 31 92 84 01. Fax : 02 31 21 59 91
benedictines.bayeux@wanadoo.fr

Bénédictines. Fondé le 13 décembre 1648, sur l'actuelle place de Gaulle, par les trois sœurs d'Escoville, venues de l'abbaye aux Dames de Caen. Les bâtiments du monastère actuel datent de 1865 et sont construits sur l'emplacement d'un ancien couvent de Cordeliers dont il reste le pavillon Saint-Michel (XIIIe-XVIe siècles). Ils bénéficient à la fois des avantages de la ville et de la campagne. Plusieurs espaces verts sont à la disposition des hôtes.
Voir. Dans l'église, la Vierge en bois sculpté d'Yves Le Pape et la châsse dorée du XVIIe siècle renfermant les restes de sainte Ide, mère de Godefroy de Bouillon.
Offices. Chantés, tous les jours. Se renseigner pour les horaires.

Adoration perpétuelle du Très Saint Sacrement (exposé tous les jeudis, les premiers vendredis de chaque mois et les jours de solennités).

Accueil. Les personnes en quête de recueillement et de ressourcement spirituel sont accueillies avec joie, dans le partage de la prière monastique. Possibilité de retraite privée et en groupe (avec animateur). Frais de séjour laissés à la discrétion de chacun. Séjour de 15 jours maximum. Les jeunes filles désireuses de découvrir la vie monastique peuvent demander à la partager durant quelques jours, au rythme de la communauté. Adresser la demande écrite à la sœur chargée de l'accueil. L'hôtellerie a été entièrement rénovée en 2001. Sessions diverses et enseignement aux groupes qui le demandent. Salles de conférence.

Artisanat. Reliure, ouvrages divers. Vente de produits monastiques et vaste rayon librairie-carterie au magasin. Vente par correspondance. Salle de projection audio-visuelle.

Accès. 28 km au N-O de Caen par la N 13. SNCF : Bayeux (ligne Paris-Saint-Lazare/Cherbourg), puis 20 mn à pied.

BRICQUEBEC

Abbaye Notre-Dame de Grâce

50260 Bricquebec
Tél : 02 33 87 56 10. Fax : 02 33 87 56 16

Cisterciens-Trappistes. Fondée le 13 juillet 1824 par l'abbé Onfroy, curé de Digosville (Manche). Le monastère est érigé en prieuré en 1825 et en abbaye en 1836. Dom Vital Lehodey (1893-1929) donne à l'abbaye son orientation spirituelle. En 1898, l'abbaye prend en charge deux monastères japonais. Le rayonnement apostolique se poursuit au Japon, qui compte actuellement deux monastères de moines et cinq monastères de moniales.

Offices. En français. En semaine : Matines à 4h, Laudes à 6h, Concélébration et Tierce à 8h15, Sexte (au réfectoire) à 12h15, None à 14h15, Vêpres à 18h (samedi et veilles de fêtes à 20h), Complies à 20h. Les dimanches et fêtes : mêmes horaires sauf Laudes à 7h, Concélébration à 11h et Vêpres à 15h30.
Accueil. L'hôtellerie reçoit des retraitants pour une semaine maximum dans le silence et la prière. Un montage audio-visuel est présenté tous les après-midi. Frais de séjour selon les possibilités de chacun.
Artisanat. La communauté vit de son exploitation agricole et de son laboratoire de charcuterie. Un magasin dans lequel on trouve tous les produits de l'abbaye et ceux de différents monastères est ouvert tous les jours, ainsi qu'une librairie religieuse (livres, cartes et objets religieux). Tél du magasin : 02 33 87 56 14. Fax : 02 33 87 56 15.
Accès. 22 km au S de Cherbourg par la D 900. Service de cars entre Cherbourg et Coutances (arrêt à Bricquebec, à 1,5 km de l'abbaye).

CAEN

Monastère des Carmélites

8, rue Duclos Beaunois. 14000 Caen
Tél : 02 31 93 66 63. Fax : 02 31 93 99 54

Carmélites. Fondé en 1616.
Offices. Messe à 11h15 (9h30 le dimanche), Vêpres à 17h.
Artisanat. Pains d'autel, jetés de lit matelassés (sur commande), images, icônes, lampes avec abat-jour décor naturel.
Accès. Le carmel est sur la route du CHR.

Monastère de la Visitation

3, rue de l'Abbatiale. 14000 Caen
Tél : 02 31 86 19 40. Fax : 02 31 50 05 75
visitation.caen@wanadoo.fr

Visitandines. Fondé à Dol-de-Bretagne en 1627, du vivant de sainte Jeanne de Chantal, et transféré à Caen en 1631.
Office du soir à 17h30, intégré à la Messe. Le dimanche, Messe à 10h.
Accueil. Pour les religieuses, les dames et les jeunes filles désirant effectuer une retraite individuelle. Foyer pour jeunes lycéennes et étudiantes.
Artisanat. Reliure artisanale en toile, cuir, etc. (vente à la porterie). Layettes, robes à smocks, tricots pour enfants (sur commande).

A noter. De 1899 à 1941, vécut dans ce monastère Léonie Martin, sœur de sainte Thérèse de l'Enfant-Jésus. Elle est inhumée dans la crypte, accessible aux visiteurs sur demande.
Accès. Depuis la gare SNCF, bus n° 1 (arrêt Place des Boucheries).

JUAYE-MONDAYE

Abbaye Saint-Martin de Mondaye

14250 Juaye-Mondaye
Tél : 02 31 92 58 11. Fax : 02 31 92 08 05
abbaye@mondaye.com
www.mondaye.com

Prémontrés. Les Prémontrés, qui occupent l'abbaye depuis le XIIIe siècle, forment une communauté canoniale selon l'esprit de saint Norbert, leur fondateur, et selon l'idéal monastique de saint Augustin.
L'ensemble de l'église abbatiale et du monastère, du xiiie siècle (site classé). Visites guidées l'après-midi (le dimanche et tous les jours en juillet-août) à 15h, 16h et 17h.
Offices. Chantés tous les jours. Les horaires des offices varient suivant la saison (se renseigner au préalable).
Accueil. Toute l'année, pour des retraites individuelles et en groupe, et pour un accompagnement spirituel avec un frère de la communauté. Séjour de 1 à 8 jours. Écrire ou téléphoner au préalable au Frère Hôtelier.
Artisanat. Divers produits monastiques, grand choix de livres religieux, rayon spécialisé de musique sacrée et liturgique. Magasin ouvert tous les jours de 9h à 18h.
A noter. L'abbaye édite une revue, *Le Courrier de Mondaye*, qui se donne comme objectif de faire connaître les activités de l'abbaye et la spiritualité de l'Ordre de Prémontré. Elle a également développé un site Internet présentant l'abbaye et son histoire, le charisme et la spiritualité de l'Ordre de Prémontré, ainsi que le calendrier des retraites et des manifestations culturelles.
Accès. 8 km au S de Bayeux par la D 67. SNCF : Bayeux (ligne Paris/Cherbourg), puis taxi.

LISIEUX

Monastère du Carmel

37, rue du Carmel. 14100 Lisieux
Tél : 02 31 62 90 46. Fax : 02 31 62 27 35
carmel-de-lisieux@wanadoo.fr

Carmélites. Le carmel de Lisieux a été fondé en 1838. Sainte Thérèse de l'Enfant Jésus y entra cinquante ans plus tard, le 9 avril 1888, à l'âge de quinze ans. Elle y mourut le 30 septembre 1897, après huit années marquées d'épreuves successives, de doutes et de maladies. Une vie de religieuse apparemment si ordinaire qu'une converse du carmel dira ingénument : "Si aimable qu'elle ait été, je ne sais pas ce que notre Mère Prieure pourra trouver à raconter sur cette petite sœur"... La prieure n'eut pas à chercher. Tout était dit dans ces humbles cahiers d'écolière où, d'une écriture appliquée, Thérèse avait écrit sa vie, et qui allaient bouleverser des millions d'âmes. L'histoire d'une âme, publiée à deux mille exemplaires au premier anniversaire de sa mort, devait être traduite en plus de cinquante langues. La publication ultérieure des manuscrits originaux n'a pas affadi le visage de sainte Thérèse. Ce n'est plus une sainte pâlotte effeuillant des pétales de roses, mais un être de chair et de sang luttant pied à pied contre les tentations, primesautière avec de petits défauts. Très semblable, en somme, à chacun de nous mais si grande par sa foi, sa confiance en Dieu, sa charité ardente, attentive à tous. Quel encouragement ! Canonisée le 17 mai 1925, vingt-huit ans seulement après sa mort, sainte Thérèse de l'Enfant Jésus est, depuis 1927, la patronne des missionnaires. Au cours d'une cérémonie solennelle qui s'est déroulée à Saint-Pierre de Rome le 19 octobre 1997, sainte Thérèse de l'Enfant Jésus a été reconnue «docteur de l'Eglise». C'est la troisième sainte qui obtient ce titre après Thérèse d'Avila et Catherine de Sienne.

Voir. A la chapelle, la châsse de sainte Thérèse et, dans la cour de la chapelle, à gauche en entrant, la "salle des souvenirs" où sont exposés de nombreux et émouvants objets, présentés par un montage audio-visuel en plusieurs langues.
Offices. En français, tous les jours, à 7h15, 13h45 et 17h. Les moniales sont placées dans le chœur, à angle droit par rapport à la chapelle où le public a accès, mais la grille est totalement ouverte et la sonorisation assurée.
Accueil. Il n'y a pas d'accueil sur place, mais en raison du pèlerinage, une maison pour retraitants est aménagée tout près (l'Ermitage, 23, rue du Carmel) et on peut s'y adresser pour toute demande d'accueil de ce genre.
Artisanat. Icônes sur plaques de bois, images, cartes de vœux, tricots, atelier de reliure, confection, étoles liturgiques, cannage. Vente sur place (à la porterie et au secrétariat dans la cour de la chapelle) et dans les boutiques de l'Artisanat monastique.
A noter. Bien que la glorification et la mission universelle de sainte Thérèse de l'Enfant Jésus aient marqué l'histoire du carmel de Lisieux, et malgré les visites nombreuses qu'attire la châsse de la sainte dans la chapelle du monastère, la communauté des Carmélites désire surtout que cette chapelle soit le lieu d'un ressourcement authentique de vie spirituelle dans l'oraison et le silence. Il est important que soit sauvegardé à Lisieux le climat spécifique de la spiritualité carmélitaine qui a façonné l'âme missionnaire de sainte Thérèse de l'Enfant Jésus.
Accès. 49 km à l'E de Caen par la N 13.

LE MONT-SAINT-MICHEL

Abbaye du Mont-Saint-Michel
BP 10. 50170 Le Mont-Saint-Michel
Tèl : 02 33 58 31 71. Fax : 02 33 58 82 03
www.abbaye-montsaintmichel.com

Fraternités Monastiques de Jérusalem. En 709, un évêque d'Avranches, saint Aubert, poussé par une inspiration de Dieu, décide de construire une chapelle et d'y établir des prêtres pour prier l'Archange saint Michel sur un rocher désert appelé : le mont "Tombe".
Près de trois cents ans plus tard, en 966, des moines bénédictins s'y installent et réaménagent les logis existants pour en faire un monastère qui sera très vite, trop petit. Vers 1020, la communauté modifie de fond en comble ce qui existe et construit une immense église sur le sommet du rocher, destinée à accueillir les nombreux pèlerins (les "miquelots", comme on les appelait), les bâtiments conventuels s'étageant autour. Au XIIIe siècle, de nouvelles constructions s'édifient au Nord, six salles magnifiques immédiatement dénommées "la Merveille". On est alors à l'apogée des pèlerinages qui font du Mont-Saint-Michel l'un des lieux les plus célèbres de toute la Chrétienté.
En 1424, le chœur roman s'écroule, il est remplacé en 1490 par un nouveau chœur gothique flamboyant, qui donne à l'église abbatiale cet aspect si original.
En 1791, les moines sont chassés par la Révolution et l'Abbaye est transformée en prison jusqu'en 1864.
En 1874, l'Abbaye est confiée au service des "Beaux-Arts" afin d'être restaurée.
En 1886, l'église paroissiale placée sous le patronage de saint Pierre devient le sanctuaire officiel du pèlerinage à Saint-Michel.
En 1966, lors des fêtes du millénaire monastique, une communauté provisoire de bénédictins se réinstalle dans l'Abbaye pour quelques mois.
En 1969, une nouvelle communauté permanente de frères et sœurs vivants selon la règle de saint Benoît, y fait renaître la vie monastique.
Depuis le 24 juin 2002, à la demande de Mgr Fihey, évêque de Coutances et Avranches, les Fraternités Monastiques de Jérusalem, deux communautés de moines et de moniales (voir p. 17, 100), y assurent de nouveau la louange quotidienne et l'accueil monastique, vivant dans l'Abbaye, qui reste propriété de l'Etat et est gérée par le Centre National des Monuments Historiques et des Sites.
Offices. Prière silencieuse à 6h30, Laudes à 7h (8h le samedi et le dimanche), Eucharistie à 12h15 (sauf le lundi), Vêpres à 18h30 (sauf dimanche et lundi), Pour Laudes et Vêpres, se présenter un quart d'heure avant l'heure à la porte de l'abbaye. Pour la Messe, se présenter dés 12h au contrôle des tickets en précisant que l'on vient pour la Messe. Le jeudi, Adoration du Saint Sacrement à l'Eglise Saint-Pierre au village à 20h30.
Accueil. Accueil des retraitants (particuliers et petits groupes de 8 personnes maximum) pour un séjour en silence, au rythme des offices, du mardi au dimanche matin. La participation à l'Office des Laudes n'est pas imposée. Durant le séjour, les Frères ou les Sœurs peuvent proposer ponctuellement de participer à quelques travaux communautaires.
Les Frères reçoivent les hommes, les Sœurs reçoivent les femmes s'engageant à vivre une authentique retraite de silence, au rythme des communautés. L'accès des retraitants se limite aux lieux et

aux heures de célébration. Pour visiter l'Abbaye, il faut acquitter les droits d'accès.
Les deux Fraternités Monastiques mettent à disposition quelques chambres simples ou doubles dans une maison du Mont-Maint-Michel, à proximité de l'Abbaye, gérée par un hôtel privé et réservée aux seuls retraitants. Le prix de la nuit est de 16 à 23 €. Pour les repas à la communauté, l'offrande est libre. Contacter la Sœur Hôtelière : hotellerie@abbaye-montsaintmichel.com
Confirmer la retraite 48h auparavant par courrier, tél ou fax.
L 'accueil des groupes peut se faire aussi à la Maison du Pèlerin, ancien presbytère, dernière habitation du village avant l'escalier de l'abbaye, recevant pour la journée les scouts, lycéens, collégiens des aumôneries, le 3e âge, etc. à l'occasion des pèlerinages :
Maison du Pèlerin
BP 1. 50170 Mont-Saint-Michel
Tél : 02 33 60 14 05
sanctuaire.saint.michel@wanadoo.fr
Artisanat. Librairie religieuse, objets de piété, médailles de saint-Michel, bougies à la Maison du Pèlerin.
Accès. SNCF : Pontorson, puis car ou taxi (9km). Service de car entre Rennes et le Mont-Saint- Michel (Courriers bretons, renseignements : 02 33 60 11 43).

SAINT-JAMES

Prieuré Saint-Jacques

50240 Saint-James
Tél : 02 33 48 31 39. Fax : 02 33 48 67 23

Bénédictines de Jésus Crucifié (maison-mère à Brou-sur-Chantereine, voir p. 148). Fondé en 1930.
Offices. Chantés en français. En semaine : Office des Lectures à 7h15, Laudes à 9h, Heure médiane et Eucharistie à 11h45 (11h30 le dimanche), Vêpres à 16h45, Complies ou Vigiles à 20h45.
Accueil. L'hôtellerie est ouverte à des petits groupes et à des personnes individuelles (prêtres, religieuses, dames, jeunes filles,

couples) pour des séjours de réflexion et des retraites privées, avec partage de la prière de la communauté.
Accès. 72 km au N de Rennes par l'A 84, 18 km au S d'Avranches par la N 178. SNCF : Pontorson (ligne Caen/Coutances/Rennes), puis taxi (14 km).

SAINT-PAIR-SUR-MER

Carmel

213, route de Lézeaux. 50380 Saint-Pair-sur-Mer
Tél : 02 33 50 12 00

Carmélites. Fondé en 1894.
Offices. Les visiteurs sont invités à participer aux Offices. Un horaire est affiché à l'entrée de la chapelle.
Accueil. Quelques possibilités pour des retraites individuelles (4 chambres).
Artisanat. Céramique, robes à smocks. En vente sur place et dans les boutiques de l'Artisanat monastique.
Accès. 3,5 km au S de Granville par la N 811. SNCF : Granville, puis car.

SOLIGNY

Abbaye de la Trappe (Grande-Trappe)

61380 Soligny-la-Trappe
Tél : 02 33 84 17 00 et 02 33 84 17 05 (Frère Hôtelier). Fax : 02 33 34 98 57
la.trappe@wanadoo.fr

Cisterciens-Trappistes. Fondée en 1140 par Rotrou III, comte du Perche, l'abbaye n'abritait plus au XVIIe siècle que six moines "qui vivaient en braconniers, voire en brigands". Après une conversion retentissante, Armand-Jean Le Bouthillier de Rancé, filleul de Richelieu, abbé commendataire, puis régulier (1664), sauva la maison de la ruine en y instaurant une rigoureuse discipline qui, loin de décourager les vocations, attira les âmes fortes. Cette réforme sauva, au prix de rudes sacrifices, l'Ordre tout entier. A la Révolution, les moines de La Trappe accomplirent en effet pour sauver leur vie monastique une extraordinaire odyssée qui leur fit traverser, sous la conduite de Dom Augustin de Lestrange, une bonne partie de l'Europe pour aller s'installer provisoirement en Russie. Certains moines allèrent en Angleterre et jusqu'en Amérique du Nord. La Trappe fut réoccupée par Dom Augustin en 1815. L'abbaye a donné son nom à tous les autres monastères de l'Ordre cistercien réformé. Les bâtiments réguliers actuels datent de la fin du xixe siècle.
Chateaubriand a décrit l'abbaye de La Trappe dans *La vie de Rancé* en 1844. Avant lui y passèrent Bossuet et Saint-Simon.
Offices. Le public y est admis tous les jours. En semaine, Messe à

7h, Vêpres à 18h15. Les dimanches et fêtes, Messe à 10h30, Vêpres à 17h.

Accueil. L'hôtellerie reçoit des personnes seules et en groupe, pour des retraites de quelques jours. S'adresser au Frère Hôtelier. Une "Bergerie" a été aménagée pour accueillir des groupes de jeunes et d'handicapés. S'adresser par écrit au responsable.

Artisanat. Pâtes de fruits, objets de piété. Outre ces produits fabriqués à La Trappe, le magasin de l'abbaye vend des articles en provenance d'une cinquantaine d'autres monastères. Librairie religieuse. Vente dans les boutiques de l'Artisanat monastique.

A noter. Présentation audio-visuelle de la vie des moines (25 mn). S'adresser au Frère Portier.

Accès. 50 km au N-E d'Alençon, 15 km au N de Mortagne par la D 930. SNCF : L'Aigle, à 18 km du monastère (ligne Paris/Alençon).

VALOGNES

Abbaye Notre-Dame-de-Protection

8 rue des Capucins. 50700 Valognes
Tél : 02 33 21 62 82 et 02 33 21 62 88 (Sœur Hôtelière)
Fax : 02 33 21 62 83
secretariat.valognes@wanadoo.fr
perso.wanadoo.fr/abbaye.valognes/

Bénédictines. L'abbaye fut fondée en 1623. Après la Révolution, les moniales purent acquérir l'ancien couvent des Capucins et c'est là que la communauté réside aujourd'hui. Le monastère est rattaché à la Congrégation Bénédictine de Subiaco. L'abbaye a fondé un monastère à Koubri (Burkina Faso) en 1962.

Voir. L'église, belle synthèse d'ancien et de moderne. Restaurée après les démolitions causées par le débarquement de 1944. Vitraux et Christ au-dessus de l'autel, de Léon Zack. Vierge de H. Rey, en bois sculpté représentant, étagé sur un même fût, la Vierge et Sainte Anne, l'Annonciation et la Vierge avec l'Enfant Jésus.

Offices. Possibilité de participer à la prière de la communauté. En semaine : Matines à 5h40, Laudes à 7h, Messe à 9h, Heure médiane à 15h, Vêpres à 18h15, Complies à 20h30. Le dimanche : Laudes à 7h15, Messe à 10h15, Vêpres à 17h45.

Accueil. Accueil offert à tous, spécialement réservé aux personnes souhaitant vivre un temps de recueillement, de silence et de paix. Séjour de 10-15 jours maximum.

A noter. Initiation à la "Lectio Divina" pour tous les dimanches d'été. Pour tout renseignement, contacter la Sœur Hôtelière (Tél : 02 33 21 62 88).

Accès. 23 km au S de Cherbourg par la N 13. SNCF : Valognes (ligne Paris Saint-Lazare/Caen/Cherbourg).

Bourgogne

Côte-d'Or

Nièvre

Saône-et-Loire

Yonne

BOURGOGNE

21 Côte-d'Or

- ❶ **Beaune** : Communauté des Béatitudes
- ❹ **Flavignerot** : Carmel
- ❺ **Flavigny-sur-Ozerain** : Abbaye Saint-Joseph de Clairval
- ❼ **Montbard** : Monastère Saint-Elie
- ⓮ **Saint-Nicolas-les-Cîteaux** : Abbaye de Notre-Dame de Cîteaux

58 Nièvre

- ❽ **Nevers** : Carmel
- ❾ Monastère de la Visitation

71 Saône-et-Loire

- ❸ **Epinac** : Monastère Notre-Dame du Val d'Adoration
- ❻ **Mazille** : Carmel de la Paix
- ❿ **Paray-le-Monial** : Monastère du Rosaire du Sacré-Cœur
- ⓫ Monastère Sainte-Claire du Sacré-Cœur
- ⓬ Monastère de la Visitation
- ⓱ **Taizé** : Communauté de Taizé
- ⓲ **Venière** : Abbaye Notre-Dame

89 Yonne

- ❷ **Bussy-en-Othe** : Monastère Notre-Dame de Toute Protection
- ⓭ **La Pierre-qui-Vire** : Abbaye Sainte-Marie de La-Pierre-qui-Vire
- ⓯ **Sens** : Carmel
- ⓰ Monastère de la Nativité
- ⓳ **Vézelay** : Fraternité Monastique de Jérusalem

BEAUNE

Communauté des Béatitudes

14, rue de Chorey, 21200 Beaune
Tél / Fax : 03 80 22 27 43

Ancien carmel fondé le 26 juillet 1619 en centre ville, fut transféré en 1836 à l'adresse actuelle. Il fut repris en 2001 par la communauté des Béatitudes, communauté nouvelle fondée en 1973, qui a pour charisme la mixité des états de vie.

Voir. Dans la chapelle, la statue du Petit Roi de Grèce dans une châsse dorée.

Offices. Laudes à 7h du lundi au vendredi. Messe tous les jours à 8h (sauf le samedi). Chapelet tous les jours à 12h (sauf le dimanche) et à 17h30 samedi et dimanche. Vêpres tous les jours à 18h.

Accueil. Accueil pour des petits temps de retraite personnelle avec possibilité de partager la vie communautaire et accompagnement spirituel sur demande. Accueil de groupes pour la journée (explication de la dévotion à l'Enfant-Jésus).

Artisanat. Livres, objets de dévotion, statues, Jésus en cire pour la crèche.

A noter. L'ancien carmel de Beaune est le siège de la dévotion au Roi de Grèce, l'une des trois statues miraculeuses de l'Enfant-Jésus existant au monde, honorée dês 1643 par soeur Marguerite du Saint-Sacrement (maintenant vénérable) carmélite à Beaune (1619-1648). Une neuvaine annuelle lui est consacrée, du 25 janvier au 2 février ainsi que la prière de la petite couronne tous les 25 du mois. (Brochure explicative en vente à la communauté).

Accès. 38 km au S de Dijon par la N 4. SNCF : Beaune. De la gare, descendre l'avenue du 8 Septembre, tourner à droite, longer le rempart, puis à droite prendre la rue de Chorey (direction Grigny).

BUSSY-EN-OTHE

Monastère Notre-Dame de Toute-Protection

11 rue de la Forêt. 89400 Bussy-en-Othe
Tél/Fax : 03 86 91 93 52
monastere.bussy@wanadoo.fr
http://perso.wanadoo.fr/monastere.bussy

Monastère orthodoxe féminin de tradition russe. Fondé le 2 juillet 1946 dans une grosse maison du bourg. La nouvelle église, dédiée à la Transfiguration, a été terminée pour Pâques 2003. Elle abrite de nombreuses icônes.

Offices. En semaine : Matines et Prime à 6h30 ; None, Vêpres et Complies à 18h30. Liturgie le mardi, jeudi et samedi à 7h30. Samedi soir : Vigiles à 18h. Dimanche et fêtes : Heures à 10h et Liturgie à 10h30 ; Vêpres à 19h.

Les Offices sont célébrés en français et en slavon. Le chœur chante en slavon (russe d'église). Ils sont ouverts à tous.
Accueil. Le monastère dispose d'une quinzaine de chambres pour un ressourcement spirituel. Sans limitation de durée.
Artisanat. Petit artisanant monastique orthodoxe. Produits de bouche. Icônes peintes et sur émail sur commande. Point de vente de livres orthodoxes, en russe et en français. Edition : traduction française de textes liturgiques.
Accès. SNCF à 6 km de la gare de Laroche-Migennes. Par l'A6, sortie Migennes ou Joigny. Par l'A5, sortie Sens. Sur la D47.

ÉPINAC

Monastère Notre-Dame du Val d'Adoration

Le Val-St-Benoît. 71360 Épinac
Tél : 03 85 82 04 32. Fax : 03 85 82 90 61

Moniales de Bethléem, de l'Assomption de la Vierge et de saint Bruno.
En 1236, ce monastère fut construit par Gauthier de Sully, et dédié à la Très Sainte Vierge Marie. Durant trois siècles, des moines de l'ordre du Val des Choux, ordre fondé par des disciples de saint Bruno, y menèrent une vie de solitude et de prière. Le monastère fut abandonné au xviie siècle. En 1982, il fut offert aux moniales de Bethléem, de Saint-Bruno et de l'Assomption de la Vierge. Dès lors, il retrouve sa raison d'être, c'est-à-dire le silence, la prière, la louange liturgique. Dans la fidélité à la sagesse de saint Bruno, une vie de solitude et d'adoration est offerte à Dieu, en des ermitages individuels, par la communauté des moniales. Et la présence de Marie dans la Trinité est la grande clarté qui appelle chaque membre de la communauté à anticiper l'allégresse de l'éternité, dans le réalisme de la pauvreté de Bethléem.
Voir. L'église du XIIIe siècle, classée : les voûtes du chœur et de la nef ont été restaurées en 1988, le porche primitif a été reconstitué.
Offices. En français. Les Offices de Matines et de Vêpres, suivis de l'Eucharistie, rassemblent la communauté à l'église du monastère. Les autres heures de l'Office sont célébrées par chaque moniale dans la solitude de sa cellule.

Accueil. Quelques ermitages sont mis à la disposition de ceux qui désirent faire une retraite dans le silence et la solitude. Ils peuvent participer à la liturgie du monastère.
Artisanat. A la porterie sont exposés et vendus les fruits du travail de l'ensemble des monastères de Bethléem : vaisselle de faïence peinte à la main, statues en chêne massif, statuettes et crèches, icônes, images et cartes, croix et émaux, cassettes liturgiques, livres religieux, produits naturels. Un audiovisuel présente la vie des moines et moniales de Bethléem, de Saint-Bruno et de l'Assomption de la Vierge.
Accès. 12 km au N-E d'Autun par la D 973 et la D 326. SNCF : Chagny ou Autun, puis car pour Épinac (arrêt à 4 km du monastère).

FLAVIGNEROT

Carmel

Flavignerot. 21160 Marsannay-la-Côte
Tél : 03 80 42 92 38. Fax : 03 80 42 93 84
carmel.flavignerot@wanadoo.fr
www.elisabeth-dijon.org

Carmélites. Fondé à Dijon en 1605, restauré en 1865, transféré à Flavignerot en 1979.
Voir. Près de la chapelle, la cellule reconstituée de la bienheureuse Élisabeth de la Trinité et un petit musée où sont conservés des souvenirs et des objets lui ayant appartenu.
Offices. Laudes à 7h15, Sexte à 12h, Vêpres à 18h, Vigiles à 21h. Eucharistie le lundi à 11h, le mercredi à 8h30, le dimanche à 17h30, les autres jours à 8h.
Accueil. 8 chambres pour des retraitants et des retraitantes, dans le partage de la prière et du silence. Séjour de 10 jours maximum.
Artisanat. Tissage, tricot, vêtements liturgiques. Traitement de texte, décryptage de cassettes. Librairie concernant la bienheureuse Élisabeth de la Trinité : livres, cartes, images, médailles... Vente sur place et par correspondance. Atelier de reliure.
Accès. 12 km au S-O de Dijon. SNCF : Dijon, puis taxi. Quelques bus font la liaison, surtout en période scolaire, avec des horaires variables (téléphoner au monastère).

FLAVIGNY-SUR-OZERAIN

Abbaye Saint-Joseph de Clairval

21150 Flavigny-sur-Ozerain
Tél : 03 80 96 22 31. Fax : 03 80 96 25 29
abbaye@clairval.com
www.clairval.com

Bénédictins. La communauté, fondée en 1972, s'est installée dans l'ancien Petit Séminaire. Elle restaure ainsi dans le village une

présence monastique qui avait duré de 719, année de la fondation de l'abbaye Saint-Pierre, jusqu'à la Révolution.

Voir. Flavigny est répertorié parmi les plus beaux villages de France. Crypte carolingienne, église paroissiale des XIIe et XIIIe siècles, nombreuses maisons anciennes.

Offices. En latin avec chant grégorien. Messe à 11h10, sauf exception (10h10 les dimanches et solennités), Vêpres à 17h40 (17h10 les dimanches et solennités). Accès libre à l'église, indépendante du monastère.

Accueil. Hommes et jeunes gens. Principalement des retraites de 5 jours dirigées par les moines (calendrier sur demande, écrire au Père Hôtelier).

Artisanat. Micro-composition (PAO), sculpture de statue en pierre naturelle, vente par correspondance d'enregistrements de chants grégoriens, de livres et d'icônes réalisés par les moines. Catalogue et devis sur demande.

Accès. 60 km au N-O de Dijon par la N 71,15 km à l'E de Semur-en-Auxois par la D 954. Par l'A 6, sortie Bierre-les-Semur. SNCF : Montbard (25 km) ou Les Laumes (8 km), puis taxi.

MAZILLE

Carmel de la Paix

Mazille. BP 10. 71250 Cluny
Tél : 03 85 50 81 43 et 03 85 50 80 54. Fax : 03 85 50 83 83

Carmélites. Fondé à Chalon-sur-Saône en 1610. Transféré à Mazille en 1971.

Voir. L'architecture contemporaine du monastère, due à José-Luis Sert. Et au pied de la colline, la petite église romane de Mazille (classée).

Offices. Ouverts à tous. Tous les jours : Laudes à 7h, Eucharistie à 11h, Office du soir à 17h30, Vigiles à 21h.

Accueil. Individuels ou groupes. Toute inscription doit se faire par écrit. Le silence est souhaité aux abords du monastère, mais des salles sont mises à la disposition des groupes pour leurs rencontres et une maison à l'écart peut accueillir les couples avec leurs enfants. Possibilité de participer à quelques travaux des champs.

Artisanat. Atelier d'empaillage de sièges. Fauteuils, chaises, tabourets, design J.-L. Sert. Atelier de vannerie. Confection d'aubes.
Accès. 24 km au N-O de Mâcon par la N 79. SNCF : Mâcon, puis car jusqu'à Cluny (arrêt Mazille) ou Charolles (arrêt Sainte-Cécile).

MONTBARD

Monastère Saint-Elie

5, rue du Floquet. 21500 Saint-Rémy-les-Montbard
Tél : 03 80 92 07 40. Fax : 03 80 92 48 79
stelie@club-internet.fr
http://www.carmel.asso.fr/famille/moniale/st-remy/21500.shtml

Carmélites. Fondé en 1974 par le carmel de Nancy, érigé en 1986 en carmel de rite byzantin.
Offices. En français selon le rite byzantin. En semaine : Matines à 6h, Liturgie eucharistique à 7h, Tierce - Acathiste - Sexte à 11h30, Vêpres à 17h. Le dimanche : Tierce - Sexte à 9h30, Liturgie eucharistique à 10h, Vêpres à 17h, Complies à 19h30. Les samedis et veilles des grandes fêtes, Vigile à 18h.
Accueil. Quelques chambres pour des personnes désireuses de partager le silence et la prière du monastère, dans un esprit œcuménique.
Artisanat. Peinture d'icônes, montage sur bois de reproductions d'icônes, chapelets orientaux pour la “prière à Jésus”, reliure.
Accès. 81 km au N-O de Dijon par la N 71 et la D 19. SNCF : Montbard (ligne TGV Paris/Lyon), puis taxi (4 km).

NEVERS

Carmel

35, rue des Montapins. 58000 Nevers
Tél : 03 86 57 09 75. Fax : 03 86 61 40 73

Carmélites. Fondé le 8 décembre 1619, rétabli en 1802 et transféré au flanc d'une colline en 1966.
Voir. Les bâtiments de style moderne, en particulier la chapelle en bois exotique et son plafond en forme de coque de navire.

Offices. En français, avec quelques pièces en grégorien. Tous les jours : Laudes à 7h, Tierce à 8h20, Messe à 8h30, Sexte à 11h30, Vêpres à 17h, Lectures à 20h suivies des Complies. Adoration du Saint-Sacrement le mardi de 20h à 21h.

Accueil. 3 chambres hors clôture pour des religieuses, des aspirantes à la vie du Carmel, les parents des sœurs et des prêtres de passage.

Artisanat. Chemises de nuit, tabliers, pains d'autel, images peintes, icônes, reliure (vente à la porterie). Sorties de bain et serviettes pour bébé (vente à la porterie et dans les boutiques de l'Artisanat monastique).

Accès. 68 km à l'E de Bourges par la D 976. SNCF : Nevers, puis bus n° 4A. Le carmel est à 900 m de la gare.

Monastère de la Visitation

49, route des Saulaies. 58000 Nevers
Tél : 03 86 57 37 40. Fax : 03 86 57 25 98

Visitandines. Fondé à Moulins (Allier), le 25 août 1616. Troisième de l'Ordre qui prit naissance à Annecy en 1610, sous l'impulsion de saint François de Sales et sainte Jeanne de Chantal. Après la Révolution, le monastère fut restauré en 1818 à La Charité-sur-Loire, puis en 1854 à Nevers. Exilé en Belgique en 1908, il retourna à Nevers en 1935 sur la colline des Montapins, et s'est installé en 1993 dans des locaux plus petits, situés au bord de la Loire.

Voir. La chapelle, une grange aménagée laissant apparaître la roche naturelle ; les souvenirs de sainte Jeanne de Chantal, fondatrice de l'Ordre, qui décéda le 13 décembre 1641.

Offices. Tous les jours (sauf le mercredi, jour de désert) : Lectures à 7h30, Office du matin à 8h30, Eucharistie à 11h, Office du soir à 18h. Le dimanche, Office du matin à 8h et Messe à 9h30.

Accueil. 15 lits dont 9 chambres particulières. Séjour de 8 jours maximum. Possibilité de retraite en clôture.

Artisanat. Broderie machine. Produits de la marque Monastic. Vente au monastère. Entretien et location des aubes pour les professions de foi.

Accès. Voir Carmel. Le monastère est à 2 km de la gare, au bord de la Loire, direction "Panorama du Bec d'Allier".

PARAY-LE-MONIAL

Monastère du Rosaire du Sacré-Cœur

40, avenue de Charolles. 71600 Paray-le-Monial
Tél : 03 85 81 09 09. Fax : 03 85 88 82 92
dominicaines.paray@wanadoo.fr

Dominicaines. Fondé en 1929.

Voir. A proximité, la splendide basilique clunysienne du XIe siècle, élevée par les moines bénédictins.

Offices. Chantés tous les jours en grégorien et en français. Laudes à 7h, Messe à 8h15, Sexte à 11h50, None à 14h, Vêpres à 18h10, Complies à 20h15.

Accueil. Très limité par le petit nombre des chambres, réservées en priorité aux familles des religieuses. Participation aux frais.

Artisanat. Ouvroir liturgique : aubes, étoles, etc. Reliure, travaux

de dactylographie et de polycopie, tricots, animaux en peluche. Vente à la porterie, par correspondance et dans les boutiques de l'Artisanat monastique.
Accès. 67 km au N-O de Mâcon par la N 79. Par l'A 6, sortie Châlon-Sud ou Mâcon. SNCF : Paray-le-Monial ou Le Creusot (TGV depuis Paris), puis car.

Monastère Sainte-Claire-du-Sacré-Cœur

9, route de Volesvres. 71600 Paray-le-Monial
Tél : 03 85 81 06 05. Fax : 03 85 81 93 69

Clarisses. Le monastère est né, le 19 août 1878, du désir de quelques Clarisses de Périgueux "de représenter l'Ordre franciscain auprès du cœur de Jésus".
Voir. La chapelle.
Offices. Chantés en français (Eucharistie occasionnellement en grégorien). En semaine : Laudes à 7h, Eucharistie à 11h15, Vêpres à 17h30, Complies à 20h30. Le dimanche : Laudes à 7h, Eucharistie à 10h45, Vêpres à 17h, Complies à 20h30.
Accès. Voir Monastère du Rosaire du Sacré-Cœur

Monastère de la Visitation

13, rue de la Visitation. 71600 Paray-le-Monial
Tél : 03 85 81 09 95. Fax : 03 85 81 21 63
visitation.paray@wanadoo.fr

Visitandines. Fondé le 4 septembre 1626, le monastère recevait le 20 juin 1671 une postulante, Marguerite Alacoque, fille d'un notaire des environs. A cette humble religieuse étaient réservées de nombreuses apparitions du Christ (en particulier celles du 27 décembre 1673, de 1674, et de juin 1675), et de la Vierge Marie. Jésus dit notamment à sœur Marguerite-Marie : "Voilà ce cœur

qui a tant aimé les hommes... et pour reconnaissance je ne reçois de la plupart que des ingratitudes... je te demande que le premier vendredi après l'octave du Saint-Sacrement soit dédié à une fête particulière pour honorer mon Cœur." Telle est l'origine de la fête du Sacré-Cœur... Sœur Marguerite-Marie est morte le 17 octobre 1690 à l'âge de 43 ans. Elle a été canonisée le 13 mai 1920. Les pèlerinages à Paray-le-Monial ont pris un remarquable essor. On y vient de toutes les parties du monde et, depuis 1975, Paray-le-Monial est le centre de rassemblement de groupes du Renouveau charismatique. Les sessions d'été attirent des milliers de personnes de tous âges.

Voir. La chapelle du monastère, lieu des principales apparitions, ouverte toute l'année. Pendant la période des pèlerinages, la salle des souvenirs de sainte Marguerite-Marie, au chevet de la basilique bénédictine toute proche, et, dans le parc des Chapelains, le diorama représentant des scènes de la vie de la Sainte.

Offices. Messe en été à 11h, en hiver à 9h, Vêpres tous les jours à 17h30. Le dimanche et tous les jours des mois de mai et octobre, récitation du chapelet à 16h30. Autres renseignements sur place.

Accueil. En clôture : religieuses, dames et jeunes filles, pour un temps de réflexion, de prière et de silence (éventuellement étude de vocation). Séjour de 2 à 8 jours, après entente préalable, par écrit de préférence (nombre restreint).

Artisanat. Souvenirs religieux, chapelets, livres, brochures, etc. Vente à la porterie. Expédition par correspondance de tout ce qui a trait à la dévotion au Sacré-Cœur : images, médailles, etc.

A noter. A l'occasion des grandes fêtes (Sacré-Cœur le troisième vendredi après la Pentecôte et le dimanche suivant, sainte Marguerite-Marie le 16 octobre ou le dimanche le plus proche), une grande procession est organisée pour tous les pèlerins dans le jardin du monastère.

A quelques minutes de la chapelle des Apparitions (qui est celle du monastère), où le Pape Jean-Paul II est venu prier le 5 octobre 1986, voir aussi la chapelle de saint Claude La Colombière, chez les Pères Jésuites où le Saint Père s'est également rendu, sans oublier la remarquable basilique romane du XIe siècle. A un kilomètre de Paray, sur la route de Mâcon, se trouve la chapelle de Notre-Dame de Romay (XIe-XIIe siècles), proche d'une fontaine considérée comme miraculeuse.

Accès. Voir Monastère du Rosaire du Sacré-Cœur.

LA PIERRE-QUI-VIRE

Abbaye Sainte-Marie-de-la-Pierre-Qui-Vire

89630 Saint-Léger-Vauban.
Tél : 03 86 33 19 20 et 03 86 33 19 28 (Frère Hôtelier)
Fax : 03 86 32 22 33 et 03 86 33 19 27 (Frère Hôtelier)
info@abbaye-pierrequivire.asso.fr
abbaye-pierrequivire.asso.fr

Bénédictins. Congrégation de Subiaco. Fondée en 1850 par le Père Muard, l'abbaye, comprenant 58 moines, se situe au cœur du Morvan, terre de forêts et de granit, de torrents et de lacs d'une beauté austère. Ce cadre silencieux, enveloppant un dolmen, façonne des hommes exigeants dans la quête de Dieu et dans l'aventure communautaire. Le monastère a essaimé en 1954 à Madagascar, en 1958 au Congo et en 1980 au Territoire de Belfort à Lepuix-Gy (voir p. 132).

Offices. Chantés en français, avec quelques pièces en grégorien. Eucharistie à 9h15 (10h le dimanche), prières à 2h, 6h, 12h30, 18h (17h30 le lundi), 20h30.
Accueil. Dans son hôtellerie, le monastère reçoit des groupes, des couples et des personnes seules (hommes et femmes) pour des retraites et des récollections. Écrire au préalable au Frère Hôtelier. Exposition et présentation audio-visuelle de la vie monastique.
Artisanat. Librairie religieuse : éditions d'art "Zodiaque", sur l'art roman et gothique. Vente sur place et par correspondance. Carterie en sérigraphie, moulage de sculptures. Poterie (grès émaillé), porcelaine de Limoges décorée à l'abbaye. Fromages "bio" de la ferme. Articles divers : cassettes, cédéroms, icônes, croix, etc. Magasin ouvert tous les jours de 10h15 (11h15 les dimanches et fêtes) à 12h et de 15h à 17h30.
Accès. 29 km au S-E d'Avallon par la N 6 et la D 4. Par l'A 6, sortie Avallon ou Bierre-les-Semur. SNCF : Avallon ou Montbard. Cars Avallon/Dijon : arrêt Cussy-les-Forges (à 15 km du monastère) ou Rouvray (uniquement le dimanche, à 12 km du monastère), puis bus jusqu'à Cussy-les-Forges.

SAINT-NICOLAS-LÈS-CÎTEAUX

Abbaye de Notre-Dame-de-Cîteaux

21700 Saint-Nicolas-lès-Cîteaux
Tél : 03 80 61 11 53. Fax : 03 80 61 31 10
visites@citeaux-abbaye.com
www.boutique-theophile.com

Cisterciens-Trappistes. C'est en 1098 qu'un groupe de moines bénédictins venus de Molesme et menés par saint Robert fonda un monastère dans cette solitude au milieu d'une vaste forêt. L'Ordre cistercien naquit de leur volonté de vivre dans une plus grande fidélité à la Règle de saint Benoît. En avril 1112 arrivèrent à l'abbaye une trentaine d'hommes jeunes conduits par saint Bernard de Fontaine-les-Dijon, âgé de 22 ans. Dès lors s'accrut le rayonnement de Cîteaux : au XVe siècle, l'Ordre comptait plus de 600 abbayes de moines et un nombre difficile à chiffrer, mais non moins important, d'abbayes de moniales. A la Révolution, les moines furent dispersés et l'église détruite. Ce qui restait de l'abbaye fut successivement sucrerie, phalanstère dirigé par Arthur Young et colonie pénitentiaire agricole fondée par un prêtre lyonnais, le père Rey, pour des jeunes gens délinquants. En 1898 les Cisterciens purent réintégrer l'abbaye, dont il ne subsiste plus que les restes de la bibliothèque du XVe siècle et deux bâtiments du XVIIe et du XVIIIe siècle. Au musée de Nuits-Saint-Georges se trouve une maquette de l'abbaye avant sa destruction au lendemain de la Révolution.

Offices. Le lundi est le jour de fermeture hebdomadaire. Cependant, il est possible de participer aux offices de la communauté monastique (horaires à l'entrée de l'église) et à la messe dominicale de 10h30.

Accueil. L'abbaye reçoit pour des retraites, après entente avec le Père Hôtelier. Une exposition de photographies sur la vie de la communauté est présentée à l'entrée du monastère.

Artisanat. Fromages, bonbons au miel, caramels, plantes médicinales et aromatiques. Icônes. CD et cassettes enregistrés au monastère. Vente au magasin.

A noter. Visite de Cîteaux : de mi-mai à mi-octobre, de 9h45 à 18h30 (fermé le lundi, le dimanche matin, le matin de l'Ascension et du 15 août) .

- visite guidée : durée 1h environ. Les visiteurs sont invités à vivre eux-même une expérience intérieure en silence. Groupes de 25 personnes maximum, réservation conseillée (Tél : 03 80 61 32 58. Fax : 03 80 61 32 59. E-mail : citeaux.visite@wanadoo.fr). La visite est plus spirituelle qu'architecturale, bien qu'on puisse voir la bibliothèque du XVe siècle, récemment restaurée, et le définitoire, magnifique salle voûtée du XVIIe siècle où se tenaient

les délibérations du Chapitre Général. Les visiteurs et les pèlerins sont admis à pénétrer dans la clôture monastique sous la conduite d'un guide-animateur, qui explique l'essentiel de la Règle de saint Benoît, la vie quotidienne des moines cisterciens d'hier et d'aujourd'hui, et les grandes valeurs spirituelles qui font la richesse de cette vie.
- diaporama : présentation contemporaine de la vie monastique à Cîteaux. Durée : 30 mn.
Accès. 25 km au S de Dijon par la D 996 direction Seurre, 13 km à l'E de Nuits-Saint-Georges par l'A 31 direction Brazey-en-Plaine. SNCF : Dijon, puis cars AMCO n° 43 Dijon/Seurre (départ de la gare routière, à côté de la gare SNCF).

SENS

Carmel

149, rue de la Résistance. 89100 Sens
Tél : 03 86 65 17 75. Fax : 03 86 64 86 03

Carmélites. Fondé le 2 juillet 1625, la communauté vit toujours dans ses murs de fondation. Sa troisième Prieure fut Mère Geneviève de Saint-Bernard, fille de la célèbre Madame Acarie, introductrice du Carmel en France.
Offices. En français, tous les jours. Office du matin à 7h30, Messe à 8h, Office du soir à 17h, Office des Lectures à 20h15. Tous les premiers mardis du mois : veillée avec exposition du Saint-Sacrement pour les vocations.
Artisanat. Pains d'autel épais et blancs, hosties de concélébration. Images pour baptêmes, professions de foi, confirmations, mariages (vente à la porterie et par correspondance). Robes d'enfants smockées (vente dans la boutique de l'Artisanat monastique de Lille).
A noter. Horaires des parloirs : de préférence l'après-midi, de 14h30 à 17h. Si besoin est, le matin de 9h15 à 11h45.
Accès. 110 km au S-E de Paris par l'A 6, l'A 5 ou la N 6. SNCF : Sens, puis taxi.

Monastère de la Nativité

105, rue Victor-Guichard. 89100 Sens
Tél : 03 86 65 13 41. Fax : 03 86 65 73 49

Dominicaines de l'Eucharistie. Fondé le 25 décembre 1920.
L'église moderne, inspirée du roman et de conception originale, une belle mosaïque (le *Couronnement de la Vierge*) et, dans la crypte, la statue de pierre de Notre-Dame de Toute-Grâce (XVe siècle).
Offices. Office des Lectures et du matin à 7h15, Office du jour à 12h40, Office du soir à 17h45, Messe à 18h le dimanche (11h en semaine), Complies à 20h45.

Accueil. Trois sortes d'accueil :
- séjour de retraite et de réflexion pour des personnes individuelles et des groupes.
- séjour de repos et vacances à l'hôtellerie.
- journées d'étude et sessions (grand parc et cour pour les voitures).

Accès. Voir Carmel.

TAIZÉ

Communauté de Taizé

71250 Taizé
Tél : 03 85 50 30 30 et 03 85 50 30 01 (accueil de 10h30 à 12h et de 18h à 19h, sauf le dimanche). Fax : 03 85 50 30 16
rencontres@taize.fr
www.taize.fr

Communauté œcuménique fondée par frère Roger en 1940. En pleine guerre mondiale, il veut situer son projet au cœur de la détresse du moment. Dans la maison qu'il achète, il cache des réfugiés, notamment des Juifs fuyant la zone occupée par le nazisme. Au bout de deux ans, frère Roger est rejoint par ceux qui deviennent ses premiers frères. A Pâques 1949, à quelques-uns, ils s'engagent pour toute leur existence dans la vie commune et le célibat. Aujourd'hui les frères sont près de cent catholiques et de diverses origines évangéliques, d'une vingtaine de pays. Ils n'acceptent ni dons ni cadeaux, ni même leurs propres héritages ; c'est uniquement par leur travail qu'ils gagnent leur vie et qu'ils apportent une aide à d'autres. Certains vivent en petites fraternités, partageant la condition des pauvres en Asie, en Afrique, en Amérique du Sud et du Nord. Depuis 1966, des

sœurs de Saint-André, communauté catholique fondée il y a 750 ans, assument une part de l'accueil. Le pape Jean-Paul II a visité Taizé lors de son voyage en France en 1986.

Voir. L'église romane du village (XIIe siècle) et l'église de la Réconciliation (1962), agrandie par de vastes narthex à partir de 1990.

Offices. Prières. Tous les jours, Offices à 8h30, à 12h20 et à 20h30. Le dimanche, Eucharistie à 10h, prières à 17h30 et à 20h30.

Accueil. Des dizaines de milliers de jeunes venus d'Europe et des autres continents se rendent à Taizé. Des rencontres proposant une recherche des sources de la foi ont lieu chaque semaine du dimanche au dimanche ; en été, il y a aussi des rencontres d'adultes et de familles avec enfants. Une maison accueille des jeunes pour la retraite personnelle en silence.

Artisanat. Exposition-vente des ateliers : émaux, poteries, peintures, livres, audiovisuel. Envois sur demande (sauf pour la poterie).

Accès. 10 km au N de Cluny par la D 981. Par l'A 6, sortie Chalon-Sud ou Mâcon-Sud. SNCF : Mâcon (TGV) ou Chalon-sur-Saône, puis car SNCF.

VENIÈRE

Abbaye Notre-Dame

Venière. 71700 Boyer.
Tél : 03 85 51 05 85 ; 03 85 51 35 82 (Hôtellerie)
et 03 85 51 35 83 (Magasin). Fax : 03 85 51 34 97

Bénédictines. Fondée en 1933 à Oulchy-le-Château (Aisne), transférée en Bourgogne, à La Loyère, en 1948, puis à Venière en 1963, érigée en abbaye en 1971.

Offices. Chantés en français et en grégorien. Tous les jours, Laudes à 7h30, Eucharistie à 9h30, Vêpres à 17h15, Complies à 20h15.

Accueil. Individuel et par petits groupes, en vue de retraites et de récollections, dans le cadre de la prière monastique. Accueil simple, sollicitant l'aide fraternelle des hôtes pour le service, de table et la vaisselle. Participation aux frais selon les possibilités. Durée limitée. Sur demande, présentation audio-visuelle de la vie des moniales.

Artisanat. Ateliers Travail et Joie : peinture et sérigraphie sur bois, aubes. Vente au magasin, par correspondance et dans les boutiques de l'Artisanat monastique.

Accès. 25 km au S de Chalon-sur-Saône et 4 km au N de Tournus par la N 6 ou l'A 6. SNCF : Chalon-sur-Saône ou Tournus, puis car à partir de ces deux villes.

VÉZELAY

Fraternité Monastique de Jérusalem

Les frères : Presbytère. 89450 Vézelay
Tél : 03 86 33 39 50 et 03 86 33 36 93
jerusalem.vezelay@wanadoo.fr
http://vezelay.cef.fr
Les sœurs : Place de la Basilique. 89450 Vézelay
Tél/Fax : 03 86 33 35 97

Fraternités Monastiques de Jérusalem. Depuis octobre 1993, les frères et les sœurs de Jérusalem, fondés en 1975 par le Père Pierre-Marie Delfieux à l'église Saint-Gervais à Paris, sont implantés à Vézelay, appelés par Monseigneur Gérard Defois. Leur mission est de renouer avec la tradition monastique de ce lieu par une vie de contemplation, de louange et d'adoration, et d'accueillir dans la liturgie les visites et les retraites, les milliers de visiteurs, touristes et pèlerins, qui montent vers la basilique.

Voir. Le village et l'admirable basilique Sainte-Madeleine du XIIe siècle : nef romane et chœur gothique. Dans la crypte repose une relique de Marie-Madeleine.

Offices. Chantés tous les jours en polyphonie, en français (sauf le lundi, jour de désert). En semaine : Laudes précédées d'une demi-heure d'oraison à 7h (8h le samedi), Office du milieu du jour à 12h30, Vêpres précédées d'une demi-heure d'oraison à 18h, Messe à 18h30, Adoration du Saint Sacrement de 14h30 à 17h30 et toute la nuit du jeudi au vendredi. Les dimanches et fêtes : Laudes précédées d'une demi-heure d'oraison à 8h, Messe solennelle à 11h.

Accueil. Aux hôtelleries Béthanie (28 places, 9 chambres) et Saint-Bernard (38 places, 13 chambres). Restauration assurée et cuisine à disposition des hôtes. Se renseigner auprès des sœurs : Tél : 03 86 32 36 12, Fax : 03 86 32 37 94, hotellerieajv@wanadoo.fr.

Artisanat. Artisanat et produits des monastères vendus au magasin de Jérusalem (78, rue Saint-Pierre à Vézelay). Pas de catalogue, vente sur place uniquement. Édition de la revue *Sources Vives* (6 numéros par an), qui contient des articles de doctrine et de spiritualité (recension de livres, nouvelles des fraternités). CD audio enregistrés à Vézelay.

Accès. 220 km au S-E de Paris par l'A 6 (sortie Nitry), 15 km à l'O d'Avallon par la D 957. SNCF : Sermizelles (10 km) ou Avallon (15 km, puis car Avallon/Montbard, en correspondance avec le TGV venant de Paris).

Bretagne

Côtes-d'Armor

Finistère

Ille-et-Vilaine

Morbihan

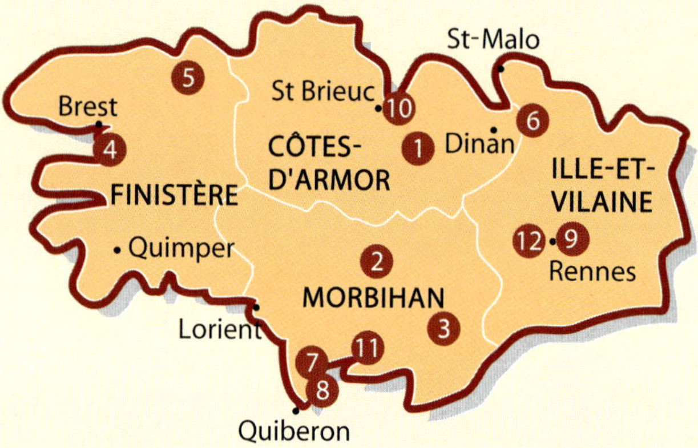

BRETAGNE

22 Côtes-d'Armor

❶ **Boquen** : Monastère Notre-Dame de la Croix Vivifiante
❿ **Saint-Brieuc** : Carmel

29 Finistère

❹ **Landévennec** : Abbaye Saint-Guénolé
❺ **Morlaix** : Carmel

35 Ille-et-Vilaine

❻ **Plerguer** : Notre-Dame de Beaufort
❾ **Rennes** : Monastère Sainte-Claire
⓬ **Vézin-le-Coquet** : Carmel de Montigné

56 Morbihan

❷ **Bréhan** : Abbaye Notre-Dame de Timadeuc
❸ **Campénéac** : Abbaye La Joie Notre-Dame
❼ **Plouharnel** : Abbaye Sainte-Anne de Kergonan
❽ Abbaye Saint-Michel de Kergonan
⓫ **Vannes** : Carmel de L'Annonciation

BOQUEN

Monastère Notre-Dame de la Croix Vivifiante

Boquen. 22640 Plénée-Jugon
Tél : 02 96 30 22 36. Fax : 02 96 30 20 58

Moniales de Bethléem, de l'Assomption de la Vierge et de saint Bruno. Le monastère, construit au XIIe siècle par les moines cisterciens, a été restauré par Dom Alexis Presse entre 1936 et 1965. Depuis 1976, une communauté des moniales de Bethléem vit et prie à Boquen. Dans chaque monastère de Bethléem, de l'Assomption de la Vierge et de saint Bruno, la tradition primitive des communautés de solitaires vivant au désert dans la lumière de l'Évangile est reçue à l'écoute de la Mère de Dieu et de saint Bruno.
Trois espaces sont aménagés dans le monastère :
- la solitude des moniales où personne ne pénètre.
- des lieux d'hospitalité où ceux qui le demandent peuvent vivre quelques jours dans le silence et la solitude, et participer, s'ils le désirent, à la liturgie du monastère.
- des lieux d'hospitalité où ceux qui, dans leur diversité, frappent à la porte du monastère, peuvent visiter l'abbatiale et acquérir des objets provenant de l'atelier d'art du monastère. L'après-midi, les visiteurs peuvent s'unir à la prière d'adoration eucharistique des moniales.

Offices. En français. Chaque jour, excepté le lundi, jour de désert, deux assemblées liturgiques rassemblent la communauté à la chapelle : les Matines et les Vêpres, suivies de la Messe. Les autres célébrations des heures liturgiques pour les moniales ont lieu dans la solitude de leur cellule.

Accueil. L'hospitalité est caractérisée par la recommandation de Jésus faite non seulement aux apôtres mais à tous : “Si tu veux prier, entre dans ta chambre, et là prie ton Père dans le secret.” Les hôtes s'engagent donc à respecter le caractère du monastère reçu de l'Evangile et de la sagesse évangélique, liturgique et solitaire de saint Bruno. Chacun, seul dans sa chambre, apprend à vivre, à prier, à prendre ses repas dans le silence. Les hôtes en solitude qui séjournent au monastère peuvent participer aux célébrations liturgiques de la communauté et adorer l'Eucharistie. Chacun s'engage à respecter le silence des autres retraitants.

Artisanat. Icônes, médailles, art religieux, faïence décorée, images, cartes.

Accès. 30 km au S-E de Saint-Brieuc et 25 km au S de Lamballe par la N 12 et la D 792, 10 km de Plénée-Jugon. SNCF : Lamballe.

BRÉHAN

Abbaye Notre-Dame de Timadeuc

BP 17. 56580 Rohan
Tél : 02 97 51 50 29. Fax : 02 97 51 59 20
timadeuc.abbaye@wanadoo.fr

Cisterciens-Trappistes. Fondée en 1841.

Offices. Laudes à 6h45 (7h30 le dimanche), Messe à 8h (11h30 le samedi, 11h le dimanche), Sexte à 12h10, None à 14h15, Vêpres à 17h30 en hiver, à 18h en été, Complies et Salve à 19h35 en hiver, à 20h05 en été.

Accueil. 40 chambres. Hôtellerie (hommes et femmes) ouverte

toute l'année. 2 foyers pour groupes de jeunes de 28 lits chacun. Lieux de camping. Audio-visuel sur la vie monastique à Timadeuc (tous les jours, plusieurs séances selon l'affluence).

Artisanat. Pâtes de fruits, fromages, icônes couchées sur bois. CD et cassettes enregistrés à l'abbaye. Librairie. Vente sur place et par correspondance.

Accès. 100 km à l'O de Rennes par la N 24, la D 778 et la D 12, 20 km à l'E de Pontivy. SNCF : Pontivy, Rennes ou Vannes. Depuis Rennes, cars CTM direction Pontivy (arrêt Pont-Hamon) ; depuis Vannes, cars CTM direction Pontivy (arrêt Sainte-Brigitte). S'informer au monastère.

CAMPÉNÉAC

Abbaye La Joie Notre-Dame

56800 Campénéac
Tél : 02 97 93 42 07. Fax : 02 97 93 11 23
abbaye.joie.ud@wanadoo.fr

Cisterciennes. Fondée en 1921.

Offices. En semaine, Messe et Offices (horaires variant suivant les saisons). Le dimanche, messe à 11h15.

Accueil. Retraites en groupes et individuelles. Un diaporama permet de découvrir la vie monastique.

Artisanat. Biscuiterie, chocolaterie, reproductions collées sur bois, tricots. En vente sur place et dans les boutiques de l'Artisanat monastique. Les produits alimentaires sont également en vente dans certaines fromageries et épiceries fines, et dans d'autres monastères. A l'exposition-vente, on trouve également des cassettes, des livres et des produits provenant d'autres monastères.

Accès. 50 km au S-O de Rennes et au N-E de Vannes par la N 24 et la D 134. L'abbaye est à 3 km de Campénéac. SNCF : Rennes ou Vannes, puis car jusqu'à Ploërmel.

LANDÉVENNEC

Abbaye Saint-Guénolé

29560 Landévennec
Tél : 02 98 27 73 34 et 02 98 27 37 53 (Père Hôtelier).
Fax : 02 98 27 79 57
abbaye.landevennec@wanadoo.fr

Bénédictins. C'est à saint Guénolé qu'est attribuée la fondation, au début du VIe siècle, de ce monastère celtique qui allait devenir un des hauts-lieux de la vie monastique en Bretagne. Ralliés à la Règle de saint Benoît en 818, les moines durent s'enfuir en 913 devant les invasions normandes ; ils furent de nouveau expulsés à la Révolution. En 1950, la communauté des Bénédictins de Kerbénéat, en rachetant la propriété, renoua la tradition quinze fois séculaire. La nouvelle église a été achevée en 1965.

Voir. Les vestiges restaurés des abbayes successives : carolingienne (IXe siècle), romane (XIIe siècle), gothique (XVe siècle) et mau-

riste (XVIIe siècle). Fouilles archéologiques. Musée. Dans la nouvelle abbaye, 500 m plus haut, montage audio-visuel de 20 mn sur sa vie actuelle.

Offices. Chantés en français, avec quelques pièces en grégorien. En semaine : Laudes à 7h30, Messe à 11h15, Office médian à 14h, Vêpres à 18h15, Complies à 20h30. Les dimanches et fêtes : Laudes à 7h30, Messe à 10h30, Office médian à 14h30, Vêpres à 18h15 en été (18h en hiver), Complies à 20h15.

Accueil. Dans un espace de paix et de silence favorisant la réflexion et le contact avec Dieu. La participation aux offices liturgiques est souhaitable et ouverte à tous. Pension complète uniquement. Chacun remet sous enveloppe la somme qu'il estime raisonnable, selon ses possibilités. Séjour d'une semaine maximum.

Artisanat. Pâtes de fruits, céramique, cassettes et CD des chants de l'Office. Vente sur place et par correspondance. Librairie religieuse et ouvrages sur la Bretagne.

Accès. 51 km au N de Quimper et 54 km au S-E de Brest par la N 165. SNCF : Brest, puis car de la Presqu'île (Douguet), ou Quimper puis car SNCF Quimper/Camaret (arrêt Argol-Gare, à 12 km de l'abbaye).

MORLAIX

Carmel

9, rue Sainte-Marthe. 29210 Morlaix
Tél : 02 98 88 05 82. Fax : 02 98 63 34 11

Carmélites. Le monastère est implanté près de la source "Notre-Dame-des-Fontaines" depuis 1619. La tradition orale fait remonter aux premiers siècles du christianisme l'histoire de ce lieu : christianisation d'un culte des fontaines, puis édification d'un sanctuaire marial sur la source aux XIVe et XVe siècles, lieu de pèlerinage, passage du "Tro-Breiz". Cet endroit fut offert par les habitants de Morlaix aux Carmélites. La communauté occupe les mêmes lieux depuis la fondation.

Voir. Issue de l'église primitive, une belle rosace de pierre (classée) à l'entrée actuelle du monastère.

Offices. Possibilité de participer à tous les offices. Laudes à 7h30, Eucharistie à 8h30, Heure médiane à 12h, Vêpres à 17h suivie d'une heure d'Oraison (18h le dimanche), Office des Lectures et Complies à 20h45 (sauf dimanche : Vêpres à 18h).

Accueil. Retraites personnelles et en solitude (s'adresser au monastère). Accueil des Pélerins au Tropreiz.

Artisanat. Pains d'autel, icônes.

Accès. 60 km à l'E de Brest par la N 12 (sortie Morlaix-Est). SNCF : Morlaix, puis 10 mn à pied.

PLERGUER

Notre-Dame-de-Beaufort

35540 Plerguer
Tél : 02 99 48 36 12. Fax : 02 99 48 48 95

Dominicaines. Fondé le 23 mai 1963. Le monastère est un ancien manoir breton, situé dans un site pittoresque et silencieux, au milieu des bois et au bord d'un étang.
Offices. Chantés tous les jours en français. Les fidèles sont invités à y participer. Laudes à 7h, Eucharistie à 11h (8h30 le jeudi), Vêpres à 17h (17h30 l'été), Office du soir à 20h15 (20h30 l'été).
Accueil. Dans son hôtellerie, le monastère reçoit les groupes, les personnes seules et les couples (en pension complète ou demi-pension) pour des retraites, des sessions et des récollections. S'entendre au préalable avec la Sœur Hôtelière par courrier ou par téléphone.
Artisanat. Confitures, miel, batik, bougies, chapelets, icônes. Atelier de vêtements liturgiques : aubes, chasubles, étoles. Vente sur place et dans les boutiques de l'Artisanat monastique.
Accès. 30 km au S de Saint-Malo par la N 137 Rennes/Saint-Malo, la D 576 Dinan/Dol et la D 118. SNCF : Dol-de-Bretagne (ligne Rennes/Saint-Malo), puis taxi.

PLOUHARNEL

Abbaye Sainte-Anne de Kergonan

BP 11. 56340 Plouharnel
Tél : 02 97 52 30 75 (en dehors des offices) et 02 95 52 45 14 (Père Hôtelier). Fax : 02 97 52 41 20
communaute@abbaye-ste-anne-kergonan.org

Bénédictins. Fondée en 1897 par l'abbaye de Solesmes (voir p. 227).
Voir. L'église moderne aux heureuses proportions (1968) et un complément architectural récent (1990), qui s'intègre harmonieusement aux parties plus anciennes.
Offices. En latin et chant grégorien, toute l'année. Messe à 10h, Vêpres à 18h (16h30 les dimanches et fêtes), Complies vers 20h30. L'église est fermée à partir de 21h.
Accueil. L'hôtellerie monastique accueille les hommes, seuls ou en petit groupe, pour une retraite ou une étude ; participation à la liturgie grégorienne et repas au réfectoire des moines. Des groupes plus importants peuvent être reçus pour la journée ou, sous certaines conditions, en week-end. Dans tous les cas, consulter le Père Hôtelier.
Artisanat. Poterie, céramique (vente au monastère). On trouve également sur place plusieurs enregistrements de chant grégorien (chœur des moines de Kergonan) et une librairie religieuse (en particulier, ouvrages de Dom R. Le Gall sur la spiritualité et la liturgie).

Accès. A mi-chemin entre Auray et Quiberon par la D 768. 4 km au N-O de Carnac par la D 781. SNCF : Auray (TGV Atlantique depuis Paris-Montparnasse), puis car (ligne Auray/Quiberon). Pendant l'été, la gare de Plouharnel est desservie par la SNCF.

Abbaye Saint-Michel de Kergonan

56340 Plouharnel
Tél : 02 97 52 32 14. Fax : 02 97 52 37 66
econome.smk@freesurf.fr

Bénédictines. Fondée en 1898 par l'abbaye Sainte-Cécile de Solesmes (voir p. 227).
Offices. En latin et en grégorien, tous les jours. Messe chantée en grégorien à 10h, Vêpres à 17h (16h les dimanches et grandes fêtes). Le dimanche en juillet et août, les fidèles chantent tout le kyriale en alternance avec les moniales.
Accueil. 10 chambres, ouvertes selon les possibilités (sauf de mi-novembre à début février), pour des retraites individuelles ou des séjours de réflexion. L'hôtellerie reçoit les familles des moniales, les dames, les jeunes filles et les ménages. Écrire à la Sœur Hôtelière.
Artisanat. Émaux cloisonnés, saints patrons peints sur bois, biscuits d'épeautre (recette de sainte Hildegarde), produits de jardin à base d'algues et de plantes (utilisables en agriculture biologique), crème Kergo-balsa, produits de différents monastères. Vente sur place, par correspondance et dans les boutiques de l'Artisanat monastique. Magasin du monastère ouvert tous les jours en été de 11h à 12h15 et de 14h30 à 18h30, sauf pendant les offices. Ouvert en hiver de 9h30 à 12h15 et de 14h30 à 18h15.
A noter. Exposition permanente sur l'ordre de saint Benoît et les cent ans d'existence mouvementée de l'abbaye.
Accès. Voir Abbaye Sainte-Anne.

RENNES

Monastère Sainte-Claire

24, rue Brizeux. 35700 Rennes
Tél : 02 99 38 03 41

Clarisses. Fondé le 3 juillet 1885 par le monastère d'Alençon. Le monastère sera transféré au 4, rue Adolphe Leray, à Rennes, à partir d'octobre 2003.
Offices. Chantés en français tous les jours. En semaine : Office des Lectures et Laudes à 7h, Heure médiane à 12h05, Vêpres à 18h (17h30 le dimanche). Eucharistie à 18h30, Complies à 20h40. Le samedi et le dimanche : Eucharistie à 9h. Adoration Eucharistique le vendredi de 9h à 12h et de 14h45 à 17h30, le dimanche de 14h45 à 17h20.
Artisanat. Dépôt de pains d'autel.
Accès. Bus n° 1, 4 ou 10 (arrêt Brizeux). La rue Brizeux, à sens unique, est située entre la rue d'Antrain et la rue de Fougères. Accès au monastère par la rue d'Antrain.

SAINT-BRIEUC

Carmel

55, rue Pinot-Duclos. 22000 Saint-Brieuc
Tél : 02 96 94 22 95. Fax : 02 96 94 28 87

Carmélites. Fondé en 1857.
Voir. Dans la chapelle moderne, le *Christ en gloire* et les vitraux de verre éclaté.
Offices. Tous les jours : Office du matin à 7h30, Messe à 8h (9h le dimanche), Office du soir à 17h15. Il peut y avoir des variations : consulter l'horaire sur place.
Accueil. Retraites individuelles. Accueil limité.
Artisanat. Céramique, pains d'autel. Vente à la porterie.
Accès. 15 mn à pied depuis la gare SNCF.

VANNES

Carmel de l'Annonciation

35, rue Jean-Gougaud. 56000 Vannes
Tél : 02 97 63 48 96
Fax : 02 97 63 86 14
carmel.vannes@wanadoo.fr

Carmélites. Fondé en 1866.
Offices. Office du matin à 7h30 (8h dimanche et fêtes). Eucharistie à 8h (10h dimanche et fêtes). Milieu du jour à 11h45. Office du soir à 18h (17h le dimanche), Prière silencieuse à 17h (18h dimanche et fêtes), Adoration un dimanche par mois de 10h à 17h30.
Accueil. Retraites individuelles (2 chambres). Week-end à Pâques et à l'entrée en Avent, avec participation à la liturgie. Participation aux frais selon les possibilités de chacun.
Artisanat. Vêtements liturgiques, céramique (vaisselle, crèches, objets décoratifs), bougies décorées, icônes, hosties, cartes, images et livres. Les céramiques sont en vente dans les boutiques de l'Artisanat monastique de Paris, Lyon et Rennes. L'accueil et le magasin d'artisanat sont ouverts de 9h à 11h et de 14h à 17h (sauf de 10 à 11h le dimanche).
Accès. Depuis la gare SNCF, bus ou 15 mn à pied.

VÉZIN-LE-COQUET

Carmel de Montigné

35132 Vézin-le-Coquet
Tél : 02 99 59 02 64

Carmélites. Fondé à Rennes en 1857, transféré en 1966 à Vézin-le-Coquet "pour retrouver un climat de solitude et de silence que le développement de la ville lui avait fait perdre".
Offices. Publics et en français, tous les jours. Messe à 11h.
Accueil. Quelques chambres, pour un partage de prière et de silence.
Artisanat. Hosties blanches et dorées.
Accès. 6 km à l'O de Rennes par la N 24. SNCF : Rennes, puis bus n° 17 et taxi.

Centre

Cher

Eure-et-Loir

Indre

Indre-et-Loire

Loir-et-Cher

Loiret

CENTRE

18 Cher

1. **Bourges** : Carmel
8. **Saint-Doulchard** : Monastère de Saint-Doulchard

28 Eure-et-Loir

3. **Chartres** : Carmel

36 Indre

4. **Fontgombault** : Abbaye Notre-Dame de Fontgombault
9. **Tours** : Monastère Sainte-Claire

41 Loir-et-Cher

5. **Molineuf** : Carmel de Blois

45 Loiret

2. **Bouzy-la-Forêt** : Monastère Notre-Dame
6. **Orléans** : Carmel de Micy
7. **Saint-Benoît-sur-Loire** : Abbaye Saint-Benoît de Fleury

BOURGES

Carmel

6, rue du Puits-Noir. 18000 Bourges
Tél : 02 48 24 34 04. Fax : 02 48 70 08 22
carmel@diocese-bourges.org

Carmélites. Fondé le 3 octobre 1617.
Offices. Messe tous les jours à 8h ; les dimanches et fêtes à 18h. Offices en français : Laudes à 7h15, Sexte à 11h40, Vêpres à 17h, Office des Lectures à 20h.
Accueil. 4 chambres, pour des retraites individuelles uniquement.
Artisanat. Dépôt d'hosties, travaux d'ameublement, icônes, chapelets. Reprographie, PAO, quadrichromie.
Accès. Depuis la gare SNCF, taxi ou 30 mn à pied. Le carmel se trouve près de la cathédrale.

BOUZY-LA-FORÊT

Monastère Notre-Dame

73, route Mi Feuillage. 45000 Bouzy-la-Forêt
Tél : 02 38 46 88 99. Fax : 02 38 46 88 97

Bénédictines de Notre-Dame du Calvaire. La communauté de Saint-Jean-de-Braye s'est transférée dans le monastère qu'elle a fait construire à Bouzy-la-Forêt pour bénéficier du silence de la forêt et de la proximité de l'abbaye de Saint-Benoît-sur-Loire, à 10 km (voir p. 114). La Dédicace de l'église a eu lieu le 3 octobre 1999.
Offices. Chant grégorien, psalmodie en français. En semaine : Messe à 8h15 (11h30 le mercredi), Vêpres à 18h (17h le samedi). Le dimanche : Laudes à 7h30, Tierce à 8h30, Messe à 10h30 avec Sexte, None à 14h15, Vêpres à 17h, Complies à 19h40, Vigiles à 20h30.
Accueil. 11 chambres (18 personnes maximum), pour des retraites. Salle de réunion et bibliothèque, deux salles à manger. Eau d'Émeraude, lotion à base de plantes. Vente à l'accueil, par correspondance, dans les boutiques de l'Artisanat monastique, dans certaines pharmacies et dans de nombreux monastères.
Accès. 40 km à l'E d'Orléans par la N 60 et la D 952. SNCF : Orléans, puis car.

CHARTRES

Carmel

28300 Champhol
Tél : 02 37 21 36 46. Fax : 02 37 36 01 07
carmel.chartres@wanadoo.fr
prieure.carmel.chartres@wanadoo.fr

Carmélites. Fondé en 1620 à Chartres. Premier monastère construit en 1660 près de la cathédrale. Dispersion des religieuses pendant la Révolution. En 1802, regroupement de la communauté. En 1836, construction d'un nouveau monastère. En 1901, exil en Hollande où les moniales fondent un carmel. En 1920, quelques religieuses quittent la Hollande, retrouvent leur monastère et y demeurent jusqu'en 1979. La communauté s'installe alors à 4 km de Chartres, à Champhol-La Milhoue.
Offices. Possibilité de participer aux Offices avec les moniales : Laudes, Eucharistie, Heure médiane, Vêpres, Vigiles.
Accueil. Accueil assez restreint : 3 chambres. Elles sont à la disposition des personnes qui désirent passer un ou quelques jours de recueillement dans un cadre de solitude et de silence et partager la prière des Carmélites.
Artisanat. Décoration sur porcelaine, jouets en peluche et en tissu (vente sur place et dans les boutiques de l'Artisanat monastique). Doubles-rideaux, couvre-lits, voilages (commandes prises sur place).
Accès. SNCF : Chartres, puis bus n° 2 jusqu'à Champhol ou taxi.

FONTGOMBAULT

Abbaye Notre-Dame-de-Fontgombault

36220 Fontgombault
Tél : 02 54 37 12 03 et 02 54 37 30 98 (Père Hôtelier)
Fax : 02 54 37 12 56

Bénédictins. Aux environs de l'An Mil, un ermite, Combault, vivait dans une grotte sur la rive gauche de la Creuse. Il fut rejoint par des disciples avides de perfection. A la fin du XIe siècle (1091) furent posés les fondements d'une abbaye par Pierre de l'Étoile, qui adopta la Règle de saint Benoît. Des Bénédictins venus de Solesmes (voir p. 227) ont relevé l'abbaye en 1948.

Voir. L'église Notre-Dame et la chapelle Saint-Benoît (romanes).
Offices. Chantés en grégorien. Messe conventuelle tous les jours à 10h, Vêpres à 18h, sauf le jeudi (17h les dimanches et fêtes).
Accueil. Pour des retraites, sur demande adressée au Père Hôtelier, de préférence par courrier, ou par téléphone. Conditions : ne pas troubler le silence du monastère, se contenter de l'austérité que l'on y trouve, assister aux principaux offices.
Artisanat. Livres de doctrine, d'histoire, et d'art religieux. Cassettes et CD du chœur de Fontgombault notamment, vidéo-cassettes. Produits de l'artisanat monastique de Fontgombault et d'autres monastères (poterie de grès, émaux, icônes, fromages, confiseries, produits fermiers).
Accès. 61 km à l'E de Poitiers par la N 151 et la D 950, 70 km à l'O de Châteauroux par l'A 20, la N 151 et la D 950. SNCF : Poitiers ou Châteauroux, puis car jusqu'à Le Blanc (8 km).

MOLINEUF

Carmel de Blois

La Chambaudière. 41190 Molineuf
Tél : 02 54 70 04 29. Fax : 02 54 70 05 76

Carmélites. Fondé le 9 mai 1625 par le carmel de la rue Chapon à Paris, il s'est maintenu à Blois jusqu'à nos jours, bien qu'ayant connu diverses implantations par suite d'événements extérieurs : expulsion et spoliation en 1792, incendie en juin 1940. Il est maintenant installé, depuis le 15 août 1977, à Molineuf dans le très beau cadre de la vallée de la Cisse.
Offices. Tous les jours : Laudes à 8h30, Messe à 9h (10h30 le dimanche), Heure médiane à 12h, Vêpres à 17h30, Office des Lectures et Complies à 20h.
Accueil. 6 chambres, pour des retraites personnelles : prêtres, religieuses et toutes personnes désireuses de prière, de silence et de solitude. Une annexe, à 100 m du monastère, permet d'accueillir deux familles ou un petit groupe de 10 personnes environ, en hébergement libre.
Artisanat. Pains d'autel blancs et dorés, tous travaux de secrétariat (frappe de thèses, mémoires, livres, etc sur ordinateur Macintosh).
Accès. 8 km à l'O de Blois par la D 766. SNCF : Blois.

ORLÉANS

Carmel de Micy

18, rue Claude-Joliot. 45750 Saint-Pryvé
Tél : 02 38 66 62 40

Carmélites.
Offices. Messe à 8h (11h le dimanche), Vêpres à 17h.
Accueil. La communauté des Carmélites offre son cadre de prière, de silence et de paix, à toute femme ou jeune fille désirant faire une retraite individuelle, ou à un petit groupe voulant réfléchir et se ressourcer. S'inscrire par écrit un certain temps à l'avance.
Accueil. 7 km au S-O d'Orléans par la N 751. Bus ligne 7 (arrêt Pont Saint-Nicolas).

SAINT-BENOÎT-SUR-LOIRE

Abbaye Saint-Benoît-de-Fleury

45730 Saint-Benoît-sur-Loire
Tél : 02 38 35 72 43. Fax : 02 38 35 77 71
info@abbaye-fleury.com
www.abbaye-fleury.com

Bénédictins. Saint Benoît était mort depuis un siècle quand fut fondé en ce lieu le monastère Saint-Pierre-de-Fleury, vers 630. Un des premiers abbés de Fleury, saint Mommole, s'émut de savoir les restes de saint Benoît et de sa sœur jumelle Scholastique à l'abandon dans les ruines du Mont Cassin, détruit par les Lombards depuis 577. Il prit la route pour l'Italie, recueillit “dans une panière” les précieux ossements et les ramena sur les bords de la Loire. Le monastère de Fleury devint Saint-Benoît-sur-Loire, et connut son apogée avec saint Abbon, esprit universel, martyrisé à La Réole en 1004. Son successeur Gauzlin ouvre l'ère des grandes constructions qui, en deux siècles, aboutiront aux admirables édifices que l'on voit encore aujourd'hui. La guerre de Cent Ans mit en péril l'abbaye, qui n'avait plus qu'une vingtaine de moines quand Jeanne d'Arc, après la prise d'Orléans, y vint en pèlerinage avec Charles VII le 22 juin 1429. Au cours des XVIIe et XVIIIe siècles,

l'abbaye fut relevée par la Congrégation de Saint-Maur jusqu'à sa suppression par la Révolution. Une première tentative de restauration en 1865 fut anéantie par les lois sur les congrégations. En 1944 enfin, des moines de La Pierre-Qui-Vire (voir p. 95) vinrent restaurer à Saint-Benoît-sur-Loire la vie monastique régulière.

Voir. L'admirable basilique romane. Dans la crypte reposent les reliques de saint Benoît.

Offices. En français, avec latin, chant grégorien à la Messe. Tous les jours : Laudes à 6h30 (7h15 le dimanche), Messe à 12h (11h le dimanche), None à 14h30 (15h le dimanche), Vêpres à 18h10, Vigiles à 21h. Offices dans la crypte de novembre à mars.

Accueil. A l'hôtellerie du monastère, accueil pour des retraites et des récollections, avec participation aux offices, pour les personnes seules et les groupes. Se renseigner par courrier auprès du Père Hôtelier.

Artisanat. Confiserie, peinture d'art, émaux, peinture sur porcelaine, bougies. Vente à la librairie bénédictine, à droite de la basilique, et dans les boutiques de l'Artisanat monastique.

A noter. Revue trimestrielle Renaissance de Fleury (articles de doctrine et de spiritualité). Recensions de livre et de disques. Chronique du monastère.

Accès. 40 km au S-E d'Orléans par la N 60 et la D 60. SNCF : Orléans, puis car jusqu' à Saint-Benoît-sur-Loire.

SAINT-DOULCHARD

Monastère de Saint-Doulchard

115, route de Vouzeron. 18230 Saint-Doulchard
Tél : 02 48 65 57 65. Fax : 02 48 02 54 49
annonciade@diocese-bourges.org

Annonciades (Ordre de la Vierge Marie). Fondation de Thiais en 1988 (voir p. 162). C'est un retour aux sources puisque l'Ordre a été fondé par sainte Jeanne de France à Bourges en 1501.

Offices. Célébrés en français. Tous les jours, Messe à 8h30 (10h le jeudi, 18h le dimanche).

Accueil. Une vingtaine de chambres, salles de réunion, parc. Séjour de 8 jours maximum. Groupes ou retraites individuelles.

Accès. 4 km au N de Bourges par la D 944. SNCF : Bourges, puis bus (départ devant la gare, arrêt au monastère).

TOURS

Monastère Sainte-Claire

24, rue du Pas-Notre-Dame. 37100 Tours
Tél : 02 47 54 38 49. Fax : 02 47 54 43 46

Clarisses. Fondé le 5 novembre 1920 par huit sœurs clarisses du monastère de Rennes, parties pour une fondation en Angleterre. De retour en France, elles furent accueillies dans le diocèse de Tours. Dès leur arrivée, elle se rendirent au tombeau de saint Martin pour lui confier leur nouvelle fondation.
Offices. En français, tous les jours. Louanges du matin à 7h45 (le samedi, Louanges du matin et Eucharistie à 7h15 ; le dimanche, Louanges du matin à 6h30 et Eucharistie à 8h30), Louanges du soir et Eucharistie à 17h, suivies de l'exposition du Saint-Sacrement, Vêpres à 17h15 tous les jours. Messe à 10h30 tous les jours, le dimanche à 9h. Vigiles et Complies à 19h45.
Accueil. Religieuses en clôture pour des retraites, et de groupes de jeunes en recherche, pour la journée. Les jeunes filles en recherche de vie religieuse sont également admises en clôture pour une retraite.
Accès. Depuis la gare SNCF (TGV depuis Paris), bus n° 9 (arrêt Trianon). Le monastère est situé à Tours-Nord.

Champagne Ardenne

Ardennes

Aube

Haute-Marne

Marne

CHAMPAGNE-ARDENNE

08 Ardennes

- ❷ **Aubigny-les-Pothées** : Carmel de la Fontaine Olive

10 Aube

- ❹ **Mesnil-Saint-Loup** : Monastère Notre-Dame de la Sainte-Espérance
- ❺ Monastère Sainte-Scholastique
- ❼ **Troyes** : Carmel de Notre-Dame de Pitié
- ❽ Monastère de la Visitation

51 Marne

- ❶ **Arcis-le-Ponsart** : Abbaye Notre-Dame d'Igny
- ❸ **Cormontreuil** : Monastère Sainte-Claire
- ❻ **Saint-Thierry** : Monastère des Bénédictines

52 Haute-Marne

ARCIS-LE-PONSART

Abbaye Notre-Dame-d'Igny

51170 Arcis-le-Ponsart
Tél : 03 26 48 08 40 (Accueil et confiserie)
Tél : 03 26 48 98 98 (Hôtellerie)
Fax : 03 26 83 10 79

Cisterciennes. Fondé en 1128 par douze moines envoyés de Clairvaux par saint Bernard, le monastère fut fermé à la Révolution. La vie monastique reprit en 1876. Détruite en 1918, l'abbaye fut reconstruite en 1929 pour des moniales.

Offices. Messe en français avec quelques morceaux en grégorien. Messe le dimanche à 10h45, en semaine à 7h30. Vêpres à 17h20 en hiver, à 17h30 en été.

Accueil. Pour des retraites uniquement, durant toute l'année. Séjour d'une semaine maximum. Possibilité de participer aux offices et d'échanger avec le père aumônier ou avec une religieuse. Accueil de groupes selon des modalités diverses. Pour toute demande de séjour, s'adresser à la Sœur Hôtelière au moins huit jours à l'avance.

Artisanat. Confiserie : spécialité du bouchon de champagne, chocolats, caramels, etc. Tricots, vannerie. Vente au magasin (à 60 m du monastère), par correspondance (catalogue des produits sur demande), dans les boutiques de l'Artisanat monastique de Paris, Lyon, Marseille, Lille, Toulouse et dans quelques-uns des monastères cisterciens et bénédictins.

A noter. Il existe une brochure et une cassette vidéo sur le monastère. Projection d'un montage audio-visuel à la demande.

Accès. 30 km à l'O de Reims par la D 27, 120 km à l'E de Paris par l'A 4. SNCF : Dormans (21 km, ligne Paris/Nancy), Reims (30 km), Fère-en-Tardenois ou Fismes (15 km, ligne Reims/La Ferté-Milon/Meaux). Le taxi est le seul moyen de transport à partir de ces quatre gares.

AUBIGNY-LES-POTHÉES

Carmel de la Fontaine Olive

08150 Aubigny-les-Pothées
Tél : 03 24 35 81 82. Fax : 03 24 35 25 43

Carmélites. Fondé en 1976.

Offices. En français. En semaine : Laudes à 7h15, Messe à 9h, Vêpres à 18h30, Vigiles à 21h. Le dimanche : Laudes à 8h, Messe à 16h30 en hiver, à 17h30 en été.

Accueil. Dans une hôtellerie extérieure au carmel, située en pleine nature entre forêts et pâturages. Les hôtes font eux-mêmes leur cuisine, mais tout leur est fourni. 6 chambres, 2 salles de réunion et un ermitage. Accueil de retraitants individuels et de petits groupes qui désirent partager la prière de la communauté et cherchent un lieu de silence. Date à convenir à l'avance avec la Sœur Hôtelière.

Artisanat. Ateliers de secrétariat, broderie machine (services de table), tissage main, cannage et rempaillage de chaises. Ventes à l'accueil, sur commande et dans les boutiques de l'Artisanat monastique.

Accès. 70 km au N-E de Reims et 25 km au S-O de Charleville-Mézières par la N 51 et la D 985. Le carmel est à 5 km d'Aubigny. SNCF : Charleville-Mézières, puis taxi ou car n° 27 (2 départs par jour).

CORMONTREUIL

Monastère Sainte-Claire

2 rue Pierre Bérégovoy, 51350 Cormontreuil
Tél : 03 26 86 95 12. Fax : 03 26 86 95 15

Clarisses (Sœurs Pauvres). Fondé en 1220, du vivant de sainte Claire, et refondé en 1933.

Offices. En semaine : Office des Lectures à 6h30, Prière Silencieuse à 7h, Laudes à 7h45, Eucharistie à 11h30 (18h les mercredi et vendredi), Office du milieu du jour après la Messe (11h30 les mercredi et vendredi), Vêpres à 17h30, Adoration à 18h, Complies à 20h. Le dimanche : Prière silencieuse à 7h, Laudes à 8h, Eucharistie à 11h15, Office du milieu du jour vers 14h, Vêpres à 17h30, Adoration à 18h, Complies à 19h45.

Accueil. Pour la prière uniquement, seul ou en groupe, femmes, couples, prêtres et religieux. Accueil pour des sessions (spécialement des groupes du diocèse).

Artisanat. Parchemins, peinture sur céramique, cannage, bougies, icônes, pains d'autel, vêtements liturgiques.

Accueil. Depuis la gare SNCF, bus (direction et arrêt Théâtre) et bus B (direction Tinqueux, arrêt la Haubette), puis descendre la rue Aristide-Briand.

MESNIL SAINT-LOUP

Monastère Notre-Dame de la Sainte-Espérance

10190 Mesnil Saint-Loup
Tél : 03 25 40 40 82. Fax : 03 25 40 56 35
esperan@club-internet.fr

Bénédictins. La communauté est fondée en 1864 par le Père Emmanuel André (1826-1903), curé de Mesnil Saint-Loup. Elle entre dans la congrégation de Sainte-Marie du Mont-Olivet en 1886. Dispersée en 1901, elle est reconstituée en 1919 par Dom

Bernard Maréchaux. En 1939, Dom Paul Grammont, prieur, ouvre à Cormeilles-en-Parisis une maison d'études située à proximité du monastère des Moniales-Oblates de Sainte-Françoise Romaine. C'est de Cormeilles et de Mesnil que naît, en 1948, la communauté de l'abbaye Notre-Dame du Bec-Hellouin. En 1976, après une période de mise en sommeil, le monastère reprend vie. L'abbaye Notre-Dame de Maylis, dans les Landes, fait également partie de la congrégation olivétaine.

Voir. Chapelle monastique construite en 1889, entièrement restaurée. Autel et Vierge à l'Enfant de Henri Charlier. Vitraux du XVe, Christ en majesté du XIIe.

Offices. Ouverts à tous. Liturgie en grégorien et en français. L'eucharistie quotidienne est célébrée avec les Moniales-Oblates du monastère Sainte-Scholastique.

Principaux offices : en semaine, Matines à 6h, Laudes à 6h45, Messe à 11h15, Vêpres à 18h. Les dimanches et fètes : Laudes à 6h30, Messe à 10h, Vêpres à 17h30.

Accueil. Possibilité de rencontrer un frère pour un entretien individuel. A l'hôtellerie, accueil individuel et de groupes. Séjour limité à une semaine. S'adresser au Père hôtelier.

Artisanat. Le travail manuel des moines consiste principalement dans la réalisation de céramiques, émaillées et décorées au pinceau : pièces tournées, services de table, listes de mariage. Vente sur place. Le magasin est ouvert tous les jours, de 14h30 à 17h.

A noter. La solennité de Notre-Dame de la Sainte-Espérance, fète patronale du monastère, est célébrée le 23 octobre.

La bibliothèque du monastère comprend 50 000 volumes. Elle est ouverte aux étudiants et aux chercheurs. Prendre contact avec le Père bibliothécaire.

Accès. 25 km de Troyes par la N60 Sens/Troyes (sortie Estissac).

Monastère Sainte-Scholastique

10190 Mesnil Saint-Loup
Tél : 03 25 40 43 96. Fax : 03 25 40 64 17

Bénédictines Olivétaines. Moniales-oblates du monastère de la Sainte-Espérance. Communauté fondée en 1925 à Cormeilles en Parisis, transférée au Bec-Hellouin en 1948. Le monastère de Mesnil Saint-Loup, laissé en sommeil du fait du transfert au Bec-Hellouin reprend vie en 1980.

Offices. Ouverts à tous. Liturgie en grégorien et en français. Les dimanches et fêtes, par les moines et les moniales au monastère Notre-Dame de la Sainte-Espérance, pour l'Office de la Vigile, ma Messe conventuelle et les Vêpres ; aux jours ordinaires, au monastère Sainte scholastique : Matines à 6h, Laudes à 6h45, None à 14h15, Vêpres à 18h, Complies à 20h30.
Accueil. Accueil pour des retraites et possibilité de rencontrer une sœur pour un entretien individuel. Séjour maximum d'une semaine. S'adresser à la sœur hôtelière.
Artisanat. Le travail manuel des moniales consiste principalement dans la confection de vètements d'enfants. Vente sur place et dans les boutiques de l'Artisanat monastique.
Accès. 25 km de Troyes par la N60 Sens /Troyes (sortie Estissac). SNCF Troyes ou Nogent-sur-Seine.

SAINT-THIERRY

Monastère des Bénédictines

51220 Saint-Thierry
Tél/Fax : 03 26 03 99 37
hotellerie.st-thierry@wanadoo.fr

Bénédictines. L'abbaye fut fondée au Ve siècle par saint Thierry, disciple de saint Rémi. Guillaume de Saint-Thierry (ami de saint Bernard), illustre par ses écrits, en fut l'abbé de 1121 à 1135. Interrompue en 1777, la vie monastique a repris en 1968 avec l'arrivée de Bénédictines venues du monastère de Vanves (voir p. 162).
L'ancienne salle capitulaire, du XIIe siècle, devenue la chapelle du monastère. L'église romane du village des XIe et XIIe siècles.
Offices. En semaine : Matines à 5h30, Laudes à 7h30, Messe à 12h, None à 14h45, Vêpres à 17h30, Complies à 20h30. Le samedi : Vigiles à 20h15. Le dimanche : Laudes à 8h, Messe à 11h, None à 13h30, Vêpres à 17h, Complies à 21h.
Accueil. L'hôtellerie est ouverte aux retraitants et aux groupes qui désirent partager la prière de la communauté et qui cherchent un lieu de silence et de réflexion. S'adresser à la Sœur Hôtelière.
Artisanat. Atelier d'imprimerie, restauration de tapis, batiks. Vente au magasin (ouvert tous les jours entre 15h et 17h) de livres-cassettes, de cartes et de produits de la marque "Monastic".
Accès. 8 km au N-O de Reims. Par l'A 26, sortie n° 15 Reims-La Neuvillette, puis prendre la N 44 sur 2 km (direction Laon). SNCF : Reims, puis car Reims/Saint-Thierry (2 départs par jour).

TROYES

Carmel de Notre-Dame-de-Pitié

1164, rue de Troyes. 10120 Saint-Germain
Tél : 03 25 71 53 60. Fax : 03 25 72 90 99

Carmélites. Fondé à Troyes en 1620 par Mère Marie de la Trinité, première professe carmélite française. Après la Révolution, le monastère fut reconstitué en 1828, puis incendié et détruit par les bombes en 1940. Reconstitué en 1948 à Saint-Germain, à côté de Troyes. Est actuellement un carmel d'accueil pour les sœurs âgées.
Offices. Tous les jours : Laudes à 7h25, Messe à 8h (9h le dimanche), Vêpres à 17h25 (chants des moniales).
Accueil. Quelques chambres pour de courtes retraites individuelles et personnelles. Offrande suivant les moyens des hôtes.
A noter. Le monastère est dédié à Notre-Dame-de-Pitié, dont la statue est restée seule debout au milieu des ruines lors du bombardement de 1940.
Accès. 6 km au S de Troyes par la N 77.

Monastère de la Visitation

75, avenue Pierre-Brossolette. 10000 Troyes
Tél : 03 25 73 23 48. Fax : 03 25 41 04 20

Visitandines. C'est la Mère Marie-Jacqueline Favre, sœur de Vaugelas, qui assura la fondation de ce quarante-cinquième monastère de l'Ordre le 6 juillet 1631. Fermé pendant la période révolutionnaire (1792-1807), il put être rétabli au lieu même de sa fondation où il se trouve toujours. Au XIXe siècle, il profita du gouvernement de Mère Marie de Sales Chappuis, morte en odeur de sainteté le 7 octobre 1875.
Voir. Outre le bâtiment conventuel (1634) où séjourna sainte Jeanne de Chantal, il faut visiter la chapelle (1664) avec son curieux toit en forme de coque de navire renversée et recouvert de tuiles vernissées (ensemble classé "Monument historique"). Plus rien ne subsiste du mobilier et de la décoration des années antérieures à 1792 sinon la Visitation, peinture sur toile du troyen Pierre Mignard (1612-1685). En 1864, l'édifice fit l'objet d'importants travaux de restauration. Ses murs intérieurs furent recouverts de fresques de style Louis XIII, par le peintre Desnuelle qui travailla aussi à Saint-Germain-des-Prés et à Saint-Vincent-de-Paul à Paris.

Deux grandes toiles, avec cadres en trompe-l'œil, furent exécutés par Jobbe-Duval. Les verrières des quatre fenêtres et de l'oculus sortent des ateliers Maréchal à Metz.

Offices. En français, Messe et Vêpres dominicales chantées en grégorien. En semaine : Laudes à 7h30, Messe à 8h, Vêpres à 17h30. Les dimanches et fêtes : Laudes à 7h, Messe conventuelle à 8h30, Vêpres à 16h30.

Accueil. Le monastère reçoit en clôture des dames et des jeunes filles pour de courtes retraites et des récollections individuelles, avec possibilité d'accompagnement spirituel à l'école de saint François de Sales

Accès. 125 km au S de Reims par l'A 4 et l'A 26. SNCF : Troyes.

Corse

Corse-du-Sud

Haute-Corse

CORSE

20 Corse-du-Sud

❷ **Erbalunga** : Monastère des Bénédictines du Saint-Sacrement

20 Haute-Corse

❶ **Bastia** : Monastère Sainte-Claire

BASTIA

Monastère Sainte-Claire

Montée Sainte-Claire. 20200 Bastia
Tél : 04 95 31 59 03. Fax : 04 95 31 93 61

Clarisses. Fondé en avril 1851.
Offices. En français, tous les jours. Office du matin à 7h, Messe à 7h30 (8h le dimanche), Vêpres à 18h30. Le jeudi de 18h30 à 19h30, veillée de prière ouverte à tous.
Artisanat. Pains d'autel, ornements liturgiques (sur commande). Reliure, confiture.
Accès. A 20 mn à pied du port. En bus, arrêt Palais de justice. Service de cars depuis l'aéroport de Poretta (30 mn).

ERBALUNGA

Monastère des Bénédictines du Saint-Sacrement

20222 Erbalunga
Tél/Fax : 04 95 33 22 81
erbalungaobs@free.fr

Bénédictines. Fondé le 8 septembre 1862. Le monastère devait, selon l'esprit du temps, assurer aussi "l'éducation des jeunes filles". Fonction dont il s'acquitta jusqu'en 1963.
Offices. En semaine : Messe à 9h (9h30 les dimanches et solennités), Vêpres à 17h, Complies à 20h30.
Accueil. Du 15 juin au 20 septembre, ouvert aux personnes en quête de repos et de ressourcement spirituel, dans une ambiance de paix et de prière. Pour un premier séjour, des références sont demandées. Pour les conditions, écrire à la Sœur Hôtelière.
Artisanat.
Accès. 9 km au N de Bastia par la N 198. Service de cars depuis Bastia (en semaine, un départ toutes les 30 mn ; le dimanche un départ par heure).

Franche Comté

Doubs

Haute-Saône

Jura

Territoire-de-Belfort

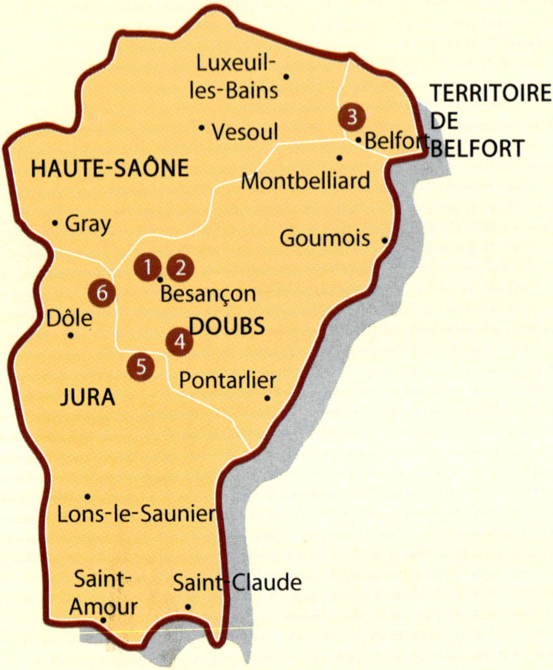

FRANCHE-COMTE

25 Doubs

- ❶ **Besançon** : Monastère Sainte-Claire
- ❷ **Chaux-les-Passavant** : Abbaye Notre-Dame de la Grâce-Dieu
- ❹ **Nans sous Sainte-Anne** : Prieuré Saint-Benoît

70 Haute-Saône

39 Jura

- ❺ **Poligny** : Monastère Sainte-Claire
- ❻ **Vitreux** : Abbaye d'Acey

90 Territoire de Belfort

- ❸ **Lepuix-Gy** : Prieuré Saint-Benoît de Chauveroche

BESANÇON

Monastère Sainte-Claire

6, rue du Chapitre. 25000 Besançon
Tél : 03 81 82 10 25
clarisses-besancon@wanadoo.fr

Clarisses. Fondé en 1250, réformé par sainte Colette en 1410 et rétabli en 1879.

Voir. Les reliques de sainte Colette, la croix de saint Vincent Ferrier.

Offices. En français, tous les jours : Laudes à 6h30, Messe à 7h30 (9h30 le dimanche), Office du milieu du jour à 11h30, Office du soir à 17h30 (16h30 le dimanche).

Artisanat. Vêtements liturgiques (commandes sur place). Secrétariat.

Accès. SNCF : Besançon.

CHAUX-LES-PASSAVANT

Abbaye Notre-Dame de la Grâce-Dieu

25530 Chaux-les-Passavant
Tél : 03 81 60 44 45. Fax : 03 81 60 44 18
ndgracedieu@wanadoo.fr

Cisterciennes. Fondée en 1139 par des moines cisterciens, abandonnée pour Tamié en Savoie en 1909 et repeuplée en 1927 par des Bernardines, issues de Port-Royal de Paris, réunies à l'Ordre Cistercien en 1920.

Voir. Dans l'église extérieure, deux fenêtres romanes et deux culs-de-lampe bourguignons.

Offices. Chantés en français. Quelques pièces en grégorien. S'échelonnent de 4h30 environ (Vigiles) à 20h15 environ (Complies). Messe quotidienne à 8h30, à 10h50 le dimanche.

Accueil. Prêtres, religieuses, dames et couples, jeunes, pour des temps forts de réflexion et prière. Retraites individuelles et collectives. Oratoire. Conditions : respecter l'atmosphère de silence et participer aux frais selon ses possibilités. Demande à faire par écrit. Présentation audio-visuelle sur demande.

Artisanat. Vêtements d'enfants (vente sur place et dans les boutiques de l'Artisanat monastique). Diverses petites fabrications : cartes, miel, confiture (vente sur place).

Accès. 30 km à l'E de Besançon par la D 464, au croisement avec la D 492. SNCF : Besançon ou Baume-les-Dames (20 km), puis taxi ou car Monts Jura (le mercredi uniquement).

LEPUIX-GY

Prieuré Saint-Benoît de Chauveroche

90200 Lepuix-Gy
Tél : 03 84 29 01 57. Fax : 03 84 29 56 80
chauveroche@wanadoo.fr

Bénédictins. Congrégation de Subiaco. Ce prieuré a été fondé par l'abbaye de la Pierre-qui-Vire (voir p. 95) en 1980, dans un cadre propice à la méditation, sur les premières pentes du Ballon d'Alsace. Petite communauté de sept frères. La belle chapelle, en harmonie avec le site, a été conçue par l'architecte Jean Cosse. Chapelle de la Transfiguration et de l'Unité, elle a été consacrée le 5 août 1991. Elle peut accueillir 150 à 200 personnes.

Offices. Chantés tous les jours en français. Vigiles à 5h, Laudes à 7h30, Eucharistie à 9h30 (7h30 le lundi et le jeudi, 10h le dimanche), Heure médiane à 12h15, Vêpres à 18h, Complies à 20h30.

Accueil. Une petite hôtellerie de 10 chambres pour des retraites individuelles avec participation aux repas de la communauté (en silence, avec lectures ou musique), ou pour des groupes restreints prenant en charge leurs repas. Il existe aussi un chalet pour des groupes à 400 m du prieuré (6 chambres, 25 lits). S'entendre avec le Frère Hôtelier.

Croix en bois exotique (croix pectorales, profession de foi, confirmation, baptême etc.) et croix murales (chambre ou "coin-prière"), bancs de prière, supports d'icônes. Montage de minéraux sur socle de bois précieux. En vente sur place, par correspondance et dans les boutiques de l'Artisanat monastique de Paris, Lille, Lyon, Bordeaux, Toulouse. Librairie religieuse bien fournie (livres, posters, icônes, cartes postales).

Accès. 15 km au N de Belfort par la D 465 (route du Ballon d'Alsace). Par l'A 36 Beaune/Mulhouse, sortie Belfort-Centre. SNCF : Belfort, puis car n° 37 Belfort/Giromagny (terminus à Lepuix-Gy).

NANS SOUS SAINTE-ANNE

Prieuré Saint-Benoit

25330 Nans sous Sainte-Anne
Tél : 03 81 86 61 79. Fax : 03 81 86 59 07

Bénédictines de Jésus Crucifié. Congrégation fondée à Brou-sur-Chantereine (voir p. 148) en 1930.

Offices. Chantés en français. En semaine : Laudes à 8h30, suivies de la Messe à 9h, Office des Lectures à 12h, Heure médiane à 15h15, Vêpres à 18h30, Complies à 21h. Le dimanche : Laudes à 9h, Messe à 10h15, Vêpres à 18h15.

Accueil. 8 chambres, pour des personnes seules et en petit groupe, dans un climat de silence et de prière.
Accès. 35 km à l'O de Pontarlier par la D 72, 45 km au S de Besançon par la D 67 et la D 492. SNCF : Mouchard (TGV), puis taxi.

POLIGNY

Monastère Sainte-Claire

13, rue Sainte-Colette. 39800 Poligny
Tél : 03 84 37 11 40. Fax : 03 84 37 07 53
monastere.claire.poligny@wanadoo.fr

Clarisses. "A Dieu playse Poligny", telle est la devise de la petite ville fortifiée qui séduisit sainte Colette. En 1415, à la demande de Marguerite de Bavière, Jean sans Peur donna à sainte Colette son arsenal pour bâtir un monastère. Elle y séjourna une dizaine d'années. Elle fonda 17 monastères de Clarisses et mourut à Gand (dans les Flandres belges) en 1447. Ses ossements furent ramenés à Poligny en 1783. Après la Révolution, les sœurs qui avaient dû abandonner le monastère purent revenir en 1817.

Voir. Dans la chapelle, dédiée à Notre-Dame des Sept Douleurs :
- la châsse de sainte Colette contenant ses reliques.
- une *Descente de Croix* (XVIe siècle) représentant les personnages liés à la fondation du monastère : le Christ, sous les traits de Jean sans Peur, la Vierge Marguerite de Bavière, Marie-Madeleine baisant la main du Christ, sainte Colette.
- *Sainte Colette dans la gloire* du peintre suisse Melchior Wirsch, de l'école flamande (1774).
- une icône, reproduction du Christ de saint Damien.
- plusieurs statues de bois anciennes, une statue de sainte Colette par Henri Charlier. Au-dessus de la porte d'entrée de la chapelle, une *Pietà* en marbre.

La collégiale Saint-Hippolyte (contemporaine du monastère, à quelques pas), possède la plus belle collection de statues de l'école bourguignonne après celle de Dijon.

Offices. La disposition de la chapelle permet aux fidèles de s'unir facilement à la prière des sœurs, spécialement à l'Eucharistie de 8h30 et aux Vêpres de 17h30. A la belle saison, Laudes à 7h45 et à 20h, Adoration du Saint-Sacrement à 19h30.

Accueil. 9 chambres particulières disponibles de Pâques à la Toussaint.

Artisanat. Atelier liturgique : bougies, cartes, etc. A l'accueil, documentation sur saint François d'Assise, sainte Claire et sainte Colette.

A noter. A Poligny, sainte Colette est fêtée le 6 mars. Nombreux sont les pèlerins qui viennent solliciter son intercession. Elle est spécialement invoquée pour les mamans qui désirent ou attendent une naissance.

Accès. 58 km au S de Besançon par la N 83. Par l'A 39, sortie n° 7. SNCF : Poligny, puis 20 mn à pied.

VITREUX

Abbaye d'Acey

39350 Vitreux
Tél : 03 84 81 04 11. Fax : 03 84 70 90 97

Cisterciens-Trappistes. Fondée en 1136, elle connut plusieurs siècles tourmentés (épidémies, invasions, guerres, incendie). Au XIXe siècle s'y établirent momentanément les communautés de Solesmes (voir p. 227), de Notre-Dame des Neiges et de Notre-Dame des Dombes (voir p. 281). Élevée au rang d'abbaye en 1938.

Voir. L'église du XIIe siècle, monument historique.

Offices. En semaine : Laudes et Messe à 7h, Sexte à 12h15, Vêpres à 18h45, Complies à 20h15. Le dimanche : Laudes à 7h, Messe à 11h, Vêpres à 17h, Complies à 19h45.

Accueil. 15 chambres, pour des retraitants individuels et des couples. Séjour d'une semaine maximum. 52 places en dortoir pour les groupes avec accompagnateur (cuisine faite par le groupe). Entente préalable avec le responsable.

Artisanat. Usine de traitement de surface par électrolyse (pour l'industrie), ferme.

Accès. 33 km au S-O de Besançon et 30 km au N-E de Dole par l'A 36 (sortie Orchamps) ou la N 459. SNCF : Besançon, Dole, Orchamps (ligne Besançon/Dijon) ou Auxonne (ligne Dijon/Besançon).

Haute Normandie

Eure

Seine-Maritime

HAUTE-NORMANDIE

27 Eure

- ❶ **Le-Bec-Hellouin** : Abbaye Notre-Dame du Bec
- ❷ Monastère Sainte Françoise Romaine
- ❸ **Croisy-sur-Eure** : Monastère Saint-Paul de la Croix
- ❹ **Evreux** : Carmel

76 Seine-Maritime

- ❺ **Le Havre** : Carmel
- ❻ **Rouen** : Monastère de l'Immaculée Conception
- ❼ **Saint-Wandrille** : Abbaye Saint-Wandrille de Fontenelle
- ❽ **Valmont** : Abbaye Notre-Dame du Pré

LE BEC-HELLOUIN

Abbaye Notre-Dame du Bec
27800 Le Bec-Hellouin
Tél : 02 32 43 72 60. Fax : 02 32 44 96 69
abbayedubec@wanadoo.fr
www.abbayedubec.com

Bénédictins (Olivétains). L'abbaye a été fondée en 1034, à l'époque de Guillaume le Conquérant, par le bienheureux Herluin (Hellouin) chevalier du comte de Brionne. L'église en fut consacrée en 1077, peu avant la mort du fondateur. Deux de ses disciples immédiats eurent jusqu'à nos jours une influence considérable. Lanfranc, le célèbre clerc de Pavie, fit du Bec un haut lieu de la civilisation médiévale et devint archevêque de Cantorbéry. Anselme, jeune étudiant d'Aoste, attiré par sa réputation, vint le rejoindre au Bec en 1059 et lui succéda à la tête de l'école à laquelle il conféra un éclat incomparable. Saint Anselme fut le penseur religieux le plus influent de son siècle, et le conseiller de Guillaume le Conquérant, qui mourut dans ses bras. Devenu, à son tour, archevêque de Cantorbéry, il réforma l'Église d'Angleterre et mourut en 1109 à l'âge de soixante-seize ans. L'abbaye du Bec devait donner un troisième titulaire au siège de Cantorbéry avec Thibaut, qui fut le maître de saint Thomas Becket.

Ruinée à la Révolution, l'abbaye reprit vie le 29 septembre 1948 grâce aux moines de Mont-Olivet venus des communautés de Mesnil-Saint-Loup (voir p. 120) et de Cormeilles-en-Parisis. L'abbaye du Bec a

retrouvé une belle part de son rayonnement international. Un second monastère de la même congrégation existe dans les Landes, à Maylis (voir p. 54).

Voir. Un ensemble prestigieux, la tour Saint-Nicolas du XVe siècle, le cloître du XVIIe siècle et les bâtiments conventuels du XVIIIe siècle. Des visites commentées ont lieu tous les jours, sauf le mardi. Du lundi au vendredi à 10h30, 15h, 16h, 17h l'été. Le dimanche à 12h, 15h, 16h. Il est demandé aux groupes de faire connaître à l'avance le jour et l'heure choisis pour leur venue. Un droit d'entrée est perçu par la Caisse Nationale des Monuments Historiques.

Offices. Chantés en grégorien et en français avec, les dimanches et fêtes, la présence des moniales de Sainte-Françoise Romaine (voir ci-dessous). En semaine : Laudes à 7h, Messe à 11h45, Vêpres à 18h (17h30 le samedi), Complies à 20h30. Le samedi : Vigile à 20h30. Les dimanches et fêtes : Laudes à 7h, Messe à 10h30, Vêpres à 17h, Complies à 20h30.

Accueil. L'hôtellerie du monastère comprend deux zones : l'une intérieure pour les hôtes désireux d'entrer dans le rythme de silence et de prière de la communauté ; l'autre, plus extérieure, spécialement réservée aux groupes et aux jeunes pour les retraites, les sessions et les rencontres d'étude. Réserver un mois à l'avance, en écrivant au Frère Hôtelier.

Artisanat. Les moines fabriquent des pièces de céramique, proposées aux visiteurs dans une salle d'accueil qui est l'unique point de vente. Le magasin comporte également une vitrine de bougies décoratives, fabriquées par les moniales de Sainte-Françoise-Romaine, et un rayon librairie (livres, cartes, disques et cassettes).

Accès. 35 km au S-O de Rouen par la N 138, 48 km au N-O d'Évreux par la N 13 et la D 130. Par l'A 13, sortie Chauffour, Louviers ou Maison Brûlée. SNCF : Évreux, puis car SNCF direction Honfleur.

Monastère Sainte-Françoise-Romaine

27800 Le Bec-Hellouin
Tél : 02 32 44 81 18. Fax : 02 32 45 90 53
bec.stefrancoise@wanadoo.fr

Bénédictines (Olivétaines). Moniales-oblates de l'Abbaye Notre-Dame-du-Bec. Fondé en 1925 à Cormeilles-en-Parisis, transféré au Bec-Hellouin en 1948.

Offices. Chantés en grégorien et en français, les dimanches et jours de fête par les moines et les moniales à l'abbaye du Bec pour l'office de la Vigile, la Messe conventuelle et les Vêpres. Aux jours ordinaires, l'office est chanté au monastère : Laudes à 7h, Messe conventuelle à 11h45, Vêpres à 18h15.

Accueil. Le monastère reçoit des hôtes pour des récollections et des retraites individuelles, en ménage et en groupe.

Artisanat. Bougies d'autel, bougies fantaisie, bougies fleuries, bougies parfumées, chasublerie, linge d'autel. Vente sur place, par correspondance et dans les boutiques de l'Artisanat monastique.

Accès. Voir Abbaye Notre-Dame du Bec.

CROISY-SUR-EURE

Monastère Saint-Paul de la Croix

19-21, route de Vaux. 27120 Croisy-sur-Eure
Tél : 02 32 36 16 63. Fax : 02 32 36 82 23

Passionistes. La congrégation des moniales passionistes fut fondée en 1771, en Italie, par saint Paul de la Croix. Elle est installée à Croisy depuis 1976, et compte actuellement 39 monastères (environ 450 moniales) dans le monde.
Offices. Offices chantés en français. En semaine : Offices à 8h et à 17h15, Eucharistie à 11h30. Le dimanche : Offices à 8h30 et à 16h, Eucharistie à 10h30.
Accueil. Individuel pour retraites en silence et solitude. Faire la demande par lettre ou par fax.
Artisanat. Broderie et cartes-lettres. Vente sur place.
Accès. 16 km à l'E d'Évreux par la N 13, 90 km à l'O de Paris par l'A 13. SNCF : Vernon (ligne Paris/Rouen).

ÉVREUX

Carmel

2, rue du Carmel. 27930 Gravigny-Évreux
Tél : 02 32 33 35 51. Fax : 02 32 31 07 50
gravigny.carmel@wanadoo.fr

Carmélites. Fondé à Pont-Audemer en 1641 par le carmel de Rouen. Les religieuses furent chassées par la Révolution en 1792 et vécurent dans la clandestinité jusqu'en 1802, où, n'ayant pu retrouver leur carmel confisqué, elles s'installèrent dans de petites maisons. Elles durent quitter ces lieux en raison de leur vétusté et construisirent en 1856 leur nouveau monastère près d'Évreux, sur la commune de Gravigny.
Offices. Messe tous les jours à 8h30, Vêpres à 17h.

Accueil. Restreint : 2 chambres, séjour de 2 ou 3 jours maximum pour des jeunes filles en recherche de vocation carmélitaine.
Artisanat. Hosties blanches et dorées et travaux divers exécutés par les sœurs. Vente tous les deux ans en novembre.
Accès. 50 km au S de Rouen par la N 154. SNCF : Évreux.

LE HAVRE

Carmel

151, rue Félix Faure. 76620 Le Havre
Tél : 02 35 46 50 75. Fax : 02 35 54 34 22
carmel.du.havre@carmel.asso.fr

Carmélites. Fondé le 28 février 1894.
Offices. En semaine : Laudes à 8h, Messe à 8h30, Vêpres à 17h15. Dimanche et fêtes : Laudes à 8h30, Messe à 9H, Vêpres à 17h15. Visites de 9h15 à 12h et de 14h30 à 17h.
Accueil. Retraites (6 chambres, 3 jours maximum) dans le silence et la solitude, avec la possibilité de rencontrer une sœur et de participer aux offices.
Artisanat. Exposition-vente permanente des travaux réalisés par les sœurs, principalement des confitures et des icônes. Vente à la porterie et dans les boutiques de l'Artisanat monastique.
Accès. Depuis la gare SNCF, bus n°2 et funiculaire.

ROUEN

Monastère de l'Immaculée Conception

14, rue Bourg-l'Abbé. 76000 Rouen
Tél : 02 35 71 92 60. Fax : 02 35 88 53 80

Bénédictines. Fondé le 4 novembre 1677, restauré dans un ancien monastère des Minimes le 4 mai 1802.
Voir. Dans l'église (XVIIe siècle), six tableaux de l'école flamande (XVIe siècle) et trois tableaux de l'école de Philippe de Champaigne.
Offices. Messe chantée en grégorien. Messe à 9h (9h15 les dimanches et fêtes), Sexte à 12h, None à 15h15, Vêpres à 17h30. Exposition du Saint-Sacrement tous les jours.
Accueil. Uniquement pour des jeunes filles. Bien qu'au centre de la ville, le monastère est situé dans un quartier calme et il possède un grand jardin.
Artisanat. Biscuiterie artisanale Magadala. Vente au magasin et dans les boutiques de l'Artisanat monastique. Sur tous les produits figure la marque Monastic. Vente "portes ouvertes" une fois par an, en novembre, dans le cloître.
Accès. SNCF : Rouen.

SAINT-WANDRILLE

Abbaye Saint-Wandrille de Fontenelle

76490 Saint-Wandrille-Rançon
Tél : 02 35 96 23 11. Fax : 02 35 96 49 08
abbaye.st-wandrille@wanadoo.fr
www.st-wandrille.com

Bénédictins. L'abbaye fut fondée en 649 par saint Wandrille, précédement ministre du roi Dagobert. Ses deux premiers siècles furent particulièrement florissants ; elle donna plusieurs évêques à l'Église de France et une bonne trentaine de moines au catalogue des saints de l'Église. Émigrée vers le Nord lors des invasions des Vikings au IXe siècle, la communauté revint en 960 et quelques années plus tard, l'abbé de Saint-Wandrille, Maynard, fondait l'abbaye du Mont-Saint-Michel (voir p. 80). La vie monastique, interrompue en 1790, fut reprise en 1894 par des moines bénédictins venant de Ligugé (voir p. 238) et de Solesmes (voir p. 227). Chassée de nouveau en 1901 (le monastère fut loué à Maurice Maeterlinck), la communauté y est réinstallée depuis 1931.

Voir. La petite église Saint-Saturnin (X[e]-XIe siècles), sur une colline boisée. Les ruines de l'ancienne église abbatiale (XIIIe-XIVe siècles). L'église actuelle, une ancienne grange transplantée en 1968-1969, et le cloître.

Visites guidées :

- individuels : à 15h30 du mardi au vendredi, de Pâques à la Toussaint. À 15h30 le samedi, après la Toussaint. À 11h30 et à 15h30 les dimanches et fêtes, toute l'année (sauf à Noël et à Pâques).
- groupes : sur réservation. Pas de visite le lundi.

Offices. Chantés en grégorien. Messe à 9h45 (10h les dimanches et fêtes), Vêpres à 17h30 (18h45 le jeudi, 17h les dimanches et fêtes).

Accueil. Le monastère reçoit des hôtes, individuellement ou en groupes, pour des retraites. Nombre de chambres limité, participation aux frais selon les possibilités de chacun. Réserver à

l'avance. Les dames, les jeunes filles et les couples sont reçus à "l'Accueil Saint-Joseph" (même adresse).

Artisanat. Fontenelle Microcopie propose aux industriels et aux particuliers les services suivants : microfilmage, restitution, photocopie classique et en couleur, tracé de plans, numérisation de documents, tous travaux liés au gardiennage et à la gestion d'archives. Des disques de chant grégorien et d'orgue sont régulièrement enregistrés par les moines. Vente au magasin de l'abbaye, qui propose aussi toute une gamme de musique religieuse, un rayon librairie et les produits artisanaux fabriqués par une trentaine de communautés religieuses. L'abbaye édite une revue trimestrielle, *Gesta*.

Accès. 160 km au N-O de Paris par l'A 13 (sortie n° 25 Pont de Brotonne) et la D 490, 36 km au N-O de Rouen par la N 182. SNCF : Yvetot (ligne Paris/Le Havre), puis taxi (16 km).

VALMONT

Abbaye Notre-Dame du Pré

76540 Valmont
Tél : 02 35 27 34 92. Fax : 02 35 27 86 21

Bénédictines. La communauté fut fondée en 1011 à Saint-Pierre-sur-Dives par Lesceline, veuve du Comte d'Eu, et transférée par celle-ci à Lisieux vers 1046. Après la Révolution, la communauté se regroupa rapidement et ouvrit un pensionnat où sainte Thérèse de l'Enfant Jésus fit sa première communion et reçut la confirmation. Le 7 juin 1944, le monastère fut totalement détruit par des bombes incendiaires lors du débarquement des troupes alliées, ensevelissant vingt moniales sous les décombres. Le monastère fut reconstruit et put accueillir de nouveau la communauté en 1954. Le développement de la ville, surtout de la circulation et du bruit qui en résulte, décida la communauté à quitter Lisieux pour se transférer dans une ancienne abbaye bénédictine en Seine-Maritime. Le transfert eut lieu à la fin de 1994, et en 2001, la communauté accueille les Bénédictines de l'Abbaye Saint-

Nicolas de Verneuil-sur-Avre. La très belle église de l'abbaye, restaurée, peut accueillir les fidèles qui désirent participer à la liturgie.

Offices. En grégorien et en français. Messe à 9h45 (10h les dimanches et jours de solennité), Vêpres à 17h15.

Accueil. A tous ceux et celles qui, seuls ou en groupes, désirent participer à sa prière, la communauté propose un espace de paix et de calme favorisant la recherche de Dieu et l'écoute de sa parole, la réflexion silencieuse ou studieuse, ou encore un séjour de repos dans une ambiance spirituelle. Elle met à leur disposition une hôtellerie pouvant accueillir une vingtaine de personnes pour des séjours de 1 à 10 jours. Écrire ou téléphoner à la Sœur Hôtelière.

Accès. 10 km à l'E de Fécamp par la D 150. SNCF : Fécamp ou Yvetot (23 km), puis taxi ou cars scolaires à certaines heures.

Ile de France

Essonne

Hauts-de-Seine

Paris

Seine-et-Marne

Seine-Saint-Denis

Val-d'Oise

Val-de-Marne

Yvelines

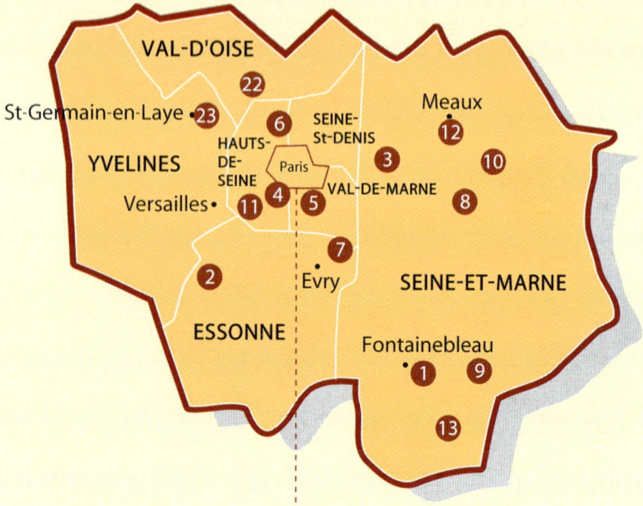

ILE-DE-FRANCE

14 15 16 17 18 19 20 21

91 Essonne

- 7 **Etiolle** : Prieuré Saint-Benoît
- 11 **Limon-Vauhallan** : Abbaye Saint-Louis du Temple

92 Hauts-de-Seine

- 4 **Clamart** : Carmel de l'Incarnation
- 24 **Vanves** : Prieuré Sainte Bathilde

75 Paris

- 14 Abbaye Sainte-Marie
- 15 Carmel de Montmartre
- 16 Monastère de l'Adoration réparatrice
- 17 Monastère de Bethléem Notre-Dame de la Présence de Dieu
- 18 Monastère des Clarisses de l'Ave Maria
- 19 Monastère de la Visitation, Vaugirard
- 20 Monastère de la Visitation, Denfert-Rochereau
- 21 Prieuré Saint-Benoît-Sainte-Scholastique

77 Seine-et-Marne

- 1 **Avon** : Centre Spirituel des Frères Carmes
- 3 **Brou-sur-Chantereine** : Prieuré Saint-Joseph
- 8 **Faremoutiers** : Abbaye Notre-Dame et Saint-Pierre
- 9 **Forges** : Carmel de Forges
- 10 **Jouarre** : Abbaye Notre-Dame de Jouarre
- 12 **Meaux** : Carmel de Pie IX
- 13 **Nemours** : Monastère Notre-Dame de Bethléem

93 Seine-Saint-Denis

95 Val-d'Oise

- 6 **Domont** : Carmel du Saint-Esprit
- 21 **Pontoise** : Carmel

94 Val-de-Marne

- 5 **Créteil** : Carmel Sainte-Thérèse
- 23 **Thiais** : Ordre de la Vierge Marie

78 Yvelines

- 2 **Bonnelles** : Monastère des Orantes de l'Assomption
- 22 **Saint-Germain-en-Laye** : Carmel

AVON

Centre Spirituel des Frères Carmes

1, rue Père Jacques. 77215 Avon cedex
Tél : 01 60 72 28 45
centre.spirituel.carmes.avon@wanadoo.fr
www.carmel.asso.fr

Frères Carmes. Le centre spirituel est animé par la communauté des frères carmes depuis 1965. Il occupe les locaux de l'ancien Petit Collège fondé en 1934 par le Père Jacques de Jésus, Carme. Celui-ci fut arrêté le 15 janvier 1944 avec trois enfants juifs qu'il avait cachés. Après la prison, il est enfermé dans les camps de Gusen et de Mauthausen, et meurt le 2 juin 1945 des suites de la déportation. Louis Malle, un ancien élève, l'a évoqué dans son film *Au revoir les enfants*.

Offices. Tous les jours, Oraison à 7h, Laudes à 8h, Eucharistie à 11h45 (11h15 le dimanche), Vêpres à 18h15 suivies de l'Oraison, Complies à 20h40.

Accueil. Situé au cœur de la forêt de Fontainebleau, le centre reçoit des personnes pour une retraite personnelle avec ou sans accompagnement. Il propose un programme d'activités animées par les frères et accueille des groupes pour une démarche spirituelle.

Accès. Par l'A 6, sortie Fontainebleau. SNCF : Fontainebleau-Avon (de Paris-Gare de Lyon, direction Sens ou Montargis), puis taxi ou bus ligne C. Le centre est à 1,5 km de la gare.

BONNELLES

Monastère des Orantes de l'Assomption.

Chemin de Noncienne. 78830 Bonnelles
Tél : 01 30 88 48 50. Fax : 01 30 88 48 64
orantes.bonnelles@wanadoo.fr

Orantes de l'Assomption.

Voir. Bâtiments modernes dans un site boisé, calme et aéré.

Offices. Chapelle ouverte à tous, crypte et oratoire. Possibilité de participation aux célébrations, qui ont lieu à 8h, 14h, (14h15 le dimanche), 17h45, 20h45. Eucharistie : le dimanche à 9h, le samedi à 11h15, les autres jours à 17h45. Adoration silencieuse l'après-midi.

Accueil. Accueil de groupes organisés et de personnes seules pour des temps de silence et un partage de prières. Possibilité d'accompagnement spirituel individuel. A l'hôtellerie, accueil pour des séjours de repos (personnes valides et autonomes, pas d'ascenseur).

Accès. 40 km au S de Paris par la D 988. Par l'A 10, sortie Les Ulis ou Dourdan. RER : Orsay (ligne B, direction Saint-Rémy-les-Chevreuse), puis car Savac (direction Saint-Arnoult, arrêt Bonnelles-les-Orantes).

BROU-SUR-CHANTEREINE

Prieuré Saint-Joseph

1 bis, avenue Victor-Thiébaut. 77177 Brou-sur-Chantereine
Tél : 01 60 20 11 20. Fax : 01 60 20 43 52

Bénédictines de Jésus Crucifié. Fondation à Montmartre en 1930 pour permettre à des jeunes filles dont la santé ne peut supporter un régime physique trop dur, de mener une vie monastique dans la tradition de saint Benoît. Qu'elles soient bien portantes ou atteintes dans leur santé, toutes les sœurs partagent la même vie fraternelle selon l'esprit de la congrégation.

Offices. Chantés en français. En semaine : Office des Lectures à 7h15, Laudes à 9h, Eucharistie à 11h45, Heure médiane à 15h30, Vêpres à 18h30, Complies à 21h ou Vigiles à 20h45. Les dimanches et fêtes : Eucharistie à 11h, Vêpres à 18h15.

Accueil. Dans un climat de silence et de prière, de prêtres, religieuses, jeunes filles, dames, couples ainsi que de petits groupes. Participation à la liturgie monastique (Offices en français).

A noter. Le monastère est situé dans un parc.

Accès. 20 km au N-E de Paris par la N 34 ou l'A 4, 26 km au S-O de Meaux par la N 36 et la N 34. SNCF : Vaires-Torcy (depuis Paris-Gare de l'Est, direction Meaux, 2 départs par heure).

CLAMART

Carmel de l'Incarnation

3, rue de l'Est. 92140 Clamart
Tél : 01 46 44 30 33. Fax : 01 40 95 79 09

Carmélites. Fondé en 1604 à Paris, transféré à Clamart en 1920.

Offices. Office du matin à 7h45, Messe à 8h (9h le dimanche), Office du milieu du jour à 12h, Vêpres à 18h, Vigiles à 20h45.

Accueil. Quelques chambres pour ceux qui désirent se recueillir dans le silence et la prière.

Artisanat. Reprographie, reliure, cannage de chaises. Vente de cartes, images, etc.

Accès. 12 km au S-O de Paris par la N 306. SNCF : Clamart (départ de Paris-Montparnasse), puis bus n° 189 (arrêt Centre Culturel Jean Arp). RATP : Corentin-Celton (ligne n° 7), puis bus n° 189 (arrêt Centre culturel Jean Arp).

CRÉTEIL

Carmel Sainte-Thérèse

69, avenue de Ceinture. 94000 Créteil
Tél : 01 42 07 40 96. Fax : 01 42 07 58 67

Carmélites. Fondé en 1664 à Paris, rue de Grenelle, par les reines Anne d'Autriche et Marie-Thérèse, il fut relevé après la Révolution par la Mère Camille de l'Enfant-Jésus (de Soyecourt). Elle installa la communauté reconstituée au couvent des Carmes, rue de Vaugirard, sauvé par elle des ruines et siège, depuis, de l'Institut catholique. Après plusieurs transferts, le carmel s'est fixé à Créteil en 1920.

Offices. Messe tous les jours à 8h30, Salut du Très Saint-Sacrement à 17h les dimanches, jours de fête et le 1er vendredi du mois.

Accueil. Le monastère n'a pas d'hôtellerie : "Nous tenons beaucoup au côté érémitique de notre vie contemplative, le silence nous permettant d'être plus totalement livrées à notre mission de prière et de pénitence au service de l'église."

Artisanat. Reliure, chapelets, scapulaires de Notre-Dame-du-Mont-Carmel.

Accès. 11 km au S-E de Paris par la N 19 ou l'A 4. RATP : Créteil-L'Echat (ligne n° 8).

DOMONT

Carmel du Saint-Esprit

87, rue d'Ombreval. 95330 Domont
Tél : 01 39 91 71 90. Fax : 01 39 91 58 08
carmel.domont@wanadoo.fr

Carmélites. Fondé en 1918 à Juvisy-sur-Orge, transféré à Noisy-le-Sec en 1923, puis à Domont en 1964.

Offices. Laudes à 7h45, Eucharistie à 8h30 ou à 11h15, Heure médiane à 12h, Vêpres à 16h45 et Vigiles à 21h.

Accueil. 5 chambres pour des retraites individuelles non accompagnées.

Artisanat. Imprimerie : faire-part de mariage et naissance, cartes de visites, correspondance privée et commerciale, thèses, livrets. Une documentation est envoyée sur demande. Les commandes peuvent être prises sur place, par correspondance et dans la boutique de l'Artisanat monastique de Paris.

Accès. SNCF : Domont (20 à 30 mn depuis Paris-Gare du Nord). Le carmel est à 2 km de la gare.

ÉTIOLLES

Prieuré Saint-Benoît

1, allée Saint-Benoît. 91450 Étiolles
Tél : 01 69 89 84 84. Fax : 01 69 89 31 69
com.b.psb@wanadoo.fr

Bénédictins. Les frères du prieuré trouvent dans la règle bénédictine une sagesse qui leur permet d'équilibrer une vie de recherche de Dieu et le témoignage de l'Évangile dans le monde urbain qui les entoure. Chacun travaille dans la cité au plus près des différentes cultures qui se côtoient et parfois s'affrontent. Les uns assument des charges pastorales auprès des églises locales, les autres exercent une activité professionnelle.

Offices. En semaine (sauf le lundi) : Laudes et Eucharistie à 7h30, Prière du milieu du jour à 12h10, Vêpres à 19h. Le dimanche : Laudes à 8h, Messe à 11h.

Accueil. Groupes pour des retraites. L'animation peut éventuellement être assurée par un frère de la communauté. Pour les retraites individuelles, contacter le Frère Hôtelier.

Accès. Par l'A 6, sortie Évry centre, puis prendre la N 7 à gauche, direction Soisy-sur-Seine. Le prieuré est à l'entrée de Soisy. RER : Évry (et non Évry Courcouronnes, ligne D 4), puis 10 mn à pied.

FAREMOUTIERS

Abbaye Notre-Dame et Saint-Pierre

77515 Faremoutiers
Tél : 01 64 04 20 37. Fax : 01 64 20 04 69

Bénédictines. C'est l'une des plus antiques abbayes de l'ancienne Gaule, puisqu'elle fut fondée vers 620 par sainte Fare, sur la colline qui prit ensuite son nom. Patronne de la Brie, sainte Fare vit son culte s'étendre jusqu'à Naples et en Sicile. La fondatrice mourut vers 655. Les abbesses qui lui succédèrent furent souvent des princesses de la famille carolingienne, comme Rothilde (fille de Charlemagne) et Bertrade (nièce de Charles le Chauve), ou de grandes dames comme la réformatrice, Françoise de La Châtre (fille d'un maréchal de France). Au XVIIe siècle, Bossuet, qui vint à l'abbaye plus de trente fois, contribua également à sa réputation de sagesse et de sainteté, si bien qu'en 1789, on vit le conseil municipal conduire une pétition pour le maintien de l'abbaye. Les religieuses furent néanmoins dispersées durant la Révolution. La vie monastique ne put reprendre que le 5 novembre 1931.

Voir. Les vestiges de l'ancienne église, dans la partie du parc réservée aux hôtes (la crypte, du XIIe siècle, n'est pas accessible au public).

Offices. Chantés (la plupart des psaumes en français). Tous les jours, Laudes à 7h30, Messe en grégorien à 8h30 (9h le dimanche), Vêpres à 17h30.

Accès. 8 km à l'O de Coulommiers par la N 4 et la D 216. SNCF : Faremoutiers-Pommeuse (depuis Paris-Gare de l'Est, direction Coulommiers, plusieurs départs par jour.) L'abbaye est à 800 m de la gare.

FORGES

Carmel de Forges

30, rue Grande. 77130 Forges.
Tél : 01 64 32 18 35. Fax : 01 64 32 10 55

Carmélites. Fondé à Fontainebleau en 1875, transféré à Forges en 1974.

Offices. Liturgie simple en français. Laudes à 7h30, Eucharistie à 11h30 (8h le samedi, 9h15 le dimanche), Vêpres à 17h30 suivies d'une heure de prière silencieuse.

Accueil. Chambres pour retraites particulières.

Artisanat. Fanions, bannières, broderie main (sur demande), ornements liturgiques. Confection machine en lien avec l'Aide aux Cloîtres. Icônes peintes (sur demande).

Accès. 7 km au N de Montereau, 20 km de Fontainebleau-Avon.

JOUARRE

Abbaye Notre-Dame-de-Jouarre

BP 30. Jouarre. 77262 La Ferté-sous-Jouarre cedex
Tél : 01 60 22 06 11. Fax : 01 60 22 31 25
Tél/Fax (Ateliers) : 01 60 22 22 43
ateliersdejouarre@wanadoo.fr
http://abbayedejouarre.free.fr

Bénédictines. L'abbaye fut fondée vers 634 par Adon et sainte Telchilde, issue d'une famille noble de la région et qui fut la première abbesse. Elle continua de vivre sur les lieux mêmes de sa fondation à l'époque mérovingienne. Les moniales, chassées par la Révolution, revinrent en 1837 puis, après une nouvelle interruption de 16 années d'exil, en 1919.

Voir. La crypte, que l'historien d'art Émile Mâle considérait comme “le plus beau monument qui nous reste de l'art mérovingien”, avec les tombeaux de la fondatrice, de sa famille et de divers saints personnages. La tour du XIIe siècle et la façade des bâtiments monastiques, du XVIIIe siècle. Dans la tour romane restaurée, la communauté propose une “aventure de silence et d'intériorité” à travers un diaporama et un parcours monastique.
Visites tous les jours sauf le mardi, de 10h (10h30 les dimanches et fêtes) à 12h et de 14h30 à 18h (17h en hiver). S'adresser à l'office du tourisme (Tél : 01 60 22 64 54. Fax : 01 60 22 65 15).

Offices. En français ou en grégorien, selon les jours. En semaine: Messe à 8h45, Vêpres à 17h30. Les dimanches et fêtes : Messe à 9h15 ou 11h15, Vêpres à 17h. Pour les fêtes liturgiques de l'abbaye, consulter le site Internet.

Accueil. L'abbaye reçoit des familles, des jeunes, des hôtes seuls ou en groupe.

Artisanat. Divers ateliers : imagerie (cartes de vœux, albums catéchétiques), céramique (croix, bougeoirs, statuettes, crèches aux modèles variés), terre cuite et grès (calices, poteries diverses), bronzes. Vente au magasin, dans les librairies religieuses et dans les boutiques de l'Artisanat monastique (un petit catalogue peut être envoyé sur demande). Cannage de chaises (vente sur place).

A noter. Chaque année, depuis mille ans, le lundi de la Pentecôte, les châsses des "Saints de Jouarre" sont portées à travers les rues du bourg ; une messe solennelle, à la paroisse ou dans les jardins de l'abbaye, clôt la procession.
Accès. 68 km à l'E de Paris par la N 3 ou l'A 4 (sortie St-Jean/La Ferté-sous-Jouarre), 23 km à l'E de Meaux par la N 3 et la D 402. SNCF : La Ferté-sous-Jouarre, puis navette ou taxi (3 km).

LIMON VAUHALLAN

Abbaye Saint-Louis du Temple

Limon. 91430 Vauhallan
Tél : 01 69 85 21 00 ou 01 69 85 21 20 (Accueil)
Fax : 01 69 41 32 70
limon@wanadoo.fr
www.abbaye-limon-vauhallan.com

Bénédictines. Louise-Adélaïde de Bourbon-Condé, abbesse de Remiremont et princesse du Saint-Empire, émigrée en 1789, fit profession chez les Bénédictines de Varsovie en 1801. A son retour en France en 1814, Louis XVIII lui donna le domaine du Temple, où elle accepta de fonder un monastère en souvenir de la famille royale qui avait été emprisonnée en ce lieu. Elle s'y installa le 4 décembre 1816. En 1848, à la chute de Louis Philippe, les Bénédictines en furent expulsées. Elles émigrèrent rue Monsieur où leur abbaye devint un haut lieu du chant grégorien et où s'y rencontrèrent beaucoup d'intellectuels catholiques sous l'influence de Huysmans. A la suite des lois de 1904-1905 de séparation de l'Église et de l'État et d'un interminable procès entre les héritiers de la fondatrice, le monastère fut mis en vente en 1938. Après avoir chanté une dernière fois l'office le 6 mai, les Bénédictines "de la rue Monsieur" s'installèrent provisoirement à Meudon. Elles construisirent en 1951 leur monastère sur le plateau de Saclay au hameau de Limon, à Vauhallan, où depuis quelques décennies elles ont été rejointes, cette fois, par le monde scientifique. En 1968 fut entreprise à Jouques dans les Bouches-du-Rhône, la fondation de l'abbaye Notre-Dame-de-Fidélité (voir p. 255).
Voir. Le musée où sont réunis des souvenirs de Louis XVI et de la famille royale prisonnière au Temple, et de la famille de Condé

à laquelle appartenait la fondatrice (ses restes reposent dans la crypte). Également celui où sont rassemblés les dessins de Mère Geneviève Gallois, moniale de ce monastère, décédée en 1962, auteur de *La vie du Petit saint Placide* (éditions Desclée de Brouwer) et des vitraux de l'église abbatiale. Prendre rendez-vous pour la visite.

Offices. Les Lectures et la psalmodie de l'Office sont en français, les mélodies grégoriennes ont été conservées pour le reste. Chapelle ouverte de 6h à 21h. Messe à 12h (10h le dimanche), Vêpres à 17h30 (17h le dimanche).

Accueil. Une trentaine de chambres, salles de réunion, petite bibliothèque et oratoire pour recevoir en groupe ou individuellement des personnes désirant un temps de silence et de prière, avec la possibilité de participer à la liturgie. Sur demande, un audio-visuel présente la vie du monastère. Une bibliothèque de prêt de livres essentiellement religieux permet de répondre aux demandes de formation et de documentation.

Artisanat. Quelques ateliers : reliure et maroquinerie, miniatures, cartes et images peintes, photographies, bougies décorées, statuettes en cire et en terre, chapelets. Librairie religieuse. Produits d'autres monastères. Vente sur place au magasin et par correspondance.

Accès. 17 km au S de Paris par l'A 18, sortie Vauhallan. Par l'A 6, suivre les directions Orléans, Versailles, Saclay. SNCF : Igny (ligne Versailles chantiers/Austerlitz), puis 3 km à pied. RER : Massy-Palaiseau (lignes B et C), puis bus n° 496 ou taxi.

MEAUX

Carmel de Pie IX

112, rue du Chaâge. 77100 Meaux
Tél : 01 64 33 01 81

Carmélites. Fondé en 1860.

Offices. Tous les jours, en français. Messe à 11h (9h le dimanche, chantée en grégorien et en français). La chapelle est ouverte de 8h à 17h30.

Artisanat. Pains d'autel, chapelets, tricots, layettes, images, petits objets de piété. Vente à la porterie.

Accès. 45 km à l'E de Paris par la N 3. SNCF : Meaux, puis bus (direction Centre hospitalier).

NEMOURS

Monastère Notre-Dame de Bethléem

Route de Poligny. 77140 Nemours
Tél : 01 64 28 13 75. Fax : 01 64 45 08 91

Moniales de Bethléem, de l'Assomption de la Vierge et de saint Bruno. Le monastère comporte des ermitages non loin de la forêt de Fontainebleau, dans une lande sablonneuse parsemée de bouleaux, de bruyères et de rochers. Trois espaces y sont aménagés :

- la solitude des moniales où personne ne pénètre.
- des lieux d'hospitalité où ceux qui le demandent peuvent vivre quelques jours dans le silence et la solitude et participer, s'ils le désirent, à la liturgie du monastère.
- des lieux d'hospitalité où ceux qui, dans la diversité, frappent à la porte du monastère, peuvent venir prier à l'église et acquérir quelques objets venant de l'atelier d'art du monastère.

Offices. En français. Tous les jours sauf le lundi, jour de désert, deux assemblées liturgiques rassemblent la communauté à la chapelle : Matines et Vêpres suivies de l'Eucharistie. Les autres célébrations des Heures liturgiques ont lieu dans la solitude de la cellule. L'après-midi, les visiteurs peuvent s'unir à la prière d'adoration eucharistique des moniales.

Accueil. Les hôtes s'engagent à respecter le caractère du monastère. Chacun, seul dans sa chambre, apprend à vivre simplement sous le regard de Dieu, à prier, prendre ses repas et travailler dans le silence. Les hôtes en solitude qui séjournent au monastère peuvent participer aux célébrations liturgiques de la communauté et adorer l'Eucharistie. Chacun s'engage à respecter le silence des autres retraitants.

Artisanat. Icônes, médailles, statues, crèches, faïence décorée et porcelaine, images et cartes, cassettes liturgiques, produits naturels.

Accès. 80 km au S de Paris par l'A 6 (sortie Nemours), 6 km de Nemours, dans la forêt. SNCF : Nemours.

PARIS

Abbaye Sainte-Marie

3, rue de la Source. 75016 Paris
Tél : 01 45 25 30 07
stemarie@club-internet.fr
www.catholique-paris.com

Bénédictins. Fondée en 1893.

Offices. La grande prière liturgique de l'Office et la Messe conventuelle sont chantées. L'église est ouverte de 7h15 à 12h45 et de 14h30 à 19h30. Laudes à 7h15 suivie de la Messe (le samedi, Laudes à 8h et Messe à 12h15), Office du milieu du jour à 12h45, Vêpres à 19h, Complies à 20h30. Le dimanche, Messe

conventuelle à 11h, Vêpres à 18h30 suivies de l'Adoration du Saint-Sacrement et Messe à 19h.
Accueil. Une hôtellerie accueille les messieurs et les jeunes gens désireux de faire une retraite spirituelle dans le silence et la solitude. Écrire au Père Hôtelier. Oblature, conférences, librairie.
A noter. Bibliothèque de prêt, spécialisée dans les sciences religieuses, ouverte les mercredi, samedi et dimanche. Les chercheurs peuvent consulter la collection de cartes postales (plus d'un million de documents). Sur rendez-vous.

Accès. RATP : Jasmin (ligne n° 9). RER : Kennedy, Boulainvilliers (ligne c). Bus n° 22, 52 et 62. Parking : Porte d'Auteuil.

Carmel de Montmartre

34, rue du Chevalier-de-la-Barre. 75018 Paris
Tél : 01 46 06 33 48. Fax : 01 46 06 53 80
carmel-de-montmartre@wanadoo.fr

Carmélites. Fondé le 6 juillet 1928.
Voir. Le tabernacle de la chapelle (émaux de J.-P Froidevaux).
Offices. Liturgie en français, ouverte au public. Tous les jours : Laudes à 7h10, Messe à 8h (9h le dimanche), Office du milieu du jour à 14h45, Vêpres à 17h, Complies à 20h15 (sauf le vendredi). Accueil pour la prière en silence et solitude, avec participation aux offices de la communauté. Possibilité de dialoguer avec une sœur.
Accès. RATP : Anvers (ligne n° 2) ou Abbesses (ligne n° 12) et funiculaire. Bus n° 80 ou Montmartrobus n° 64 au pied du campanile de la basilique du Sacré Cœur.

Monastère de l'Adoration réparatrice

39, rue Gay-Lussac. 75005 Paris
Tél : 01 43 26 75 75. Fax : 01 43 25 95 54

Sœurs de l'Adoration réparatrice. Fondé en 1848 par Mère Marie-Thérèse du Cœur de Jésus, Théodelinde Dubouché.
La chapelle est ouverte au public toute la journée et le Saint-Sacrement exposé. Les laïcs peuvent participer à l'adoration nocturne après entente préalable avec la Prieure. En semaine : Office du matin à 7h55, Heure médiane à 11h40, Office du soir à 18h, Eucharistie à 18h30, Complies à 21h. Le dimanche : Office du matin à 8h45, Eucharistie à 9h30, Heure médiane à 14h, Office du soir à 18h30, Complies à 21h.
Accueil. Restreint pour des retraites individuelles (sauf en juillet-août).
Accès. RER : Luxembourg (ligne B). Bus n° 21, 27, 38 ou 82.

Monastère de Bethléem - Notre-Dame de la Présence de Dieu

2, rue Mesnil. 75116 Paris
Tél : 01 45 01 24 48

Moniales de Bethléem. La finalité de ce monastère est d'être un espace d'adoration et de liturgie. Il coopère aussi à la vie des autres monastères par la vente de l'artisanat.
Offices. En français. Trois assemblées à l'église : Matines, Vêpres et Eucharistie. Du dimanche soir au mardi midi, la communauté est en désert : les offices ne sont pas célébrés dans l'église. Tous les jours : Office du matin à 8h15. Du mardi au vendredi : Vêpres à 17h30, Messe à 18h15. Le samedi : Messe à 10h, Vigiles de la Résurrection à 17h30. Le dimanche : Vêpres à 17h, Messe à 18h.
Accueil. Pas de possibilité d'hébergement. Accueil pour ceux désirant participer à la prière silencieuse et à la liturgie d'une communauté qui s'efforce de vivre en pleine capitale, de la tradition du désert à l'école de l'Évangile, de la Vierge Marie et de saint Bruno.
Artisanat. La communauté aide à vendre l'artisanat des autres monastères de Bethléem : icônes, statuettes, médailles, crèches, vaisselle en grès, photographies, images, cartes de vœux, cassettes liturgiques et bibliques, émaux.
Accès. RATP : Victor-Hugo (ligne n° 2).

Monastère des Clarisses de l'Ave Maria

5, villa de Saxe. 75007 Paris
Tél : 01 45 67 13 57. Fax : 01 45 67 64 52
clarisses-paris@wanadoo.fr

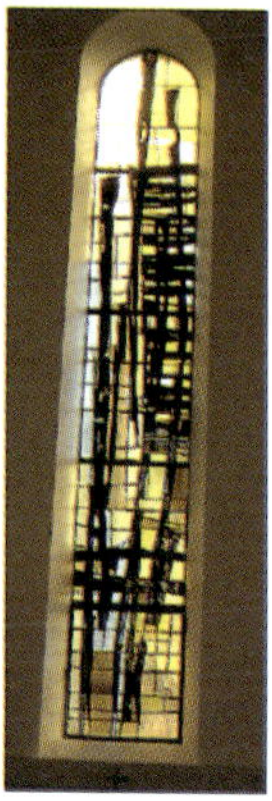

Clarisses. Le premier monastère des Clarisses fut fondé à Paris en 1484, à l'appel d'Anne de Beaujeu qui leur fit don du couvent de l'Ave Maria, où saint Louis avait installé des Béguines en 1258. Le titre a été repris par le monastère actuel, fondé par celui du Puy en mai 1876.
Voir. Les beaux vitraux modernes de la chapelle et du chœur.
Offices. Chantés en français, tous les jours. Office du matin à 6h30, Eucharistie à 7h30, Office du milieu du jour et Lectures à 11h30, Office du soir à 18h15. Les vendredi et dimanche : Adoration du Saint Sacrement de 13h à 18h. Le dimanche : Eucharistie à 11h, Office du milieu du jour à 14h45.
Accueil. Restreint : 2 chambres aménagées, uniquement pour des retraites individuelles. Partage de la prière possible chaque jour.
Artisanat. Lingerie. Vente dans les boutiques de l'Artisanat monastique.
Accès. RATP : Ségur (ligne n° 10). Bus n° 28.

Monastère de la Visitation

110, rue de Vaugirard. 75006 Paris
Tél : 01 42 22 48 08

Visitandines. Fondé le 13 août 1626. La communauté, chassée en 1792 de la rue St-Jacques et emprisonnée, ne s'est jamais dispersée.
Offices. En français. En semaine : Laudes à 7h, Messe à 7h25, Offices à 9h30 et 14h05, Vêpres à 17h, Office à 20h45. Le dimanche : Laudes à 7h30, Messe à 9h30, Offices à 11h30 et 14h05, Vêpres à 17h30, Office à 20h45.
Accueil. Pour dames et jeunes filles souhaitant partager pendant quelques jours la vie de prière et de silence des moniales, ou pour une retraite de solitude à l'accueil "Aïn-Karim" aménagé dans l'enceinte du monastère. Possibilité de participer aux Offices liturgiques, et de rencontrer une moniale accompagnatrice si l'on désire. Séjour de 1 à 8 jours.
Accès. RATP : Saint-Placide (ligne n° 4), Montparnasse (lignes n° 4, 6, 12 et 13), Duroc (lignes n° 10 et 13). Nombreux bus.

Monastère de la Visitation

68, avenue Denfert-Rochereau. 75014 Paris
Tél : 01 43 27 12 90. Fax : 01 43 27 32 49
superieure-visitation-denfert@hotmail.com

Visitandines. Saint François de Sales et sainte Jeanne de Chantal établirent eux-mêmes le monastère de Paris, sixième de l'Ordre, le 1er mai 1619, au faubourg Saint-Marceau. Transféré au 19 de la rue Saint-Antoine, il y subsista jusqu'à la Révolution. Après la tourmente, les religieuses survivantes s'installèrent à l'emplacement actuel.

Offices. En semaine : Messe à 7h25, Vêpres à 17h30. Les dimanches et fêtes : Messe à 9h, Vêpres à 17h30 suivies du Salut.

Accueil. Pour des retraitantes en quête de calme et de silence, pour un temps de réflexion. Les dames, les jeunes filles et les religieuses sont admises en clôture (5 personnes au maximum), au réfectoire des moniales et au chœur.

Artisanat. Hosties.

A noter. Le monastère possède un petit dépôt de livres (spiritualité salésienne), qu'on peut se procurer en demandant la liste des ouvrages disponibles.

Accès. RATP : Raspail (lignes n° 4 et 6), Denfert-Rochereau (lignes n° 4 et 6) RER : Port-Royal ou Denfert-Rochereau (ligne B). Bus n° 38, 83 et 91.

Prieuré Saint-Benoît-Sainte-Scholastique

3, cité du Sacré-Cœur. 75018 Paris
Tél : 01 46 06 14 74. Fax : 01 42 23 19 33

Bénédictines du Sacré-Cœur de Montmartre. Congrégation fondée en 1898 par Adèle Garnier (Mère Marie de Saint-Pierre). Vie centrée sur l'Eucharistie et l'Adoration du Saint Sacrement, d'où jaillit une vie apostolique et d'animation spirituelle et matérielle des lieux de prière.

Offices. En français, ouverts au public. En semaine : Office des Lectures à 7h30, Laudes à 8h, Eucharistie à 11h30 (11h le dimanche), Office du milieu du jour à 13h30, Office du soir à 18h (suivi des Vigiles le samedi soir), Complies à 21h15. Adoration du Saint Sacrement de 13h45 à 18h en semaine et de 13h45 à 16h le dimanche.

Accueil. Sur la butte Montmartre, une communauté de moniales accueille tous ceux qui désirent prier et chercher Dieu. Accueil de tous pour des retraites spirituelles, individuelles et en groupe. Accueil des pèlerins. Les moniales peuvent guider spirituellement les personnes individuelles et en groupe.

Accès. RATP : Anvers (ligne n° 2), puis funiculaire, ou Abbesses (ligne n° 12). Bus n° 30, 31, 64, 80 et 85. Le prieuré se trouve derrière la basilique du Sacré-Cœur de Montmartre.

PONTOISE

Carmel

55, rue Pierre-Butin. 95300 Pontoise
Tél : 01 30 32 35 21. Fax : 01 30 32 07 54
carmel.pontoise@wanadoo.fr

Carmélites. Second carmel fondé en France par les Mères Espagnoles amenées par M. de Bérulle à l'instigation de Mme Acarie, il eut pour première prieure Anne de Saint-Barthélemy, compagne de sainte Thérèse d'Avila, qui mourut entre ses bras. Mme Acarie, introductrice du Carmel en France, ("la Belle Acarie" du Tout-Paris de l'époque), après avoir été mariée trente-deux ans et avoir élevé six enfants, entra à son tour au carmel d'Amiens, où elle fit profession comme simple sœur converse, puis vint au carmel de Pontoise où elle mourut le 18 avril 1618. Anne de Saint-Barthélémy devait être béatifiée en 1917, sœur Marie de l'Incarnation (Mme Acarie) dès le 5 juin 1791. Malgré les guerres, les persécutions et les révolutions, leur carmel est toujours bien vivant près de quatre siècles après.

Voir. L'ensemble harmonieux des bâtiments de la cour d'entrée, du XVIIe siècle, dont le portail sur la rue est inscrit à l'inventaire des Monuments Historiques. L'église dédiée à saint Joseph et contenant un grand tableau de Trémolière, une statue de la Vierge (XVIIIe siècle), la châsse contenant les restes mortels de la bienheureuse Marie de l'Incarnation et une statue de marbre dans sa chapelle (début XVIIe siècle).
Visites en semaine de 9h30 à 11h30 et de 14h à 16h30, le dimanche de 14h à 16h30.

Offices. Chantés en français, tous les jours. En semaine : Laudes à 7h30, Messe à 8h, Vêpres à 17h. Le dimanche : Messe chantée à 9h.

Accueil. 3 chambres pour des retraites. Les repas sont pris dans la chambre.
Artisanat. Hosties. Vente à la porterie et par correspondance.
A noter. La bienheureuse Marie de l'Incarnation est invoquée spécialement pour les futures mamans et les naissances difficiles. Le carmel conserve également le souvenir de sœur Marie-Angélique (1893-1919), la pianiste virtuose Yvonne Bisiaux, entrée au couvent à 21 ans, morte cinq ans après en laissant un message de foi et d'amour très actuel. On pourra trouver des livres les concernant à l'accueil, ainsi qu'un ouvrage sur l'histoire du carmel de Pontoise.
Accès. 32 km au N-O de Paris par la N 14 et l'A 15. SNCF : Pontoise (départs de Paris-Nord et de Paris-Saint-Lazare).

SAINT-GERMAIN-EN-LAYE

Carmel

15, rue de Boufflers. 78100 Saint-Germain-en-Laye
Tél : 01 39 73 23 74. Fax : 01 39 73 32 01
carmelstgermain@club-internet.fr

Carmélites. Fondé en 1863.
Offices. Tous les jours : Laudes à 7h30, Messe à 8h30, Office du milieu du jour à 13h30, Vêpres à 17h, Veillée autour de la Parole à 20h30.
Accueil. Limité, à la disposition des personnes désirant passer une journée de recueillement dans un cadre de solitude et partager la prière des Carmélites.
Accès. 21 km à l'O de Paris par la N 13. RER : Saint-Germain-en-Laye (ligne A), puis bus n° 3 D (arrêt École Jean-Moulin).

THIAIS

Ordre de la Vierge Marie

38, rue J.-F. Marmontel. 94320 Thiais
Tél : 01 48 84 75 58. Fax 01 48 52 24 98
www.annonciade.org

Annonciades. L'Ordre a été fondé en 1501 par sainte Jeanne de France, fille de Louis XI, née en 1464 et canonisée le 28 mai 1950. La spiritualité est évangélique et mariale : plaire au Christ par l'imitation des vertus de Marie.

Offices. En français. En semaine, Laudes à 7h30 (8h le dimanche), Messe à 9h (9h45 et 18h le dimanche), Vêpres à 17h30, Complies à 21h.

Accueil. 20 chambres. Salles de réunion. Séjour de 8 jours maximum.

Artisanat. Vente de produits du monastère : cartes, miel.

Accès. 12 km au S de Paris par la N 7. RER : Choisy-le-Roi (ligne C), et à la sortie de la gare, prendre le TVM (arrêt Victor-Basch). Bus n° 183 (arrêt Rouget-de-Lisle), puis 20 mn à pied.

VANVES

Prieuré Sainte-Bathilde

7, rue d'Issy. 92170 Vanves.
Tél : 01 46 42 46 20. Fax : 01 46 45 66 91

Bénédictines. Monastère fondé en 1921 par Mère Bénédicte Waddington-Delmas, sous l'inspiration d'un moine de Ligugé (voir p. 238), Dom Jean Besse, qui voulait instituer pour des femmes une vie monastique ouverte à l'accueil, comme l'étaient les monastères masculins. Le prieuré a essaimé à Madagascar, au Vietnam, au Bénin et, pour la France, à Martigné-Briand (voir p. 222) et à Saint-Thierry (voir p. 122).

Voir. L'église, œuvre - comme le monastère - du moine-architecte Dom Bellot. Construite en 1934, elle a été consacrée en 1949 par Mgr Roncalli (le futur Jean XXIII).

Offices. En français, avec une partie en grégorien à la Messe dominicale. En semaine : Office du matin à 7h30, Office du milieu du jour à 12h, Vêpres à 18h, Messe à 18h30. Le dimanche : Office du matin à 7h30, Messe à 10h30, Office du jour à 13h30, Vêpres à 17h30.

Accueil. Pour des retraites individuelles et en petits groupes (et non pour des séjours de simple repos).

Accès. Au S-O de Paris. RATP : Corentin-Celton (ligne n° 12). Bus n° 58, 89, 126 ou 189.

Languedoc Roussillon

Aude

Gard

Hérault

Lozère

Pyrénées-Orientales

LANGUEDOC-ROUSSILLON

11 Aude

- ❷ **Azille** : Monastère Sainte-Claire
- ❻ **Castelnaudary** : Monastère Notre-Dame de l'Action-de-Grâces
- ❽ **Gaussan** : Monastère Notre-Dame de Gaussan
- ⓭ **Prouilhe** : Monastère Sainte-Marie
- ⓮ **Rieunette** : Abbaye cistercienne Sainte-Marie de Rieunette

30 Gard

- ❶ **Anduze** : Monastère Notre-Dame de la Paix-Dieu
- ⓫ **Nîmes** : Monastère Sainte-Claire
- ⓲ **Uzès** : Carmel

34 Hérault

- ❸ **Béziers** : Monastère Sainte-Claire
- ❹ Procure Saint-Jean Baptiste
- ❺ **Le Bousquet d'Orb** : Monastère orthodoxe Saint-Nicolas
- ❿ **Montpellier** : Carmel Les Buissonnets
- ⓯ **Roujan** : Monastère de Bethléem
- ⓰ **Saint-Mathieu-de-Tréviers** : Communauté de la Transfiguration
- ⓱ **Sète** : Notre-Dame du Mont-Carmel

48 Lozère

- ❾ **Mende** : Carmel

66 Pyrénées-Orientales

- ❼ **Codalet** : Abbaye Saint-Michel de Cuixa
- ⓬ **Perpignan** : Monastère Sainte-Claire
- ⓳ **Vinça** : Carmel de La Sainte Famille

ANDUZE

Monastère Notre-Dame de la Paix-Dieu

1064, chemin de Cabanoule. 30140 Anduze
Tél : 04 66 61 73 44. Fax : 04 66 61 87 94

Cisterciennes-Trappistines. Fondé en 1970 par l'abbaye Notre-Dame des Gardes (voir p. 226).
Offices. Chantés en français. Messe à 8h30 en semaine, à 10h le dimanche.
Accueil. 12 chambres avec sanitaires, pouvant recevoir des couples. Les moniales accueillent pour des retraites en silence, des temps de réflexion et d'approfondissement de la vie de prière. Possibilité de partager tous les offices liturgiques. Écrire à la Sœur Hôtelière.
Artisanat. Bougies en cire d'abeille, essence de lavandin. Confiserie : les Rocamandines de Cabanoule (petits rochers en pâte d'amande). Peinture d'icônes. Vente sur place, par correspondance, dans les magasins d'autres monastères et dans les boutiques de l'Artisanat monastique.
Accès. 45 km au N-O de Nîmes par la D 907, 13 km au S-O d'Alès par la D 910. SNCF : Alès, puis cars Lafont Alès/Saint-Jean-du-Gard et cars Fort Nîmes/Saint-Jean-du-Gard (arrêt à Anduze, à 4 km du monastère), puis taxi.

AZILLE

Monastère Sainte-Claire

11700 Azille
Tél : 04 68 91 40 24

Clarisses. Fondé en 1361 et restauré en 1891. Azille a fondé les monastères d'Alger en 1934 (en janvier 1995, les Clarisses d'Alger ont été accueillies par les moniales du monastère Sainte-Claire de Nîmes) et de Mbuji-Mayi au Zaïre en 1970.
Offices. En semaine : Office du matin à 6h30, Messe à 8h30, Office du soir à 18h. Le dimanche : Office du matin à 7h, Messe à 8h, Office du soir à 17h30.
Accueil. Pour une retraite ou une réflexion, mais le nombre de chambres est limité. Séjour de 8 jours maximum.
Artisanat. Lingerie d'église.
Accès. 35 km à l'E de Carcassonne par la route minervoise ou la D 610, 15 km de Lézignan. Service de cars entre Carcassonne et Azille (deux départs par jour, sauf les dimanches et fêtes). SNCF : Lézignan, puis taxi.

BÉZIERS

Monastère Sainte-Claire

29, rue du Bel-Air. 34500 Béziers
Tél : 04 67 28 67 45

Clarisses. Fondé en 1240 du vivant de sainte Claire, le monastère est installé hors des remparts de la ville. La guerre de Cent Ans, les guerres de Religions et enfin la Révolution contraignirent plusieurs fois les sœurs à déménager. Mais en 1819, un petit groupe de survivantes se constituait rue du Bel-Air et de nouveau tintait pour les Biterrois "la petite cloche qui sert de paratonnerre à leur cité". En 1972, à Kabinda au Zaïre, création d'une fondation qui a donné une grande ouverture spirituelle au monastère de Béziers.

Offices. Chants en français, avec accompagnement de cithare. En semaine, Messe à 18h. Le samedi, Messe à 8h, le dimanche, Messe à 8h30. Office du milieu du jour à 12h30.

Accès. 58 km au S-O de Montpellier par l'A 9, 27 km au N-E de Narbonne par la N 9. SNCF : Béziers.

Procure Saint-Jean-Baptiste

31 bis, rue du Touat. 34500 Béziers
Tél : 04 67 49 31 63

Religieux orthodoxes. C'est un Métochion (dépendance) du monastère orthodoxe Saint Nicolas-de-la-Dalmerie, au Bousquet-d'Orb (voir p. 167). L'Abbé émérite reçoit à la Procure le vendredi et samedi précédant les célébrations.

Offices. Célébrés à la chapelle les deuxième et quatrième samedi et dimanche de chaque mois, ainsi qu'à la plupart des grandes fêtes (pour se renseigner ou prendre rendez-vous, téléphoner au monastère au 04 67 23 98 60, ou au Métochion au 04 67 49 31 63).

Accès. Voir Monastère Sainte-Claire.

LE BOUSQUET D'ORB

Monastère orthodoxe Saint-Nicolas

La Dalmerie. 34260 Le Bousquet-d'Orb
Tél : 04 67 23 41 10
st.nicolas@dalmerie.com
www.dalmerie.com

Fondé en août 1962 à Montbrison-sur-Lez (Drôme) et établi à La Dalmerie depuis le 22 novembre 1965, le monastère Saint-Nicolas est dans la juridiction du Patriarcat Œcuménique de Constantinople dans la métropole grecque-orthodoxe de France. Son but : offrir aux chrétiens orthodoxes d'expression française une communauté monastique dans la ligne du monachisme orthodoxe traditionnel, tout en se référant à la Règle de saint Benoît. Le fondateur, l'Archimandrite Benoît, a reçu la bénédiction abbatiale (higouménale) le 5 décembre 1964. L'autel de l'église Saint-Nicolas a été consacré le 9 mai 1968.

Voir. L'église Saint-Nicolas, décorée de belles fresques et de nombreuses icônes. L'église de la Dormition (nouveau catholicon - église abbatiale) du monastère, commencée en 1990, a été ouverte au culte en décembre 1995. Décoration en cours de réalisation. Iconostase en bois sculpté, icônes, mobilier. Visite commentée de l'église le dimanche après-midi. Groupes en semaine uniquement et sur rendez-vous.

Offices. Ouverts à tous sans exception. Chantés intégralement en français par les moines selon le rite byzantin en usage dans l'Église orthodoxe. Horaires variables selon les saisons (se renseigner). La Divine Liturgie est célébrée à 11h en semaine ; les dimanches et fêtes, elle est précédée des Matines à 9h30.

Accueil. En dehors des jours indiqués ci-dessus, un moine peut accueillir les visiteurs et répondre à leurs questions sur rendez-vous. Hôtes et pèlerins (hommes uniquement) sont reçus dans une modeste hôtellerie. “Ils peuvent participer à la vie liturgique et spirituelle de la communauté monastique ou faire une retraite, pour laquelle ils sont guidés par un père.” Pour tout séjour, quelle qu'en soit la durée, prendre contact avec le Père Higoumène. Pas d'accueil sans rendez-vous. Modeste participation aux frais.

Artisanat. Fromages de chèvre. Peinture d'icônes, sculptures sur bois et sur marbre (icônes, croix de style iconographique orthodoxe traditionnel), reproductions d'icônes collées ou sur granit. Édition et diffusion de la revue trimestrielle *Paix* et de divers ouvrages (Livre de prière orthodoxe, présentation de la foi orthodoxe, etc.).

A noter. Les moines œuvrent à l'extension du culte de saint Nicolas, leur patron, “avocat puissant des causes désespérées”, solennellement fêté deux fois par an, le 20 mai et le 6 décembre, où les reliques du saint renfermées au monastère sont offertes à la vénération des fidèles.

Accès. 76 km à l'O de Montpellier par la N 109, l'A 75 et la D 35. 65 km au N de Béziers par la D 909 et la D 35. SNCF : Le Bousquet-d'Orb, puis taxi (16 km) ou Les Cabrils (halte isolée à 6 km du monastère).

CASTELNAUDARY

Monastère Notre-Dame de l'Action de Grâces

10-12, rue Pasteur. 11400 Castelnaudary
Tél : 04 68 23 12 92

Clarisses de l'Adoration Perpétuelle. Établies à Troyes en 1854 pour l'Adoration Perpétuelle du Saint-Sacrement, ces Clarisses ont fondé en Pologne sept monastères qui ont fondé à leur tour un monastère en Autriche, un en Allemagne, cinq aux États-Unis, dix en Inde, un au Bengladesh et un au Japon.
Voir. Une Vierge du XIe siècle, Notre-Dame des Bruyères.
Offices. Tous les jours : Laudes à 7h20, Tierce à 7h45, Messe à 8h, Sexte à 11h30, None à 14h30, Vêpres à 18h, Complies à 20h30. Trois fois par semaine, à 17h45, chants slaves au Salut du Saint-Sacrement.
Accueil. La maison d'accueil peut recevoir 30 personnes, de Pâques à la Toussaint, à l'extérieur pour les laïcs, à l'intérieur pour les religieuses et les jeunes filles en recherche de vocation.
Artisanat. Hosties, cannage de chaises, broderie, images, cartes, tableaux, icônes, confection, layette. Vente à la porterie.
Accès. 55 km au S-E de Toulouse par la N 113 ou l'A 61. SNCF : Castelnaudary.

CODALET

Abbaye Saint-Michel de Cuixa

Route de Taurinyà. 66500 Codalet
Tél/Fax : 04 68 96 02 40

Bénédictins. Les moines s'établirent en ce lieu en 878. L'église actuelle d'inspiration byzantine dans la tradition wisigothique, d'une grande splendeur, fut dédiée à saint Michel et consacrée en 974. Un de ses moines, de 978 à 988, fut Pierre Urséolo, qui avait été doge de Venise. Après sa mort, il fut canonisé par le synode d'Elne. Oliba, abbé en 1008, fit construire les cryptes autour de la chapelle circulaire souterraine qui devait garder les reliques de la crèche de Bethléem, l'atrium avec la chapelle de la Trinité, et sur les extrémités du transept les deux clochers. En 1023, il présida le concile de Toulouges où fut décrétée la "Paix et Trêve de Dieu". Vers 1126, sous l'abbé Grégoire, furent sculptés en marbre rose du Conflent le cloître et ensuite la tribune à l'intérieur de l'église. Confisquée à la Révolution, l'abbaye fut rachetée en 1919, et cédée aux moines cisterciens de Fontfroide qui, rentrant de l'exil, y demeurèrent jusqu'à la fin de 1965. Dès lors, une communauté de moines bénédictins, venus de Montserrat, y poursuit la vie monastique.

Voir. L'église pré-romane du Xe siècle, la crypte et le clocher du

XIe siècle et le cloître du XIIe siècle. Visites guidées pour les groupes (Tél/Fax : 04 68 96 15 35).

Offices. Messe à 12h (11h les dimanches et fêtes), Vêpres à 19h.

Accueil. Prévu pour qui veut partager la vie des moines ou les activités qu'ils organisent (retraites, en dehors de l'été).

Artisanat. Céramique, fromage de brebis, vin du domaine de Cuixa, confiture.

Accès. 43 km à l'O de Perpignan par la N 116. SNCF : Prades (ligne Perpignan/Font-Romeu), puis taxi (3 km de Prades).

GAUSSAN

Monastère Notre-Dame de Gaussan

11200 Lézignan-Corbières
Tél : 04 68 45 19 92
Fax : 04 68 45 19 93

Bénédictins. Fondé en 1994 par l'abbaye Notre-Dame de Fontgombault (voir p. 112), le monastère est une ancienne grange fortifiée de l'abbaye Notre-Dame de Fontfroide, datant du XIIIe siècle.

Offices. Chantés en grégorien. Messe conventuelle à 10h tous les jours. Vêpres l'été en semaine à 19h, le reste de l'année à 18h ; dimanche et fêtes à 17h toute l'année.

Accueil. Possibilité de retraite, sur demande adressée au Père Hôtelier.

Artisanat. La porterie, en voie d'agrandissement, offre un grand choix de littérature et d'art religieux, des enregistrements de chants grégoriens et d'orgue, ainsi que le fruit du travail des moines (vin d'appellation "Corbières", fromage de chèvre, miel, gâteaux, confiseries). Depuis la restauration du vieux chais en 1999, le vin A.O.C., issu des cépages du monastère, est entièrement réalisé par les moines. Vente du vin sur place, par correspondance et dans les boutiques de l'Artisanat monastique.

Accès. 15 km au S-O de Narbonne. Par l'A 61 (autoroute des Deux Mers), sortie n° 38 Narbonne-Sud, puis suivre les directions Carcassonne et Abbaye de Fontfroide par la D 613. Par l'A 9, sortie n° 25. SNCF : Narbonne ou Lézignan.

MENDE

Carmel

1, rue du Carmel. 48000 Mende
Tél/Fax : 04 66 65 03 43

Carmélites. Fondé en juin 1883.

Offices. Messe à 9h30 (9h le dimanche), Vêpres à 16h40.

Artisanat. Pains d'autel ; reliure (sur commande).

Accès. 157 km au N-O de Nîmes par la N 106. SNCF : Mende.

MONTPELLIER

Carmel "Les Buissonnets"

1133, rue Pioch-de-Boutonnet. 34090 Montpellier
Tél : 04 67 63 31 82. Fax : 04 67 63 43 30

Carmélites. Fondé en 1837.
Offices. En français, tous les jours. Office du matin à 7h25, Messe à 8h, Heure médiane à 11h55, Office du soir à 17h suivi d'une heure d'oraison, Complies à 20h, Office des Lectures à 21h15.
Accueil. Limité à 3 chambres, pour des retraites et des temps de réflexion uniquement (pas de séjours de repos).
Artisanat. Biscuits, spécialité de gâteaux aux amandes, cire, broderie, vêtements liturgiques. Exposition-vente chaque année les premiers samedi et dimanche d'octobre. Vente sur place et dans la boutique de l'Artisanat monastique de Lyon.
Accès. Depuis la gare SNCF, tramway (arrêt "Corumes" puis car n° 9 marqué "Aiguelonge").

NÎMES

Monastère Sainte-Claire

34, rue de Brunswick. 30000 Nîmes
Tél : 04 66 26 66 76. Fax : 04 66 26 86 35

Clarisses. Les Clarisses sont venues à Nimes vers 1240, du vivant de sainte Claire. Leur monastère détruit par les Calvinistes en 1567, elles n'y revinrent qu'en 1891. Bombardé en 1944, il a été reconstruit de 1953 à 1956. Depuis janvier 1995, les Clarisses d'Alger se sont repliées à Nîmes.
Voir. Les bâtiments modernes, en pierres apparentes, de style semi-provençal.

Offices. En français. Laudes à 6h30, Messe à 8h (8h30 le dimanche) précédée de Tierce, Sexte à 11h45, None vers 14h, Vêpres à 17h15, Complies à 19h30 suivies de l'Office des Lectures.
Accueil. 10 chambres et 2 petits dortoirs. Halte spirituelle pour des retraites individuelles et collectives. Séjour d'une semaine maximum. Une ancienne grange a été complètement rénovée, qui comprend une grande salle de conférence et un oratoire pour les rencontres et les réunions.
Artisanat. Ornements liturgiques, reliure, layettes, cartes, confitures, huile de lavande. Vente à la porterie et dans les boutiques de l'Artisanat monastique.
A noter. La communauté garde les archives de catholicité du diocèse d'Alger et fournit sur demande des photocopies d'actes (recherche de généalogie).
Accès. Depuis le périphérique sud, tourner au rond-point (route d'Avignon-Beaucaire), et prendre l'avenue Bir Hakeim. Le monastère est près de l'église Saint-Dominique. Bus F ou B depuis la gare SNCF.

PERPIGNAN
Monastère Sainte-Claire
107, avenue du Maréchal-Joffre. 66000 Perpignan
Tél : 04 68 61 29 54. Fax : 04 68 52 74 89

Clarisses. Fondé au XIIIe siècle. L'acte d'élection de la première abbesse, Ermengarde de Botonaco, en 1272, y est conservé. Après maints transferts au cours des siècles, la communauté réside maintenant au couvent du Vernet, construit en 1878. L'ancien couvent royal bâti par Charles Quint - où vécut Mère Anne-Marie Antigo, voir plus bas - est propriété de la ville de Perpignan.
Offices. Chantés en français, tous les jours. Eucharistie à 18h15 (11h le samedi et le dimanche), Office du soir à 17h45.
Accueil. Réservé aux personnes qui désirent faire une halte dans la prière et l'accompagnement spirituel.
Artisanat. Chapelets (expédition sur demande), dépôt d'hosties et point de vente pour des objets de piété et des publications franciscaines.
A noter. Le monastère conserve le corps intact de Mère Anne-Marie Antigo (1602-1676), morte en odeur de sainteté, très vénérée en Roussillon et dont la cause est introduite à Rome.
Accès. Par l'A 9, sortie n ° 41 Perpignan-Nord. Depuis la gare SNCF, bus n° 2 (arrêt Barande).

PROUILHE
Monastère Sainte-Marie
Prouilhe. 11270 Fanjeaux
Tél : 04 68 11 22 62 et 04 68 11 22 66 (Accueil)
Fax : 04 68 24 77 97

Dominicaines. En 1206, à Prouilhe, saint Dominique établissait le premier monastère des Dominicaines contemplatives, confiant à la prière des premières sœurs - cathares converties par lui - sa prédication et celle des Frères Prêcheurs qu'il établirait en 1215 à Toulouse.

Aujourd'hui, ce monastère est une communauté internationale.
Offices. Chantés en français, tous les jours. Laudes à 7h45, Eucharistie à 8h30 ou 11h30 (10h le dimanche), Heure médiane à 12h10, Vêpres à 17h30, Vigiles à 20h30.
Accueil. 15 chambres à 2 lits, pour les personnes et les groupes désirant vivre un temps de ressourcement dans un climat convivial.
Artisanat. Céramiques : saints patrons, Vierge à l'Enfant (peints sur carreaux), icônes sur bois massif, vannerie, vêtements d'enfants, etc. Vente au magasin et par correspondance.
A noter. Prouilhes-Fanjeaux : lieu saint dominicain, maison de saint Dominique à Fanjeaux. Prouilhe est sur le lieu d'un célèbre pèlerinage à la Vierge sous le vocable de Notre-Dame de Prouilhe (1er dimanche d'octobre).
Accès. 26 km à l'O de Carcassonne par la N 113. Par l'A 26, sortie n° 22 à Bram. SNCF : Bram (ligne Bordeaux/Marseille).

RIEUNETTE

Abbaye cistercienne Sainte-Marie de Rieunette.

11250 Ladern-sur-Lauquet
Tél : 04 68 69 69 06. Fax : 04 68 69 40 40

Cisterciennes. Les moniales de l'abbaye de Boulaur dans le Gers (voir p. 188) ont refondé en 1998 cet ancien monastère de moniales cisterciennes du XIIe siècle.
Voir. L'église (XIIe siècle) et le cloître. En été, visites de 10h à 12h, et de 16h à 18h (de 11h à 12h et de 14h30 à 17h le dimanche). En hiver, visite de 10h à 11h et de 14h à 16h (à 11h30 et de 14h à 16h le dimanche).
Offices. Chantés en latin et en grégorien. Horaires différents selon les saisons (se renseigner).
Accueil. 5 chambres, pour des retraites.
Artisanat. Confitures, pâtés, fromages, tisanes, petits gâteaux. Vente sur place.
Accès. 25 km au S de Carcassonne par la D 118. SNCF : Verzeille (ligne Carcassonne/Limoux).

ROUJAN

Monastère de Bethléem

Notre-Dame de Mougères. 34720 Caux
Tél : 04 67 98 44 86

Moniales de Bethléem. En 1977, les Chartreux proposent aux moniales de Bethléem de leur succéder dans l'un des monastères, où ils priaient depuis un siècle.
Offices. En français. Excepté le lundi, jour de désert, deux assem-

blées liturgiques rassemblent la communauté à la chapelle : Matines et Eucharistie, Vêpres. Les autres célébrations des Heures liturgiques ont lieu dans la solitude de la cellule.

Accueil. Uniquement pour les familles des moniales et pour les personnes désirant étudier leur vocation.

Artisanat. Icônes, médailles, statues et statuettes, crèches, vaisselle en grès et en faïence, images, cartes de vœux, cassettes liturgiques, émaux.

A noter. Malgré la fermeture de la Chartreuse Notre-Dame de Mougères, le domaine viticole de Mougères continue à être exploité par les Pères Chartreux. Vente à la cave et par correspondance (Domaine de la Chartreuse de Mougères. 34720 Caux. Tél : 04 67 98 40 01).

Accès. 20 km au N de Béziers par la D 15. SNCF : Béziers.

SAINT-MATHIEU-DE-TRÉVIERS

Communauté de la Transfiguration

34270 Saint-Mathieu-de-Tréviers
Tél : 04 67 55 20 62. Fax : 04 67 55 22 39
Tél : 04 67 55 65 46. Fax : 04 67 55 22 39 (Hôtellerie)

Dominicaines de Sainte-Marie-des-Tourelles. Issues du monastère de Prouilhe (voir p. 171), elles ouvrent leur maison pour un partage de vie, de prière, d'approfondissement de la parole de Dieu. Entre la mer et les Cévennes, au milieu des collines de chênes verts et de pins, dans un cadre de garrigues et de soleil, tout ici invite au silence et à la méditation.

Offices. La journée de la communauté est rythmée par les célébrations liturgiques ouvertes à tous (Laudes, Eucharistie, Vêpres, Complies ou Vigiles). Plus particulièrement, les sœurs proposent de vivre avec elles les temps forts de l'année liturgique : Noël, Pâques, l'Ascension, la Pentecôte et les fêtes de l'été : la Transfiguration, la saint Dominique et l'Assomption.

Accueil. 40 chambres dont 20 doubles. Chacune a un lavabo et une douche. Toilettes à l'étage. Vastes salles de réunion, carrefours, séjour, accès à la bibliothèque.

Accès. 20 km au N de Montpellier. SNCF : Montpellier, puis car (se renseigner auprès du monastère).

SÈTE

Notre-Dame du Mont-Carmel

6, rue Prévot-d'Augier. 34200 Sète
Tél : 04 67 53 45 05

Carmélites. Fondé en 1922.

Offices. En français. Office du matin à 6h10, Heure médiane à 11h45, Office du soir à 17h, Lectures à 21h (en été, tous les

offices sont retardés d'une heure). Eucharistie toute l'année à 8h (9h samedi et dimanche).
Artisanat. Cannage de chaises, broderie fantaisie, tricot main et machine. Vente sur place. Chaque année, exposition-vente le deuxième dimanche d'octobre.
Accès. 31 km au S-O de Montpellier par la N 112. Par l'A 9, sortie n° 33. SNCF : Sète, puis bus, taxi ou 15 mn à pied.

UZÈS

Carmel

7, avenue Louis-Alteirac. 30700 Uzès
Tél : 04 66 22 10 62. Fax : 04 66 03 03 63

Carmélites. Fondé le 27 décembre 1871.
Offices. Récités ou chantés par les moniales, tous les jours. Messe à 8h (9h le dimanche), Sexte à 11h45, None à 13h45, Vêpres à 17h15, Complies à 20h15.
Accueil. Uniquement pour les familles des moniales et pour les personnes désirant étudier une vocation.
Artisanat. Imprimerie offset, informatique, PAO, atelier de reliure (reliure d'art et documents administratif, albums photos, répertoires, etc.), broderies et divers objets (surtout sur commande). Vente à la porterie et par correspondance.
Accès. 25 km au N de Nîmes par la D 979. SNCF : Nîmes ou Avignon, puis car.

VINÇA

Carmel de la Sainte Famille

25, route de Joch. 66320 Vinça
Tél/Fax : 04 68 05 81 72

Carmélites. Fondé le 11 novembre 1861.
Offices. Tous les jours : Laudes à 7h50, Messe à 8h30, Vêpres à 17h, Complies à 20h, Matines à 21h.
Artisanat. Ornements d'église, aubes, crèches, icônes, images (cartes de Noël, images de communion), tricots, confiture, croquants, verveine. Vente à la porterie.
Accès. 32 km à l'O de Perpignan par la N 116. SNCF : Vinça, puis bus.

Limousin

Corrèze

Creuse

Haute-Vienne

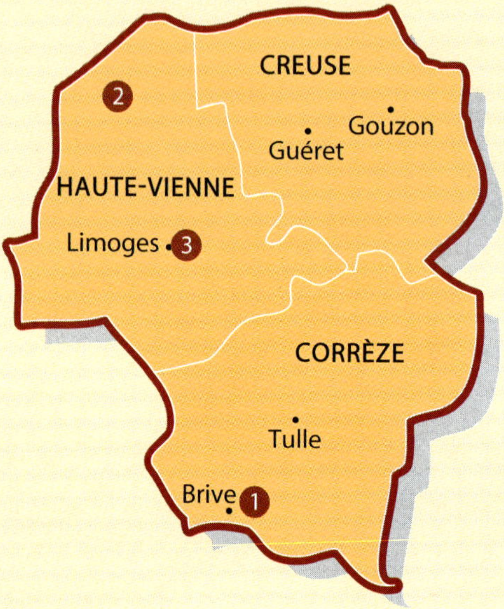

LIMOUSIN

19 Corrèze

❶ **Aubazine** : Monastère de Théophanie

23 Creuse

87 Haute-Vienne

❷ **Le Dorat** : Carmel Nazareth
❸ **Limoges** : Carmel du Mont-Notre-Dame

AUBAZINE

Monastère de la Théophanie

Le Ladeix. 19190 Aubazine
Tél/Fax : 05 55 25 75 67

Communauté grecque-catholique. Les moniales de rite oriental sont venues du Moyen-Orient à Aubazine en 1965, invitées par l'évêque de Tulle. En 1985, elles ont quitté les bâtiments conventuels pour s'installer dans une dépendance de l'abbaye où elles ont bâti une église orientale. Le monastère se trouve dans la campagne, entouré de champs et de forêts, avec une boulangerie, une petite épicerie et une pharmacie à 300 m.

Voir. La chapelle byzantine des moniales, couverte de fresques du plus pur style byzantin. A proximité : l'église abbatiale du XIIe siècle avec quatre vitraux d'origine en grisaille cistercienne ; l'abbaye d'Aubazine, "fille" de Cîteaux, dont certaines parties datent du XIIe siècle (visite guidée) ; le tombeau de saint Etienne d'Obazine.

Offices. Liturgie du rite byzantin, musique greco-arabe, textes en français. Matines à 7h du mardi au samedi (8h30 les dimanches et fêtes), Divine Liturgie à 8h les mardi, jeudi et samedi (10h les dimanches et fêtes), Vêpres à 18h du mardi au dimanche.

Accueil. Une douzaine de chambres dont trois pour les couples. Ecrire ou téléphoner pour prévenir de son arrivée (pour juillet et août, il faut réserver un ou deux mois à l'avance). Langues parlées : français, anglais, néerlandais. Il est possible de s'entretenir avec une moniale.

Artisanat. Reproductions, chapelets orientaux, tapis de prière pure laine, produits du Liban. A la librairie, cartes, icônes, livres de spiritualité de l'Orient chrétien. Cassettes de musique liturgique byzantine. Production du monastère : noix et plantes médicinales. Vente au monastère et par correspondance. Travaux de traduction (anglais/français, français/anglais, grec/français).

Accès. 14 km de Brive et de Tulle par la N 89. SNCF : Aubazine (lignes Paris/Toulouse et Clermont-Ferrand/Bordeaux, puis correspondance). La gare est à 4 km du monastère.

LE DORAT

Carmel "Nazareth"

10, rue Saint-Michel. 87210 Le Dorat
Tél : 05 55 60 73 65. Fax : 05 55 60 16 76

Carmélites. Fondé le 10 juillet 1856.

Offices. En français, tous les jours. Laudes à 7h45, Messe à 8h30, Heure médiane à 14h, Oraison à 17h, Vêpres à 18h, Complies à 19h45, Office des Lectures à 21h.

Accueil. Hors clôture. Personnes seules et en groupes restreints, pour un temps de ressourcement spirituel dans le silence et le recueillement. Prévenir à l'avance. Participation à la prière des Carmélites à la chapelle.

Accès. 52 km au N de Limoges par la N 147 et la D 675, 74 km au S-E de Poitiers par la N 147. SNCF : Le Dorat (ligne Limoges/Poitiers).

LIMOGES

Carmel du Mont Notre-Dame

Crochat. 87000 Limoges
Tél : 05 55 30 22 91. Fax : 05 55 31 29 04

Carmélites. Fondé en 1618 par Mère Isabelle des Anges, une des "Mères espagnoles", amenées par le cardinal de Bérulle pour introduire en France le Carmel réformé. Elle y demeura jusqu'à sa mort en 1644.

Offices. Le matin à 8h, Eucharistie à 8h30 (11h15 le dimanche), Office du soir à 16h40. Horaires susceptibles de changements. Se renseigner auprès du monastère.

Accueil. 3 chambres pour retraitants. Pas de repas, mais une pièce est équipée pour chauffer et conserver les aliments.

Artisanat. Pains d'autel, biscuits. Vente à l'accueil.

Accès. Le carmel est à 7 km du centre-ville, à l'embranchement des routes de Toulouse et de Saint-Yrieix. Taxi depuis la gare SNCF.

Lorraine

Meurthe-et-Moselle

Meuse

Moselle

Vosges

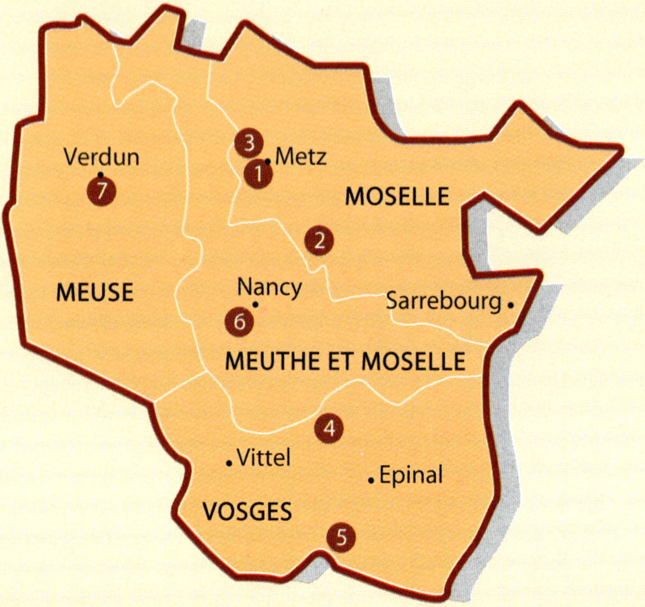

LORRAINE

54 Meurthe-et-Moselle

- ❻ **Vandœuvre-les-Nancy** : Monastère Sainte-Claire

55 Meuse

- ❼ **Verdun** : Carmel

57 Moselle

- ❶ **Metz** : Carmel de Plappeville
- ❷ **Oriocourt** : Abbaye d'Oriocourt
- ❸ **Scy-Chazelles** : Monastère de la Visitation

88 Vosges

- ❹ **Ubexy** : Abbaye Notre-Dame de Saint-Joseph
- ❺ **Le Val d'Ajol** : Monastère Sainte-Claire

METZ

Carmel de Plappeville

82, rue du Général-de-Gaulle. Plappeville. 57050 Metz
Tél : 03 87 32 83 38 et 03 87 32 83 38
carmel-metz@wanadoo.fr

Carmélites. Fondé en 1623, rétabli en 1861.
Offices. Tous les jours, Laudes à 6h30 (7h30 le dimanche), Messe à 8h (9h le dimanche), Office du milieu du jour à 12h, Vêpres à 18h, Vigile à 20h.
Accueil. 5 chambres. Accueil possible religieuses, jeunes filles, dames, pour des retraites spirituelles personnelles.
Artisanat. Pains d'autel, ornements. Vente à la porterie.
Accès. Le carmel est à proximité de la mairie. Depuis la gare SNCF, bus n° 27 (départ Place de la République, arrêt à la mairie), n° 29 (arrêt Gériatrie, à 15 mn) ou n° 9 (arrêt Prés-Saint-Jacques, à 15 mn) ou taxi.

ORIOCOURT

Abbaye d'Oriocourt

57590 Delme
Tél : 03 87 01 31 67. Fax : 03 87 01 42 01

Bénédictines. Fondée en 1860.
Offices. Chants en grégorien et en français. Tous les jours, Laudes à 6h30, Messe à 9h, Vêpres à 17h, Vigiles à 20h.
Accueil. Pour personnes en quête de calme, d'un ressourcement spirituel, et d'une participation à la prière des moniales.
Artisanat. Ornements liturgiques, œufs. S'adresser à la porterie.
Accès. 37 km au S-E de Metz par la D 955, 30 km au N-E de Nancy par la N 74 et la D 955.

SCY-CHAZELLES

Monastère de la Visitation

Scy-Chazelles. 57160 Moulins-les-Metz.
Tél : 03 87 60 56 01. Fax : 03 87 60 31 68.

Visitandines. Fondé à Metz le 24 avril 1633, restauré le 5 octobre 1817 et transféré à Scy-Chazelles en 1953.
Offices. Lectures, Laudes à 8h, Eucharistie à 9h, Offices des Lectures à 9h, Office du milieu du jour à 14h, Vêpres à 17h30, Complies à 20h45.
Accueil. Pour des retraites silencieuses. Lorsque les religieuses, les jeunes filles et les dames entrent en clôture pour la retraite, elles observent le silence et suivent les exercices de la communauté si elles le désirent.
Artisanat. Vêtements liturgiques. Reliure (matériel fourni par le monastère).
Accès. 6 km à l'O de Metz par la N 3. SNCF : Metz, puis bus jusqu'à Scy-Chazelles.

UBEXY

Abbaye Notre-Dame de Saint-Joseph

88130 Ubexy
Tél : 03 29 38 04 32 et 03 29 38 25 70 (Sœur Hôtelière)
Fax : 03 29 38 05 90
www.abbaye-ubexy.com

Cisterciennes. Fondée le 19 février 1841, la communauté a essaimé une première fois au Japon en 1898 puis au Mexique en 1971.

Offices. Laudes et Eucharistie à 7h30 (Eucharistie à 10h30 le dimanche), Vêpres chantées à 17h15.

Accueil. Située à 350 m d'altitude, au cœur d'un village vosgien, l'abbaye propose à ses hôtes un accueil monastique. Personnes seules et groupes, pour des retraites et des récollections (enfants au-dessus de 12 ans). Séjour de 8 jours maximum. L'hôtellerie est fermée en janvier et pendant la retraite communautaire.

Artisanat. Pains d'autel (expédition par poste ou par transporteur).

Accès. 25 km au N-O d'Épinal par la N 57 et la D 32. SNCF : Charmes (ligne Nancy/Épinal/Remiremont).

LE VAL D'AJOL

Monastère Sainte-Claire

27, rue du Devau. BP 14. 88340 Le Val d'Ajol
Tél : 03 29 30 67 14

Clarisses. Fondé en 1936.

Offices. En français, tous les jours. Le dimanche et à certaines fêtes (consulter les horaires sur place).

Accès. 41 km au S d'Épinal par la N 57 et la D 23. SNCF : Aillevillers ou Remiremont (le monastère est à 15 km de ces deux gares).

VANDŒUVRE-LES-NANCY

Monastère Sainte-Claire

24, rue Sainte-Colette. 54500 Vandœuvre-les-Nancy
Tél : 03 83 55 42 86. Fax : 03 83 55 21 79

Clarisses. Fondé à Pont-à-Mousson en 1447 par sainte Colette, la réformatrice de l'Ordre, le monastère primitif abrita notamment, de 1519 à 1547, Philippe de Gueldre, duchesse de Lorraine et reine de Sicile, devenue simple religieuse. Les Clarisses furent chassées en septembre 1792 et le couvent dévasté. La vie religieuse, selon la règle de sainte Claire, ne devait reprendre en Lorraine qu'en 1921,

dans la banlieue de Nancy, sous l'impulsion de sœurs venues de Renaix (Belgique). La chapelle a été achevée en 1960.
Offices. En semaine : Lectures et Laudes à 7h, Messe chantée à 11h, Vêpres à 17h, Complies à 20h. Le dimanche : Laudes à 8h, Messe chantée à 11h, Vêpres à 16h, Complies à 20h. Le monastère reçoit volontiers des hôtes pour des retraites (8 personnes), et des groupes pour la journée (20 à 30 personnes environ).
Artisanat. Aubes et ornements d'église. Vente sur place, sur commande et dans la boutique de l'Artisanat monastique de Paris. Travaux d'offset et de photocopie.
Accès. 4 km au S-O de Nancy par la N 74. SNCF : Nancy, puis bus n° 138 (arrêt rue Oudinot).

VERDUN

Carmel

25, rue Saint-Victor. 55100 Verdun
Tél : 03 29 86 03 97. Fax : 03 29 86 50 76
plumlaine-at-carmel@dial.oleane.com
www.boutique-theophile.com

Carmélites. Fondé le 11 novembre 1924.
Voir Dans la chapelle, un vitrail d'Alfred Manessier (1967).
Offices. En français, prière ouverte à tous. Tous les jours : Louange du matin à 7h15, Messe à 8h (9h le dimanche), Prière du milieu du jour à 12h, Louange vespérale à 17h30, Office du soir à 20h30.

Accueil. Restreint (3 chambres), uniquement pour des retraitants individuels.
Artisanat. Ateliers Plumlaine. Édredons-duvets, couvertures piquées, couvre-pieds de bébé, traversins, oreillers, coussins. Spécialité : les couettes naturelles en duvet d'oie de haute qualité. Vente sur place, par correspondance, dans les ateliers monastiques et sur Internet (www.boutique-theophile.com).
Accès. 60 km à l'O de Metz par la N 3. SNCF : Verdun.

Midi Pyrénées

Ariège

Aveyron

Gers

Haute-Garonne

Hautes-Pyrénées

Lot

Tarn

Tarn-et-Garonne

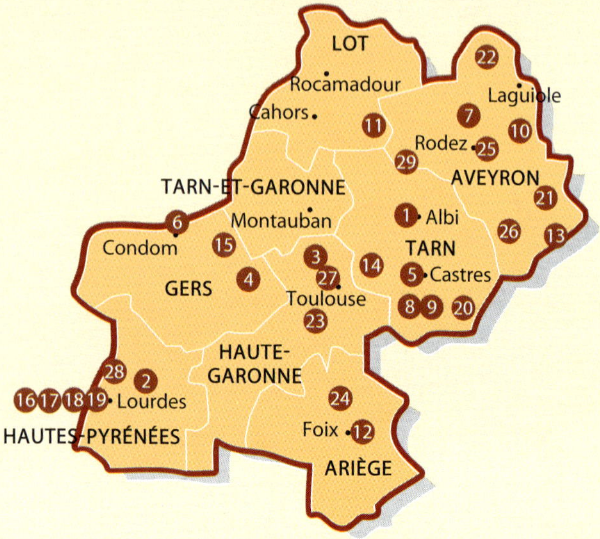

MIDI-PYRENEES

09 Ariège

- ⓬ **Foix** : Abbaye Notre-Dame du Pesquié
- ㉔ **Pamiers** : Carmel

12 Aveyron

- ❼ **Conques** : Abbaye Sainte-Foy
- ❿ **Espalion** : Abbaye Notre-Dame de Bonneval
- ⓭ **Latour** : Chartreuse du Précieux-Sang Nonenque
- ㉑ **Millau** : Monastère Notre-Dame des Douleurs
- ㉒ **Mur-de-Barrez** : Monastère Sainte-Claire
- ㉕ **Rodez** : Carmel
- ㉖ **Saint-Sernin-sur-Rance** : Monastère des Bénédictines
- ㉙ **Villefranche-de-Rouergue** : Carmel

32 Gers

- ❹ **Boulaur** : Monastère cistercien de Sainte-Marie de Boulaur
- ❻ **Condom** : Carmel
- ⓯ **Lectoure** : Carmel de la Sainte-Mère de Dieu

31 Haute-Garonne

- ❸ **Bellegarde-Sainte-Marie** : Abbaye Saint-Marie du Désert
- ㉓ **Muret** : Carmel
- ㉗ **Toulouse** : Monastère Sainte-Claire

65 Hautes-Pyrénées

- ❷ **Bagnères-de-Bigorre** : Carmel de la Penuela de Saint-Jean de la Croix
- ⓰ **Lourdes** : Carmel Notre-Dame de Lourdes
- ⓱ Monastère des Dominicaines
- ⓲ Monastère Sainte-Claire
- ⓳ Monastère de la Visitation
- ㉘ **Tournay** : Abbaye Notre-Dame

46 Lot

- ⓫ **Figeac** : Carmel

81 Tarn

- ❶ **Albi** : Carmel
- ❺ **Castres** : Carmel
- ❽ **Dourgne** : Abbaye Saint-Benoît d'En Calcat
- ❾ Abbaye Sainte-Scholastique
- ⓮ **Lavaur** : Monastère Sainte-Claire
- ⑳ **Mazamet** : Monastère Sainte-Claire

82 Tarn-et-Garonne

ALBI

Carmel

17, rue des Carmélites. 81000 Albi
Tél : 05 63 54 55 54. Fax : 05 63 38 41 16

Carmélites. Fondé le 11 octobre 1842.

Offices. Messe à 8h, Vêpres à 17h. (La chapelle est fermée de 12h à 14h.)

Accueil. 2 chambres, réservées en principe aux familles et aux amis des religieuses, pour des récollections d'une journée.

Artisanat. Vêtements liturgiques, hosties, broderie, drapeaux et fanions, cartes de vœux en feutrine, travail de cire (crêches, etc.). Vente sur place et éventuellement par correspondance.

Accès. 75 km au N-E de Toulouse par l'A 68. SNCF : Albi, puis bus n° 2. De la gare routière, bus n° 5 ou 6.

BAGNÈRES-DE-BIGORRE

Carmel de la "Penuela" (Petit Rocher) de Saint-Jean-de-la-Croix

5 ter, rue Gambetta. 65200 Bagnères-de-Bigorre
Tél : 05 62 95 07 13

Carmélites. Fondé le 19 mars 1833 par Mère Marie des Anges, du carmel de Toulouse. Premier carmel implanté dans le diocèse de Tarbes, exactement 25 ans avant les apparitions de Massabielle.

Voir. Le monastère et la chapelle sont dotés de plusieurs tableaux très appréciés du public, œuvres de la Mère Fondatrice. Une plaque commémorative placée au parloir rappelle le passage de sainte Bernadette, la voyante de Lourdes, au monastère en octobre 1862.

Offices. Chantés, tous les jours. Laudes à 7h15, Messe à 9h précédée de Tierce, Sexte à 11h45, Vêpres à 16h30 suivies du chapelet, Office nocturne des Lectures à 21h.

Accueil. Limité, faute de place, aux religieuses et aux jeunes filles désireuses de se recueillir pendant quelques jours (hors clôture).

Artisanat. Dépôt d'hosties. Stoppage, travaux de couture et réparations, broderie machine. Vente sur place de livres et d'images.

Accès. 21 km au S de Tarbes par la D 935, 22 km à l'E de Lourdes par la D 937. SNCF : Bagnères-de-Bigorre.

BELLEGARDE-SAINTE-MARIE

Abbaye Sainte-Marie-du-Désert

31530 Bellegarde-Sainte-Marie
Tél : 05 62 13 45 45. Fax : 05 62 13 45 35

Cisterciens. Fondée en décembre 1852 par l'abbaye Notre-Dame d'Aiguebelle (voir p. 271).

Offices. En français, tous les jours. En semaine : Messe et Laudes à 7h, Vêpres à 17h45. Le dimanche : Messe à 10h45, Vêpres à 18h.

Accueil. 25 chambres. Retraites personnelles ou en groupe. Séjour de 8 jours maximum.

Artisanat. Produits d'hygiène et de toilette fabriqués par les moines, sous la marque des "Bénédictines de Chantelle". Librairie, grand choix de cartes, icônes, CD, vidéos. Miel et bonbons de l'abbaye (en vente sur place, par correspondance et dans les boutiques de l'Artisanat monastique), ainsi qu'une grande variété de produits alimentaires provenant de divers monastères.
A noter. Pèlerinage annuel pour la Nativité de Notre Dame, le 1er dimanche de septembre ou le 8 septembre si c'est un dimanche.
Accès. 30 km au N-O de Toulouse par la N 124 et la D 24. SNCF : l'Isle Jourdain (ligne Toulouse/Auch), puis taxi (15 km).

BOULAUR

Monastère cistercien de Sainte-Marie-de-Boulaur

32450 Boulaur
Tél : 05 62 65 40 07. Fax : 05 62 65 49 37

Cisterciennes. Les moniales occupent un ancien monastère fontevriste des XIIe et XIVe siècles.
Voir. Dans le chœur, les fresques du début du XIVe siècle, d'inspiration siennoise, restaurées récemment.
Offices. Chantés en latin et en grégorien. Messe du dimanche à 9h15.
Accueil. Dans une campagne riante et agréable, dans le calme et le repos, l'hôtellerie reçoit de mai à fin septembre des familles, des dames seules et des retraitants. Elle est ouverte toute l'année à des groupes de prêtres, de jeunes et de ménages.
L'hôtellerie est alimentée par les produits du travail des moniales à l'étable, au jardin et au verger.
Artisanat. Fromages, confitures, pâtés.
Accès. 65 km de Toulouse, 25 km d'Auch, 13 km de Gimont-Cahuzac. SNCF : Boulaur (ligne Toulouse/Auch).

CASTRES

Carmel

12, rue Amiral-Galiber. 81100 Castres
Tél : 05 63 59 24 92

Carmélites. Fondé le 1er mars 1864, en un lieu historique, l'hôtel Frascaty.
Offices. La chapelle est ouverte à tous de 7h à 19h. En semaine : Laudes à 7h15, Messe à 8h, Vêpres à 18h. Le dimanche : Laudes à 6h45, Messe à 7h30.

Offices. Sont reçues les familles des sœurs ; sont également admises à l'intérieur de la clôture les jeunes filles qui veulent étudier un désir de vocation carmélitaine.
Artisanat. Hosties, reliure, broderie et ouvrages divers. Vente à la porterie, où l'on trouve également un choix de photos de l'intérieur du monastère.
Accès. 71 km à l'E de Toulouse par la D 42 et la N 126. SNCF : Castres (ligne Toulouse/Mazamet). Service de cars entre Toulouse et Castres ; les cars Albi/Carcassonne passent également par Castres.

CONDOM
Carmel
Domaine de Prouilhan. 32100 Condom
Tél : 05 62 28 11 49. Fax : 05 62 28 01 29

Carmélites. Fondé en 1892 sur l'emplacement d'un monastère de Dominicaines qui datait du XIIIe siècle. Ravagé par la Révolution, il n'en subsista que le portail classé du XVIIe siècle et une tour dans l'enceinte du monastère. Le carmel fut restauré en 1928. En 1971, il a été transformé en carmel d'accueil pour recevoir les sœurs âgées ou en convalescence d'autres monastères de Carmélites.
Voir. Portail du XVIIe siècle (classé).
Offices. En semaine, Messe à 8h30 ou à 11h (se renseigner). Le dimanche, Messe à 9h30.
Accès. 36 km au S-O d'Agen par la D 931. Cars au départ d'Agen, de Toulouse, d'Auch et de Pau.

CONQUES
Abbaye Sainte Foy
12320 Conques
Tél : 05 65 69 85 12. Fax : 05 65 72 81 01
Site Internet de la communauté des Prémontrés : www.mondaye.com

Chanoines réguliers de Prémontrés. Cet ordre de chanoines réguliers fondé par saint Norbert en 1120 a deux abbayes en France : l'abbaye Saint-Martin de Mondaye à Juaye Mondaye (voir p. 78) dont dépend actuellement le prieuré de Conques, et l'abbaye Saint-Michel de Frigolet à Tarascon (voir p. 263). Depuis 1873, les Prémontrés animent cette ancienne abbaye bénédictine en assurant le service du pèlerinage de Sainte-Foy et le service paroissial.
Voir. Le village médiéval. L'abbatiale du XIe siècle avec son tympan du XIIe siècle. Les vitraux gris de Pierre Soulages. Le trésor abrite des reliquaires et de belles pièces d'orfèvrerie religieuse. Le site est classé au patrimoine mondial de l'humanité par l'UNESCO.

Offices. Laudes à 7h30, Sexte à 12h05, Vêpres à 18h30 (sauf le lundi), Messe à 8h (le dimanche à 11h) ; Complies, bénédiction des pèlerins, méditation musicale à 20h30.
Accueil. Sont accueillis les pèlerins sur le chemin de Saint-Jacques de Compostelle ainsi que les retraitants et les visiteurs. Chambres (1 à 4 lits), dortoirs (16 et 24 lits). Il est possible de prendre ses repas à l'abbaye. Réservation souhaitée.
Artisanat. Librairie religieuse, articles religieux et produits monastiques sont en vente à la porterie Saint-Norbert.
A noter. En juillet, nombreuses manifestations musicales et artistiques, spécialement durant la semaine de Saint-Jacques. Festival organisé par le Centre Européen d'Art et de Civilisation Médiévale, promouvant la rencontre entre le patrimoine et la création musicale contemporaine.
Accès. 40 km au N de Rodez par la D 901. SNCF : Saint-Christophe, puis taxi subventionné (Tél : 05 65 72 90 03). Aéroport de Rodez-Marcillac à 25 km.

DOURGNE

Abbaye Saint-Benoît d'En Calcat

81110 Dourgne
Tél : 05 63 50 84 10. Fax : 05 63 50 34 90
hotellerie@encalcat.com
www.encalcat.com

Bénédictins. Fondée en 1890 par un groupe de moines de La Pierre-Qui-Vire (voir p. 95). Les moines s'installèrent d'abord près de Salon-de-Provence, sous la direction de Dom Romain Banquet, lui-même originaire du hameau d'En Calcat.
Offices. Chants en français et en grégorien. Laudes à 6h30 (7h30 le dimanche), Messe à 9h de fin juin à Pâques, à 11h40 de Pâques à fin juin (10h le dimanche), Vêpres à 18h, Vigiles à 21h.
Accueil. Retraites individuelles ou en groupe (rien n'est organisé par le monastère lui-même). Trois possibilités d'accueil : 1) au monastère même : 20 chambres pour les hommes, 2) à l'hôtellerie extérieure : 23 chambres (36 lits) pour l'accueil mixte, 3) à "La Grange", 25 lits en 2 dortoirs et cuisine pour les groupes de jeunes.
Artisanat. Editions de reproductions d'œuvres d'art religieux, cithares, ateliers de céramique et de vitraux, rucher. CD et cassettes de chant grégorien et de chant liturgique en français (vente à la librairie et par correspondance. Catalogue sur demande).
Accès. 70 km à l'E de Toulouse par la D 2, la D 622 et la D 85. 60 km au S d'Albi par la N 112 et la D 85. 55 km au N-O de Carcassonne. 17 km au S-O de Castres par la D 85. SNCF : Castres (ligne Toulouse/Castres), puis taxi ou car (ligne Revel/Mazamet).

Abbaye Sainte-Scholastique

81110 Dourgne
Tél : 05 63 50 31 32 et 05 63 50 75 70 (Hôtellerie)
Fax : 05 63 50 12 18
sasco81@aol.com

Bénédictines. Monastère fondé en 1890 par Mère Marie Cronier et situé dans le diocèse d'Albi.

Offices. En français et en grégorien. Laudes vers 6h30, Tierce et Messe à 9h30, Sexte à 12h15, None à 14h15, Vêpres à 18h, Complies à 20h.

Accueil. A partir de l'automne 2003, l'accueil des familles et des retraitants se fera au monastère. 10 chambres à 2 lits avec cabinet de toilette individuel, salle à manger, salon.

Un autre bâtiment plus spécialement réservé aux jeunes comporte 44 lits répartis en : 2 chambres individuelles, 5 chambres à 2 lits, 2 chambres à 3 lits, 1 chambre à 4 lits, 2 dortoirs à 6 lits et 1 dortoir à 10 lits. Douches et WC communs. Des cuisines spécialement aménagées permettent aux groupes d'assurer eux-mêmes la préparation de leur repas. Chauffage l'hiver. Mais il est aussi possible, tout en logeant dans ce bâtiment, de prendre ses repas au monastère. Le monastère est situé dans un cadre de silence et de verdure. Les hôtes peuvent partager la prière de la communauté.

Artisanat. 4 ateliers : 1) composition sur ordinateur, reprographie, façonnage, gestion de fichiers informatiques. 2) reliure : toile, matières synthétiques, peau. 3) vêtements liturgiques : aubes (prêtres, enfants et grands clercs) ; étoles, chasubles, chapes, voiles de pupitre (tissage main ou tissus industriels). Tissage d'écharpes de baptême, de sets de table et de nappes, couvertures. 4) Statues en terre cuite.

Dans notre magasin remis à neuf et ouvert en janvier 2003 sont vendus les produits de la communauté, ainsi que les produits d'autres monastères : objets religieux, livres, carterie, poterie, produits alimentaires, de toilette.

Aubes et vêtements liturgiques sont vendus dans les boutiques de l'Artisanat monastique de Paris, Lyon, Lille, Bordeaux et Toulouse, et par correspondance. Une plaquette des activités peut être envoyée sur demande.

Accès. Voir Abbaye Saint-Benoît.

ESPALION

Abbaye Notre-Dame de Bonneval

12500 Le Cayrol-Espalion
Tél : 05 65 44 01 22. Fax : 05 65 44 77 69
abbaye.bonneval@wanadoo.fr
www.abbaye-bonneval.com

Cisterciennes. Fondé en 1147 dans la vallée sauvage de Boralde, à 7 km d'Espalion, ce fut un monastère de moines très florissant durant des siècles. Au XVIIe siècle encore, il était choisi comme noviciat commun par quatorze abbayes. Laissé à l'abandon après la Révolution, il fut restauré en 1875 par des moniales de l'abbaye de Maubec, maintenant installées à Blauvac (voir p. 249).

Voir. L'abside de l'église du XVe siècle et, entre les deux pavillons d'entrée de l'hôtellerie, une Vierge romane du XIIe siècle (classée monument historique). Le site est très pittoresque.

Offices. Chantés tous les jours, avec des pièces en grégorien. En été : Vigiles à 4h30, Laudes et Messe à 7h15, Sexte à 12h15, None à 14h15, Vêpres à 17h30, Complies à 19h50. Le dimanche : Messe à 10h45.

Accueil. Logement et nourriture fournis pour des retraites ou quelques jours de recueillement.

Artisanat. Chocolat (tablettes, confiseries de chocolat). Vente à l'hôtellerie, dans différents magasins et par correspondance.

Accès. 32 km au N de Rodez par la D 988 et la D 920. SNCF : Rodez, puis car jusqu'à Espalion.

FIGEAC

Carmel

7, allée Jean-Jaurès. 46100 Figeac
Tél : 05 65 34 27 53

Carmélites. Fondé en 1833.

Voir. Christ en bois sculpté, du XVIe siècle (classé).

Offices. En français, tous les jours : Laudes à 7h15, Messe à 8h, Sexte à 12h, Vêpres à 18h15, Complies à 21h.

Accueil. Ouvert aux familles des religieuses, et aux personnes isolées qui poursuivent un but spirituel (retraites, récollections). Il est souhaitable que ces personnes acceptent de faire elles-mêmes leur cuisine. Participation aux frais selon les possibilités.

Accès. 65 km au N-O de Rodez par la N 140. SNCF : Figeac, puis quelques minutes à pied.

FOIX

Abbaye Notre-Dame du Pesquié

09000 Foix
Tél : 05 61 02 97 55. Fax : 05 61 02 46 55

Bénédictines. Fondée en 1934 par l'abbaye de Dourgne, la communauté établie d'abord à Madiran puis à Ozon (Hautes-Pyrénées) a dû s'installer en Ariège. La construction du monastère est en cours. On prévoit une église abbatiale et une hôtellerie.

Offices. Messe et Offices chantés tous les jours en latin (chant grégorien). Messe à 9h30 (10h le dimanche), Vêpres à 18h (16h30 le dimanche).

Accueil. Prêtres, religieux et jeunes qui étudient leur vocation. Possibilité de camps pour des groupes autonomes qui souhaitent participer à la prière et au travail monastique.

Artisanat. Produits fermiers : fromage et miel. Reliure (travaux courants et reliure d'art), papier décoré à la cuve, céramique, vêtements liturgiques (aubes, chasubles, étoles, voiles de pupitre), peinture sur bois (objets et meubles), fleurs séchées (cartes et sets de table), CD de chants grégoriens. Vente au monastère et par correspondance.

Accès. 72 km au S de Toulouse par la N 20. SNCF : Foix (le monastère est à 10 km.)

LATOUR

Chartreuse du Précieux-sang-Nonenque

12540 Marnhagues et Latour

Chartreuses. Nonenque est une ancienne abbaye cistercienne, fondée en 1148 et restée florissante jusqu'à la Révolution française. Abandonnée jusqu'en 1928, elle a été rachetée et relevée de ses ruines par les moniales chartreuses de Notre-Dame du Gard à leur retour d'exil en Belgique. Le site est très solitaire. Les bâtiments ont été aménagés en fonction du genre de vie propre aux Chartreux.

Accueil. Seules sont permises les visites des familles des moniales, quelques jours par an, et celles des aspirantes à la vie cartusienne. "Le fond de notre vocation étant la solitude et le silence, les contacts avec l'extérieur sont réduits au minimum, ce qui explique que le public ne soit pas admis à notre église."

Accès. 50 km au S de Millau par la D 992, la D 7 et une route forestière. SNCF : Montpaon ou Tournernire.

LAVAUR

Monastère Sainte-Claire

1, rue de la Mairie. 81500 Lavaur.
Tél : 05 63 58 01 41

Clarisses. Fondé en novembre 1642 par la sœur Sérène de Jésus. Dispersées lors de la Révolution, les Clarisses purent se regrouper en 1802 mais leur monastère avait été vendu. En 1806, elles s'installèrent en face de leur ancien monastère. Puis peu à peu furent aménagés ou reconstruits les locaux du monastère actuel. Elles y accomplissent "un travail tout spirituel où il n'est pas question de rendement ou de rentabilité, que seul peut comptabiliser notre Père au ciel, au profit des habitants de Lavaur".
Offices. Messe à 18h.
Accueil. 3 chambres pour les familles et les jeunes filles en retraite individuelle.
Accès. 37 km au N-E de Toulouse par l'A 68 et la D 630. SNCF : Lavaur.

LECTOURE

Carmel de la Sainte-Mère de Dieu

14, rue Marès. 32700 Lectoure
Tél : 05 62 68 75 91. Fax : 05 62 68 99 74

Carmélites. Fondé le 8 septembre 1623.
Voir. La chapelle du XVIIe siècle, inscrite sur l'inventaire des Monuments historiques en 1996. Au-dessus du maître-autel, un tableau de Jean-Baptiste Smets représentant la transverbération du cœur de sainte Thérèse d'Avila (1755). Une restauration des peintures de la voûte par les Beaux-Arts est prévue.
Offices. En semaine, Messe à 8h15 (9h le dimanche), Vêpres à 17h. La chapelle est ouverte au public qui peut s'unir à la prière des moniales.
Artisanat. Pains d'autel, vêtements liturgiques, broderie, cannage. Location d'aubes pour profession de foi.
Accès. 36 km au S d'Agen par la N 21. SNCF : Lectoure.

LOURDES

Carmel Notre-Dame de Lourdes

17, route de Pau. 65100 Lourdes
Tél : 05 62 94 26 67. Fax : 05 62 94 50 44

Carmélites. Fondé le 16 juillet 1876.
Offices. En français, tous les jours. Laudes à 7h50, Messe à 8h30, Office du milieu du jour à 14h, Vêpres à 17h, Complies à 20h, Office des Lectures à 21h25.

Accueil. Pour une journée, des personnes et des groupes qui souhaitent partager le silence et la prière des moniales et participer à leur office, mais le monastère n'a pas d'hôtellerie.
Artisanat. Broderie main et machine, biscuits et chocolat. Vente à la porterie.
A noter. Le monastère a réalisé deux présentations audio-visuelles : *Une journée au carmel de Lourdes* et *Vers la source qui chante... la prière à l'école de sainte Thérèse*, ainsi qu'un album sur la vie des Carmélites : *D'un cœur joyeux, j'ai tout donné.*
Accès. 41 km au S-E de Pau par la D 940. Aéroport à 7 km. SNCF : Lourdes (lignes Paris/Bordeaux/Tarbes et Nice/Toulouse).

Monastère des Dominicaines

Route de Pontacq. 65100 Lourdes
Tél : 05 62 46 33 30. Fax : 05 62 94 89 76

Dominicaines. Fondé le 9 juillet 1889.
Offices. En français, avec quelques pièces en grégorien. Offices ouverts aux hôtes et aux visiteurs. Laudes à 7h30, Messe à 8h (11h le dimanche), Heure médiane à 13h50, Vêpres à 17h50 (17h30 le dimanche), Complies à 20h30.
Accueil. Familles et amis des moniales, retraitants seuls et en groupes. Grande salle de conférences et deux petites salles de réunion.
Artisanat. Bougies, chapelets, icônes, "P'titou Réglisse". Vente au magasin du monastère.
Accès. Voir Carmel Notre-Dame.

Monastère Sainte-Claire

78, rue de la Grotte. 65100 Lourdes
Tél : 05 62 94 32 53. Fax : 05 62 94 65 63

Clarisses. Fondé en 1876 par le monastère des Clarisses de Lyon.
Offices. Laudes à 7h30, Messe et Vêpres à 17h (suivies de l'exposition du Saint-Sacrement, du Chapelet et de la Bénédiction). Les samedis et veilles de solennité, Messe à 7h30, Vêpres à 17h30 (suivies de l'exposition du Saint Sacrement, du Chapelet et de la Bénédiction).

Accueil. Jeunes filles en recherche de vocation à l'Oasis Béthanie : chambres, cuisine, oratoire, espace de silence. Liturgie monastique et accompagnement spirituel (vidéo-cassettes). Ouvert toute l'année.
Artisanat. Atelier d'ornements liturgiques et de linge d'église, broderie main. Vente sur place, sur commande et par correspondance.
A noter. La chapelle est à la disposition des groupes de pèlerins qui y célèbrent messes, heures saintes, saluts, etc.
Accès. Voir Carmel Notre-Dame.

Monastère de la Visitation

20, avenue Antoine-Béguère. 65100 Lourdes
Tél : 05 62 94 11 68

Visitandines. Fondé le 7 décembre 1934.
Offices. Lectures et Laudes à 8h, Eucharistie à 9h (10h les dimanche et fêtes), Vêpres à 17h15.
Accueil. Religieuses, dames et jeunes filles désirant faire quelques jours de retraite en clôture.
Artisanat. Pains d'autel.
Accès. Voir Carmel Notre-Dame.

MAZAMET

Monastère Sainte-Claire

11, rue du Couvent. 81200 Mazamet
Tél : 05 63 61 05 33. Fax : 05 63 61 06 40
ste.claire.mazamet@wanadoo.fr

Clarisses. Fondé en 1887 par des sœurs venues de Millau dans l'Aveyron (voir p. 197). Restructuré en 1997 par une refondation avec le monastère d'Évian, élargie à d'autres monastères.
Offices. En semaine : Office du matin à 7h30, Eucharistie à 8h, Office du soir à 18h30, Office des Lectures à

20h30. Le dimanche : Office du matin à 8h, Office du soir à 17h, Messe (interparoissiale) à 18h.

Accueil. Hospitalité ouverte aux parents, amis, retraitants et retraitantes, après accord écrit. Séjour de 8 jours maximum. Groupes de 10 personnes maximum.

Artisanat. Icônes peintes, plaquettes pyrogravées, articles de poterie, duplicopie, travail sur ordinateur, cartes de fleurs séchées, dépôt-vente de livres religieux Siloë.

Accès. 86 km à l'O de Béziers par la N 112, 82 km à l'E de Toulouse par la D 42 et la D 621, 59 km au S d'Albi par la N 112 et 49 km au N de Carcassonne par la D 118. SNCF : Mazamet.

MILLAU

Monastère Notre-Dame-des-Douleurs

3, rue Sainte-Claire. 12100 Millau
Tél : 05 65 60 16 03

Clarisses. Fondé le 12 mai 1875, le monastère a lui-même fondé les monastères de Mazamet en 1887 (voir p. 196) et de Toulouse en 1928 (voir p. 200).

Offices. Chantés en français. Laudes à 7h, Eucharistie tous les jours à 9h (18h le vendredi), Office des Lectures à 8h30, Heure médiane à 14h30, Vêpres à 17h40, Complies à 20h30.

Accueil. Familles des sœurs, amis et toute personne en quête de prière (durée limitée).

Artisanat. Pains d'autel, vêtements liturgiques, médailles, estampes. Vente à la porterie. Les médailles sont également vendues dans les boutiques de l'Artisanat monastique.

Accès. 71 km au S-E de Rodez par la N 88 et la D 911. 115 km au N de Montpellier par la N 109, l'A 75 et la N 9. SNCF : Millau (ligne Paris/Béziers par Clermont-Ferrand).

MUR-DE-BARREZ

Monastère Sainte-Claire

2, rue de la Berque. 12600 Mur-de-Barrez
Tél : 05 65 66 00 46. Fax : 05 65 66 00 90
steclaire.mur@wanadoo.fr

Clarisses. Fondé en 1653, rétabli le 22 octobre 1868 dans les mêmes murs.

Offices. Chantés en français, tous les jours, à 8h, 11h45, 18h25, 21h. Messe à 8h30 tous les jours.

Accueil. A l'hôtellerie, ouverte aux prêtres, aux religieuses, aux personnes seules et aux familles avec enfants désirant passer des "vacances pas comme les autres" dans le rayonnement de sainte Claire et de saint François, dans une ambiance monastique et familiale avec joie et simplicité. Accompagnement spirituel, retraites particulières. S'entendre avec la Sœur Hôtelière. Pour l'été, faire la demande longtemps à l'avance.

Accès. A 800 m d'altitude, au pied des monts du Plomb du Cantal. 37 km au S-E d'Aurillac par la D 990, 55 km au S-O de Saint-Flour par la D 990 et et la D 900. SNCF : Aurillac ou Vic-sur-Cère. Service de cars entre Aurillac et Mur-de-Barrez (tous les jours sauf les dimanches et fêtes).

MURET

Carmel

La Combe-Sainte-Marie. 67, chemin Lacombe. 31600 Muret
Tél : 05 61 51 03 67. Fax : 05 61 51 57 94

Carmélites. Onzième carmel de France, il fut fondé à Toulouse le 4 juin 1616 par Mère Isabelle des Anges, elle-même formée par sainte Thérèse d'Avila. Périodes troublées et extensions successives de la ville obligèrent les religieuses à rechercher des lieux plus paisibles. Elles se sont fixées à Muret en septembre 1962.
Offices. En français, tous les jours : Laudes à 7h15 (7h les dimanches et fêtes), Messe à 8h (9h30 les dimanches et fêtes), Vêpres à 17h30, Complies à 19h40, Office des Lectures à 21h. A Noël et à Pâques, Vigile et Messe de Minuit.
Accueil. Retraites individuelles, en solitude.
Artisanat. Vêtements liturgiques et linge d'autel, reliure, broderie.
Accès. 19 km au S-O de Toulouse par la N 20 et la N 117 ou par l'A 64. SNCF : Muret.

PAMIERS

Carmel

4, cours Mercadal. 09100 Pamiers
Tél : 05 61 67 25 06. Fax : 05 61 67 41 13

Carmélites. Fondé en 1648. Les sœurs occupent toujours leur monastère d'origine.
Offices. Chantés en français tous les jours, de mi-décembre aux Rameaux dans un petit oratoire chauffé, le reste du temps dans la grande chapelle. Horaires affichés à la porte de la chapelle.
Accès. 53 km au S de Toulouse et 19 km au N de Foix par la N 20. SNCF : Pamiers, puis 20 mn à pied ou taxi.

RODEZ

Carmel

24, rue Combarel. 12000 Rodez
Tél : 05 65 68 27 64. Fax : 05 65 68 95 33

Carmélites. Fondé le 13 octobre 1825.
Offices. Tous les jours : Messe à 7h30, Vêpres à 17h précédées de l'Adoration du Saint-Sacrement les dimanches et jours de fêtes.
Artisanat. Pains d'autel (hosties blanches, rousses, et pour concélébration). Expédition sur demande ou par abonnement régulier. Vêtements liturgiques sur mesures (choix de sujets de décoration). Aubes pour enfants de chœur, broderie de linge de maison, chapelets, dizainiers (chaîne ou corde). Vente sur place.

Accès. 140 km au N-E de Toulouse par l'A 68 et la N 88. SNCF : Rodez.

SAINT-SERNIN-SUR-RANCE

Monastère des Bénédictines

Notre-Dame-d'Orient. 12380 Laval-Roquecezière
Tél : 05 65 99 60 88. Fax : 05 65 97 60 58

Bénédictines. Ici naquit, au Moyen Age, autour d'une rustique image de la Vierge, mystérieusement découverte, un pèlerinage qui draina très vite des foules. En 1657, des Capucins élevèrent la chapelle et une grande partie du monastère actuel. Les Bénédictines s'y installèrent le 25 août 1825, assurant ainsi la continuité d'une présence de prière.
Voir. La chapelle (XVIIe siècle), bel exemple d'art baroque. Les deux retables dans la chapelle, les deux retables des porches et les trois devants d'autel (saint François, saint Joseph et sainte Marguerite) sont classés, ainsi que les tableaux de sainte Marguerite, de saint Joseph et de la sainte Famille.
Offices. Chantés en français. Laudes à 8h10, Eucharistie à 11h30, Heure médiane à 13h50, Vêpres à 18h30, Complies à 20h15. Le dimanche, Messe à 10h. Depuis 1973, on accueille le dimanche les chrétiens des alentours pour la Messe chantée avec les moniales.
Accueil. A l'hôtellerie, la communauté accueille les personnes désireuses d'approfondir la recherche du Seigneur dans le silence et la prière, avec participation à la liturgie du monastère. Des retraites ouvertes à tous sont organisées par le monastère au cours de l'été. Adresser une demande à la Sœur responsable de l'accueil.

A noter. Les pèlerinages à Notre-Dame-d'Orient se déroulent le 5e dimanche de Pâques et le lundi de Pentecôte. Tout au long de l'année les pèlerins se suc-

cèdent dans la chapelle, en groupe et individuellement.
Accès. 47 km à l'E d'Albi par la D 999. SNCF : Albi, ou Saint-Rome-de-Cernon, puis car jusqu'à Saint-Sernin (ligne Toulouse/Millau). Le monastère est 7 km.

TOULOUSE

Monastère Sainte-Claire

216, avenue Saint-Exupéry. 31400 Toulouse
Tél : 05 61 20 43 05. Fax : 05 61 54 38 93

Clarisses. Fondé en 1928.
Offices. Tous les jours : Office du matin à 6h30, Messe à 7h (8h le dimanche), Office du soir à 17h.
Accueil. Retraitantes, en nombre limité (2 ou 3), groupes pour une journée.
Artisanat. Travaux d'offset et de photocopie limités au plan culturel.
Accès. Depuis la gare SNCF, métro (arrêt Esquirol), puis bus n° 78, 79 et 81 (arrêt 6 avril).

TOURNAY

Abbaye Notre-Dame

65190 Tournay
Tél : 05 62 35 70 21. Fax : 05 62 35 25 72

Bénédictins. Fondée en 1935 à Madiran par l'abbaye d'En Calcat (voir p. 190), transplantée à Tournay en 1952, l'abbaye dépend de la Congrégation de Subiaco.
Offices. En français, tous les jours. Messe à 9h30 (10h le dimanche), Heure médiane à 12h, Vêpres à 18h15, Office des Lectures à 21h.
Accueil. 15 chambres pour les messieurs, 15 chambres pour les dames.
Artisanat. Poterie en grès, pâtes de fruits, bonbons. Vente par correspondance des produits de confiserie (tarifs sur demande). Librairie Siloë : livres, disques, vidéo, carterie.
Accès. 19 km au S-E de Tarbes par la N 117 ou l'A 64, sortie Tournay. SNCF : Tournay (ligne Toulouse/Bayonne).

VILLEFRANCHE-DE-ROUERGUE

Carmel

8, allée Aristide-Briand. 12200 Villefranche-de-Rouergue
Tél : 05 65 45 09 29. Fax : 05 65 45 40 69

Carmélites. Fondé en octobre 1844 par le carmel de Montauban à la demande de sainte Émilie de Rodat, fondatrice de la congrégation de la Sainte Famille de Villefranche-de-Rouergue.
Offices. Chantés en français, tous les jours. Messe à 11h (8h30 les dimanche et fêtes d'obligation), Laudes à 7h30, Heure médiane à 15h, Vêpres à 17h30.
Artisanat. Pains d'autel, broderie, lingerie d'église, hosties blanches, objets de petites maroquinerie, calligraphie (à la demande).
Accès. 60 km à l'E de Cahors par la D 111. SNCF : Villefranche-de-Rouergue (ligne Paris/Toulouse via Capdenac).

Nord Pas de Calais

Nord

Pas-de-Calais

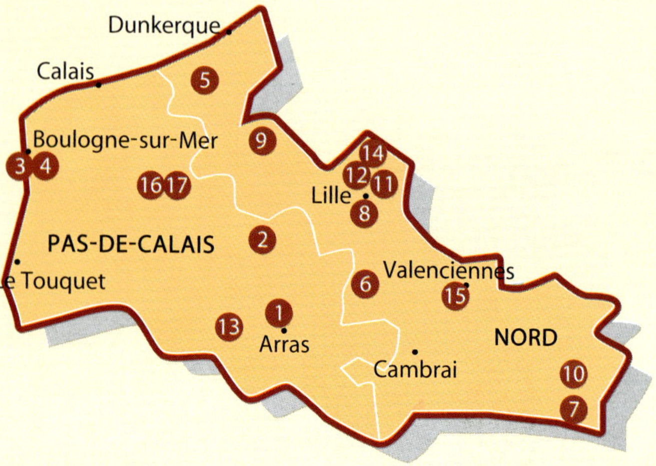

NORD-PAS-DE-CALAIS

59 Nord

- ❺ **Bourbourg** : Monastère de l'Immaculée
- ❻ **Douai** : Carmel
- ❼ **Fourmies** : Monastère de Sainte-Claire de l'Amour Miséricordieux
- ❽ **Haubourdin** : Monastère Sainte-Claire
- ❾ **Le-Mont-des-Cats** : Abbaye Sainte-Marie du Mont-des-Cats
- ❿ **Moustier-en-Fagne** : Prieuré Saint-Dodon
- ⓫ **Roubaix** : Monastère de la Sainte-Trinité
- ⓬ **Saint-André** : Monastère Notre-Dame de la Plaine
- ⓮ **Tourcoing** : Monastère du Cœur très pur de Marie
- ⓯ **Valenciennes** : Carmel de Saint-Saulve

62 Pas-de-Calais

- ❶ **Arras** : Monastère Sainte-Claire
- ❷ **Béthune** : Monastère du Carmel
- ❸ **Boulogne-sur-mer** : Carmel
- ❹ Monastère de la Visitation
- ⓭ **Saint-Pol-sur-Ternoise** : Abbaye Notre-Dame de Belval
- ⓰ **Wisques** : Abbaye Notre-Dame
- ⓱ Abbaye Saint-Paul

ARRAS

Monastère Sainte-Claire

1, rue Sainte-Claire. 62000 Arras
Tél. : 03 21 71 49 63. Fax : 03 21 71 16 88

Clarisses. Fondé en 1457. La chapelle date de cette époque.
Offices. En français. En semaine : Laudes à 7h, Sexte à 11h45, Vêpres à 16h45, Eucharistie à 18h15 (sauf le samedi), Vigiles et Complies à 20h15. Le dimanche : Laudes à 7h, Eucharistie à 11h, suivie de Sexte, None à 14h15, Vêpres et Salut à 17h15, Vigiles et Complies à 20h15.
Accueil. 6 chambres pour des retraites ou une recherche de calme (sur demande écrite). Condition : respecter la vie de silence et de prière des religieuses. Le jardin de la clôture est ouvert aux retraitants à certaines heures. Journée de désert possible (accompagnée ou non).
Artisanat. Broderie machine, sandales, icônes, chapelets.
Accès. Voir Carmel Notre-Dame des Ardents. Depuis la gare SNCF, bus A (arrêt Sainte-Claire).

BÉTHUNE

Monastère du Carmel

23, rue Fernand-Fanien. Fouquières-les-Béthune
62232 Annezin
Tél : 03 21 68 11 22. Fax : 03 21 57 08 53
bethunecarmel@nordnet.fr

Carmélites. Fondé en 1922.
Offices. Liturgie très simple en français, chants polyphoniques. Tous les jours : Laudes à 6h30 (Laudes et Eucharistie à 7h30 les dimanches et fêtes), Vêpres à 17h30.
Accueil. Le monastère peut recevoir quelques hôtes en quête de silence, de prière et de solitude. 4 chambres, une salle de réunion et un oratoire spécial en plus de la chapelle. Possibilité de participer à tous les offices liturgiques des sœurs.
Artisanat. Les sœurs se livrent à des travaux de vannerie, de reliure, et à d'autres travaux divers pour le compte d'une SARL : Art et Travaux Monastiques. Vente au magasin à l'accueil du monastère.
Accès. 38 km au S-O de Lille par la N 41, 30 km au N d'Arras par la D 937. Par l'A 26 Reims/Calais, sortie Béthune (le monastère est à 300 m). SNCF : Béthune (TGV depuis Paris), puis bus (direction Bruay, arrêt Le gros moulin). Le monastère est à 2 km de la gare.

BOULOGNE-SUR-MER

Carmel

2, rue du Denacre. 62280 Saint-Martin-les-Boulogne
Tél : 03 21 31 66 63. Fax : 03 21 91 75 01

Carmélites. Fondé en 1914.
Offices. Tous les jours, Office du soir à 17h30.
Accueil. Pour des retraites (se renseigner sur place).
Artisanat. Aubes de prêtres et de profession de foi, confection enfants. Vente dans les boutiques de l'Artisanat monastique.
Accès. 100 km à l'O de Lille. SNCF : Boulogne-ville, puis bus (départ de la gare routière, direction Wicardenne), ou taxi.

Monastère de la Visitation

9, rue Maquétra. 62280 Saint-Martin-les-Boulogne
Tél : 03 21 31 35 88

Visitandines (Moniales contemplatives). Fondé à Paris le 31 juillet 1660, il eut pour père spirituel saint Vincent de Paul. Transféré en 1841 à Boulogne au lieu-dit "Château de Maquétra", sur une colline qui domine la ville et la mer.
Offices. En semaine, Messe avec Laudes intégrées à 9h. Les dimanches et fêtes, Messe à 9h, Vêpres à 17h30 (Spiritualité Salésienne à l'école de saint François de Sales et de sainte Jeanne de Chantal).
Accueil. 5 chambres en clôture disponibles toute l'année pour des religieuses, des jeunes filles et des dames ; pension complète pour un ressourcement spirituel dans le silence de 1 à 8 jours. 12

chambres à l'extérieur de la clôture, disponibles en juillet et août seulement. Location des chambres avec petit déjeuner, pour des séjours de repos (jeunes filles, dames, familles).
Artisanat. Icônes, cierges et lainages.
A noter. Présentation audio-visuelle sur la vie du monastère (sur demande). L'église du monastère est, depuis 1843, le "Montmartre boulonnais", centre de diffusion de la dévotion au Cœur du Christ.
Accès. Voir Carmel. Depuis la gare SNCF, bus CM 51.

BOURBOURG

Monastère de l'Immaculée

Rue des Capucines. 59630 Bourbourg
Tél : 03 28 22 03 18

Capucines. Fondé à Bourbourg en 1614 par la vénérable Mère Françoise Taffin. Les Capucines ("Sœurs de la Pénitence") mènent la vie contemplative, suivant la spiritualité franciscaine, en petite fraternité.
Offices. En français. Consulter les horaires à la chapelle, ouverte toute la journée.
Accès. 17 km au S-O de Dunkerque par la D 940 ou l'A 16 Dunkerque/Calais.

DOUAI

Carmel

105, rue de l'Arbre-Sec. 59509 Douai
Tél : 03 27 88 43 18. Fax : 03 27 87 23 45

Carmélites. Fondé en 1625.
Offices. Chantés en français, tous les jours. Heure médiane à 11h45, Vêpres à 16h45 (17h10 les veilles de solennité). Messe à 18h30 du lundi au vendredi, 7h45 le samedi, 8h30 le dimanche.
Artisanat. Reliure, dactylographie, images (à la porterie).
Accès. 35 km au S de Lille par l'A 1. SNCF : Douai (TGV).

FOURMIES

Monastère de Sainte-Claire de l'Amour Miséricordieux

31, avenue du Président-Kennedy. 59610 Fourmies
Tél/Fax : 03 27 60 04 28

Clarisses. Fondé en 1923 par des sœurs venues de Paray-le-Monial (voir p. 92).
Offices. Chantés en français, tous les jours. En semaine : Office du matin à 7h30, Office du soir à 17h, Messe à 18h (11h15 le samedi). Le dimanche : Office du matin à 8h30, Messe à 9h, Office du soir à 18h.
Accès. 71 km au S-E de Valenciennes par la N 49, la N 2 et la D 951. SNCF : Fourmies.

HAUBOURDIN

Monastère Sainte-Claire

35, rue Vanderhaghen. 59320 Haubourdin
Fax : 03 20 07 46 50

Clarisses. Fondé à Lille en 1490, refondé à Esquermes en 1866 et transféré à Haubourdin en 1931.
Offices. Office du soir tous les jours à 17h.
Accueil. Groupes individuels dans la journée.
A noter. Montage audio-visuel sur la vie du monastère (sur demande).
Accès. A la périphérie S-O de Lille, par l'A 25 direction Dunkerque et la N 41. SNCF : Haubourdin (TER), puis bus (arrêt Le Parc).

LE MONT-DES-CATS

Abbaye Sainte-Marie-du-Mont-des-Cats

59270 Godewaersvelde
Tél : 03 28 43 83 60. Fax : 03 28 43 83 61
Tél : 03 28 43 83 63 (Hôtellerie)
econome@abbaye-montdescats.com
www.abbaye-mondescats.com

Trappistes. Fondée en 1826. Trois pôles régissent la vie des moines de cette abbaye : la prière, célébrée sept fois par jour, la lecture spirituelle et le travail, pour faire vivre la communauté.
Offices. Chantés tous les jours, avec le chœur des moines. Vigiles à 3h30 (3h15 le dimanche). Laudes à 6h30 les lundi, jeudi et dimanche, à 6h les mardi, mercredi et vendredi. Tierce à 8h30, Sexte à 12h (11h le dimanche, avec la Messe), None à 14h (14h15 le dimanche), Vêpres à 17h45 (16h le dimanche), Complies à 19h30. Eucharistie à 11h le dimanche, à 17h15 les lundi et jeudi

(avec les Vêpres), à 6h les mardi, mercredi, vendredi et samedi (avec les Laudes).

Accueil. Retraitants, dans le silence et le recueillement. Audiovisuel et exposition.

Artisanat. Fromages (vente au magasin en face du monastère). Magasin de produits monastiques et librairie.

Accès. 20 km au N-O de Lille par l'A 25 (sortie Meterent) et la D 18. SNCF : Hazebrouck, à 15 km du monastère. Service de cars entre Hazebrouck et Watou avec arrêt à Godewaersvelde (2 départs par jour), ou taxi.

MOUSTIER-EN-FAGNE

Prieuré Saint-Dodon

18, Grand-rue. 59132 Moustier-en-Fagne
Tél : 03 27 61 81 28. Fax : 03 27 61 81 12

Bénédictines-Olivétaines. Site monastique dès la fin du VIIe siècle. Les moniales arrivées en 1968 appartiennent à la fondation olivétaine "Vita et Pax" dont la maison-mère de Schotenhof près d'Anvers en Belgique (voir p. 331) a toujours gardé le souci de l'unité des chrétiens.

Offices. Rite byzantin-slave. Habituellement chantés en français à 7h, 11h50, 13h, 18h15, 20h30. Sainte Messe à 17h25, Liturgie byzantine un matin par semaine.

Accueil. 5 chambres à 2 lits et 1 chambre à 4 lits pour les groupes ; 6 chambres pour les séjours individuels. Prêtres, religieuses, laïcs et ménages. Accueil de groupes à condition qu'ils soient animés par un prêtre ou par un responsable habilité. Mise à disposition d'un oratoire, d'une salle commune et d'une cuisine (les groupes font leur cuisine eux-mêmes, mais le monastère se charge des repas pour les retraitants individuels). Séjour de 15 jours maximum, sauf exception.

Artisanat. Peinture d'icônes, sur commande, exécutées selon les méthodes anciennes (le sujet est déterminé avec l'acheteur). Pas de catalogue.

Accès. 17 km au N de Fourmies. SNCF : Fourmies, puis taxi.

ROUBAIX

Monastère de la Sainte-Trinité

2, rue de Wasquehal. 59100 Roubaix
Tél : 03 20 70 85 58. Fax : 03 20 01 82 55

Clarisses. Fondé en juillet 1876.

Offices. En semaine : Offices à 12h, 18h et 20h, Messe à 17h30 (8h le samedi). Le dimanche : Offices à 6h30, 12h, 17h et 20h, Messe à 8h.

Artisanat. Hosties blanches et dorées, hosties dorées pour concélébration (12 cm, 15 cm, 18 cm).

Accès. 12 km au N-E de Lille. SNCF : Roubaix, puis 20 mn à pied. Demander "le couvent de l'Épeule", nom sous lequel le monastère est connu. Petit parking.

SAINT-ANDRÉ

Monastère Notre-Dame de la Plaine

287, avenue de Lattre de Tassigny. 59876 Saint-André cedex
Tél : 03 20 51 76 20. Fax : 03 20 42 26 70

Cisterciennes Bernardines d'Esquermes. Maison générale de l'Ordre.

Offices. En semaine : Laudes à 6h25, Eucharistie à 7h, Vêpres à 17h30. Le dimanche : Laudes à 7h, Eucharistie à 9h, Vêpres à 17h.

Accueil. Salles de réunions pour des journées de réflexion et quelques chambres pour un séjour de recherche spirituelle (une semaine maximum). Des groupes de jeunes peuvent aussi être reçus pour un ou plusieurs jours ; participation possible à la liturgie du monastère. S'entendre avec la Sœur Hôtelière.

Artisanat. Vente de produits monastiques.

Accès. 6 km de Lille, sur la route d'Ypres. Bus n° 6 A.

SAINT-POL-SUR-TERNOISE

Abbaye Notre-Dame-de-Belval

Troisvaux. 62130 Saint-Pol-sur-Ternoise
Tél : 03 21 04 10 10.

Trappistines. Fondée en 1893.

Offices. Suivant le rite cistercien, chants en français par le chœur des moniales. Consulter les horaires sur place.

Accueil. Pour des retraites privées, mais pas pour des séjours de repos. En plus de l'accueil individuel, un bâtiment, La Pierre Blanche, a été entièrement rénové pour accueillir des groupes constitués de façon autonome : cuisine aménagée, petits dortoirs, salles de réunion (de 20 à 30 personnes).

Artisanat. Fromagerie et grand choix de produits monastiques. Vente au magasin attenant au monastère.

A noter. Présentation audio-visuelle sur la vie et le travail à l'abbaye (sur demande).
Accès. 24 km à l'O d'Arras par la N 39. Le monastère est à 4 km au N de la ville, par la D 87.

TOURCOING

Monastère du Cœur très pur de Marie

18, rue Faidherbe. 59200 Tourcoing
Tél : 03 20 26 49 16. Fax : 03 20 76 48 83
benedictines.tourcoing@wanadoo.fr

Bénédictines du Saint-Sacrement. En 1916, les catholiques de Tourcoing firent le vœu d'établir un centre d'adoration perpétuelle si leur ville était protégée. Telle fut, pour les Bénédictines du Saint-Sacrement d'Arras, exilées en Écosse, l'occasion de rentrer en France, en octobre 1921.
Offices. En grégorien pour les parties chantées. Laudes à 7h, Tierce et Messe chantée à 9h, Vêpres à 16h30 (15h30 le dimanche). Adoration perpétuelle : les moniales se relayent d'heure en heure pour la prière ; le Saint-Sacrement est exposé tous les jours après la Messe jusqu'au Salut de 17h. La Chapelle est ouverte aux fidèles tous les jours à partir de 7h30.
Accueil. En communauté. Pour les religieuses, possibilité de passer quelques jours de retraite, individuellement et en silence. Les personnes qui désirent étudier leur vocation peuvent faire un séjour en clôture. A côté du monastère, le centre Saint-Benoît accueille pour la journée ou pour quelques heures des personnes et des groupes (35 personnes maximum) désirant réfléchir, discuter, approfondir sa foi, faire silence et prier. Salle de réunion avec équipement audio et vidéo, 4 petites salles, accès au jardin. Plusieurs formations sont proposées au cours de l'année (initiation à la prière, vie liturgique, Bible, etc.). Centre Saint-Benoît, 14 bis rue Faidherbe. Tél : 03 20 70 15 02. Fax : 03 20 76 48 83.
Artisanat. Quelques travaux à l'aiguille. Bijoux fantaisie. Vente dans les boutiques de l'Artisanat monastique.
Accès. 10 km au N de Lille. SNCF : Tourcoing, puis 10 mn à pied, ou Lille, puis tramway («le Mongy» ; correspondances toutes les 10 mn, arrêt Tourcoing centre) et métro (Tourcoing centre).

VALENCIENNES

Carmel de Saint-Saulve

1, rue Henri-Barbusse. 59880 Saint-Saulve
Tél : 03 27 46 24 98

Carmélites. Fondé à Valenciennes en 1618, détruit à la Révolution, il fut rétabli en 1924, au cœur même de la ville. En 1949, il fut transféré à sa périphérie.

Voir. La chapelle, construite en 1966, de conception très moderne et originale (réalisation de P. Székely et C. Guislain). Ouverte tous les jours de 9h à 11h30 et de 13h à 17h.

Offices. Les fidèles peuvent participer à la Messe conventuelle (heures variables, se renseigner sur place) et aux Vêpres, chantées habituellement à 18h.

Artisanat. Cartes, tricot, confection. Vente à la porterie et dans les boutiques de l'Artisanat monastique.

Accès. 50 km au S-E de Lille par l'A 23. Par l'A 2 Paris/Valenciennes, sortie Valenciennes-Sud. SNCF : Valenciennes (à 2 km du monastère), puis taxi ou car (un changement).

WISQUES

Abbaye Notre-Dame

24, rue de la Fontaine. 62219 Wisques
Tél : 03 21 95 12 26 et 03 21 95 57 30 (Hôtellerie)

Bénédictines. Première filiale de Sainte-Cécile de Solesmes (voir p. 227), l'abbaye a été établie en 1889 et a fait une fondation aux Pays-Bas après la guerre de 1914 et une autre au Canada en 1936.

Offices. Chant grégorien. Messe chantée à 9h45, Vêpres à 16h30, Complies à 20h.

Accueil. Une petite hôtellerie reçoit des personnes en quête de silence, de détente et de ressourcement spirituel. Retraites libres, individuelles ou en petits groupes. Durée de séjour limitée.

Artisanat. Travaux agricoles, tricot, collaboration aux ateliers d'art monastique (céramiques de Wisques). S'adresser à l'abbaye Saint Paul.

Accès. 7,5 km au S-O de Saint-Omer. Par l'A 26 Reims/Calais, sortie Saint-Omer/Boulogne. SNCF : Saint-Omer, puis car (service réduit) ou taxi.

Abbaye Saint-Paul

Rue de l'École. 62219 Wisques
Tél : 03 2112 28 50, 03 21 12 28 78 (hôtellerie) et 03 21 12 28 77 (céramique). Fax : 03 21 12 28 79

Bénédictins. Les premiers moines venant de Saint-Pierre de Solesmes (voir p. 227) sont arrivés en 1889. Le monastère a été érigé en prieuré conventuel en 1895, en abbaye en 1910, et a fondé Oosterhout aux Pays-Bas.
Voir. Donjon du XVe siècle et tours de l'ancien château. Bâtiments monastiques édifiés par l'architecte bénédictin Dom Paul Bellot et son disciple Joseph Philippe. Bourdon "Bertine" (2 600 kg, baptisé en 1470), provenant de l'abbaye Saint-Bertin dont les moines de Wisques sont les héritiers spirituels.
Offices. Chant grégorien, psalmodie en français. Tous les jours, Vigiles à 5h30, Laudes à 7h30, Messe chantée à 9h45, Vêpres à 18h (18h30 le jeudi, 17h les dimanches et fêtes), Complies à 20h30.
Accueil. Permanent à la porterie, pour tous. L'hôtellerie monastique reçoit, pour un temps de retraite ou de ressourcement spirituel, des hommes, des couples et des groupes mixtes organisés. Accompagnement spirituel par un Père sur demande. Participation demandée à quelques offices de la journée. 19 chambres. Terrain de camping pour jeunes (garçons et filles). Séjour de 8 à 10 jours maximum.
Artisanat. Atelier de céramiques d'art, vendues dans le commerce (boutique de l'Artisanat monastique, abbayes, librairies catholiques, magasins de cadeaux ...) sous la signature "Wisques" ; carreaux "Saints Patrons" encadrés ou non, textes et prières, dessous de plats, etc., décorés au pinceau. Exposition-vente à la porterie, avec divers produits de l'Artisanat Monastique.
Accès. Voir Abbaye Notre-Dame.

Pays de la Loire

Loire-Atlantique

Maine-et-Loire

Mayenne

Sarthe

Vendée

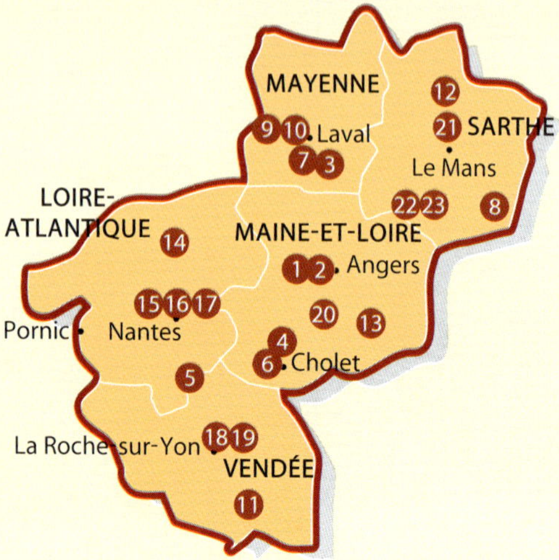

PAYS-DE-LA-LOIRE

44 Loire-Atlantique

14 **La Meilleraye-de-Bretagne** : Abbaye Notre-Dame de Melleraye
15 **Nantes** : Carmel de Jésus Médiateur
16 Monastère Sainte-Claire
17 Monastère de la Visitation

49 Maine-et-Loire

1 **Angers** : Carmel
2 Prieuré de Notre-Dame-du-Calvaire
4 **Bégrolles-en-Mauge** : Abbaye de Bellefontaine
6 **Cholet** : Frères Franciscains mineurs conventuels
13 **Martigné-Briand** : Monastère Notre-Dame-de-Compassion
20 **Saint-Georges-des-Gardes** : Abbaye Notre-Dame des Gardes

53 Mayenne

3 **Bazougers** : Prieuré Sainte-Marie
7 **Entrammes** : Abbaye Notre-Dame du-Port-du-Salut
9 **Laval** : Abbaye de Notre-Dame de la Coudre
10 Carmel

72 Sarthe

8 **Flée** : Monastère La Paix-Notre-Dame
12 **Mamers** : Monastère Saint-Joseph
21 **Saint-Jean-d'Assé** : Monastère Notre-Dame de la Merci-Dieu
22 **Solesmes** : Abbaye Sainte-Cécile
23 Abbaye Saint-Pierre de Solesmes

85 Vendée

5 **Chavagnes-en-Paillers** : Carmel
11 **Luçon** : Carmel
18 **La Roche-sur-Yon** : Monastère des Religieuses du Cœur de Jésus
19 Monastère de la Visitation

ANGERS

Carmel

39, rue Lionnaise. 49100 Angers
Tél : 02 41 87 72 35. Fax : 02 41 86 07 74
carmel.angers@wanadoo.fr

Carmélites. Fondé en 1626, à l'emplacement actuel.
Voir. Les bâtiments du XVIIe siècle, classés monument historique.
Offices. Mélodies simples, en français. Office du matin à 7h15, Eucharistie à 7h45 (10h le dimanche), None à 13h45, Office du soir à 18h, Complies à 20h.
Accueil. Limité : 2 chambres pour des retraitantes d'un jour ou d'un week-end.
Artisanat. Pains d'autel blancs et dorés, divers petits travaux. Vente à la porterie.
Accès. Entre Le Mans et Nantes, sur l'A 11. Depuis la gare SNCF (gare Saint-Laud), taxi ou bus n° 9 (arrêt Place Bichon).

Prieuré de Notre-Dame du Calvaire

8, rue Vauvert. 49100 Angers
Tél : 02 41 87 76 28. Fax : 02 41 20 47 65

Bénédictines. Congrégation issue d'une Réforme de l'Ordre de Fontevrault en 1617. Prieuré fondé le 29 avril 1619. Marie de Médicis, se trouvant à Angers, voulut elle-même planter la croix au lieu destiné au nouveau monastère. Expulsées en 1792, les religieuses purent racheter leur couvent en 1821. Pendant la Révolution, de 1793 à 1795, le monastère servit de prison pour plus de 600 femmes et enfants. Parmi les 99 martyrs d'Angers, béatifiés par Jean-Paul II le 19 février 1984, 46 des Bienheureuses furent incarcérées en ce couvent, et la Bienheureuse Sœur Rosalie-Céleste du Verdier de la Sorinière, guillotinée le 27 janvier 1794, vécut 20 ans en ce prieuré où elle avait fait Profession le 9 août 1764.

Offices. Chant grégorien. Psalmodie en latin ou en français. En semaine : Laudes à 7h30, Messe chantée à 11h15 précédée de Sexte, Vêpres à 17h30, Complies à 19h30, Vigiles à 20h30. Le dimanche : Laudes à 7h45, Messe chantée à 10h30 suivie de Sexte, Vêpres à 15h, Complies à 19h30, Vigiles à 20h30.
Accueil. Pour des retraites individuelles, pour un temps limité. Possibilité de séjour en clôture pour les religieuses et les jeunes filles en recherche, désireuses de partager la vie de prière.
Artisanat. Petits objets religieux, produits monastiques. En vente sur place uniquement.
Accès. Voir Carmel.

BAZOUGERS

Prieuré Sainte-Marie

La Cotellerie. 53170 Bazougers
Tél : 02 43 66 43 66. Fax : 02 43 66 43 67
crmr.la.cotellerie@wanadoo.fr
www.la-cotellerie.com

Chanoines Réguliers (Petits-Frères de Marie, mère du Rédempteur). Fondé en 1971. Congrégation de droit diocésain agrégée à la Confédération des Chanoines Réguliers de Saint-Augustin (ou "Ordre Canonial"). Vie religieuse canoniale, avec Règle de saint Augustin. Cette vocation allie vie en communauté, prière liturgique et apostolat. Au service du peuple de Dieu, les prêtres assurent le ministère dans la paroisse Saint-Pierre du Maine et dans la paroisse Saint Barnabé-en-Charnie. En lien avec les

frères, ils dispensent la catéchèse et participent à l'animation spirituelle de pèlerinages, de mouvements, de groupes venant en séjour au Prieuré. La spiritualité est eucharistique (adoration quotidienne) et mariale.
Voir. Eglise canoniale d'inspiration romane (1994) ; icônes de Notre-Dame, de saint Joseph et de saint Jean ; crypte dédiée aux Martyrs de Laval (1794).
Offices. Chantés en français. Lectures et Laudes à 7h, Messe à 11h (le dimanche à 10h30), Vêpres à 18h30 (les dimanches et solennités à 17h), Complies à 20h45.
Accueil. Toute personne, famille, ou groupe pour une halte spirituelle (animation sur demande préalable). Hôtellerie des familles : 15 chambres (26 places) ; hôtellerie des jeunes : 2 dortoirs de 19 et 30 places. Montage audio-visuel (10 mn) présentant la communauté.
Artisanat. Miel, pâtes de fruits, nougat, cidre et jus de pomme. Icônes, médailles, etc. Librairie religieuse.
Accès. 15 km au S-E de Laval par la D 21. Par l'A 81, sortie A2 à Vaiges (15 km du prieuré). SNCF : Laval (TGV Atlantique), puis taxi ou voiture du prieuré.

BÉGROLLES-EN-MAUGE

Abbaye de Bellefontaine

49122 Bégrolles-en-Mauges
Tél : 02 41 75 60 40. Fax : 02 41 75 60 49
info@bellefontaine-abbaye.com

Cisterciens-Trappistes. A en croire la liste des abbés, l'abbaye fut fondée à la fin du XIe siècle par les Bénédictins. Dès le XIIe siècle, on y vénérait une statue de la Vierge sous le vocable de Notre-Dame-de-Bellefontaine. Confisqué, vendu et pillé en 1791, le monastère fut rétabli en 1816 par des Trappistes rapatriés d'un exil mouvementé qui les avait conduits en Russie et en Amérique. Il compte aujourd'hui quarante moines.

Voir. A l'église, la statue de Notre-Dame-de-Bellefontaine, de la fin du XIIIe siècle.
Offices. En français, sauf quelques chants en grégorien à certaines messes concélébrées. En semaine, Laudes à 7h suivies de la Messe conventuelle (sauf certains jours de fêtes à 11h), Sexte à 12h15, None à 14h15, Vêpres à 18h (18h30 en été). Le dimanche, même horaire, plus Messe à 10h30.
Accueil. Les hommes et les groupes mixtes sont reçus pour des retraites. Participation aux frais selon les moyens de chacun.
Artisanat. Pâtes de fruits et, en saison, fruits du verger (poires et pommes). Vente à la porterie. Librairie religieuse. L'abbaye de Bellefontaine édite, depuis 1966, des collections de textes intéressant la spiritualité du monachisme primitif et contemporain

ainsi que de l'Orient chrétien. Vente par correspondance. Catalogue sur demande.

A noter. A côté du monastère, la petite chapelle de Bon-Secours est le centre d'un pèlerinage séculaire.

Accès. 11 km au N de Cholet par la D 752. SNCF : Cholet, puis taxi

CHAVAGNES-EN-PAILLERS

Carmel

La Fouchardière. 85250 Chavagnes-en-Paillers
Tél : 02 51 42 21 80

Carmélites. Fondé en 1617 à Saintes, transféré en Belgique en 1901 puis à Chavagnes le 12 novembre 1919.

Offices. Le public peut participer aux offices en union avec les moniales. En semaine : Laudes à 7h15, Messe à 8h30, Heure médiane à 14h15, Vêpres à 17h15. Le dimanche : Laudes à 7h30, Messe à 9h, Heure médiane à 14h15, Vêpres à 17h. Adoration du Saint-Sacrement le 1er dimanche du mois de 16h à 17h30.

Accueil. Pour quelques jours de prières, le carmel peut accueillir, en chambres particulières, les personnes qui désirent se recueillir dans le calme de la campagne et le silence d'un vaste enclos extérieur. Les repas ne sont pas servis, mais une cuisine est à la disposition des retraitants. Une salle peut recevoir en groupe de 80 à 100 personnes environ, pour une journée.

Artisanat. Pains d'autel, jouets en feutrine, gâteaux. Vente à la porterie (envoi sur commande) et dans les boutiques de l'Artisanat monastique. Envoi d'hosties sur commande.

Accès. Le dernier dimanche d'août, fête-pèlerinage en l'honneur de Notre-Dame la Vierge Marie, avec messe en plein air.
46 km au S-E de Nantes par la N 137 et la D 62. SNCF : Montaigu (à 10 km du monastère), puis taxi, ou Nantes, puis car jusqu'à Chavagnes.

CHOLET

57, rue Pasteur. 49300 Cholet
Tél : 02 41 62 06 37. Fax : 02 41 70 59 04
franciscainscholet@wanadoo.fr

Frères Franciscains Mineurs Conventuels (ofm conv.). Les Frères résident au Couvent depuis septembre 2002, dans cet ex Carmel fondé en 1885. Leur activité principale est l'évangélisation des jeunes, par la mission à l'extérieur (aumôneries, paroisses, nouvelle évangélisation...) ou l'accueil au Couvent (pour les 15-30 ans) pour des durées modulables selon les attentes. Ils peuvent héberger ces jeunes seuls ou en groupes avec ou sans accompagnateurs. Ils proposent le simple partage de la vie fraternelle, de prière, de

travail, mais aussi des séjours organisés durant les temps forts, ou encore des retraites de discernement vocationnel. Ils organisent des rencontres régulières pour les jeunes les plus proches et, pour tous, des camps d'été en France ou à l'étranger, principalement dans la région d'Assise.

Voir. Dans le fond de l'église, une fresque de Maurice Denis, *L'Annonciation*.

Offices. Ouverts à tous lundi, mardi, mercredi, vendredi, samedi : 6h30 : Oraison. 7h30 ; 12h (avec chapelet) ; 18h30 : Liturgie des heures ; 8h15 : Eucharistie. Jeudi : 6h30 : Oraison. 7h30 ; 12 h Liturgie des Heures ; 17h Eucharistie puis Adoration avec confessions ; tous les premiers jeudis : Adoration nocturne. Dimanche : 7h30 : Oraison. 8h30 ; 18h : Liturgies des heures ; 9h30 : Eucharistie.

Accès. 57 km au S-E de Nantes par la N 249, 58 km au S d'Angers par la N 160. SNCF : Cholet (à 3 km du monastère). Les cars Drouin s'arrêtent en face du carmel.

ENTRAMMES

Abbaye Notre-Dame du Port-du-Salut

53260 Entrammes
Tél : 02 43 64 18 64. Fax : 02 43 64 18 63
courrier@portdusalut.com
hotellerie@portdusalut.com
webmaster@portdusalut.com
www.portdusalut.com

Trappistes. Deux monastères existaient déjà au IXe siècle, qui furent rasés par les Normands. L'actuelle abbaye, fondée en février 1815, contribua à la restauration de la vie cistercienne en France.
Voir. L'église du XIIIe siècle, restaurée en 1972 et en 1995, la chapelle de l'hôtellerie, la Vierge du cloître du XIIe siècle.
Offices. En français, avec quelques chants grégoriens. En semaine : Vigiles à 4h30, Laudes et Eucharistie à 6h45, Sexte à 12h15, None à 13h, Vêpres à 18h, Complies à 20h. Le dimanche : Vigiles à 4h15, Laudes à 7h30, Eucharistie à 11h, Sexte à 12h15, None à 14h30, Vêpres à 18h, Complies à 20h.
Accueil. Pour quelques jours de solitude et de réflexion, pour des retraites, que l'on soit simple curieux, ou désireux de prendre quelques instants de prière, ou encore retraitant à l'hôtellerie, ou appelé à entrer dans la spiritualité cistercienne vécue à Port-du-Salut, écrire au Frère Hôtelier.
Possibilité de rencontrer un moine pour un entretien ou pour le sacrement de réconciliation.
Les repas se prennent en silence (la lecture écoutée par les moines est retransmise). Ceux qui le souhaitent peuvent prendre part aux Offices liturgiques et à la Messe.
Les frais de séjours sont laissés à la discrétion de chacun.
Artisanat. Magasin de produits monastiques et petite librairie.
Accès. 9 km au S de Laval par la N 162. SNCF : Laval.

FLÉE

Monastère La Paix-Notre-Dame

72500 Flée
Tél : 02 43 44 14 18. Fax : 02 43 79 18 92

Bénédictines. Fondé en 1946.
Offices. Célébration monastique en latin et en grégorien. Messe à 9h15, Vêpres à 17h15 (17h30 le dimanche, sauf exception). La chapelle est ouverte toute la journée.
Accueil. Le monastère dispose d'un bâtiment hors clôture de 7 chambres et reçoit toute l'année, pour des séjours de recueillement et de repos, prêtres, religieuses, jeunes filles, familles et amis. Une partie du parc est réservée aux visiteurs. Le monastère est situé en pleine campagne. Accueil de groupes possible sauf du 15 juin au 15 septembre.
Artisanat. Vente-exposition de divers objets fabriqués par d'autres monastères.
Accès. 40 km au S-E du Mans par la N 138 et la D 64. SNCF : Château-du-Loir (ligne Tours/Le Mans/Caen).

LAVAL

Abbaye de Notre-Darne de la Coudre

bp 0537. 53005 Laval cedex
Tél : 02 43 02 85 85. Fax : 02 43 66 90 18

Cisterciennes-Trappistines. Fondée à Laval le 20 novembre 1816, transférée à La Coudre, au S-O de la ville, le 26 avril 1859. Elle a fondé à son tour les abbayes de Clairefontaine (Belgique),

Ubexy (Vosges, voir p. 182), Belval (Pas-de-Calais, voir p. 208), Campénéac (Morbihan, voir p. 104), Igny (Marne) et Grandselve (Cameroun).

Offices. Tous les jours en français, Introït et Antiennes en grégorien à la Messe et à l'Office des fêtes. Laudes et Messe à 6h45 (le dimanche, Laudes à 7h15 et Messe à 11h), Tierce à 9h, Sexte à 12h15, None à 14h15, Vêpres à 17h30, Complies à 19h30.
Accueil. Largement ouvert, pour des séjours d'une semaine maximum.
Artisanat. Fromages, entremets et crème pâtissière : produits vendus dans de nombreux magasins en France, Belgique, Angleterre, Canada... ainsi que dans les boutiques de l'Artisanat monastique. Vente par correspondance. Le magasin de l'Abbaye qui vient d'être renouvelé offre : une Galerie d'exposition faisant découvrir au visiteur l'essentiel de la vie monastique, une salle de vidéo projection sur la vie de la communauté, un grand espace de vente de produits monastiques ainsi qu'une librairie religieuse. Magasin ouvert de 9h à 12h et de 14h à 17h en semaine, le dimanche de 14h à 17h.
Accès. 72 km à l'E de Rennes par la N 157, 76 km à l'O du Mans par l'A 81. SNCF : Laval, puis bus n° 4 direction Épine (arrêt La Dacterie, à 200 m du monastère).

Carmel

21, rue du Carmel. 53000 Laval
Tél : 02 43 53 28 92. Fax : 02 43 56 75 64
carmel.laval@carmel.asso.fr
prieure.carmel.laval@wanadoo.fr

Carmélites. Fondé le 4 mai 1921. L'architecture résolument moderne du monastère, construit en 1965. Le retable de M. Gruer, de la même année : autour du Christ en Croix se trouvent, de gauche à droite, la Vierge Marie, sainte Thérèse de Lisieux, saint Simon, saint Jean de la Croix, sainte Thérèse d'Avila et saint Joseph.
Offices. Laudes à 7h30, Messe à 8h (9h le dimanche), Sexte à 11h45, Vêpres à 17h, Lectures à 20h, Complies à 21h15.
Artisanat. Pains d'autel. Peinture sur soie (foulards). Vente sur place et dans les boutiques de l'Artisanat monastique. Tirages offset.
Accès. Voir Abbaye de Notre-Darne de la Coudre. Le carmel est à 5 mn à pied de la gare SNCF : Laval (prendre la passerelle derrière la gare).

LUÇON

Carmel

14, rue de l'Union-Chrétienne. 85400 Luçon
Tél : 02 51 56 15 45. Fax : 02 51 56 30 35
carmel.lucon@wanadoo.fr

Carmélites. Fondé en 1847.
Offices. Eucharistie à 8h, exceptionnellement à 12h (9h le dimanche), Office du soir à 17h20 (18h en été et 17h en hiver le dimanche).
Accueil. 4 chambres pour des retraites spirituelles.
Artisanat. Pains d'autel blancs et dorés (vente à la porterie, dans le diocèse, et expéditions hors du diocèse). Layette (vente à la porterie et dans les boutiques de l'Artisanat monastique). Bougies décorées, cartes, chapelets, produits d'autres monastères. Librairie (dépôt Siloë).
Accès. 44 km au N de La Rochelle par la N 11 et la N 137. SNCF : Luçon (ligne Nantes/Bordeaux). Le carmel est à 1 km de la gare, direction l'Aiguillon-sur-mer, et à 200 m de la cathédrale, en centre-ville.

MAMERS

Monastère Saint-Joseph

(habituellement nommé “La Passion”)
60, rue du Docteur-Godard. 72600 Mamers
Tél : 02 43 97 60 80

Passionistes. La congrégation des moniales passionistes fut fondée en Italie par Saint-Paul de la Croix en 1771. Les Passionistes furent implantées en France, à Mamers, par Mère Marie-Thérèse-Marguerite le 13 avril 1872. Elles comptent aujourd'hui trente-quatre monastères dans le monde entier.
Offices. Liturgie des heures selon Vatican II. Les heures canoniales sont chantées tous les jours en français. Office du matin à 6h50. Messe les lundi, mercredi, jeudi et samedi à 9h, les mardi et vendredi à 18h15, le dimanche à 9h30. Vêpres à 17h30.
Artisanat. Layettes pour enfants. Vente dans les boutiques de l'Artisanat monastique de Paris, Marseille, Rennes et Lyon.
Accès. 25 km au S-E d'Alençon par la D 311, 45 km au N du Mans par la D 301 et la D 2. Service de cars entre Le Mans et Mamers.

MARTIGNÉ-BRIAND

Monastère Notre-Dame-de-Compassion

“La Barre Villeneuve”. 49540 Martigné-Briand
Tél : 02 41 59 42 85. Fax : 02 41 59 66 92
monastere.martigne@wanadoo.fr

Bénédictines. Fondé par les Bénédictines de Sainte-Bathilde de Vanves en 1956, à la demande de Monseigneur Chappoulie, évêque d'Angers. D'abord établi à Chemillé (Maine-et-Loire), le monastère fut transféré à Martigné-Briand le 15 août 1961.

Offices. Tous les jours : Laudes à 7h45, Vêpres à 17h30 ; Eucharistie : dimanche et fêtes à 9h, en semaine à 11h45 sauf samedi à 8h, Noël à minuit et 11h30 le 25 décembre ; Pâques : Vigile Pascale à 4h30 et Messe du jour à 11h30.
Accueil. Toute personne désireuse de chercher Dieu dans la prière et le silence. Partage du repas monastique avec la communauté. Enseignement aux groupes qui le demandent.
Artisanat. Atelier Saint-André : icônes, santons, Saints Patrons, confiture (vente sur place, dans les autres monastères, les boutique de l'Artisanat monastique et en librairies religieuses), librairie religieuse, produits d'autres monastères.
Accès. 30 km au S d'Angers par la N 748. SNCF : Angers ou Saumur. Service de cars depuis Angers (se renseigner auprès de la communauté).

LA MEILLERAYE-DE-BRETAGNE

Abbaye Notre-Dame-de-Melleray

44520 La Meilleraye-de-Bretagne
Tél : 02 40 55 26 00. Fax : 02 40 55 22 43

Cisterciens-Trappistes. Fondée en 1142.
Voir. Église abbatiale du XIIe siècle, bâtiments claustraux du XVIIIe siècle, classés par les Monuments Historiques. Pas de visite du monastère.
Offices. Les dimanches et fêtes : Messe à 10h30, Vêpres à 16h30. L'église est accessible à tous pour les Offices.
Accueil. Séjour de calme et de réflexion. Retraite spirituelle. Clôture. Silence. Participation aux frais.
Artisanat. Travaux d'impression. A l'accueil, librairie et produits monastiques de différents monastères.
Accès. 50 km au N de Nantes et 19 km au S de Châteaubriant par la D 178. SNCF : Nantes, puis cars de l'ouest (ligne n° 40 Nantes/Laval, départ allé Duquesne.

NANTES

Carmel de Jésus Médiateur

90, rue du Coudray. 44000 Nantes
Tél : 02 40 74 88 85. Fax : 02 40 74 27 57

Carmélites. Fondé en 1618, transféré en 1841.

Offices. Chapelle ouverte tous les jours de 6h à 12h et de 14h à 17h30. Laudes à 7h15, Messe à 8h, Heure médiane à 14h, Vêpres à 17h. Exposition du Saint-Sacrement le premier dimanche de chaque mois de 14h à 17h et en d'autres occasions.

Accueil. Un petit appartement (chambre et cuisine) est à la disposition de ceux qui veulent passer quelques jours de silence et participer aux offices.

Artisanat. Pains d'autel, chasublerie, linges d'autel. Foulards de soie peints à la main. Cartes de Noël et de vœux. Miel.

Accès. Depuis la gare SNCF, bus n° 21/23 (arrêt Chalatres), puis 10 mn à pied.

Monastère Sainte-Claire

20, rue Molac. BP 51619. 44016 Nantes cedex
Tél : 02 40 20 37 36. Fax : 02 40 20 36 96

Clarisses. Fondé en 1457, à la demande de la future bienheureuse Françoise d'Amboise, duchesse de Bretagne. Détruit à la Révolution, le monastère a été rétabli en 1859 par cinq Clarisses de Marseille.

Offices. Chantés en français. Laudes à 6h30, Messe à 7h30 (9h30 les dimanches et fêtes), Heure médiane à 11h30, Vêpres à 18h (17h le dimanche), Complies à 21h.

Accueil. Pour des retraites individuelles et des récollections, dans le silence et la solitude.

Artisanat. Imprimerie, reliure, vêtements liturgiques (aubes et étoles). Vitrine à la porterie.

Accès. Depuis la gare SNCF, bus n° 12 (arrêt Bel Air).

Monastère de la Visitation

8, rue du Maréchal-Joffre. 44000 Nantes
Tél : 02 40 74 15 78. Fax : 02 40 74 27 57

Visitandines. Le premier monastère, établi le 15 septembre 1630, n'a pas été rendu à la communauté. Il abrite actuellement des services de l'armée. Le monastère actuel fut rétabli en 1810, à l'emplacement d'une ancienne Chartreuse, sur les terres sanctifiées au IIIe siècle par les martyrs Donatien et Rogatien.

Voir. Les peintures de la chapelle, de style néo-gothique, œuvres du peintre nantais Delaunay (1828-1891).

Offices. Chapelle ouverte en semaine pour la Messe de 9h. Les dimanches et fêtes, les fidèles participent à la Messe chantée à 9h et aux Vêpres à 17h.
Accueil. Pour des retraites individuelles, en clôture.
Artisanat. Reliure, travaux de secrétariat et autres.
Accès. Depuis la gare SNCF, bus n° 21/23 (arrêt Saint-Clément).

LA ROCHE-SUR-YON

Monastère des Religieuses du Cœur de Jésus

73, rue du Maréchal-Juin. 85000 La Roche-sur-Yon
Tél : 02 51 37 09 88

Religieuses du Cœur de Jésus. Le monastère fut implanté en mai 1929. La congrégation dont il fait partie avait été fondée en 1857, dans le diocèse de Grenoble, par Mère Marie Véronique du Cœur de Jésus (Caroline Lioger).
Offices. Chantés en français. En semaine : Laudes à 7h, Eucharistie à 8h30, Heure médiane à 11h45, Vêpres à 17h20, Office des Lectures et Complies à 20h. Les dimanches et fêtes : mêmes horaires sauf Laudes à 7h15, Eucharistie à 9h, Vêpres à 17h30. Tous les jours après l'Eucharistie, Adoration du Saint-Sacrement exposé, jusqu'aux Vêpres.
Artisanat. Cartes fleuries (fleurs naturelles). Vente sur place et dans les boutiques de l'Artisanat monastique de Paris et de Lille.
Accès. 69 km au S de Nantes par l'A 83 et la N 160. SNCF : La Roche-sur-Yon, puis 30 mn à pied ou bus n° 7 (Gare/Place Napoléon) et n° 3 (Place Napoléon/Vigne-aux-Roses).

Monastère de la Visitation

36, rue Abbé Pierre Arnaud. 85000 La Roche-sur-Yon
Tél : 02 51 37 10 13. Fax : 02 51 36 29 71
monastere.visitation85@wanadoo.fr

Visitandines. Fondé à Dreux en 1860, bombardé en 1940, implanté à Vouvant, en Vendée, le 26 juillet 1941. Le monastère a été transféré à La Roche-sur-Yon le 8 novembre 1997.
Offices. En français, ouverts à tous. En semaine : Lectures à 6h45, Office du matin suivi de l'Eucharistie à 8h, Office du milieu du jour à 13h30, Office du soir à 17h30, Complies à 21h15. Le dimanche : Lectures à 7h10, Office du matin à 8h15 suivi de l'Eucharistie à 9h, Office du milieu du jour à 13h45, Office du soir à 18h15, Complies à 21h15. Chapelle ouverte pendant la journée.
Accueil. Deux possibilités :
- en clôture : 5 chambres pour dames, jeunes filles et religieuses en quête de silence, de recueillement et de prière. Séjour de 8 jours maximum.
- hors clôture : 4 chambres individuelles et 1 chambre double. On peut apporter son pique-nique, mais les repas peuvent être assurés. Séjour de 8 jours maximum. Maison individuelle "Béthanie", à côté du monastère, avec cuisine, séjour, 4 chambres, jardin. On y fait sa cuisine.

Les petits groupes sont aussi accueillis pour la journée.
Artisanat. Confection, aubes de profession de foi, ornements liturgiques, travaux variés exposés à l'entrée (broderie, tableaux de paille, peintures, carterie, etc.)

Accès. 69 km au S de Nantes par l'A 83 et la N 160. A pied, le monastère est à 20 mn de la gare SNCF.

SAINT-GEORGES-DES-GARDES

Abbaye Notre-Dame des Gardes

49120 Saint-Georges-des-Gardes
Tél : 02 41 29 57 10. Fax : 02 41 29 57 19
gardes-abbaye@terre-net.fr

Trappistines. Aux Gardes depuis 1818.
Offices. En français. Laudes à 6h (6h15 les dimanches et fêtes), Messe à 8h (9h le dimanche), Sexte à 12h15, None à 14h15, Vêpres à 18h.
Accueil. Accueil de dames, de couples, de religieuses, de prêtres, de groupes mixtes et de jeunes en recherche pour des retraites, des récollections et des week-ends de prière. Chambres individuelles ou doubles, participation aux frais suivant les possibilités de chacun.
Artisanat. Confitures et gelées (fabrication artisanale, pur fruit et sucre). Vente à la porterie, dans certains monastères et dans les boutiques de l'Artisanat monastique.
A noter. Attenant au monastère, l'ancien pèlerinage angevin de Notre-Dame-des-Gardes.

Accès. Entre Angers et Cholet, sur la N 160. SNCF : Chemillé (9 km) ou Cholet (15 km). Service de cars depuis Angers et Cholet.

SAINT-JEAN-D'ASSÉ

Monastère Notre-Dame de la Merci-Dieu

72380 Saint-Jean-d'Assé
Tél : 02 43 25 25 49. Fax : 02 43 25 20 36

Cisterciennes de la Merci-Dieu. Fondé par Dom Vital Lehodey, abbé émérite de Bricquebec dans la Manche (voir p. 76). Le monastère est en pleine campagne avec un bois en bordure de la Sarthe.
Offices. En français. Messe tous les jours à 11h. Chapelle ouverte à tous.
Accueil. 8 chambres pour accueillir des hôtes pendant quelques jours.
Artisanat. Tissage à la main ornements liturgiques. Émaux. Vente sur place et par correspondance (documentation sur demande). Visite de l'exposition tous les jours (sauf les dimanches et fêtes), de 15h à 18h.
Accès. 14 km au N du Mans par la N 138. Par l'A 11, sortie Le Mans-Nord. A Saint-Jean-d'Assé, prendre la direction de Sainte-Jamme. SNCF : Le Mans ou Montbizot.

SOLESMES

Abbaye Sainte-Cécile

72300 Solesmes
Tél : 02 43 95 45 02 et 02 43 95 45 05 (Hôtellerie)
Fax : 02 43 95 52 01

Bénédictines. Fondée en 1866 par Dom Guéranger, restaurateur de la liturgie romaine et de la vie monastique bénédictine en France.
Offices. Chantés en grégorien, tous les jours. Messe à 9h45 tous les jours. Vêpres à 16h30.
Accueil. Une hôtellerie hors-clôture reçoit des personnes désirant le calme et voulant suivre les offices chez les moines ou les moniales. Possibilité d'accueil des familles et des petits groupes. Participation à la discrétion de chacun.
Artisanat. Vêtements liturgiques, icônes.
Accès. 52 km au S-O du Mans par l'A 11 (sortie Sablé/la Flèche) et la D 306, 3 km au N-E de Sablé-sur-Sarthe. Par l'A 8 Paris/Laval, sortie Joué-en-Charnie. SNCF : Sablé (ligne Paris/Nantes).

Abbaye Saint-Pierre de Solesmes

72300 Solesmes
Tél : 02 43 95 03 08. Fax : 02 43 95 68 79
abbaye@solesmes.com
www.solesmes.com

Bénédictins. Fondé en 1010 par l'abbaye de la Couture du Mans (l'actuelle préfecture) sur une donation de Geoffroy de Sablé, le prieuré de Solesmes n'abrita, jusqu'à la Révolution, qu'une dizaine de moines. Fermé en 1790, il reprit vie le 11 juillet 1833, grâce à l'abbé Prosper Guéranger, originaire de Sablé. Érigé en abbaye en 1837 et considérablement agrandi depuis (bâtiments de 1896 et de 1956), il est devenu la tête de la congrégation de Solesmes, qui groupe 22 monastères de moines et 8 de moniales dans 10 pays d'Europe, d'Amérique et d'Afrique.
Voir. L'extérieur du monastère, vu de la rive droite de la Sarthe.

Dans l'église (XIe, XVIe et XIXe siècles), les célèbres “Saints de Solesmes”, ensembles sculptés du transept : *Tombeau de Notre-Seigneur* (XVe siècle) et *Belle Chapelle de Notre-Dame* (XVIe siècle). La Sainte Épine, relique de la Passion du Christ, donnée à Solesmes au XIIe siècle, est vénérée le lundi de Pâques. Pour les visites de groupe, prévenir à l'avance.

Offices. Chantés en grégorien, tous les jours. Messe à 10h, Sexte à 13h, None à 13h45, Vêpres à 17h (16h le jeudi en été, 17h30 le jeudi en hiver), Complies à 20h30. Église ouverte de 9h15 à 18h15 et de nouveau pour les Complies.

Accueil. Située en clôture, l'hôtellerie n'accueille que les hommes et les jeunes gens, pour des séjours d'une semaine maximum. S'adresser au Père Hôtelier. Pour les dames et les jeunes filles voir à l'abbaye Sainte-Cécile.

A noter. La célébration solennelle de l'Office divin constitue le centre de la vie solesmienne. Les moines s'y préparent chaque jour durant les heures de prière silencieuse et d'étude de l'Ecriture Sainte. Le travail est à la fois manuel et intellectuel. Les études de science religieuse y sont particulièrement à l'honneur (liturgie, théologie, histoire, etc.). L'abbaye de Solesmes publie des livres de spiritualité et de chant. Elle s'est rendue célèbre par ses travaux sur le chant grégorien (atelier de paléographie musicale, étude des manuscrits, éditions de livres de chœur). Une importante collection d'enregistrements de chant grégorien est disponible (CD, cassettes), ainsi que des enregistrements de l'orgue de l'église. Vidéo-cassette sur le chant grégorien. Catalogues sur demande.

Accès. Voir Abbaye Sainte-Cécile.

Picardie

Aisne

Oise

Somme

PICARDIE

02 Aisne

60 Oise

- ❸ **Compiègne** : Carmel
- ❹ **Ourscamp** : Abbaye Notre-Dame

80 Somme

- ❶ **Amiens** : Carmel du Saint-Esprit
- ❷ Monastère de la Visitation

AMIENS

Carmel du Saint-Esprit

656, rue Saint-Fuscien. 80090 Amiens
Tél : 03 22 95 63 16

Carmélites. Fondé en 1606 par Isabelle des Anges, Carmélite espagnole, le carmel d'Amiens eut la joie de compter parmi ses premières moniales, de 1614 à 1616, la fondatrice du Carmel en France, Madame Acarie (Bienheureuse Marie de l'Incarnation). Depuis 1965, le monastère, conçu et dessiné par l'architecte Pierre Pinsard, se trouve sur une hauteur, en bordure de ville. La nouvelle chapelle, réalisée par l'architecte F.X. Legenne, a été consacrée en 1994.
Offices. Office du matin à 7h35, Office du milieu du jour et Eucharistie à 11h15 (Eucharistie à 9h30 le dimanche), Office du soir à 18h.
Accueil. 2 chambres seulement. Accueil selon les possibilités, pour un ou quelques jours.
Artisanat. Maroquinerie, imprimerie offset, plaquettes de saints patrons en jute et en feutrine. Vente sur place et dans les boutiques de l'Artisanat monastique.
Accès. SNCF : Amiens.

Monastère de la Visitation

384, rue Saint-Fuscien. 80090 Amiens
Tél/Fax : 03 22 95 32 37

Visitandines. Fondé le 14 septembre 1640 par le second monastère de Paris ; rétabli le 5 juillet 1803, puis au lieu actuel le 18 juillet 1939.
Offices. En privé pour le moment, étant dans un oratoire, car une partie de notre monastère deviendra : centre spirituel Saint-François-de-Sales. Messe à 9h en semaine, le dimanche à 10h30 jusqu'au projet terminé.
Accès. SNCF : Amiens, puis bus n° 9 ou taxi.

COMPIÈGNE

Carmel

60680 Jonquières
Tél : 03 44 37 01 00. Fax : 03 44 37 31 65
carmel.com@wanadoo.fr

Carmélites. Le drame de Bernanos a popularisé l'histoire des seize Carmélites de Compiègne, que l'Église a proclamées "bienheureuses". Dès 1792, les Carmélites de Compiègne avaient offert leur vie "en holocauste pour apaiser la colère de Dieu". Arrêtées en juillet 1794, elles furent transférées à Paris et comparurent devant Fouquier-Tinville. Au dire des témoins, à l'annonce de leur condamnation à mort, "la joie éclata sur leurs visages". Place de la Nation, face à la guillotine, elles chantèrent le Veni Creator. La foule, médusée, fit silence. Le chant faiblissait à mesure que les têtes tombaient. La prieure mourut la dernière. La scène avait à ce point bouleversé tous les assistants que les tambours oublièrent de battre.

Offices. Tous les jours : Office du matin à 7h30, Office du milieu du jour 10 min après l'Eucharistie, Office du soir à 18h, Complies et Lectures à 20h15. Vigiles de grande fête : Complies à 20h15, Lectures à 21h. Messe tous les jours à 11h sauf le vendredi, à 8h30.
Accueil. Restreint, limité par le petit nombre de chambres.
Artisanat. Imprimerie offset (petites revues et brochures).
Accès. 65 km au S-E d'Amiens par la D 935. Par l'A 1, sortie n° 10 Arsy, puis prendre la N 31 Compiègne/ Beauvais. Le carmel est situé hors de la ville, à Jonquières (plan envoyé sur demande). SNCF : Compiègne (ligne Paris/Saint-Quentin) ou Le Meux-La Croix-Saint-Ouen (ligne Paris/ Compiègne, omnibus), puis taxi, ou téléphoner au monastère.

OURSCAMP

Abbaye Notre-Dame

60138 Chiry-Ourscamp
Tél : 03 44 75 72 00 et 03 44 75 72 14. Fax : 03 44 75 72 04
abbaye.ourscamp@wanadoo.fr
www.sitesjm.free.fr

Serviteurs de Jésus et de Marie. Fondée en 1948. Pendant la Révolution, la communauté cistercienne qui occupait l'abbaye fut chassée et les bâtiments furent transformés en infirmerie pendant les guerres révolutionnaires, en château, puis en filature au XIXe siècle.

Voir. Ancienne abbaye cistercienne située entre l'Oise et la forêt. Chapelle du XIIe siècle renfermant un tableau de Gaspar de Crayer, *Marie Reine de Cîteaux* (1640), stalles Louis XIII. Ruines du chœur de l'abbatiale du XIIIe siècle, bâtiments des XVIIe et XVIIIe siècles, grille d'honneur du XVIIIe siècle.

Offices. Offices polyphoniques en français. En semaine : Laudes à 7h, Messe à 11h30 le samedi, Vêpres à 18h30, Sexte à 12h15 (sauf le lundi), Messe à 17h45 le lundi, 18h15 du mardi au samedi suivie des Vêpres à 19h. Le dimanche : Laudes à 7h45, Messe à 10h, Vêpres à 16h.

Accueil. 30 chambres et 1 dortoir. Accueil des jeunes et des adultes, seuls et en groupe, désirant rencontrer Dieu dans le silence et la prière. Salle de réunion.

A noter. Possibilité de participer à des enseignements et de rencontrer un frère. Organisation de week-ends et de camps de prière (demander la brochure).

A Paris, au 44-46 rue Miron dans le IVe arrondissement, se trouve l'ancienne maison de ville de l'abbaye d'Ourscamp. Elle accueillait des moines et des jeunes religieux, et le cellier servait à stocker les récoltes. Elle est aujourd'hui le siège de l'association "Sauvegarde et mise en valeur du Paris historique".

Accès. 100 km au N de Paris, entre Compiègne et Noyon. Par l'A 1, sortie n° 10 Arsy-Noyon, puis prendre la N 32 direction Noyon. SNCF : Ourscamp (ligne Paris/Maubeuge).

Poitou Charentes

Charente

Charente-Maritime

Deux-Sèvres

Vienne

POITOU-CHARENTES

16 Charente

- 1 **Cognac** : Carmel de l'Annonciation
- 2 **Grassac** : Monastère orthodoxe de l'Icône de la Mère de Dieu de Korssoun
- 5 **Montmoreau** : Abbaye Sainte-Marie-de-Maumont

17 Charente-Maritime

- 6 **Nieul-sur-Mer** : Monastère Sainte-Claire
- 1 **La Rochelle** : Carmel

79 Deux-Sèvres

- 7 **Niort** : Carmel du Mystère Pascal
- 9 **Prailles** : Monastère de l'Annonciation

86 Vienne

- 3 **Ligugé** : Abbaye Saint-Martin
- 4 **Migné-Auxances** : Carmel
- 8 **Poitiers** : Abbaye Sainte-Croix

COGNAC

Carmel de l'Annonciation

26, rue Lecoq-de-Boisbaudran. 16100 Cognac
Tél : 05 45 82 09 60

Carmélites. Fondé en 1947 par le carmel de Bordeaux-Talence (voir p. 59), sur la demande de l'évêque d'Angoulême. Les moniales vécurent pendant 4 ans dans une ancienne ferme délabrée, durant la construction du monastère qui fut achevée en 1951. La chapelle définitive fut édifiée en 1958 et un nouveau bâtiment vint compléter le monastère en 1971 en raison du nombre croissant des moniales.
Offices. Messe à 8h, le dimanche et en semaine.
Accueil. Amis et familiers uniquement.
Artisanat. Eau de Cologne "Colline". Vente à la porterie et dans les boutiques de l'Artisanat monastique.
Accès. 44 km à l'O d'Angoulême par la N 141. SNCF : Cognac.

GRASSAC

Monastère orthodoxe de l'Icône de la Mère de Dieu de Korssoun

Doumérac. 16380 Grassac
Tél : 05 45 23 05 07. Fax : 05 45 25 16 50

Moniales Orthodoxes. Monastère de l'évêché orthodoxe de Chersonèse, dans la juridiction du Patriarcat de Moscou. C'est la veille du millénaire du baptême de la Russie, le 25 décembre 1987, que Monseigneur Vladimir, alors métropolite de Rostov et exarque du Patriarcat de Moscou pour l'Europe occidentale, a donné sa bénédiction pour la création du monastère.
Voir. L'église du monastère, dédiée à la Dormition de la Mère de Dieu et consacrée le 27 avril 1996. Blanche, bâtie avec des pierres de taille du pays, elle est de pur style byzantin russe. Deux bulbes, surmontés de deux grandes croix, reposent sur le tambour du narthex et sur celui de l'église elle-même. A l'intérieur, les murs et les piliers sont recouverts d'icônes monumentales. Elles ont été peintes sur de grands panneaux, les unes par une

moniale du monastère, les autres, ainsi que l'iconostase, par des sœurs du monastère de Znaménié dans le Cantal. Une icône de la Mère de Dieu «Joie de tous les affligés» est l'œuvre du père Grégoire (Kroug). Des visites guidées de l'église ont lieu tous les jours sauf le lundi de 14h à 18h.

Offices. Chantés par les moniales en slavon. Lectures en français. La Divine Liturgie est célébrée une fois par mois par le Révérend Père Higoumène Barsanuphe, fondateur du monastère (téléphoner au monastère pour connaître les jours de célébration). Liturgies pontificales pour la fête de l'église de la Dormition le 28 août, et la fête du monastère le 22 octobre.

Accueil. A l'hôtellerie, pour des séjours de courte durée, pour des personnes désirant trouver le calme et le recueillement.

Artisanat. Icônes peintes, brodées et collées. Edition d'une grammaire slavonne et d'un livre sur la vie de Saint Serge. Vente de miel et de confitures.

Accès. 30 km au S-E d'Angoulême par la D 939, la D 4 et la D 109. SNCF : Angoulême.

LIGUGÉ

Abbaye Saint-Martin

2, place A. Lambert. 86240 Ligugé
Tél : 05 49 55 21 12. Fax : 05 49 55 10 98
info@abbaye-liguge.com
www.abbaye-liguge.com

Bénédictins. Il s'agit là du plus ancien monastère d'Occident, car l'abbaye s'élève à l'emplacement même où saint Martin se retira, en 361, dans une cellule dont les vestiges ont été mis au jour en 1953. Ermite, après avoir quitté l'armée et rejoint son ami saint Hilaire à Poitiers, saint Martin se vit bientôt entouré de disciples. L'anachorète se mua en chef d'une communauté de prière, jusqu'au jour où il fut quasiment enlevé de force par les Tourangeaux qui l'entraînèrent jusque chez eux et en firent leur évêque. Détruit au VIIIe siècle, le monastère reprit vie en 1003. Rabelais y fut, un temps, secrétaire du prieur. Le domaine passa aux Jésuites avant d'être confisqué par la Révolution. Le 25 novembre 1853, quatre moines de Solesmes (voir p. 227) vinrent à Ligugé renouer la tradition. L'abbaye essaima à son tour à Paris et à Saint-Wandrille (voir p. 141). Exilés par les lois de 1901, les moines de Ligugé allèrent instaurer la vie monastique à Chevetogne en Belgique (voir p. 310). Ils ont regagné Ligugé en 1923.

Voir. Devant et sous la nef de l'actuelle église Saint-Martin, les vestiges d'une série exceptionnelle d'édifices préromans (église paroissiale) : villa gallo-romaine, basilique primitive antérieure à 370, découverte en 1956, "martyrium" (sanctuaire votif) et église du IVe siècle, crypte et basilique du VIIe siècle. L'église claustrale construite en 1929, a été remaniée en 2001 ; création de vitraux par l'Atelier du vitrail de Limoges sur des maquettes de M. Pierre Lafoucrière, mobilier liturgique créé par Mme Laurence Bernot. Musée monastique et galerie d'émaux d'art (ouverts aux mêmes heures que le magasin, voir plus bas).

A 400 m de l'Abbaye se trouve la maison où Huysmans écrivit *La Cathédrale*.

Offices. Chants grégoriens et psaumes en français. Les visiteurs peuvent assister à la Messe conventuelle. Laudes à 7h, Messe conventuelle à 11h ou 11h30 (10h le dimanche), Vêpres à 18h (16h30 les dimanches et fêtes), Complies à 20h.

Accueil. Maison des hôtes pour messieurs (10 chambres), dames et foyers (9 chambres), groupes de jeunes (10 à 15 lits). A 500 m du monastère, maison Saint-Paul pour les groupes mixtes (11 chambres, 38 lits). Écrire au père chargé de l'accueil.

Artisanat. Enregistrements de chants grégoriens et de chants français. Émaux : reproduction de vitraux, grisailles à la poudre d'or, pièces uniques d'après des modèles exclusifs de Braque, Rouault, Chagall, Manessier, Gillet, André Marchand, etc. Librairie Siloë, produits d'autres monastères.Vente sur place, par correspondance (catalogue sur le site Internet ou sur demande) et dans les boutiques de l'Artisanat monastique. Magasin du monastère ouvert du lundi au samedi de 10h à 11h15 et de 14h30 à 17h45 (fermé le lundi matin), le dimanche de 11h15 à 12h15, de 15h à 16h15 et de 17h15 à 18h.

Accès. 8 km au S de Poitiers par la D 4. SNCF : Poitiers.

MIGNÉ-AUXANCES

Carmel

39, rue du Quereux. 86440 Migné-Auxances
Tél : 05 49 51 71 32. Fax : 05 49 54 48 86

Carmélites. Fondé en 1630.
Voir. Le donjon du XVe siècle.
Offices. En français, tous les jours : Laudes à 7h45, Messe à 8h30 (9h le dimanche), Sexte à 12h15, None à 14h15, Vêpres à 17h15, Complies à 21h45, Office des Lectures à 20h15.
Accueil. A titre individuel, pour des retraites spirituelles.
Artisanat. Biscuiterie. Vente à la porterie et sur les marchés de Poitiers.
Accès. 5 km au N-O de Poitiers par la N 147. SNCF : Poitiers, puis bus n° 18 ou taxi.

MONTMOREAU

Abbaye Sainte-Marie-de-Maumont

16190 Juignac
Tél : 05 45 60 30 12 et 05 45 60 34 38 (Hôtellerie)
Fax : 05 45 60 29 02
acc.maumont@free.fr

Bénédictines. Fondée au début du XIXe siècle à Saint-Jean-d'Angély, l'abbaye n'a cessé de s'y développer jusqu'à son transfert à Maumont, en 1959.
Voir. La ferme primitive devenue église abbatiale. L'abbaye est située dans un beau site vallonné et boisé.
Offices. Psalmodies en français, chant grégorien à la Messe. En semaine : Messe à 8h, Vêpres à 16h45, Complies à 20h10. Le dimanche : Messe à 9h45, Vêpres à 16h45, Complies à 20h10. Vigiles nocturnes les mardi, vendredi et dimanche. Les autres jours, Vigile à 20h30.
Accueil. Séjour de 8 jours maximum pour des personnes cherchant un lieu de prière et de silence, individuellement ou en groupe. Préparation liturgique et participation à la prière de la communauté.
Artisanat. Archivage numérique, ornements liturgiques, atelier de reliure (reliure bibliothèque et reliure d'art), restauration de livres anciens. CD. Librairie et magasin de produits monastiques.
Accès. 30 km au S d'Angoulême par la N 674. SNCF : Montmoreau (ligne Angoulême/Bordeaux). L'abbaye est à 5 km de la gare.

NIEUL-SUR-MER

Monastère Sainte-Claire

2, avenue de La Rochelle. 17137 Nieul-sur-Mer
Tél : 05 46 37 47 24
Fax : 05 46 37 42 06

Clarisses. Fondé en 1922, installé à Nieul depuis 1993.
Offices. En français. Participation possible avec la communauté. Messe à 9h15 en semaine, à 10h le dimanche. Pour les heures canoniales, consulter les horaires sur place.
Accueil. 2 studios de 2 lits (possibilité d'en ajouter un troisième). Repas non fournis, cuisine équipée. Parking. Séjour de 8 jours à 1 mois. Pas d'accueil en hiver.
Artisanat. Miel, cartes peintes à la main et cartes imprimées. Vente dans les boutiques de l'Artisanat monastique de Paris, Lille, Bordeaux et Marseille.
Accès. 4 km au N de La Rochelle. SNCF : La Rochelle, puis bus.

NIORT

Carmel du Mystère Pascal

157, rue de Strasbourg. 79000 Niort
Tél : 05 49 24 18 72. Fax : 05 49 33 59 39

Carmélites. Fondé en 1648, dispersé à la Révolution et restauré en 1858.
Offices. En français. Chapelle ouverte au public (consulter les horaires sur place).
Accueil. Retraitantes individuelles et jeunes en recherche, pour une halte de silence et de prière.
Artisanat. Biscuiterie de qualité et spécialités (vente au monastère et dans les dépôts suivants : Pâtisserie “La Charlotte”, 24, avenue Saint-Jean-d'Angély, 79000 Niort ; Marché des saveurs aux Ruralies, Aiffres aire autoroutière sur l'A 10). Vêtements liturgiques sur commande. Pas de vente par correspondance.
Accès. 55 km au S-O de Poitiers par l'A 10. SNCF : Niort (TGV).

POITIERS

Abbaye Sainte-Croix

86280 Saint-Benoît
Tél : 05 49 88 57 33
Fax : 05 49 52 18 79

Bénédictines. Vers 552, sainte Radegonde, épouse de Clotaire, roi des Francs, fonda l'abbaye de Poitiers. Elle prit le nom de Sainte-Croix quand elle reçut de l'empereur Justin II, en novembre 569, un fragment de la Vraie Croix. A cette occasion, saint Fortunat composa le “Vexilla Regis”. Un siècle plus tard, l'abbaye adopta la Règle de saint Benoît, qu'elle a observée sans interruption jusqu'à nos jours. Elle connut son rayonnement maximum au XVIIe siècle, sous la direction de Flandrine d'Orange-Nassau, fille de Guillaume le Taciturne. Dispersées à la Révolution, les moniales ont reformé leur communauté dès 1801. L'abbaye a été transférée en 1965 à Saint-Benoît, à 6 km au sud de Poitiers, non loin de Ligugé (voir p. 238).

Voir. Le monastère possède trois souvenirs du VIe siècle : la relique de la Vraie Croix, exposée aux Vêpres de chaque premier dimanche du mois, et le pupitre et la croix de sainte Radegonde. Exposition sur la vie de sainte Radegonde et sur l'histoire de la Sainte Croix ouverte de 10h à 12h et de 15h à 17h.

Offices. Alternance de chant grégorien et de psalmodie en français. Offices ouverts au public. Laudes à 7h20, Messe à 8h (9h30 les dimanches et fêtes), None à 13h45, Vêpres à 17h (17h30 les dimanches et fêtes), Complies à 20h, Vigiles à 20h45.

Accueil. 30 chambres, 2 salles de réunion. L'abbaye, essentiellement “école de prière”, accueille, dans un but uniquement spirituel, les hôtes dans un cadre de prière et dans le silence des bois, pour des retraites et des séjours spirituels. S'adresser à la Sœur Hôtelière.

Artisanat. Hosties, icônes, jouets, tricots (vente à la porterie).

A noter. Culte de la Vraie Croix (fête le 19 novembre) et de sainte Radegonde (fête le 13 août).

Accès. 6 km au S de Poitiers par la D 741. SNCF : Poitiers (ligne Paris/Bordeaux), puis taxi.

PRAILLES

Monastère de l'Annonciation

Lieu-dit “Pié-Foulard”. 79370 Prailles
Tél : 05 49 32 69 81. Fax : 05 49 32 08 04

Bénédictines. Directement issu d'une réforme de l'abbaye de Fontevrault, ce monastère a été fondé à Poitiers par Antoinette d'Orléans le 25 octobre 1617. Il a été transféré à Saint-Julien-l'Ars en 1962, et à Prailles fin 1999.

Offices. Chantés en français et en grégorien. En semaine : Messe à 8h45, Vêpres à 17h15. Les dimanches et grandes fêtes : Messe à 9h45, Vêpres à 17h.

Accueil. Individuel et par petits groupes pour tous ceux qui cherchent Dieu et désirent partager la prière des moniales. Accueil de jeunes filles pour vivre un temps au rythme de la vie de prière et de travail de la communauté. Chaque année, des cessions et des retraites sont proposées, animées par les communautés. Renseignements auprès de la Sœur Hôtelière.

Artisanat. Atelier d'imprimerie spécialisé dans les faire-part de

naissance et de mariage. Documentation sur demande (Tél : 05 49 32 96 50). Vente des produits du monastère et d'autres monastères : magasin ouvert de 10h à 12h et de 14h à 17h.
Accès. 20 km à l'E de Niort par la D 103, entre Maixent-l'École (10 km) et Celles-sur-Belle (5 km). Par l'A 10 et l'A 83, sortie Saint-Maixent.

LA ROCHELLE

Carmel

1, rue Saint-Dominique. 17000 La Rochelle
Tél : 05 46 41 47 02

Carmélites. Fondé en 1858.
Offices. Tous les jours, Messe à 9h15 (chantée le dimanche, avec kyriale en grégorien), Vêpres à 17h30. Visites de 10h30 à 12h et de 14h30 à 17h15.
Accueil. 3 chambres seulement, réservées en priorité aux familles des moniales et à des jeunes en recherche. Dons spontanés.
Artisanat. Hosties blanches et dorées. Livres, icônes, cartes, objets religieux, etc. Vente à la porterie.
Accès. 135 km à l'O de Poitiers par l'A 10 et la N 11. SNCF : La Rochelle.

Provence Alpes
Côte d' Azur

Alpes-de-Haute-Provence

Alpes-Maritimes

Bouches-du-Rhône

Hautes-Alpes

Var

Vaucluse

PROVENCE-ALPES-COTE-D'AZUR

04 Alpes-de-Haute-Provence

- 12 **Ganagobie** : Abbaye Notre-Dame
- 21 **Reillanne** : Chartreuse Notre-Dame

06 Alpes-Maritimes

- 9 **Carros** : Carmel
- 10 **Castagniers** : Abbaye Notre-Dame de la Paix
- 14 **Iles de Lérins** : Abbaye de Lérins
- 20 **Nice** : Monastère Sainte-Claire

13 Bouches-du-Rhône

- 1 **Aix-en-Provence** : Monastère du Cœur Immaculé de Marie
- 2 **Arles** : Carmel
- 15 **Jouques** : Abbaye Notre-Dame de Fidélité
- 16 **Marseille** : Carmel Notre-Dame
- 17 Monastère Sainte-Claire
- 25 **Simiane-Collongue** : Monastère Saint-Germain
- 26 Monastère de Sainte Lioba
- 28 **Tarascon** : Abbaye Saint-Michel de Frigolet
- 29 Monastère de la Visitation

05 Hautes-Alpes

- 22 **Rosans** : Monastère Notre-Dame de Miséricorde

83 Var

- 7 **Callas** : Maison Saint-Dominique
- 11 **Cotignac** : Prieuré La Font Saint-Joseph du Bessillon
- 18 **Méounes-les-Montrieux** : Chartreuse de Notre-Dame de Montrieux
- 23 **Saint-Maximin-la-Sainte-Baume** : Monastère Sainte-Marie Madeleine
- 24 **La Seyne-sur-Mer** : Clos Bethléem
- 30 **Le Thoronet** : Monastère de Bethléem "Notre-Dame du Torrent de Vie"
- 31 Abbaye du Thoronet
- 32 **La Verne** : Monastère Notre-Dame de Clémence

84 Vaucluse

- 3 **Avignon** : Carmel
- 4 **Le Barroux** : Abbaye Notre-Dame de l'Annonciation
- 5 Abbaye Sainte-Madeleine
- 6 **Blauvac** : Abbaye Notre-Dame de Bon Secours "La Trappe"
- 8 **Carpentras** : Carmel
- 13 **Gordes** : Abbaye Notre-Dame de Sénanque
- 19 **Montfavet** : Monastère Sainte-Claire
- 27 **Sorgues** : Monastère de la Visitation

AIX-EN-PROVENCE

Monastère du Cœur immaculé de Marie

16, avenue Paul-Cézanne. 13090 Aix-en-Provence
Tél : 04 42 23 08 17. Fax : 04 42 63 01 35

Clarisses-Capucines. Fondé le 21 février 1827.
Offices. En semaine, Messe conventuelle à 7h45 (8h30 le dimanche, 9h à Pâques et à Noël), Vêpres à 17h, Complies à 20h.
Accueil. Réservé à quelques intimes du monastère.
Artisanat. Hosties blanches, repassage des aubes de profession de foi.
Accès. 30 km au N de Marseille. SNCF : Aix-en-Provence, puis bus.

ARLES

Carmel

13, rue Frédéric-Chevillon. 13200 Arles

Carmélites. Fondé le 30 avril 1632.
Offices. Office vespéral à 18 h.
Artisanat. Santons en cire, sujets folkloriques polychromes, cierges "pure cire d'abeille" pour cadeaux de naissance et de mariage. Vente à la porterie et sur commande (Tél : 04 90 93 21 62).
Accès. 90 km au N-O de Marseille par l'A 55 et la N 568, 38 km au S d'Avignon par la N 570. SNCF : Arles.

AVIGNON

Carmel

3, rue de l'Observance. 84000 Avignon
Tél : 04 90 86 15 41

Carmélites. Fondé le 16 juin 1613.
Offices. Tous les jours, Laudes à 7h30, Messe à 8h, Vêpres à 17h15, Lectures à 18h40.
Accueil. Limité, faute de place, aux familles, aux prêtres, aux religieuses et aux jeunes filles en recherche de vocation. Frais de séjour selon les possibilités de chacun.

Artisanat. Santons de cire, sujets religieux et folkloriques. Sur commande seulement, sous réserve et selon possibilités. Priorité réservée aux crèches de paroisses et de chapelles de notre diocèse.
Accès. 100 km au N-O de Marseille par l'A 7. SNCF : Avignon.

LE BARROUX

Abbaye Notre-Dame de l'Annonciation

La Font de Pertus. 84330 Le Barroux
Tél : 04 90 65 29 29

Bénédictines. Monastère fondé en octobre 1979, élevé à la dignité d'abbaye en octobre 1992. Les bâtiments, de style roman provençal, sont actuellement en construction.
Offices. Matines à 5h15, Laudes à 7h30, Prime à 8h, Tierce à 10h, Messe à 11h30 (10h15 les samedi, dimanche et fêtes), Sexte à 12h45, Vêpres à 17h30, Complies à 20h.
Accueil. Pour des retraites individuelles. S'adresser à la Mère Hôtelière.
Artisanat. Reliure, disques et cassettes de grégorien, confitures, nectars. Vente sur place et par correspondance. Édition illustrée en couleurs de *Vie et Miracles de saint Benoît* par saint Grégoire le Grand. Vente de livres également.
Accès. 10 km au N-E de Carpentras par la D 938 (direction Vaison-la-Romaine). Par l'A 7, sortie Orange-Sud ou Avignon-Nord. SNCF : Carpentras, puis car ou taxi.

Abbaye Sainte-Madeleine

84330 Le Barroux
Tél : 04 90 62 56 31. Fax : 04 90 62 56 05

Bénédictins. Monastère fondé en 1970, érigé en abbaye en 1989. Constructions achevées en 1993 (style roman provençal).
Offices. Chantés en grégorien. Matines à 3h30, Laudes à 6h, Messe (rite traditionnel) à 9h30 (10h les dimanches et fêtes), Vêpres à 17h30, Complies à 19h45.
Accueil. Possibilité de retraites, individuelles et en groupe, pour messieurs et jeunes gens (pas d'hôtellerie pour dames). Écrire au Père Hôtelier.
Artisanat. Chapelets, médailles, crucifix. Imprimerie. Pain, sablés, nougat, miel, vin. Vente sur place et dans certaines boutiques de l'Artisanat monastique. Magasin ouvert en semaine de 10h45 à 11h45 et de 14h15 à 17h15, le dimanche de 9h15 à 9h45, de 11h45 à 12h15 et de 14h45 à 17h15. Vente de livres par correspondance (catalogue sur demande).
Accès. Voir Abbaye Notre-Dame de l'Annonciation.

BLAUVAC

Abbaye Notre-Dame de Bon Secours "La Trappe"

84570 Blauvac
Tél : 04 90 61 81 17. Fax : 04 90 61 98 07

Cisterciennes-Trappistes. Installées à Lyon-Vaise à la Restauration puis transférées à Maubec au sud-est de Montélimar en 1834 et enfin à Blauvac depuis octobre 1991.
Offices. Offices monastiques en français, ouverts à tous. Messe à 7h15 en semaine et à 10h45 le dimanche (partie en grégorien, partie en français).
Accueil. Les sœurs accueillent toute personne, famille ou groupe pour une halte sprituelle. A l'hôtellerie, 12 chambres individuelles dont 3 de couples. A la Rencontre, pour petits groupes de 24 personnes.
Artisanat. Hosties, miel, essence de lavandin, produits artisanaux et régionaux en vente au magasin, par correspondance et dans les boutiques de l'Artisanat monastique.
A noter. L'Abbaye est située entre Ventoux et Lubéron dans un site splendide dont les hôtes peuvent largement bénéficier.

Accès. 15 km à l'E de Carpentras. Demander à l'abbaye d'envoyer un plan indiquant la route à suivre suivant la direction d'où l'on vient. SNCF : Avignon, car jusqu'à Carpentras et taxi.

CALLAS

Maison Saint-Dominique

Place de l'Eglise. 83830 Callas
Tél : 04 94 39 09 30. Fax : 04 94 76 74 30

Communauté de Sœurs contemplatives inscrite dans la tradition dominicaine. Cette communauté formée de jeunes retraitées et de vocations tardives s'est installée en 2002 au cœur d'un village provençal. Situé dans le Haut Var, à 500 m d'altitude, sur la route des Gorges du Verdon, ce village de 13 000 habitants et ses environs offrent de belles promenades dans un climat agréable, loin du bruit et de l'agitation.
Offices. Participation possible aux Offices. Laudes à 8h15, Heure médiane à 11h30, Vêpres à 17h, Complies à 20h15, Messe à 9h15 les dimanche, mardi et jeudi.
Accueil. Les sœurs accueillent toutes personnes désireuses d'une recherche spirituelle, d'un temps de ressourcement ou d'une retraite individuelle. Les séjours proposés aux personnes valides, prêtres, religieux, religieuses, dames seules, couples et petites familles peuvent durer de une à six semaines. (Les enfants restant sous l'entière responsabilité de leurs parents ou de personnes les accompagant). Pas d'animaux. Ecrire à la Sœur Hôtelière.
Accès. 15 km de Draguignan, N 7 direction Le Muy, puis direction Callas, 2e rond-point après la sortie de l'A8. SNCF : Les Arcs, navette pour Draguignan, puis car pour Callas ou taxi (15 km).

CARPENTRAS

Carmel

15, place de la Marotte. 84200 Carpentras

Carmélites. Fondé en mars 1627.
Offices. Tous les jours, Messe à 8h, suivie des Laudes, Vêpres à 16h30.
Accès. 23 km au N-E d'Avignon par la D 942. SNCF : Carpentras.

CARROS

Carmel

Communauté des Carmélites. 06510 Carros-Village
Tél : 04 93 29 10 71. Fax : 04 93 29 39 37

Carmélites. Fondé à Narbonne en 1620 ; transféré à Grasse en 1935 et à Carros le 10 décembre 1970.

Voir. Les bâtiments de style provençal.

Offices. Laudes à 7h, Messe à 8h30 (11h jours de Fêtes, 17h30 dimanche), Vêpres à 18h30.

Accueil. 7 chambres, pour des retraites de 3 à 10 jours. Participation aux frais.

Accès. 25 km au N-O de Nice par la N 202 et la D 1. SNCF : Nice. De la gare routière, prendre le car de Bouyon (arrêt Carros-Village).

CASTAGNIERS

Abbaye Notre-Dame de la Paix

271, route de Saint-Blaise. 06670 Castagniers
Tél : 04 93 08 05 12. Fax : 04 93 08 35 18

Cisterciennes. Communauté fondée en 1865 dans les Alpes-de-Haute-Provence par le restaurateur de la vie cistercienne à Sénanque (voir p. 253) puis à Lérins (voir p. 254). Elle fut ensuite transférée en 1930 à Castagniers, branche féminine de Lérins, et le monastère fut érigé en abbaye en 1962.

Voir. Le site exceptionnel du monastère, de style provençal, s'élevant au milieu des cyprès et des oliviers face à la mer au sud, et aux montagnes au nord et à l'ouest.

Offices. En français, avec quelques pièces en grégorien. Messe en semaine à 8h15, les dimanches et fêtes à 10h. Offices tous les jours à 5h, 6h15, 11h45, 14h, 17h15 et 20h.

Accueil. On reçoit parents et amis, et tous ceux qui désirent faire une retraite spirituelle ou profiter d'une ambiance monastique. Séjour de 10 jours maximum.

Artisanat. Confiserie : chocolats pralinés, tablettes, bouchées diverses, moulages en chocolat pour Noël et Pâques. Vente à la porterie et sur commande (les commandes peuvent être envoyées par correspondance). Demander le catalogue.

Accès. 22 km au N de Nice par la N 7, la N 202 et la D 61. Par l'A 8, sortie Saint-Isidore. SNCF : Nice (pour le parcours de la gare à l'abbaye, se renseigner par téléphone). L'aéroport de Nice est à 20 km par la N 202.

COTIGNAC

Prieuré La Font Saint-Joseph du Bessillon

83570 Cotignac
Tél : 04 94 04 63 44. Fax : 04 94 04 79 78

Bénédictines. Fondé par les Bénédictines de Médéa à leur retour d'Algérie sur l'emplacement du sanctuaire construit à l'endroit où saint Joseph apparut, le 7 juin 1660, à un berger mourant de soif, Gaspard Ricard. Il fit jaillir pour lui une source, toujours vive et symbole des grâces attachées à ce lieu.

Offices. Office divin et messe célébrés en latin et chantés en grégorien. Matines à 4h40 ou à 5h, Laudes et Prime à 6h30, Tierce à 9h, Sexte à 12h, None à 14h, Vêpres à 17h, Complies à 20h. Messe conventuelle chantée à 11h. Salut du Saint-Sacrement les dimanches et fêtes, après Vêpres, à 17h30. Les fidèles peuvent participer au chant.

Accueil. De courte durée, dans la prière et le silence, pour dames, jeunes filles, retraites individuelles et groupes restreints. Les prêtres peuvent être reçus dans la maison de l'aumônier.

Artisanat. Ornements liturgiques et linge d'église. Icônes. Broderie, linge de table.

Accès. 80 km au N de Toulon et de Marseille. A Cotignac, prendre la D 13 en direction de Riez, Barjols. SNCF : Toulon ou Marseille, puis car pour Cotignac. Renseignements au Syndicat d'Initiative de Cotignac (Tél : 04 94 04 61 87).

GANAGOBIE

Abbaye Notre-Dame

04310 Ganagobie
Tél : 04 92 68 00 04. Fax : 04 92 68 11 49

Bénédictins. Le plateau de Ganagobie qui domine la vallée de la Durance garde le souvenir d'une présence humaine et monastique très ancienne. Rattaché en 950 à l'ordre de Cluny, le prieuré bénédictin qui s'y tient a abrité la vie monastique jusqu'à sa suppression à la Révolution, avec une interruption au moment des guerres de religion. Les Bénédictins de Sainte-Madeleine de Marseille auxquels il fut cédé en 1891 en ont entrepris la restauration, pour s'y installer en 1992, après avoir quitté Hautecombe (voir p. 278 où ils étaient depuis 1922.

Voir. L'église romane et les mosaïques du XIIe siècle. Visite libre l'après-midi de 15h à 17h30 (sauf le lundi).

Offices. Tous les jours, Vigiles à 5h, Laudes à 7h, Messe chantée en grégorien à 9h (9h30 les dimanches et fêtes), Sexte à 12h, None à 13h30, Vêpres à 17h30 (dimanche de Carême à 17h), Complies à 20h.

Accueil. 15 chambres sont réservées aux retraitants et retraitantes pour des séjours d'une semaine maximum. Écrire à l'avance au Père Hôtelier. Les groupes de jeunes sont accueillis dans un mas à proximité.

Artisanat. Eau de toilette cyclamen et lavande, bougies, CD et cassettes de l'office, livres sur le monastère, l'art roman, la spiritualité et l'Écriture sainte. Catalogue. Vente sur place et par correspondance.

Accès. 34 km au N de Manosque et 34 km au S de Sisteron par la N 85 et la N 96. Par l'A 51 en venant du sud, sortie La Brillanne ; en venant du nord, sortie Peyruis. SNCF : La Brillanne, puis taxi.

GORDES

Abbaye Notre-Dame de Sénanque

84220 Gordes
Tél : 04 90 72 05 72
www.senanque.fr

Cisterciens. Monastère fondé en 1148 par des moines venant de l'abbaye de Mazan-en-Vivarais. La vie cistercienne s'y développa et s'y maintint, avec des hauts et des bas, jusqu'à la période révolutionnaire. Vendue comme bien national, l'abbaye fut rachetée en 1854 par la jeune communauté des Cisterciens de l'Immaculée Conception, fondée dans le diocèse d'Avignon par le Père Marie Bernard Barnouin. La congrégation se développant, plusieurs fondations furent alors faites, à Fontfroide, Lérins (voir p. 254), Hautecombe (voir p. 278) etc. Les expulsions de la fin du XIXe siècle et du début du XXe siècle obligèrent les moines à quitter Sénanque.

Ils revinrent après la Première Guerre mondiale en 1926, et la communauté y demeura jusqu'en 1969, date à laquelle les moines se replièrent à Lérins. Pendant vingt ans, Sénanque fut occupée par un centre culturel. En septembre 1988, les moines de Lérins reprirent la vie monastique de prière, de silence et de travail en communion fraternelle, dans l'abbaye de Sénanque.

Voir. La partie du XIIe siècle de l'abbaye. Visite en été de 10h à 12h et de 14h à 18h, en hiver l'après-midi uniquement.

Offices. En français, mélodies byzantines.

Accueil. Accueil monastique traditionnel, dans la prière. Séjour de 8 jours maximum. Possibilité d'accueil pour les groupes. Ecrire au Frère Hôtelier, Fax : 04 90 72 17 95.

Artisanat. Miel et lavande. Vente sur place uniquement. Importante librairie spécialisée dans l'art roman, l'art cistercien et le livre religieux.

Accès. 40 km à l'E d'Avignon par la D 22. SNCF : Avignon, puis car direction Apt (arrêt Coustellet, à 6 km du monastère).

ILES DE LÉRINS

Abbaye de Lérins

BP 157. 06406 Cannes cedex
Tél : 04 92 99 54 00 et 04 92 99 54 20 (Hôtellerie)
Fax : 04 92 99 54 01 et 04 92 99 54 21 (Hôtellerie)
hotellerie@abbayedelerins.com
info@abbayedelerins.com
www.abbayedelerins.com

Cisterciens. Les îles étaient inhabitées quand y arriva, vers 405, un jeune patricien gallo-romain, Honorat, accompagné d'un certain nombre de compagnons dont le “vieillard” Caprais. Honorat attira de nombreux disciples et fit construire très rapidement un monastère et une église. Quand il fut élu archevêque d'Arles en 428, le monastère était devenu l'un des plus célèbres de l'Occident. Il en sortit une lignée d'apôtres tel saint Hilaire (neveu de saint Honorat), saint Maxime et saint Faust, saint Loup, saint Eucher, saint Cézaire... Dans la moitié du VIIe siècle, saint Aygulf instaura le règne de saint Benoît ; les moines furent massacrés par les Sarrasins en 731 ; à la fin du Xe siècle, ou dans la première moitié du XIe, commença d'être édifié le bâtiment qui deviendra un monastère fortifié encore visible de nos jours. Le désastreux régime de la commende marqua la décadence de l'abbaye. Il ne restait que quatre religieux quand le Pape la sécularisa en 1788. C'est le 5 mai 1869 que la vie monastique reprit, restaurée par des moines de la Congrégation de Sénanque, une nouvelle observance cistercienne qui venait de recevoir l'approbation de Rome. Depuis, Lérins est devenu la tête de la Congrégation, qui compte une abbaye au Canada, et deux en France (Castagniers voir p. 251, et Sénanque voir p. 253), ainsi qu'une maison au Vietnam et en Italie.

Voir. Les chapelles de la Trinité et de Saint-Sauveur (IXe siècle). La chapelle Saint-Caprais, qui vient d'être reconstruite sur ses ruines. Le monastère fortifié, édifié entre le XIe et le XIVe siècle. Le site en général.

Offices. En français, avec mélodies byzantines, tous les jours. Horaires variables selon les saisons. Se renseigner à l'avance.

Accueil. L'abbaye reçoit dans son hôtellerie des retraitants qui souhaitent vivre quelques jours dans le silence et le recueillement. Séjour d'une semaine maximum. Réservation par courrier, par téléphone, ou par e-mail.

Artisanat. Liqueur, vin, essence de lavande, miel. Vente au magasin du monastère.

Accès. 25 mn de Cannes par bateau (Compagnie Planaria. Tél/Fax : 04 92 98 71 38).

JOUQUES

Abbaye Notre-Dame de Fidélité

13490 Jouques
Tél : 04 42 57 80 17. Fax : 04 42 57 78 09

Bénédictines. Fondée le 21 mars 1968 par l'abbaye Saint-Louis-du-Temple (Limon-Vauhallan, voir p. 153), elle-même issue du prieuré fondé au Temple, à Paris, en 1816, par la Princesse de Bourbon Condé, puis transféré en 1850, rue Monsieur, également à Paris, où le monastère devint un haut lieu du chant grégorien et de la vie intellectuelle.

Voir. Dans l'église, la porte qui fermait jadis la chapelle de la rue Monsieur, et la grille de communion où s'agenouillèrent tant d'écrivains, d'artistes et de grands convertis. Vitraux de Mère Geneviève Gallois.

Offices. Chantés en grégorien. Messe à 8h30 (11h les dimanches et fêtes), Vêpres à 18h (17h30 le dimanche).

Accueil. L'abbaye reçoit des groupes de pèlerins et des retraitants désireux de profiter du cadre monastique.

Artisanat. Editions du Cloître : divers travaux d'imprimerie et

imagerie. Vêtements liturgiques (aubes, étoles, chasubles). Miel, canougat, confitures, pains d'épices. Essence de lavande, eau de lavande, savon de Marseille au miel parfumé à la lavande. Vente sur place, par correspondance et dans les boutiques de l'Artisanat monastique.
Accès. 27 km au N-E d'Aix-en-Provence par la N 96 et la D 561. SNCF : Meyrargues (ligne Marseille/Briançon).

MARSEILLE

Carmel Notre-Dame

81, chemin de l'Oule. Montolivet. 13012 Marseille
Tél : 04 91 93 59 10

Carmélites. Fondé en 1623, restauré en 1832, transféré le 15 octobre 1972.
Voir. Les bâtiments de style méditerranéen moderne et notamment la chapelle en forme de coquille Saint-Jacques, ornée d'un beau vitrail non figuratif.
Offices. En français, tous les jours : Office du matin à 7h30, Messe à 11h15 (9h15 les dimanches et fêtes), Heure médiane à 12h, Office du soir à 16h45.
Accueil. Individuel (pas de groupes), pour un temps de ressourcement spirituel, dans le silence et le recueillement. Pour le premier séjour, le monastère ne reçoit pas sur demande téléphonique mais sur demande écrite.
Artisanat. Vêtements liturgiques, icônes, confection et tricot. Vente à la porterie et à l'exposition du parloir.
Accès. Depuis la gare SNCF de Saint-Charles, bus n° 6.

Monastère Sainte-Claire

17, rue Wulfran-Puget. 13008 Marseille
Tél : 04 91 77 65 75

Clarisses. Fondé en 1254 par deux religieuses désignées par sainte Claire elle-même (le monastère conserve le cilice habituellement porté par la sainte). Installé à l'emplacement actuel en 1892, le monastère a fondé ceux de Bastia en 1850 (voir p. 127) et de Nantes en 1859 (voir p. 224).
Offices. Office du matin à 7h30, Messe à 8h (10h le dimanche), Adoration l'après-midi, Chapelet et Vêpres à 17h50, Complies à 20h30 suivies de l'Office des Lectures.
Accueil. Accueil restreint, pour un temps de ressourcement spirituel. Se renseigner par écrit.
Accès. Depuis la gare SNCF, métro Périer jusqu'à Castellane, puis bus n° 73 ou 74 (arrêt au bas de la rue).

MÉOUNES-LES-MONTRIEUX

Chartreuse de Notre-Dame-de-Montrieux

83136 Méounes-les-Montrieux
Tél : 04 94 48 98 10. Fax : 04 94 48 99 94

Chartreux. Fondée en 1137, la chartreuse de Montrieux est parmi les plus anciennes maisons de l'Ordre. Les remous de l'histoire contraignirent à plusieurs reprises les moines au départ, mais la communauté a toujours pu se reformer. Les bâtiments actuels datent de la reconstruction de 1843, avec cependant d'importants vestiges du XVIIe siècle dans l'église, le petit cloître, au chapitre et au réfectoire. Il s'agit d'une chartreuse relativement petite comportant douze cellules au cloître et autant pour les moines convers. Malgré la proximité de la côte varoise, le site est isolé et prête au recueillement grâce à une zone de silence entourant la chartreuse. Un cadre de montagnes tempère durant l'été les grandes chaleurs provençales.

Offices. L'église du monastère n'est pas accessible au public. Les offices s'y déroulent selon le rite cartusien, en latin pour les chants grégoriens et en français pour la psalmodie et les lectures. Une chapelle extérieure dédiée à sainte Roseline, moniale chartreuse provençale, est ouverte dans la journée. Des messes y sont célébrées à 7h en semaine et également à 8h30 pendant les vacances d'été, à 8h et à 10h15 les dimanches et fêtes.

Accueil. Les jeunes gens qui désirent étudier une éventuelle vocation pourront être admis à faire une retraite de quelques jours ou de quelques semaines en cellule, où ils ont tout loisir de faire connaissance avec cette vie semi-érémitique. Demande par écrit avec mention des principales motivations. A l'hôtellerie ne sont reçus que les parents des moines et quelques rares amis. Les séjours sont gratuits.

Artisanat. La communauté cultive une petite exploitation agricole (vigne, verger, prairies, ruches) et dispose de différents ateliers (menuiserie, forge, boulangerie, etc.). Les moines solitaires font de la reliure et de l'ébénisterie. Miel en vente à la porterie.

Accès. 26 km au N de Toulon par la N 97, la D 554 et la D 202. SNCF : Toulon, puis car (ligne Toulon/Brignoles, arrêt au Martinet de Montrieux, à 2 km de la Chartreuse).

MONTFAVET

Monastère Sainte-Claire

BP 28. 84141 Montfavet cedex
Tél : 04 90 31 01 55. Fax : 04 90 32 31 77
claire.a.la.verdiere@wanadoo.fr

Clarisses. Fondé en 1941 par le monastère de Nice.

Voir. L'ensemble en pierre apparente, la chapelle de style provençal, la Vierge en pierre polychrome du XIVe siècle.

Offices. En français. En semaine, Laudes à 7h30, Eucharistie, se renseigner, Vêpres à 17h15, Vigiles-Complies à 20h30. Le dimanche, Laudes à 8h30, Eucharistie à 9h, Vêpres à 17h, Vigiles-Complies à 20h30.

Accueil. Spiriuel, individuel ou en groupe. Possibilité d'accompagnement pour les personnes en retraite. 15 chambres, 19 lits, 2 salles de réunion. Pour les groupes de jour : pas au-delà de 30 personnes. Parc pour les retraitantes. Accueil interrompu en novembre.

Artisanat. Vêtements liturgiques, ornements, étoles, aubes de prêtres... Cartes à fleurs séchées. Location d'aubes pour les professions de foi.

Accès. 7km d'Avignon. SNCF : gare d'Avigon centre, ou gare TGV, puis bus jusqu'à Montfavet.

NICE

Monastère Sainte-Claire

Avenue Sainte-Colette. 06100 Nice-Cimiez
Tél : 04 93 81 04 72. Fax : 04 93 81 34 88

Clarisses. Fondé à Menton en 1892, transféré à Nice le 14 octobre 1924.

Offices. En semaine : Office des Lectures à 7h15, Laudes à 8h, Messe à 17h suivie de l'Office du soir, Complies à 20h15 et Adoration. Le samedi : Office des Lectures et Laudes à 7h15,

Messe à 11h, Vêpres à 17h. Le dimanche : Laudes à 7h30, Messe à 9h, Adoration à 16h30, Vêpres à 17h30, Complies à 20h45.
Accueil. Retraites de 8 jours maximum.
Artisanat. Vêtements liturgiques, cartes, icônes.
A noter. Présentation d'un montage audio-visuel sur le monastère.
Accès. Bus n° 15, 20, 22 ou 25.

REILLANNE

Chartreuse Notre-Dame

04110 Reillanne
Tél : 04 92 75 62 76. Fax : 04 92 75 61 05

Chartreuses. Monastère édifié en 1978 pour accueillir les moniales de l'ancienne Chartreuse de Beauregard (Isère). Pour la première fois, un monastère de Chartreuses a été construit sur le même plan que les monastères de Chartreux (petites maisons autour d'un cloître). Il donne aux moniales une vraie solitude pour Dieu. "Si la chartreuse a été appelée par le Christ au désert, elle y a été envoyée par l'Église et en son nom ; elle espère donc contribuer à hâter le jour où Dieu sera tout en tous."
Offices. En latin pour le grégorien, le reste en français. Seulement trois sorties de cellule par jour pour aller à l'église : Matines la nuit, Messe conventuelle le matin, Vêpres dans la soirée. Les dimanches et fêtes, la vie communautaire s'exprime davantage.
Accueil. Uniquement pour les parents des moniales et les personnes dont la vocation cartusienne est à l'étude.
Artisanat. Miel, icônes, reliure, tissage. Vente sur place et au musée de la Grande Chartreuse.
Accès. 100 km au N d'Aix-en-Provence par l'A 51 et la D 907, 20 km de Manosque, 7 km du bourg de Reillanne. SNCF : Manosque.

ROSANS

Monastère Notre-Dame de Miséricorde

05150 Rosans
Tél : 04 92 66 70 00. Fax : 04 92 66 70 02

Bénédictines. Fondé le 30 juin 1991 par l'abbaye Notre-Dame de Fidélité à Jouques (voir p. 255), le monastère est situé non loin de l'ancien prieuré clunisien de Saint-André de Rosans.

Offices. Chantés en grégorien, tous les jours. Messe à 8h45 (11h les dimanches et fêtes), Vêpres à 18h (17h45 les dimanches et fêtes), Complies à 20 h 30.

Accueil. L'abbaye reçoit des groupes de pèlerins et des retraitants désireux de profiter du cadre monastique.

Artisanat. Hosties, confitures, bocaux de fruits. Vente sur place et dans les boutiques de l'Artisanat monastique.

Accès. 85 km au S-O de Gap par la D 994. SNCF : Serres (ligne Marseille/Briançon) ou Montélimar.

SAINT-MAXIMIN-LA-SAINTE-BAUME

Monastère Sainte-Marie-Madeleine

Route de Barjols. 83470 Saint-Maximin-la-Sainte-Baume
Tél : 04 94 78 04 71. Fax : 04 94 59 77 89

Dominicaines. Fondé en 1872.
Offices. Matines à 6h, Laudes à 7h30 (6h20 le dimanche), suivies de la Messe à 8h (8h30 le dimanche), Sexte à 12h, Vêpres à 17h30, Complies à 20h30 (Vigiles les samedis et solennités).
Accueil. Ceux qui désirent partager la prière et la recherche de Dieu.
Artisanat. Philatélie, chapelets, icônes, cartes et images. Vente à l'accueil.
Accès. 38 km à l'E d'Aix-en-Provence par la N 7. SNCF : Marseille ou Aix, puis car (départ de la gare routière de chacune des deux villes).

LA SEYNE-SUR-MER

Clos Bethléem

378, avenue Jean-Baptiste-Ivaldi. 83500 La Seyne-sur-Mer
Tél/Fax : 04 94 94 84 07

Bénédictines Camaldules. Mère Marie-Jeanne de Notre-Dame des Douleurs, une Italienne, voulut donner à la France un couvent de son Ordre (il fut fondé ici le 25 janvier 1925) et un sanctuaire dédié au Cœur douloureux et immaculé de Marie (il a été béni en 1957). L'un et l'autre sont des centres actifs de la dévotion à Notre-Dame de Fatima.
Offices. En français, tous les jours. Office du matin à 6h20, Messe à 7h, Sexte à 11h40, Vêpres à 15h, Complies et Office des Lectures à 19h30. Le sanctuaire est ouvert de mai à septembre, le jeudi et le dimanche, de 15h à 18h. Toutes les fêtes mariales et d'église donnent lieu à de très belles cérémonies. Pèlerinage toute l'année, particulièrement le 13 mai et le 13 octobre.
A noter. Edition d'une revue : *L'Appel du Cœur douloureux et immaculé de Marie.*
Accès. 7 km au S-O de Toulon par la D 559. SNCF : Toulon-Seyne, puis bus. Bateaux entre les ports de Toulon et de La Seyne.

SIMIANE-COLLONGUE

Monastère Saint-Germain

Quartier Saint-Germain. 13109 Simiane-Collongue
Tél : 04 42 22 60 60. Fax : 04 42 22 79 50
benedictins@lioba.com
www.lioba.com

Bénédictins. Érigé en 1987.
Offices. Chantés tous les jours en français avec quelques pièces en grégorien. Vigiles à 6h, Laudes et Messe à 8h30 (Laudes à 8h30, Messe et Sexte à 11h15 le dimanche), Tierce à 10h15, None à 14h45, Vêpres à 18h, Complies à 20h15. Le jeudi, Adoration du Saint-Sacrement à 17h45

Accueil. Pour des retraitants qui désirent partager le silence et la prière du monastère.
Artisanat. Tissage, batiks, vitraux.
Accès. Entre Aix-en-Provence et Marseille. Par l'A 13, sortie Bouc-Bel-Air ou Gardanne. SNCF : Simiane (le monastère est à 3 km)

Monastère de Sainte-Lioba

Quartier Saint-Germain. 13109 Simiane-Collongue
Tél : 04 42 22 60 60. Fax : 04 42 22 79 50
benedictins@lioba.com
www.lioba.com

Bénédictines de Sainte-Lioba. Érigé en 1987.
Voir. Chapelle romane du Xe siècle.
Offices. Chantés tous les jours en français avec quelques pièces en grégorien. Vigiles à 6h, Laudes et Messe à 8h30 (Laudes à 8h30, Messe et Sexte à 11h15 le dimanche), Sexte à 12h45, None à 15h, Vêpres à 18h15, Complies à 20h15. Le jeudi, Adoration du Saint-Sacrement à 17h45

Accueil. Pour des retraitants qui désirent partager le silence et la prière du monastère.
Artisanat. Vêtements liturgiques, tissage, céramique.
Accès. Voir Monastère Saint-Germain.

SORGUES

Monastère de la Visitation

Domaine de Guerre. 84700 Sorgues
Tél : 04 90 83 31 14

Visitandines. Fondé à Avignon le 10 mars 1624 et rétabli en 1821. En partie détruit par les bombes de 1944, le monastère fut rebâti à Sorgues en 1955.
Offices. En français. La chapelle étant ouverte, le public peut éventuellement participer aux Offices.
Accueil. 17 chambres, pour un temps de repos au calme et des retraites individuelles. Accueil de jeunes pour des séjours de réflexion et de prière (19 chambres et salle de réunion). Sur entente préalable dans les deux cas.
A noter. Le monastère conserve la châsse contenant le corps de sainte Maxime, vierge martyre de 12 ans sous la persécution de Dioclétien.
Accès. 10 km au N d'Avignon par la N 7, exactement à la sortie Avignon-Nord de l'A 7.

TARASCON

Abbaye Saint-Michel de Frigolet

13150 Tarascon-sur-Rhône
www.frigolet.com
Monastère et hôtellerie monastique
Tél : 04 90 95 70 07. Fax : 04 90 90 79 23
abbayedefrigolet@frigolet.com
Hôtel-Restaurant
Tél : 04 90 90 52 70. Fax : 04 90 95 75 22`
hotellerie.frigolet@free.fr

Chanoines réguliers de Prémontré. Situé en Provence, au cœur du paysage de la Montagnette, Saint-Michel de Frigolet est un haut-lieu spirituel depuis presque un millénaire. Au début du XIIe siècle s'y trouvait une communauté de chanoines réguliers. Ce monastère a connu une riche histoire, parfois bien mouvementée, jusqu'à la Révolution. En 1858, une communauté prémontrée s'installa à Frigolet. Avant cette restauration, une école établie dans les anciens bâtiments monastiques avait accueilli le jeune Frédéric Mistral entre 1839 et 1841. Les Prémontrés suivent la règle de vie instaurée par saint Augustin, évêque au Ve siècle, qui vivait en communauté avec ses clercs collaborateurs. Cette forme de vie fut ranimée au XIIe siècle par saint Norbert à Prémontré (Aisne). Les Prémontrés mènent une vie contemplative, rythmée par la liturgie. Vivant en communauté fraternelle, ils se mettent au service de la pastorale de l'Église et de l'accueil. C'est ce qu'on appelle la vie canoniale.
Voir. Le noyau roman du monastère historique, l'église Saint-Michel et le cloître, vous plongent dans le XIIe siècle. Quelques

salles entourant le cloître comme le chapitre ont une belle voûte du XVIIe siècle. La basilique abbatiale néogothique a été construite par les Prémontrés à la fin du XIXe siècle. Elle enchâsse la chapelle de Notre-Dame du Bon Remède (XIIe siècle). La structure romane de cette chapelle a été cachée au XVIIe siècle sous une décoration baroque luxuriante de boiseries dorées et de tableaux.
Le site et les églises sont ouverts tous les jours. Visites guidées à l'intérieur du monastère : se renseigner sur place. Pas de visites les jours de fêtes et les jours de récollection spirituelle de la communauté. Réservation indispensable pour les groupes.
Offices. Chantés en français avec quelques pièces en grégorien. Office des Lectures et Laudes à 7h ; Eucharistie communautaire à 11h ; Vêpres à 18h30 et Complies à 21h (le dimanche Vêpres à 15h et Complies à 20h30).
Célébrations spéciales : Messe de Minuit à Noël avec offrande des agneaux (le "pastrage"), Triduum sacré de la Semaine Sainte ; Fête Provençale du Lundi de Pâques ; Solennité de Notre-Dame du Bon Remède (1er dimanche après le 15 mai), Solennité de Saint-Michel (dernier dimanche de septembre).
Accueil. L'Hôtellerie monastique "Saint-Augustin", au sein de la communauté, est réservée aux personnes en recherche spirituelle et aux petits groupes à but pastoral. Salles de réunion. Contacter le Frère Hôtelier.
L'Hôtel-Restaurant touristique "Saint-Michel", à l'ombre de l'abbaye, dispose de chambres confortables et de salles de réunion, terrasse et jardin. Séminaires. Contacter la réception de l'hôtel..
Artisanat. Librairie : livres, disques, objets religieux, objets d'art, produits monastiques et liqueur de l'abbaye.

Accès. Entre Arles et Avignon. Par l'A 7, sortie Avignon-Sud, puis passer par Chateaurenard sur la D 970. Par l'A 9, sortie Marguerittes, puis passer par Beaucaire sur la D 999. SNCF : Avignon-TGV ou Centre ou Tarascon puis taxi (17 ou 12 km).

Monastère de la Visitation

1, boulevard Joseph-Désanat. 13150 Tarascon
Tél : 04 90 91 04 40. Fax : 04 90 91 36 58

Visitandines. Fondé en 1641, rétabli le 22 novembre 1843.
Offices. En français, tous les jours. Offices à 8h, 14h30, 18h30 et 21h. Messe à 8h30 (9h le dimanche).
Accueil. Sainte-Marie : lieu d'accueil spirituel. Retraites personnelles ou en groupe moyen avec accompagnateur, pour prêtres, religieux, religieuses, jeunes, dames, jeunes filles. Conditions selon les possibilités des retraitants.
Artisanat. Yaourts, miel.
Accès. Voir Abbaye Saint-Michel de Frigolet.

LE THORONET

Monastère de Bethléem Notre-Dame du Torrent de Vie

83340 Le Thoronet
Tél : 04 94 85 92 05

Moniales de Bethléem, de l'Assomption de la Vierge et de saint Bruno. En 1978, à l'appel de Monseigneur Barthe, alors évêque de Fréjus et de Toulon, les moniales de Bethléem, de l'Assomption de la Vierge et de Saint-Bruno, viennent établir leur monastère dans une garrigue solitaire, à proximité de l'ancienne Abbaye du Thoronet, aujourd'hui Monument historique appartenant à l'Etat. L'église du monastère est aujourd'hui achevée, mais les ermitages restent à construire. Trois espaces sont aménagés dans le monastère :
- la solitude des moniales où personne ne pénètre.
- des lieux d'hospitalité où ceux qui le demandent ont la possibilité de vivre quelques jours dans le silence et la solitude. Ils participent, s'ils le désirent, à la liturgie du monastère.
- le parvis du monastère où ceux qui, dans leur diversité, frappent à la porte du monastère, peuvent venir prier dans l'église du monastère et visiter l'exposition-vente des artisants.

Offices. En français. Excepté le lundi, jour de désert, deux assemblées liturgiques rassemblent la communauté à l'église du monastère : les Matines et les Laudes suivies de la Messe, le matin, les Vêpres le soir. Les moniales célèbrent les autres Heures liturgiques dans la solitude de la cellule.
- à l'abbaye du Thoronet, dans l'église abbatiale, Messe à 12h le dimanche et certains jours de fête.
- au bâtiment des convers de l'abbaye, dans un oratoire, une permanence d'Adoration du Saint-Sacrement est assurée par des laïcs pendant les heures de visite de l'abbaye.

Accueil. Quatre ermitages sont offerts pour expérimenter la vie au désert. L'hospitalité est caractérisée par la recommandation de Jésus faite non seulement aux Apôtres mais à tous : "Si tu veux prier, entre dans ta chambre, et là, prie ton Père dans le secret". Les hôtes s'engagent donc à respecter le caractère du monastère reçu de l'Évangile et de la sagesse évangélique, liturgique et solitaire de saint Bruno. Chacun apprend à vivre, à prier, à prendre ses repas, dans la solitude et le silence, simplement, sous le regard de Dieu. Les hôtes en solitude qui séjournent au monastère peuvent participer aux célébrations liturgiques de la communauté et adorer le Saint-Sacrement. Ils peuvent demander un travail manuel et marcher dans la garrigue. Chacun s'engage à respecter le silence des autres retraitants."

Artisanat. Exposition-vente des Ateliers d'Art des Monastères de Bethléem, de l'Assomption de la Vierge et de saint Bruno à la porterie : faïence décorée, icônes, sculptures en chêne massif, statuettes en dolomie et ivoirine, médailles, produits naturels. Ouvert tous les jours sauf le dimanche et certains jours de fête.

Accès. 80 km à l'E d'Aix-en-Provence par l'A 8 (sortie Brignoles) et la D 562. SNCF : Toulon (30 km).

Abbaye du Thoronet

83340 Le Thoronet
Tél : 04 94 60 43 90

Monument historique appartenant à l'Etat

Visites. Hiver : de 10h à 13h et de 14h à 17h. Eté : de 9h30 à 18h30. Le dimanche l'Abbaye est fermée aux visites entre 12h et 14h.

Offices. Chaque dimanche et certains jours de fête, Messe à 12h, dans l'église abbatiale. Au bâtiment des Convers, dans un oratoire, une permanence d'adoration du Saint-Sacrement est assurée par des laïcs, pendant les heures de visite de l'Abbaye.

LA VERNE

Monastère Notre-Dame de Clémence (ancienne Chartreuse)

83610 Collobrières
Tél : 04 94 43 45 41

Moniales de Bethléem, de l'Assomption de la Vierge et de saint Bruno. Depuis le XIIe siècle, en la profonde solitude du massif des Maures, vit et prie le Monastère de La Verne. Son nom signifie Notre-Dame de Clémence, c'est-à-dire Notre-Dame de Douceur Divine. Construite sur l'emplacement d'un ancien prieuré qui portait déjà le nom de Notre-Dame de la Verne, la Chartreuse fut fondée en 1170 à l'initiative de Pierre Isnard, évêque de Toulon et Frédol d'Anduse, évêque de Fréjus. La première église romane fut consacrée le 3 octobre 1174, détruite par un incendie, puis reconstruite. Grâce à de nombreuses donations ou achats, la Chartreuse devint rapidement propriétaire d'une étendue de terrains de trois mille hectares (forêts, pâturages, terres cultivables et salines). Incendiée en 1214, 1271 et 1318, le feu détruisit tous les bâtiments sauf l'église romane. A la fin des guerres de religion, en 1577, le monastère est dévasté, la voûte de l'église s'effondre. Les chartreux ne chôment guère et reconstruisent jusqu'à la Révolution, où contraints à l'exil, ils gagnent l'Italie.

Livrée alors à l'abandon, le temps accomplit son œuvre de dégradation et le monastère fut peu à peu enseveli sous le lierre et les ronces. Par décret du 18 janvier 1921, la Chartreuse de La Verne est partiellement classée Monument Historique au titre de “vestiges dans la forêt”. En 1961, les Eaux et Forêts deviennent propriétaires au nom des Domaines et y installent un gardien. C'est en 1968 que l'Association des Amis de La Verne est fondée pour arracher la Chartreuse à sa ruine et jusqu'en 1982, un énorme travail de restauration est réalisé.

Depuis 1983, les bâtiments accueillent la communauté monastique de Bethléem qui reçoit l'héritage spirituel de saint Bruno. La vie des monastères est spécifiée par la quête de Dieu et la prière dans le silence et la solitude de la cellule, vie évangélique solitaire et fraternelle dans la tradition des premiers moines du désert, reçue à travers la paternité de saint Bruno et à l'école de la Vierge Marie. Ainsi, le monastère de La Verne est rendu à sa vocation première. La reconstruction du monastère se poursuit.

Voir. L'ensemble architectural se compose de trois espaces : le grand cloître de solitude, l'église et les bâtiments de la vie communautaire et l' espace d'hospitalité et de services. Un bel itinéraire de visite a été aménagé dans les anciens communs permettant de saisir la réalité de la vie monastique vécue derrière ces murs. Une permanence d'adoration du Saint Sacrement est assumée par les moniales l'après-midi dans une chapelle ouverte aux visiteurs.

Accueil et Offices. Quelques ermitages sont disponibles pour ceux qui ont le désir de rencontrer Dieu dans le silence et la solitude de ce désert des Maures. Ecrire au monastère ou téléphoner au : 04 94 43 48 28.
Visites de 11h à 17h du 1er octobre au 1er avril et de 11h à 18h du 1er avril au 1er octobre. Fermé : chaque mardi, les jours de grandes fêtes religieuses (Noël, Pâques, Ascension, Pentecôte, 15 août, 1er novembre) et tout le mois de janvier.
Artisanat. Icônes, sculptures en chêne massif polychromées, statuettes en dolomie et ivoirine, médailles, faïence décorée à la main, produits naturels. Vente à la porterie aux heures de visite (sauf le dimanche).
A noter. Espace de "saint désert", sis en plein massif montagneux, à quelques kilomètres de la côte méditerranéenne, dans l'arrière-pays de Toulon, à douze kilomètres du village le plus proche, le monastère domine un paysage d'une rare beauté s'étendant à perte de vue : à l'est, la mer et la baie de Saint-Tropez, au nord les Préalpes enneigées au-dessus de Digne et Nice.
Accès. 50 km au N-E de Toulon par l'A 57 et la D 14. SNCF : Toulon ou Saint-Raphaël (TGV).

Rhône Alpes

Ain

Ardèche

Drôme

Haute-Savoie

Isère

Loire

Rhône

Savoie

RHONE-ALPES

01 Ain

- **Ars** : Carmel du Saint-Curé d'Ars
- 5 **Benonces** : Chartreuse de Portes
- 15 **Le Plantay** : Abbaye Notre-Dame-des-Dombes
- 27 **Simandre-sur-Suran** : Chartreuse de Sélignac

07 Ardèche

- 22 **Saint-Laurent-les-Bains** : Abbaye de Notre-Dame des Neiges
- 33 **Vals-les-Bains** : Monastère Sainte-Claire

26 Drôme

- 1 **Aiguebelle** : Abbaye Notre-Dame d'Aiguebelle
- 6 **Bonlieu-sur-Roubion** : Monastère Sainte-Anne
- 9 **Crest** : Monastère Sainte-Claire
- 10 **Grignan** : Prieuré de l'Emmanuel
- 18 **Romans-sur-Isère** : Monastère Sainte-Claire
- 30 **Taulignan** : Monastère de la Clarté Notre-Dame
- 32 **Triors** : Abbaye Notre-Dame de Triors

74 Haute-Savoie

- 3 **Annecy** : Monastère de la Visitation
- 8 **Cluses** : Carmel du Reposoir
- 14 **Les Monts Voirons** : Monastère de Bethléem de l'Assomption de la Vierge et de Saint-Bruno Notre-Dame de la Gloire-Dieu
- 31 **Thonon-les-Bains** : Monastère de la Visitation

38 Isère

- 19 **Roybon** : Abbaye Notre-Dame de Chambarand
- 20 **Saint-Bernard-du-Touvet** : Monastère Notre-Dame des Petites Roches
- 23 **Saint-Laurent-du-Pont** : Monastère de l'Assomption Notre-Dame
- 24 Monastère des Sœurs de Bethléem Notre-Dame du Buisson Ardent
- 26 **Saint-Pierre-de-Chartreuse** : Monastère de la Grande Chartreuse
- 28 **Surieu** : Carmel Notre-Dame de Surieu
- 35 **Vif** : Monastère de la Visitation
- 36 **Voiron** : Monastère de la Visitation
- 37 **Voreppe** : Monastère de Chalais

42 Loire

- 13 **Montbrison** : Monastère Sainte-Claire
- 17 **Pradines** : Abbaye Saint-Joseph et Saint-Pierre-de-Pradines
- 21 **Saint-Héand** : Monastère de la Visitation

69 Rhône

- 12 **Lyon** : Carmel de Fourvière
- 34 **Vaugneray** : Monastère de la Visitation

73 Savoie

- 2 **Aix-les-Bains** : Monastère de Bethléem Notre-Dame de l'Unité
- 7 **Chambéry** : Carmel
- 11 **Hautecombe** : Communauté du Chemin-Neuf
- 16 **Pont-de-Beauvoisin** : Abbaye-Saint-Joseph-de-la-Rochette
- 25 **Saint-Pierre-d'Albigny** : Monastère de la Visitation
- 29 **Tamié** : Abbaye Notre-Dame de Tamié

AIGUEBELLE

Abbaye Notre-Dame d'Aiguebelle

26230 Montjoyer
Tél : 04 75 98 64 70 et 04 75 98 64 72 (Hôtellerie)
Fax : 04 75 98 64 71
com.aiguebelle@wanadoo.fr
www.abbaye-aiguebelle.com

Trappistes. Fondé en 1137, le monastère connut maintes vicissitudes, et ne comptait plus que trois membres à la veille de la Révolution. La vie conventuelle y fut restaurée en 1815 et Aiguebelle a depuis essaimé à Staouéli en Algérie, en 1843, à Notre-Dame des Neiges en 1850, à Sainte-Marie du Désert en 1852, à Notre-Dame des Dombes en 1863, à Notre-Dame d'Acey en 1873, à Notre-Dame de Bonnecombe (1876), à Notre-Dame de l'Atlas en Algérie, en 1938, et à Notre-Dame de Granselve en 1951, transférée à Koutaba au Cameroun en 1968.

Voir. Le cadre. On ne visite que l'église. Un audio-visuel permet de connaître le remarquable ensemble architectural formé par l'église (dont la façade vient d'être restaurée), le chapitre, le réfectoire, le scriptorium et les autres salles des XIIe et XIIIe siècles.

Offices. En français, avec quelques pièces en grégorien. Messe concélébrée tous les jours, Lectures en français, chants en grégorien. Horaire indicatif : Laudes à 6h45, Messe à 7h10 (10h45 les dimanches et fêtes), Tierce à 9h15, Sexte à 12h15, None à 14h15, Vêpres à 17h30, Complies à 19h30. En été, Vêpres à 18h, Complies à 20h.

Accueil. Hôtellerie pour les retraitants et les parents des religieux.

Artisanat. Produits du monastère : Alexion (apéritif fortifiant et tonifiant à base de 52 plantes, sans alcool), baume (pommade pour la peau), essence de lavandin. Vente sur place et par correspondance. Le magasin est fermé le dimanche matin. Il possède une salle vidéo et une salle d'exposition.

Accès. 18 km au S-E de Montélimar par la D 56. Par l'A 7, sortie Montélimar-Sud, puis prendre la N 7, la D 133 et la D 203.

AIX-LES-BAINS

Monastère de Bethléem - Notre-Dame de l'Unité

Les Corbières, Pugny-Chatenod. 73100 Aix-les-Bains
Tél : 04 79 61 00 34. Fax : 04 79 61 63 03

Moniales de Bethléem, de l'Assomption de la Vierge et de saint Bruno. La maison des Corbières, fondée par le Père Portal, pionnier de l'œcuménisme, est située au pied du mont Revard, face au Lac du Bourget. Depuis 1971, les moniales de Bethléem, de l'Assomption de la Vierge et de saint Bruno prient en ce lieu.

Offices. En français. Excepté le lundi, jour de désert, deux assemblées liturgiques rassemblent la communauté à la chapelle : Matines et Eucharistie, Vêpres (demander l'horaire au monastère). Les autres célébrations des Heures liturgiques ont lieu dans la solitude de la cellule.

Accueil. Possibilité d'accueil dans la solitude et le silence.

Artisanat. Exposition-vente de tous les artisanats des monastères de Bethléem : statues en bois polychrome, statues en dolonie, médailles, faïences, grès.

Accès. Au-dessus d'Aix-les-Bains sur la route du Revard.

ANNECY

Monastère de la Visitation

11, avenue de la Visitation. 74000 Annecy
Tél : 04 50 45 20 30. Fax : 04 52 89 95

Visitandines. Premier monastère de l'Ordre, fondé le 6 juin 1610 par saint François de Sales et sainte Jeanne de Chantal dans la petite maison dite de "La galerie" (on peut encore voir la chapelle conservée intacte par les soins des religieuses de Saint-Joseph qui ont acquis le bâtiment après la Révolution). Quelques années après, les religieuses devenues trop nombreuses durent bâtir un monastère dont l'église, actuellement église Saint-François, abrita jusqu'à la Révolution les reliques des deux saints. Le monastère actuel a été construit en 1910.

Voir. La basilique, de style roman, consacrée en 1949 et qui renferme dans deux sarcophages les corps de saint François de Sales et de sainte Jeanne de Chantal (musée attenant, avec montage audio-visuel).

Offices. Chantés en français et diffusés dans la basilique par sonorisation. La chapelle privée des religieuses est ouverte au public chaque jour pendant l'Eucharistie et les Offices du matin et du soir. En semaine : Eucharistie à 7h25, suivie de l'Office du matin, Office du soir à 17h30. Le dimanche : Eucharistie à 9h30, Office du soir à 17h.

Accueil. En clôture, pour jeunes filles, femmes, et religieuses, et pour un temps de retraite ne dépassant pas ordinairement huit jours, avec possibilité d'accompagnement spirituel individuel. Pour les touristes, bar-restaurant à proximité.

Artisanat. Hosties, cartes-souvenirs. Divers objets-souvenirs de pèlerinage vendus au petit magasin attenant à la basilique.

Chaque année se déroule la "semaine salésienne", dont la clôture (dernier dimanche d'août) revêt une solennité particulière, en l'honneur de saint François de Sales et de sainte Jeanne de Chantal. La Visitation d'Annecy a édité plusieurs ouvrages de spiritualité salésienne, notamment une édition critique (en vingt-sept volumes) des œuvres de saint François de Sales et une édition critique de la correspondance de sainte Jeanne de Chantal (en six volumes) aux éditions du Cerf/CEFI.

Accès. SNCF : Annecy, puis bus "Biplus A".

ARS

Carmel du Saint-Curé-d'Ars

Rue du Carmel. 01480 Ars-sur-Formans
Tél : 04 74 00 71 24

Carmélites. Fondé en décembre 1939, achevé en 1960.
Offices. En semaine : Messe à 8h, Sexte à 11h, Vêpres à 17h. Le dimanche : Messe à 9h.
Artisanat. Hosties blanches et dorées, linge et ornements d'église, santons en terre, images. Vente à la porterie et sur commande.
Accès. 9 km à l'E de Villefranche par la D 904.

BENONCES

Chartreuse de Portes

01470 Benonces
Tél : 04 74 36 72 88. Fax : 04 74 36 11 15
fr.francois-marie@chartreuse.info

Chartreux. Fondée en 1115, première maison de France à s'être ralliée à la Grande chartreuse. Portes a été appelée "la fille aînée de l'Ordre cartusien". Elle reçut également la dénomination de "Chartreuse des saints", car elle abrita à l'origine des moines de haut mérite, dont quelques uns furent canonisés (saint Arthaud, saint Anthelme).
Pendant la Révolution, les Chartreux se dispersent, ils reviennent en 1855 et doivent de nouveau quitter Portes en 1901, à cause des lois d'expulsion. La vie communautaire ne reprendra qu'en 1971.
Avec ses douze cellules, la chartreuse de Portes a gardé le type traditionnel des anciennes maisons de l'Ordre. Une partie des bâtiments date du XVIIe siècle.
Offices. La Liturgie est célébrée selon le rite cartusien, en latin pour les chants grégoriens, en français pour la Psalmodie et les Lectures. Fidèles à leur charisme de prière dans le silence et la solitude, les moines ne peuvent accueillir les fidèles à leurs Offices liturgiques.
Accueil. L'Hôtellerie accueille seulement les familles des moines une ou deux fois par an. Les seuls hôtes admis au monastère sont

les candidats à la vie cartusienne, pour une retraite qui peut durer de quelques jours à un mois, leur permettant de faire l'expérience de la vie des moines.

Artisanat. Reliure, menuiserie (confection des boîtes en bois pour l'emballage des bouteilles de la liqueur de "Chartreuse"), travaux forestiers.

A noter. Située dans les montagnes du Bugey à distance presque égale de Lyon et de Genève, la Chartreuse de Portes est blottie en haut d'un col, à l'écart des grandes routes, à 7 km du village le plus proche. A près de 1 000 m d'altitude, elle jouit du climat rude et sain des montagnes, et sa situation retirée, en pleine nature, favorise le recueillement et la prière contemplative des moines qui l'habitent. La vie menée à la chartreuse de Portes, dans un cadre particulièrement solitaire et silencieux, répond au mieux à la définition valable pour toutes les chartreuses de l'Ordre : "une communion de solitaires pour Dieu".

Accès. 46 km au S-E de Bourg-en-Bresse par la N 504.

SNCF : Ambérieu-en-Bugey ou Tenay-Hauteville. Aucun car ne dessert les localités proches du monastère.

BONLIEU-SUR-ROUBION

Monastère Sainte-Anne

26260 Bonlieu-sur-Roubion
Tél : 04 75 53 92 23. Fax :04 75 53 86 50
bonlieu@mondaye.com
www.mondaye.com/prieures/bonlieu

Chanoines réguliers de Prémontré. En 1171, la comtesse Véronique de Marsanne signa une charte lui permettant de fonder une

communauté de Cisterciennes à Bonlieu, à proximité des rives du Roubion. Des moines cisterciens leur succédèrent au XVIe siècle pour y mener à leur tour la vie monastique. Après l'interruption de la Révolution, ce n'est qu'en 1871 que le monastère retrouva une nouvelle vie en entrant dans l'ordre des Prémontrés (fondé par saint Norbert au XIIe siècle) grâce à Mère Marie de la Croix Odiot (1840-1904), première abbesse d'une communauté de Norbertines. L'église romane fut alors relevée, puis érigée au rang de basilique mineure. Elle est dédiée à sainte Anne. Le monastère abritant maintenant des chanoines réguliers prémontrés dépend depuis 1994 de l'abbaye Saint-Martin de Mondaye dans le Calvados (voir p. 78).

Voir. La belle église romane (notamment les chapiteaux historiés). La région offre de nombreuses et belles promenades.

Offices. Chantés par les chanoines réguliers prémontrés. Laudes à 7h30, Messe à 11h30, Vêpres à 18h15, Vigiles à 19h. Messe dominicale à 11h.

Accueil. Une hôtellerie est aménagée pour les groupes (possibilité de rencontrer un frère). Un accueil est aussi réservé pour les retraitants ou les hôtes de passage. Contacter le Frère Hôtelier.

Accès. 8 km au N de Montélimar.

CHAMBÉRY

Carmel

5, boulevard de Lémenc. 73000 Chambéry
Tél : 04 79 33 67 20. Fax : 04 79 33 22 39

Carmélites. En 1613, Mère Magdeleine Centurione est choisie pour porter de Gênes en Avignon la flamme Thérésienne. En 1634, elle accompagne Marie-Liesse de Luxembourg, duchesse de Ventadour, pour la fondation d'un carmel en la ville de Chambéry. À la Révolution, les Carmélites sont expulsées, leur couvent pris. En 1823, restauration de la communauté. Le 7 août 1825, rétablissement des Carmélites à Chambéry. En 1824, à la demande du diocèse, la vie carmélitaine est rétablie un peu en dehors de la ville, sur la colline de Lémenc, où elle se trouve toujours.

Offices. En semaine : Laudes à 7h20, Messe à 11h, Oraison à 16h30, Vêpres à 17h30. Le dimanche : Laudes à 7h20, Messe à 8h, Oraison à 6h20 et 17h, Vêpres à 16h30.

Artisanat. Pains d'autel, icônes, vêtements liturgiques.

Accès. 58 km au N de Grenoble par l'A 41.

CLUSES

Carmel du Reposoir

74950 Le Reposoir
Tél : 04 50 98 15 01. Fax : 04 50 98 26 64

Carmélites. Les moniales du carmel ont remplacé, en 1932, dans l'antique chartreuse, les Pères chartreux expulsés en 1901.

Voir. Le portail d'entrée, daté de 1151 ; le cloître du XIIe siècle ; la chapelle de la Vierge du XVe siècle et les statues de sainte Thérèse de Jésus et saint Jean de la Croix par H. Charlier (église ouverte de 7h à 12h et de 14h30 à 18h30). Également un petit cloître du XVe siècle, visible une fois par an le troisième dimanche de septembre, à l'occasion des Journées du Patrimoine.

Offices. Tous les jours, Messe conventuelle à 8h30, Sexte à 11h45, Vêpres à 16h30. Le dimanche, Bénédiction du Saint-Sacrement à 17h, après les Vêpres.

Accueil. Pas d'hôtellerie. Stationnement obligatoire à 300 m du carmel, sauf pour les personnes handicapées.

Artisanat. Varié à la porterie.

Accès. 53 km au N-E d'Annecy par la N 203. SNCF : Cluses. Aucun service de transport régulier de Cluses au Reposoir (12 km).

CREST

Monastère Sainte-Claire

53, rue des Auberts. 26400 Crest
Tél : 04 75 25 49 13. Fax : 04 75 25 28 80
crest.clarisse@wanadoo.fr

Clarisses. Fondé à Die en 1826, transféré à Crest en 1841.
Offices. Tous les jours, Messe à 8h , Vêpres à 17h. Le dimanche qui précède le 11 août, fête de sainte Claire "Journée d'amitié".
Accueil. Le monastère accueille, dans un espace de silence, de calme et de prière, des personnes (familles et groupes) désireuses de passer quelques heures ou quelques jours au monastère (séjour de 10 jours maximum). Les hôtes peuvent participer aux offices liturgiques de la communauté. Un grand espace vert "Le Clos Saint-Joseph" est ouvert à tous. Pour ceux qui le désirent, petit appartement indépendant avec cuisine. Préciser l'heure d'arrivée, en fonction des principaux repas (12h et 19h). Le soir, la maison est ouverte jusqu'à 20h30 en été et jusqu'à 19h en hiver. Le prix de la journée est laissé à la discrétion de chacun, en tenant compte du coût de la vie. Renseignements par téléphone.
Artisanat. Quelques travaux manuels (broderie), atelier liturgique, confitures, plantes médicinales et aromatiques. (Fax : 04 75 25 28 80).
30 km au S-E de Valence par la D 538. Par l'A 7, sortie Loriol.
Accès. SNCF : Crest (ligne Valence/Veynes), puis 10 mn à pied. Service de cars depuis Valence.

GRIGNAN

Prieuré de l'Emmanuel

26230 Grignan
Tél : 04 75 46 50 37. Fax : 04 75 46 53 49

Dominicaines de Sainte-Marie-des-Tourelles. Le prieuré est situé dans un vieux mas au milieu des lavandes et des bois de chênes, au cœur d'une nature qui invite à la marche et au silence. Un lieu ouvert à tous ceux qui désirent approfondir le sens de leur vie ou qui le cherchent.
Offices. Écoute et célébration de la Parole (Office liturgique chanté), sauf le mercredi. Laudes à 8h15, Messe à 12h (11h30 le dimanche), Vêpres à 18h30. Silence et échanges dans un climat de liberté et d'amitié.
Accueil. 9 chambres individuelles ou doubles, 2 dortoirs de 10 lits. Accueil toute l'année pour un partage de prière et de vie (individuels, familles, groupes). Quelques "retraite-sessions" bibliques chaque été dans le cadre de la recherche spirituelle de la communauté. Salle de veillée (où les groupes peuvent éventuellement faire leur cuisine), salle de réunion. Possibilité de camping.
Artisanat. Culture de la lavande : flacons d'essence, bombes aérosol, vaporisateurs, sachets de fleurs. Vente sur place et dans les boutiques de l'Artisanat monastique.
Accès. 25 km au S-E de Montélimar par la N 7 et la D 941. Par l'A 7, sortie Bollène ou Montélimar-Sud. SNCF : Montélimar, puis car direction Nyons (arrêt facultatif après le prieuré, 2 km avant Grignan).

HAUTECOMBE

Communauté du Chemin-Neuf
73310 Saint-Pierre-de-Curtille
Tél : 04 79 54 26 12. Fax : 04 79 54 29 94
librairie.hautecombe@wanadoo.fr

Communauté du Chemin Neuf. L'abbaye d'Hautecombe fut fondée dans la première moitié du XIIe siècle par les moines de Cîteaux. Ainsi se sont succédés des moines cisterciens, puis bénédictins, conférant à ce lieu, malgré toutes les vicissitudes de l'histoire, un grand rayonnement spirituel. Les membres de la famille des princes de Savoie furent inhumés à Hautecombe. Du XIIe au XVIe siècle, une quarantaine de princes et de princesses y furent ensevelis. En 1922 s'installa une communauté bénédictine, la communauté Sainte-Marie-Madeleine-de-Marseille, jusqu'en 1992, date de leur départ pour Ganagobie en Haute-Provence (voir p. 252). L'archevêque de Chambéry a demandé à la Communauté du Chemin Neuf de poursuivre la vocation de prière et d'accueil de l'abbaye.

Fondée en 1973 à Lyon, la Communauté du Chemin Neuf est une communauté catholique à vocation œcuménique, née d'un groupe de prière du Renouveau Charismatique, et dans laquelle sont engagés des membres de différentes églises (catholiques, protestants, orthodoxes). Elle réunit des hommes et des femmes, célibataires, prêtres (Institut religieux) et couples qui choisissent de témoigner ensemble de leur foi en Jésus-Christ et de travailler pour l'unité des chrétiens. Devenue centre international de formation pour les jeunes, l'abbaye accueille chaque année une quarantaine de jeunes de 18 à 30 ans, qui viennent se mettre à l'écoute de Dieu et se préparer au service de l'Église et du monde.

Offices. En semaine, Laudes à 8h (sauf le samedi). Tous les jours, Eucharistie à 12h (y compris les dimanches et fêtes), Vêpres à 19h.

Accueil. Personnes désirant vivre un temps de retraite ou de service, ainsi que de groupes souhaitant vivre un moment de partage ou de prière avec la Communauté. Auberge ouverte du dimanche des Rameaux à fin septembre, de 10h à 18h.

Artisanat. Pâtes de fruits, confitures, miel, vin des vignobles de

l'abbaye (Royal d'Hautecombe), bougies, icônes. Vente sur place. Fermeture de l'ensemble du site aux visiteurs tous les mardis.
Accès. 22 km au N-O d'Aix-les-Bains et 36 km au N-O de Chambéry par la N 491 et la D 914. SNCF : Culoz (l'abbaye est à 18 km).

LYON

Carmel de Fourvière

21, rue Roger-Radisson. 69005 Lyon
Tél : 04 78 25 19 68. Fax : 04 78 25 98 33
carmel-de-fourviere@wanadoo.fr

Carmélites. Fondé le 9 octobre 1616.
Offices. Tous les jours : Messe à 7h30 suivie de l'Office du matin, Office du soir à 17h30, Lectures à 18h30, Complies à 20h30. Les dimanches et solennités : Office du matin à 8h, Messe à 11h.
Artisanat. Bougies décorées, santons et restauration de pièces anciennes en cire. Vente à la porterie et dans les boutiques de l'Artisanat monastique de Lyon et de Lille.
Accès. Depuis les gares SNCF, prendre le métro (arrêt Vieux Lyon) et le funiculaire (arrêt Saint-Just), puis le bus n° 42 ou 45 (arrêt Jaricot) ou 10 mn à pied.

MONTBRISON

Monastère Sainte-Claire

29, avenue de la Libération. BP 194. 42600 Montbrison
Tél : 04 77 58 13 35. Fax : 04 77 58 27 25

Clarisses. Fondé en 1500 par la famille d'Urfé.
Offices. Liturgie des Heures et Eucharistie du dimanche en français, avec des éléments variables en grégorien. Tous les jours, Laudes à 6h15, Eucharistie à 8h, Vêpres à 17h30, Complies à 19h45. En semaine, Adoration du Saint Sacrement de 18h à 19h, le dimanche de 9h30 à 12h et de 15h à 18h.
Accueil. Pour un temps de recueillement et de prière. En été, spécialement réservé aux familles des moniales. Séjour de 5 jours maximum.
Artisanat. Vêtements liturgiques et linge d'autel. Polycopie, reliure, enluminure.
Accès. 35 km au N-O de Saint-Étienne par la N 82 ou la D 8. SNCF : Montbrison (ligne Lyon/Clermont-Ferrand par Saint-Étienne). Service de cars depuis Saint-Étienne (gare de Chateaucreux).

LES MONTS VOIRONS

Monastère de Bethléem de l'Assomption de la Vierge et de saint Bruno
Notre-Dame de la Gloire de Dieu

Les Monts Voirons. 74420 Boëge
Tél : 04 50 39 14 01. Fax : 04 50 39 17 38

Moniales de Bethléem. Face à la chaîne du Mont Blanc, à 1400 m d'altitude, culminant le Lac Léman, le monastère poursuit aujourd'hui une longue tradition de prière et de vie solitaire. En 1456, après un miracle de la Vierge, le Seigneur de Langin consacre la montagne à Notre-Dame. Durant trois siècles, des ermites prient sur la montagne des Voirons dans la solitude et le silence. En 1920, Mgr Lesage et le Père Salvat fondent là un sanatorium pour séminaristes. En 1967, à la demande de Mgr Jean Sauvage, évêque d'Annecy, les moniales de Bethléem et de l'Assomption de la Vierge viennent vivre en cette Sainte Montagne de la Vierge à l'écoute de l'Évangile, avec la Vierge Marie, selon la sagesse de vie de saint Bruno, dans une vie solitaire, liturgique et fraternelle, studieuse et pauvre. Le travail manuel est leur gagne-pain. En dehors de la clôture, un sanctuaire d'adoration et une maison d'accueil reçoivent les chercheurs de Dieu et les pélerins de la Vierge.

Offices. En français. Durant la semaine, toute la vie des moniales se déroule en la solitude d'un ermitage ou d'une cellule. Deux assemblées liturgiques rassemblent chaque jour la communauté : Matines, Vêpres et Eucharistie. Les autres Heures liturgiques sont célébrées dans la solitude de la cellule. Le dimanche, toutes les Heures liturgiques sont célébrées à l'église. Le lundi, jour de désert, toutes les Heures liturgiques sont célébrées en solitude. Seule l'Eucharistie rassemble la communauté.

Accueil. En stricte solitude. Séjours possibles dans la perspective de connaître et d'adorer Dieu dans le silence et la solitude, mais dans une grande liberté. Temps prolongés dans le silence de la cellule : prière, étude, repas. Les hôtes qui le désirent peuvent participer aux liturgies du monastère, demander un travail manuel, marcher dans la montagne. Il est demandé à chacun de signer un engagement à respecter le silence des autres retraitants et la vie de solitude du monastère. Écrire au moins un mois à l'avance.

Artisanat. Icônes, médailles, statuettes, crèches, faïence décorée, vaisselle en grès, images, cartes de vœux, cassettes liturgiques.

A noter. Le sanctuaire de la Vierge, à l'entrée du monastère, accueille pèlerins et visiteurs. Le Saint-Sacrement y est exposé chaque jour, sauf le lundi, et des offices liturgiques y sont célébrés quotidiennement. Le dimanche, la messe a lieu à 11h. Une exposition monastique faite de panneaux d'information et d'un audio-visuel a été aménagée.

Accès. 60 km au N-E d'Annecy par la N 203 et la D 20. Par l'A 40, sortie Thonon.

LE PLANTAY

Abbaye Notre-Dame des Dombes

01330 Le Plantay
Tél : 04 74 98 14 40. Fax : 04 74 98 16 70
nddombes@chemin-neuf.org

Communauté du Chemin Neuf. L'abbaye des Dombes fut fondée dans la deuxième moitié du XIXe siècle par les moines de la Trappe d'Aiguebelle. Rencontrant lors d'un pèlerinage le Père Abbé de la Trappe d'Aiguebelle, Monseigneur de Langalerie, évêque de Belley, suggéra l'idée d'établir une abbaye "au beau milieu de l'empire de la fièvre", dans les marais alors pestilentiels de la Dombe. Il promit de fournir dans ce but, terrain, église et bâtiments conventuels, qui furent construits en briques. Aiguebelle, qui comptait alors plus de 200 religieux, en désigna 44 pour la nouvelle fondation. Le monastère fut fondé le 26 octobre 1863 ; les Trappistes ont contribué à l'assèchement du marais. L'abbaye devait s'illustrer au cours de la dernière guerre. Dès septembre 1940, la Trappe cachait tout le matériel roulant de la 7e division, qui devait servir plus tard à la Résistance. Les Religieux furent dénoncés. Le 8 septembre 1941, le Père Bernard fut arrêté, torturé et finalement déporté ; il mourut à Bergen Belsen le 11 avril 1944. Le 19 mai de la même année, cent SS envahirent l'abbaye et abattirent deux moines, avant d'emmener plusieurs prisonniers. La Trappe a reçu, pour ses faits héroïques, la Légion d'honneur et la Croix de guerre avec palme. Les Trappistes ont décidé de quitter l'abbaye en août 2001 et demandé à la Communauté du Chemin Neuf de poursuivre la vocation de prière et d'accueil de l'abbaye.

Fondée en 1973 à Lyon, la Communauté du Chemin Neuf est une communauté catholique à vocation œcuménique, née d'un groupe de prière du Renouveau Charismatique, et dans laquelle sont engagés des membres de différentes églises (catholique, protestante, orthodoxe). Elle est composée d'hommes et de femmes, célibataires, prêtres (Institut Religieux) et couples, réunis par leur foi en Jésus-Christ et par un commun désir de servir l'Eglise, l'Evangile et le monde.

Offices. En semaine, Laudes à 7h (sauf le samedi). Tous les jours, Eucharistie à 12h, le dimanche à 11h30. Vêpres à 18h30, suivies d'un temps d'adoration eucharistique.
Accueil. Personnes désirant vivre un temps de retraite individuelle ou de service, ainsi que groupes souhaitant vivre un moment de partage, de réflexion ou de prière avec la Communauté.
L'Institut de Théologie des Dombes, fondé en en 2001 en partenariat avec la Faculté de Théologie de Lyon, propose une formation œcuménique en Ecriture Sainte, théologie et philosophie, en semaine ou le week-end.
Artisanat. Atelier d'icônes ouvert en 2002 ; icônes vendues au magasin ou réalisées sur commande ; visite de l'atelier et rencontre avec les peintres.
Produits traditionnels de l'abbaye : confitures, pommes, jus de pommes, pâtes de fruits. Musculine "G" - aliment énergétique reconstituant (vente au monastère ou par correspondance). Choix d'autres produits monastiques, livres religieux, poteries, cartes et divers objets religieux.
A noter. Fermeture de l'ensemble du site aux visiteurs tous les mardis.
Accès. 41 km au N-E de Lyon par la N 83 (direction Bourg-en-Bresse), à 2 km de son croisement avec la D 7. SNCF : Marlieux ou Villars-les-Dombes.

PONT-DE-BEAUVOISIN

Abbaye Saint-Joseph-de-la-Rochette

Belmont-Tramonet. 73330 Pont-de-Beauvoisin
Tél : 04 76 37 05 10. Fax : 04 76 37 75 34
Abla.Rochette@wanadoo.fr

Bénédictines. Fondée à Cuire, dans la banlieue de Lyon, en 1824, et transférée en Savoie en 1970.
Voir. L'église, de caractère à la fois moderne et rustique.
Offices. Psaumes chantés en français, suivant une polyphonie propre au monastère, Messe en grégorien. L'église est ouverte de 6h à 21h. Matines à 6h, Laudes à 8h15, Messe à 11h30 (11h15 les dimanches et fêtes), Vêpres à 17h15 (17h30 les dimanches et fêtes), Complies à 20h30.
Accueil. Hôtellerie ouvert à ceux et celles qui, en cours d'année, en week-end, ou pendant les vacances, aspirent à une halte dans un cadre de prière, de silence, de paix et de vraie liberté. Individuellement ou en groupe, tous peuvent, pendant quelques heures ou quelques jours, prendre le temps de la réflexion et partager la prière liturgique de la communauté. Hôtellerie fermée en janvier. On parle anglais, allemand, espagnol et italien.
Artisanat. Imprimerie offset, photocomposition, reprographie,

photocopies couleurs. Vêtements liturgiques, céramique, poterie de grès, imagerie religieuse. Vente au magasin du monastère. Fax : 04 76 37 06 41
Accès. 30 km à l'O de Chambéry par la N 6 et la N 516. Par l'A 43, sortie Saint-Genix-sur-Gueiers en venant de Lyon et de Chambéry. SNCF : Pont-de-Beauvoisin (5 km).

PRADINES

Abbaye Saint-Joseph et Saint-Pierre-de-Pradines

42630 Pradines
Tél : 04 77 64 80 06. Fax : 04 77 64 82 08

Bénédictines. L'abbaye a été fondée par Mère Thérèse de Bavoz, professe de l'abbaye lyonnaise de Saint-Pierre des Terreaux. Pendant la Révolution, elle connut la dispersion de son monastère et fut détenue dans les prisons de la Terreur. Elle participa à l'apostolat clandestin dans les montagnes du Forez et, toujours fidèle à son premier appel, elle parvint en 1818 à établir la vie monastique à Pradines, devenant ainsi l'une des premières ouvrières de la restauration en France de l'Ordre de Saint Benoît.
Offices. Chantés tous les jours. Laudes à 6h25 (6h40 les dimanches et fêtes), Messe à 8h45 en semaine (9h les dimanches et fêtes), Sexte à 12h10, Vêpres à 17h, Vigiles à 20h50.
Accueil. Pour des personnes ou des groupes désirant vivre un temps de retraite dans un climat de silence et participer à la vie liturgique de la communauté. Frais de séjour selon les possibilités de chacun.
Artisanat. Imprimerie, reliure, tissage pour la liturgie, confection d'aubes et de chasubles, bougies peintes, cartes, cassettes, artisanat d'autres monastères. Vente sur place, par correspondance et dans les boutiques de l'Artisanat monastique.
A noter. Le monastère a une pharmacie accessible au public.
Accès. 11 km au S-E de Roanne par la D 9, entre l'Hôpital-sur-Rhins et Régny. SNCF : Régny (ligne Lyon/Roanne), à 4 km du monastère, puis taxi (sauf le mercredi. Tél : 04 77 63 01 06).

ROMANS-SUR-ISÈRE

Monastère Sainte-Claire

1, rue Sainte-Marie. 26100 Romans-sur-Isère
Tél/Fax : 04 75 02 20 08

Clarisses. A Romans depuis 1621, installé rue Sainte-Marie depuis 1834.

Offices. Laudes à 8h, Messe à 8h30 (8h le dimanche), Vêpres à 17h30. Le dimanche, Adoration du Saint Sacrement (le matin en été, l'après-midi en hiver). Sauf demande, les portes du monastère sont fermées entre 12 et 14 h.

Accueil. 4 chambres et cuisine. Réservé uniquement aux familles des sœurs ou à des jeunes filles, dames, et religieuses qui souhaitent vivre un temps de silence, de prière, de réflexion et partage (recherche de vocation notamment). S'inscrire à l'avance par courrier ou par téléphone.

Artisanat. Pains d'autel. Vente sur place et par correspondance.

Accès. 18 km au N-E de Valence par la N 532. SNCF : Romans. Service de cars entre Valence et Romans (départs très fréquents).

ROYBON

Abbaye Notre-Dame de Chambarand

La Trappe. 38940 Roybon
Tél : 04 76 36 22 68. Fax : 04 76 36 28 65
www.chambarand.com

Cisterciennes (Trappistines). Fondée en 1931, dans la forêt au sud de la cité (à 5 km par la D 20).

Offices. Chantés en français, avec quelques pièces en grégorien à la Messe. Messe à 7h (10h30 le dimanche), Vêpres à 17h30.

Accueil. Hôtellerie pour les familles des religieuses et des retraitants.

Artisanat. Fromages ; chapelets, dizainiers, rosaires montés sur corde, croix artisanales. Édition des brochures de la collection "le

Rosaire médité". Vente sur place et sur commande (expédition en France et à l'étranger). Vente par correspondance de produits de différents monastères (catalogue sur demande).
Accès. 61 km à l'O de Grenoble par les N 75, 85 et 92 et la D 71. Par l'A 49 Valence/Grenoble, sortie n° 9 Saint-Marcellin. SNCF : Saint-Marcellin (ligne Grenoble/Valence), à 16 km du monastère.

SAINT-BERNARD-DU-TOUVET

Monastère Notre-Dame des Petites Roches

38660 Saint-Bernard-du-Touvet
Tél : 04 76 08 31 13. Fax : 04 76 08 32 17

Cisterciennes Bernardines d'Esquermes. Fondé en 1970, érigé en 1987.
Offices. Chantés en français. Ouverts à ceux qui le désirent. Eucharistie en semaine à 8h, le dimanche à 10h.
Accueil. Personnes désirant se ressourcer spirituellement avec le soutien de la prière d'une communauté tout en bénéficiant du cadre de la montagne. Groupes souhaitant un temps de réflexion et de prière : journée, week-end, retraite (logement possible pour 18 à 30 adultes).
Accès. 1000 m d'altitude. 30 km au N-E de Grenoble, 38 km au S-O de Chambéry par la N 90 et la D 30. SNCF : Grenoble, puis car Eyraud jusqu'à Saint-Bernard-du-Touvet.

SAINT-HÉAND

Monastère de la Visitation

10, rue de la Visitation. 42570 Saint-Héand
Tél : 04 77 30 43 70

Visitandines. Fondé à Saint-Étienne en 1622, rétabli en 1835, transféré à Saint-Héand en 1976.
Offices. Tous les jours : Office du matin et Messe à 8h15, Office du soir à 18h.
Accueil. 5 chambres, pour des séjours de réflexion et des retraites.
Artisanat. Reliure.
Accès. 9 km au N de Saint-Étienne par la D 11. SNCF : St-Étienne, puis car (départ place Chavanelle, direction Saint-Héand).

SAINT-LAURENT-LES-BAINS

Abbaye de Notre-Dame des Neiges

07590 Saint-Laurent-les-Bains
Tél : 04 66 46 59 00 et 04 66 46 59 13 (Père Hôtelier)
Fax : 04 66 46 59 10

Cisterciens. Fondée en 1850 par des moines venus d'Aiguebelle (voir p. 271), l'abbaye renouait avec une tradition monastique instaurée 700 ans plus tôt dans la région par les abbayes de Mazan et de Mercoire. C'est à cette porte que vint frapper, le 16 janvier 1890, le lieutenant Charles de Foucauld. En juin 1901, il célébra sa première messe à Notre-Dame-des-Neiges, avant de partir ermite au Sahara.

Offices. En semaine : Laudes et Grand-Messe chantées à 7h, Sexte à 12h15, Vêpres à 18h30, Complies et Salve à 20h30. Les dimanches et fêtes : Laudes à 7h30, Grand-Messe à 10h30, Vêpres à 18h.

Accueil. L'hôtellerie accueille toute l'année les personnes et les groupes venant dans un but de recherche spirituelle, désireux de profiter de l'ambiance monastique de prière et de silence. Pour tout renseignement, s'adresser au Père Hôtelier.

Artisanat. Vin liturgique et vin de table de qualité. Vente aux caves (ouvertes du lundi au vendredi. Tél : 04 66 46 00 02. Fax : 04 66 46 59 09), au magasin de détail (10h-12h, 14h-18h, fermé le dimanche matin. Tél : 04 64 46 59 03), à l'abbaye, dans d'autres monastères, par correspondance et dans les boutiques de l'Artisanat monastique. Catalogue et tarifs envoyés sur demande.

A noter. Les grandes fêtes de l'année outre celles du calendrier liturgique catholique (Noël, Pâques, Pentecôte) se célèbrent le 5 août (Notre-Dame-des-Neiges), le 15 août (Assomption) et le 20 août (saint Bernard). Montage audio-visuel et exposition du musée Charles de Foucauld sont à la disposition des visiteurs et leur présentent les principaux aspects de la vie de l'abbaye. Ouvert tous les jours en été, ouvert aux groupes, sur demande.

Accès. 120 km à l'O de Montélimar, 65 km au S du Puy par la N 88, la N 102 et la D 239. SNCF : Bastide-Saint-Laurent-les-Bains (ligne Paris/Clermont-Ferrand/Nîmes), à 3 km. Aucun service de cars.

SAINT-LAURENT-DU-PONT

Monastère de l'Assomption Notre-Dame

Currière-en-Chartreuse. 38380 Saint-Laurent-du-Pont
Tél : 04 76 55 14 97. Fax : 04 76 55 48 55

Moines de Bethléem, de l'Assomption de la Vierge et de saint Bruno. Cette communauté est née à Currière-en-Chartreuse en 1976. La vie des moines est spécifiée par la quête de Dieu et la prière dans le silence et la solitude de la cellule : vie évangélique solitaire

et fraternelle dans la tradition des premiers moines du désert, reçue à travers la paternité de saint Bruno et à l'école de la Vierge Marie. Les moines forment une seule communauté mais vivent selon deux rythmes de vie :

- certains demeurent constamment en cellule. Ils ne la quittent que pour les deux célébrations liturgiques quotidiennes. Dans le silence et la solitude de la cellule, tout au long du jour, ils prient, étudient, travaillent, célèbrent certaines heures de la liturgie, prennent leurs repas et dorment.
- d'autres demeurent en cellule de longues heures chaque jour mais peuvent être amenés à en sortir pour travailler dans le monastère (en particulier l'après-midi). Le dimanche est plus spécialement consacré, dans la lumière de la Résurrection du Christ, à la célébration de la vie fraternelle. Ce jour-là, tous les offices sont célébrés à la chapelle. Les moines prennent ensuite un repas en commun puis se réunissent pour une marche et une rencontre fraternelle.

Offices. En français. Les retraitants sont seuls admis aux offices. Excepté le lundi, jour de désert, deux assemblées liturgiques rassemblent la communauté à la chapelle : Matines et Eucharistie, Vêpres. Les autres Heures liturgiques sont célébrées dans la solitude de la cellule.

Accueil. Une partie du monastère reste encore à construire. Cependant, la chapelle du monastère, le chapitre, le réfectoire et les ermitages du cloître de solitude sont achevés. Une authentique expérience de rencontre avec Dieu dans le silence de la cellule peut être proposée à ceux qui le désirent après avoir entendu le précepte du Seigneur : “Si tu veux prier, retire-toi dans ta chambre et prie ton Père qui est là et voit dans le secret.” Une hospitalité de quelques ermitages de solitude est prévue pour ceux qui souhaitent ainsi pour quelques jours (48 heures minimum, une semaine maximum pour un premier séjour), partager la vie de silence et de prière des moines. Pour mieux profiter de cette expérience, ceux qui le désirent peuvent être accompagnés durant leur séjour par un moine. Ils peuvent effectuer un travail manuel parfois nécessaire pour contribuer au calme et au silence intérieur. Une démarche individuelle est indispensable ; les groupes, même restreints, ne peuvent être reçus. Les demandes de séjour se font uniquement par écrit, de préférence un mois à l'avance. Un engagement au complet silence vis-à-vis des moines et des autres hôtes accueillis est indispensable et doit être signifié par écrit. Le Frère responsable de l'hospitalité est cependant disponible pour ceux, qui souhaitent être aidés afin de tirer les meilleurs fruits possibles de leur temps de retraite silencieuse.

Artisanat. Art religieux : icônes, polychromie d'objets et statues en bois, céramique. Produits naturels de l'Étoile. Catalogue sur demande à l'Atelier monastique de l'Étoile (Currière-en-Chartreuse. 38380 Saint-Laurent-du-Pont). En projet : atelier de cuir.
Accès. 30 km au N de Grenoble par la D 512 et la route forestière du Col de la Charmette. SNCF : Voiron, Grenoble ou Chambéry, puis car jusqu'à Saint-Laurent-du-Pont et taxi jusqu'au monastère (à 5 km, en pleine forêt de Chartreuse).

Monastère des Sœurs de Bethléem - Notre-Dame Buisson Ardent

Currière-en-Chartreuse. 38380 Saint-Laurent-du-Pont
Tél : 04 76 55 40 55

Moniales de Bethléem et de l'Assomption de la Vierge. Les Chartreux ont proposé aux moniales de venir dans l'ancienne chartreuse de Currière pour y vivre en solitude. Ils y ont préparé des chambres d'accueil.
Offices. En français. Excepté le lundi, jour de désert, deux assemblées liturgiques rassemblent la communauté à la chapelle : Matines et Eucharistie, Vêpres. Les autres célébrations des Heures liturgiques ont lieu dans la solitude de la cellule. A Currière, l'accès de l'église est réservé aux retraitants en solitude.
Accueil. En stricte solitude. Séjours possibles dans la perspective de connaître et d'adorer le Seigneur dans le silence et la solitude, mais dans une grande liberté. Prière, étude, repas dans le silence de la cellule. Les hôtes qui le désirent peuvent participer aux liturgies du monastère, ils peuvent demander un travail manuel, marcher dans la montagne. Il est demandé à chacun de signer un engagement à respecter le silence des autres retraitants et la vie de solitude du monastère. Écrire un mois à l'avance. Séjour de 48 h minimum.
Artisanat. Icônes, médailles, sculptures de chêne massif, statuettes, crèches, faïence décorée, vaisselle en grès, images, cartes de vœux, cassettes liturgiques et bibliques.
Accès. Voir Monastère de l'Assomption Notre-Dame.

SAINT-PIERRE-D'ALBIGNY

Monastère de la Visitation

Clos Minjoud. 73250 Saint-Pierre-d'Albigny
Tél : 04 79 28 50 12. Fax : 04 79 71 41 76
monastere.visitation73@wanadoo.fr

Visitandines. Fondé par sainte Jeanne de Chantal en 1624 dans les faubourgs de Chambéry, transféré en 1635 à l'intérieur des remparts, le monastère était alors dirigé par Mère Marie-Jacqueline Favre, sœur de Vaugelas (c'est l'actuel lycée Vaugelas). Rétabli après la Révolution sur la colline de Lémenc, il fut partiellement démoli par les bombes le 26 mai 1944 et finalement transféré au château de Minjoud le 4 octobre 1956.
Voir. A la chapelle, “le Grand Christ qui, en 1608, projeta ses rayons sur saint François de Sales prêchant au Sénat de Savoie”.
Offices. En semaine : Laudes à 7h20, Eucharistie à 8h (9h le dimanche), Vêpres à 17h25.

Accueil. Pour des retraites individuelles non prêchées, en clôture pour les religieuses, les dames et les jeunes filles. Séjour de 8 à 10 jours maximum.
Artisanat. Rempaillage et cannage de chaises, broderie. Montage audiovisuel sur demande.
Accès. 28 km à l'E de Chambéry par la N 90 et la D 911. Par l'A 430 direction Albertville, sortie Châteauneuf-Saint-Pierre-d'Albigny.

SAINT-PIERRE-DE-CHARTREUSE

Monastère de la Grande Chartreuse

38380 Saint-Pierre-de-Chartreuse
Tél : 04 76 88 60 30. Fax : 04 76 88 61 08
ljc@chartreux.org
www.chartreux.org

Chartreux. C'est en 1084 que saint Bruno, avec six compagnons et sous la protection de son ami saint Hugues, Évêque de Grenoble, vint s'installer dans le lieu le plus retiré du désert de Chartreuse au pied du Grand Som. Là, les ermites se bâtirent des cellules en planches et un oratoire de pierre. Cette première fondation fut écrasée par une avalanche en 1132 et le monastère fut reconstruit à son emplacement actuel. Huit fois ravagé par le feu, saccagé par les bandes du Baron des Adrets, pillé par la Révolution qui le vida de ses moines pour la première fois, le monastère les vit revenir en 1816. Chassés à nouveau en 1903, ils revinrent en 1940. La Grande Chartreuse est la maison mère de l'Ordre qui porte son nom.
Le monastère ne se visite pas en raison du genre de vie, essentiellement érémitique, que les moines ont embrassé pour rendre gloire à Dieu dans le silence et le recueillement. Seuls les aspirants à la vie cartusienne désireux d'étudier leur vocation

sont admis à faire une retraite à l'intérieur de la clôture, et peuvent suivre en tout la vie des moines. Pour satisfaire la légitime curiosité des visiteurs, il a été créé au lieu dit La Correrie, à 1,5 km du monastère, une exposition détaillée des traditions et des observances de l'Ordre cartusien qui permet de se faire une idée assez riche de l'esprit qui les anime. "La Correrie", dont les plus anciennes parties remontent au XIe siècle, est ouverte de Pâques à la Toussaint.

Artisanat. La célèbre liqueur Chartreuse est fabriquée et peut être achetée à la distillerie de Voiron.

Accès. 27 km au N de Grenoble par la D 512.

SIMANDRE-SUR-SURAN

Chartreuse de Sélignac

01250 Simandre-sur-Suran
Tél : 04 74 51 79 20. Fax : 04 74 51 79 28
com.st.bruno@chartreuse.info

Chartreux. Fondé en 1202 par le Croisé Hugues de Coligny, le monastère se dresse au fond du Val-Saint-Martin. La chartreuse a beaucoup souffert des guerres du XVIe et du XVIIe siècle entre la Savoie ou l'Espagne et la France. La Révolution dispersa les moines en 1792 et détruisit en grande partie les bâtiments. Restaurée en 1866, la chartreuse fut de nouveau spoliée le 3 octobre 1902 et vendue. Dès 1912, une bienfaitrice racheta le monastère et le rendit à l'Ordre. Les moines s'y réinstallèrent en 1928. Actuellement l'Ordre des Chartreux a confié la Chartreuse de Sélignac à quelques laïcs, appelés pour y poursuivre, après le départ des moines une présence contemplative et d'accueil dans l'esprit de Saint Bruno. Cette communauté se propose de vivre avec vous une approche de Dieu dans la solitude et le silence, la prière et le travail selon un équilibre initié par Maître Bruno lui-même (fondateur de l'Ordre en 1084), en partageant des mêmes temps de : solitude dans une cellule du cloître (ermitage) ou en chambre.

Offices. Prière commune à travers l'Eucharistie, les Offices de Matines, Laudes et Vêpres (en français).

Accueil. Un accompagnement spirituel et personnel pourra être assuré sur demande, par les permanents de la maison. Afin de respecter au mieux l'esprit du lieu, une dizaines de personnes, au plus, pourront partager ce temps avec nous.
Artisanat. Travail dans le monastère (cuisine, entretien, jardin, bois, verger, potager, ateliers...).
Accès. 20 km à l'E de Bourg-en-Bresse. Autoroute A 40 sortie n°6 Meillonnas et par la D 936 (direction Oyonnax). SNCF : Simandre-sur-Suran (la monastère est à 5 km).

SURIEU

Carmel Notre-Dame-de-Surieu

Surieu. 38150 Saint-Romain-de-Surieu
Tél : 04 74 84 46 69. Fax : 04 74 84 44 80

Carmélites. Venant de Paray-le-Monial en Saône-et-Loire (voir p. 92), la communauté s'implanta en 1984 autour d'une église romane, située sur un site féodal au cœur de la vallée du Rhône, à une vingtaine de kilomètres de Vienne, continuant ainsi la tradition monastique du Viennois.
Offices. Prières silencieuses à 7h, Office du matin à 8h, Eucharistie à 11h 30 (18h les dimanches et fêtes), Office du soir à 17h (17h30 les dimanches et fêtes), suivi d'une prière silencieuse, Vigiles à 21h15. Le dernier lundi du mois : journée de désert.
Accueil. Petite hôtellerie réservée, en priorité, aux haltes spirituelles en silence.
Artisanat. Photocomposition, vêtements liturgiques, icônes, etc.
Accès. 51 km au S de Lyon par la N 7 ou l'A 7. SNCF : Péage-de-Roussillon, puis taxi (8 km).

TAMIÉ

Abbaye Notre-Dame de Tamié

73200 Plancherine
Tél : 04 79 31 15 50 (Communauté) et 04 79 31 15 53 (Accueil)
Fax : 04 79 37 05 24
tamie-abbaye@wanadoo.fr
fr.hotelier@wanadoo.fr
www.abbaye-tamie.com

Cisterciens-Trappistes. Fondée en 1132 par saint Pierre de Tarentaise, relevée après la Révolution par les moines de la Grâce-Dieu, en 1861.
Offices. L'église est toujours ouverte pour la prière. Les horaires des offices sont consultables sur Internet et par téléphone mais

susceptibles de modifications exceptionnelles suivant le rythme de la communauté.

Accueil. Le monastère reçoit des hommes et des femmes, pour un séjour de ressourcement d'une semaine maximum. Écrire bien à l'avance au Frère Hôtelier. Une participation aux frais de séjour est proposée à chacun dans la mesure de ses moyens.

Artisanat. Un centre d'accueil à 300 m avant le monastère assure la vente des fromages et des disques de Tamié. On y trouve aussi une librairie religieuse, des cartes postales et des objets de piété.

A noter. Le monastère ne se visite pas, mais un montage audio-visuel présente au public la vie des moines d'hier et d'aujourd'hui.

Accès. 14 km à l'O d'Albertville par des petites routes. SNCF : Frontenex (11 km), Albertville ou Annecy, puis car jusqu'à Faverges (8 km).

TAULIGNAN

Monastère de la Clarté Notre-Dame

26770 Taulignan
Tél : 04 75 53 55 11. Fax : 04 75 53 62 23

Moniales dominicaines. Fondé en 1942.

Offices. En semaine : Laudes à 7h45, Eucharistie à 8h30, Heure médiane à 12h, Vêpres à 17h45, Vigiles à 20h15. Les dimanches et fêtes : Laudes à 8h, Eucharistie à 11h, Heure médiane à 15h30, Vêpres à 17h45, Vigiles à 20h30.

Accueil. Pour des personnes seules et des groupes (15 personnes) désirant profiter du cadre de prière et de silence du monastère. Séjour de 8 jours maximum.

Artisanat. Atelier de reliure artisanale (toile et peau, travail soigné). Bougies, icônes, aquarelles, calligraphie, livres d'or.

Accès. 35 km au S-E de Montélimar par la N 7 ou par l'A 7 (sortie Montélimar-Sud) et la D 133. SNCF : Montélimar, puis car (départ devant la gare, direction Valréas-Nyons, arrêt à 700 m du monastère. Horaires variables, se renseigner).

THONON-LES-BAINS

Monastère de la Visitation

Marclaz. 74200 Thonon-les-Bains
Tél : 04 50 70 34 46. Fax : 04 50 70 65 57

Visitandines. Fondé à Évian par sainte Jeanne de Chantal le 6 août 1625, transféré par elle-même à Thonon le 22 mai 1627. Durant 342 ans, la Visitation vécut au n° 31 de la rue des Granges. Elle fut finalement transférée hors de la ville le 22 novembre 1968, dans un beau cadre de verdure, au pied de la forteresse des Allinges d'où saint François de Sales partait chaque matin pour évangéliser le Chablais.

Voir. Les bâtiments modernes et harmonieux (architecte Novarina), le clocher de style savoyard, en cuivre, abritant la grosse cloche.

Offices. Ce monastère a reçu mission d'accueillir et soigner les sœurs aînées de la Visitation. Il offre aux personnes qui le désirent le partage de son silence et de sa prière pour quelques jours de retraite, avec possibilité d'échange.

Accès. 72 km au N-E d'Annecy par la N 203. SNCF : Thonon, puis bus pour Marclaz (départ place des Arts).

TRIORS

Abbaye Notre-Dame de Triors

26750 Châtillon-Saint-Jean
Tél : 04 75 71 43 39. Fax : 04 75 45 38 14

Bénédictins. Le 22 août 1984, 14 moines venant de l'abbaye de Fontgombault (voir p. 112) ont inauguré la vie monastique dans un site particulièrement bien choisi qui devrait combler les vœux de leur lointain bienfaiteur Charles de Lionne, abbé de Lesseins, chanoine de Saint-Barnard de Romans.

Offices. Messe conventuelle chantée en grégorien, tous les jours à 10h, Vêpres à 18h (17h les dimanches et fêtes).

Accueil. Pour des retraites, sur demande adressée au Père Hôtelier. Conditions : respecter le silence du monastère, se contenter de l'austérité que l'on y trouve, assister aux principaux offices.

Artisanat. Vente-exposition à la porterie de livres, d'objets de piété et de produits du monastère : poterie de grès, miel, noix, huile de noix, noix à la pâte d'amande, truffes, pâtisseries et confiseries, disques de chant grégorien (chœur des moines de l'abbaye).

Accès. 25 km au N-E de Valence par l'A 49 direction Grenoble (sortie Romans). SNCF : Romans-Bourg de Péage (8 km), puis car en période scolaire.

VALS-LES-BAINS

Monastère Sainte-Claire

72, faubourg d'Antraigues. 07600 Vals-les-Bains
Tél : 04 75 87 83 40. Fax : 04 75 87 83 49

Clarisses. Fondé en 1887.
Offices. Office du matin à 8h, Eucharistie à 8h30 le dimanche (variable en semaine), Vêpres à 16h45 (17h le dimanche).
Accueil. Uniquement pour les parents et les amis des moniales.
Artisanat. Aubes et ornements d'église (sur commande).
Accès. 73 km au S-O de Valence par la N 7, la N 104 et la N 102. SNCF : Valence ou Montélimar, puis car pour Vals-les-Bains.

VAUGNERAY

Monastère de la Visitation

69670 Vaugneray
Tél : 04 78 45 81 34

Visitandines. Fondation de la Visitation à Lyon le 1er février 1615. C'est dans la maison du jardinier du couvent où il avait voulu séjourner que meurt saint François de Sales le 28 décembre 1622. En 1627, établissement d'un second monastère à Lyon. A la Révolution, exode douloureux qui prend fin à Trévise. En 1804 a lieu la restauration du deuxième monastère sur les collines de Lyon. Il s'installe en 1968 à Vaugneray où il se réunit avec le monastère de Condrieu dans un bâtiment neuf
Offices. Laudes à 8h, Messe à 11h (10h le dimanche), Office des Lectures à 14h, Vêpres à 18h, Complies à 21h.
Accueil. Pour partager la prière et chercher une relation personnelle avec le Seigneur dans une atmosphère de recueillement (durée du séjour de 1 à 8 jours). Accueil de groupes à condition toutefois qu'ils puissent se contenter d'une grande salle et de quelques chambres, de la chapelle et d'une partie du jardin l'été.
Artisanat. Cartes de vœux, couture, tricot, aubes, étoles.
Accès. 17 km à l'O de Lyon. SNCF : Lyon, puis car n° 73 (arrêt Vaugneray-bourg, à 1 km du monastère).

VIF

Monastère de la Visitation

Montée de l'Uriol. 38450 Vif
Tél : 04 76 72 51 18

Visitandines. A la chapelle, le maître-autel provenant de l'église des Minimes à Grenoble. C'est celui où fut ordonné le saint Curé d'Ars et où il célébra ses trois premières messes. Y est attaché aussi le souvenir de saint Pierre-Julien Eymard et de saint Jean Bosco.
Offices. En français, tous les jours. Laudes à 7h30, Eucharistie à 8h, Vêpres à 18h.
Accueil. Toute l'année, accueil des religieuses, des prêtres, des

dames, des couples, des personnes seules et des groupes (35 personnes maximum) pour repos, calme et ressourcement spirituel. 2 salles de conférences, une grande et une petite. Jardin, parc, vue sur Belledonne. Tourisme et excursions dans la nature pittoresque du Vercors. Intéressants édifices religieux à voir : Notre-Dame de la Salette, Notre-Dame de l'Osier, la Grande Chartreuse (voir p. 289).

Accès. 16 km au S de Grenoble par la N 75 ou par l'A 51. SNCF : Grenoble, puis car Grindler (départ de la gare routière, direction Vif-les-Saillants, durée 30 mn environ).

VOIRON

Monastère de la Visitation

Notre-Dame du May. 38500 Voiron
Tél : 04 76 05 26 29. Fax : 04 76 05 69 17

Visitandines. Fondé le 27 mai 1834 par le monastère de la Côte-Saint-André, à la demande de l'évêque du diocèse : il voulait réinstaurer non loin de Grenoble la Visitation que saint François de Sales et sainte Jeanne de Chantal y avaient implantée en 1618.

Offices. Chantés. En semaine : Laudes à 8h30, Eucharistie à 11h, Heure médiane à 13h30, Vêpres à 17h30, Complies à 20h45. Le dimanche : Eucharistie à 9h.

Accueil. Dans les locaux de l'hôtellerie monastique des groupes, des couples et des personnes désireuses de faire une halte dans le silence et l'amitié. Possibilité de partager la prière des moniales et de trouver une aide fraternelle. En clôture peuvent être accueillies individuellement des jeunes filles, des femmes mariées ou célibataires, des religieuses, toutes désireuses d'un vrai silence, dans le respect de la prière et de la vie propre de la communauté. Un accompagnement spirituel à l'école de saint François de Sales est envisageable pour qui le souhaiterait. Les conditions matérielles sont adaptées à chaque personne.

Artisanat. Ayant opté pour le travail à domicile, les moniales sont soumises à la situation économique de la région (travaux temporaires saisonniers). Icônes, broderies, bougies, images, cartes, poterie, ouvrages divers.

Accès. 25 km au N-O de Grenoble par la N 75. Par l'A 48, sortie Voirac-Champfeuillet. SNCF : Voiron, puis 15 mn à pied.

VOREPPE

Monastère de Chalais

BP 128. 38343 Voreppe cedex
Tél : 04 76 50 02 16 et 04 76 50 12 52 (Accueil)
Fax : 04 76 50 22 23

Dominicaines. A la fin du XIe siècle, l'évêque Hugues de Châteauneuf établit quelques moines qu'on appela les "Ermites de Chalais". L'ordre prospéra et compta bientôt dix abbayes. En 1303, Chalais fut cédé à la Grand Chartreuse qui la garda jusqu'à la Révolution. C'est à Chalais qu'en 1843, le Père Lacordaire restaura l'Ordre dominicain en France. Le monastère fut relevé en 1962 par les Dominicaines d'Oullins, que rejoignirent en 1966 les Dominicaines de Chinon.

Voir. L'église romane, restaurée par les sœurs (un guide est en vente au magasin).

Offices. Tous les jours : Laudes à 8h, Messe à 11h30, Heures médiane à 14h30, Vêpres à 17h30, Complies à 20h45.

Accueil. Une trentaine de chambres. Ouvert aux croyants comme aux non-croyants, dans la mesure où l'on désire profiter du silence et de la vie de prière de la communauté. Séjour de 8 jours maximum.

Artisanat. "Biscuits de Chalais", sans œuf, aux arômes naturels. Spécialités : Fleur de miel, Pulpe de coco et Rond'or (beurre et raisin). Conservation parfaite en boîte métallique. Renseignements, liste des magasins détaillants et tarifs sur demande. Vente sur place et par correspondance. Magasin ouvert l'après-midi : biscuits, produits monastiques, librairie religieuse (Tél de la biscuiterie : 04 76 50 88 59).

A noter. On accède à Chalais depuis Voreppe par une admirable route forestière de 7 km, ouverte depuis la restauration du monastère. Depuis le plateau, le paysage grandiose et serein s'ouvre sur le Vercors et la vallée de l'Isère. Pèlerinage à la Vierge de Chalais le 15 août.

Accès. 23 km au N-O de Grenoble par la N 75. SNCF : Grenoble ou Voiron, puis car jusqu'à Voreppe. Pas de transport en commun de Voreppe à Chalais (7 km).

Belgique

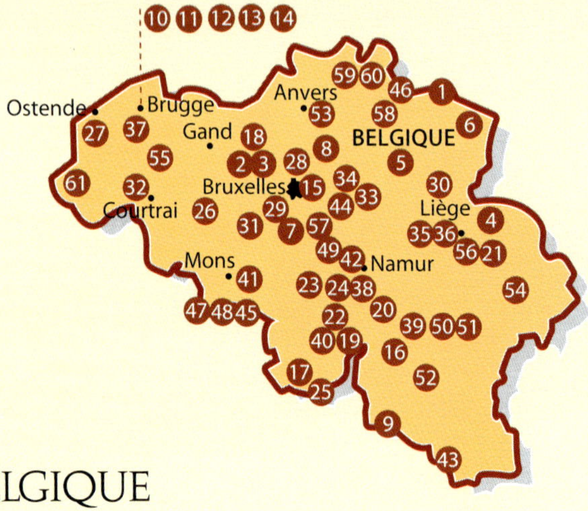

BELGIQUE

1. **Achel** : Sint-Benedictusabdij (adresse belge)
2. **Affligem** : Abdij Affligen
3. Abdij Maria Mediatrix en H. Wivina
4. **Aubel** : Abbaye Notre-Dame du Val-Dieu
5. **Averbode** : Abbaye d'Averbode
6. **Bocholt** : Priorij O.L.Vr. Van Klaarland
7. **Bois-Seigneur-Isaac** : Abbaye des Prémontrés
8. **Bonheiden** : Abdij Bethlehem
9. **Bouillon** : Abbaye Notre-Dame de Clairefontaine
10. **Brugge (Bruges)** : Monastère du Précieux Sang et de Notre-Dame du Mont-Carmel
11. Monasterium de Wijngaard
12. Sint-Andriesabdij Van Zevenkerken
13. Sint-Pietersabdij Steenbrugge
14. **Brugge-Sint-Kruis (Brugge)** : Sint-Trudoabdij Male
15. **Bruxelles** : Monastère de Sainte-Anne et de Saint-Joseph
16. **Chevetogne** : Monastère de l'Exaltation de la Croix
17. **Chimay** : Abbaye Notre-Dame de la Paix
18. **Dendermonde (Termonde)** : Abbaye Saint-Pierre et Paul
19. **Denée** : Abbaye de Maredsous
20. **Dinant** : Abbaye Notre-Dame de Leffe
21. **Embourg** : Monastère de Notre-Dame du Mont-Camel et de Saint-Elie
22. **Ermeton-sur-Biert** : Monastère Notre-Dame
23. **Fleurus** : Notre-Dame de Soleilmont
24. **Floreffe** : Carmel de Sainte-Thérèse de Jésus
25. **Forges** : Abbaye Notre-Dame de Scourmont
26. **Geraardsbergen (Grammont)** : Priorij O.L.V. Van Vrede
27. **Gistel** : Abbaye Sainte-Godelieve "Ten Putte"
28. **Grimbergen** : Abbaye Prémontrée-Premonstratenzerabdij
29. **Halle** : Monastère du Saint-Sacrement et de Notre-Dame
30. **Hasselt-Kuringen** : Abbaye de Herkenrode
31. **Herne** : Monastère de Marie Médiatrice
32. **Heule** : Notre-Dame de Fatima
33. **Heverlee** : Abdij Van 'T Park
34. **Leuven (Louvain)** : Abdij Keizersberg
35. **Liège** : Abbaye de la Paix Notre-Dame
36. Monastère des Carmélites de Cornillon
37. **Loppem** : Monastère Notre-Dame de Béthanie
38. **Malonne** : Monastère "Clarté Notre-Dame"
39. **Marche-en-Famenne** : Carmel du Sacré-Cœur et de l'Immaculée Conception
40. **Maredret** : Abbaye de Maredret
41. **Mons** : Carmel
42. **Namur** : Monastère de la Résurrection
43. **Orval** : Abbaye Notre-Dame d'Orval
44. **Ottignies** : Monastère Saint-André de Clerlande
45. **Peruwelz-Bonsecours** : Notre-Dame de Bon Secours
46. **Postel** : Norbertynenabdij
47. **Quévy-le-Grand** : Monastère Saint-Jean L'Évangéliste
48. Monastère de l'Annonciation
49. **Rixensart** : Monastère de l'Alliance
50. **Rochefort** : Abbaye Notre-Dame de Saint-Rémy
51. Carmel
52. **Saint-Hubert** : Notre-Dame d'Hurtebise
53. **Schotenhof** : Priorij Regina Pacis
54. **Stavelot** : Monastère Saint-Remacle
55. **Tielt** : Monastère "Mater Dolorosa"
56. **Tilff** : Abbaye Notre-Dame de Brialmont
57. **Waterloo (Argenteuil)** : Carmel du Christ Ressuscité
58. **Westerlo-Tongerlo** : Norbertijnenabdij Tongerlo
59. **Westmalle** : Abbaye Notre-Dame du Sacré Cœur
60. Monastère "Magnificat"
61. **Westvleteren** : Sint-Sixtus Abdij

ACHEL

L'abbaye étant située sur la frontière belgo-néerlandaise, nous indiquons les deux adresses.

Sint-Benedictusabdij (adresse belge)
Kluis 1. 3930 Achel-Hamont
Tél : 00 32 11 800 760. Fax 00 32 11 648 130
abidj@achelsekluis.be
www.achelsekluis.be

Achelse Kluis (adresse néerlandaise)
Abdijweg 50. 5556 VE Valkenswaard
Tél : 00 31 40 206 99 55
abidj@achelsekluis.nl
www.achelsekluis.nl

Trappistes. L'abbaye, fondée comme ermitage en 1686 et supprimée par les Français en 1794, a été restaurée par les Trappistes en 1846. Elle a fondé à son tour les abbayes d'Echt et de Diepenveen en 1883, de Rochefort (voir p. 330) en 1887, et de Notre-Dame de Kalahari à Kasanza au Congo en 1958. Le prieuré des Trappistines de Notre-Dame de Klaarland (voir p. 303) s'est ajouté à la filiation en 1970. L'abbaye et son site ont été classés monuments historique : église de l'architecte Cuypers, bâtiments conventuels de l'architecte Ritzen.
Offices. Chantés en néerlandais, tous les jours. Vigiles à 4h30, Laudes à 7h30, Tierce à 9h, Sexte à 11h45 (sauf le samedi et le dimanche), None à 14h15, Vêpres et Eucharistie à 17h30 (Eucharistie à 11h le samedi, à 10h45 le dimanche, en grégorien), Complies à 20h30.
Accueil. Pour des retraites, sur demande écrite. Compter 21€ par jour (Étudiant 9,91€).
Artisanat. L'abbaye a édité cinq livres sur l'histoire du monastère et trois CD d'orgue. Édite également la revue de l'abbaye : *Abdijleven*. L'abbaye dispose d'une galerie d'art, d'une librairie reigieuse, d'une salle audiovisuelle, d'un musée et d'une brasserie, ouverte de 13h à 17h.
Accès. 25 km au S d'Eindhoven (Pays-Bas) par la N 15 et la N 748.

AFFLIGEM

Abdij Affligen
Abdijstraat 6. 1790 Affligem
Tél : 00 32 53 66 70 25. Fax : 00 32 53 68 11 90
abdij.affligem@skynet.be

Bénédictins. Le monastère, fondé en 1083, fut détruit une première fois en 1333, et une seconde fois en 1356, durant les guerres entre le Brabant et la Flandre. En 1559, il fut uni à l'archevêché de Malines (mense épiscopale). L'archevêque resta abbé d'Affligem jusqu'au concordat avec le Saint-Siège en 1801. Expulsés à la Révolution française en 1796, les moines regagnèrent Hekelgem en 1869.

Voir. Les restes (un mur avec cinq fenêtres ogivales) de l'ancienne église abbatiale.
Offices. Chantés tous les jours par le chœur des moines, en néerlandais et en grégorien. Messe conventuelle à 8h (10h le dimanche), Vêpres à 15h.
Accueil. Pour des séjours de repos et des retraites, après accord avec le Père Hôtelier. Deux maisons pour les groupes de jeunes dépendent de l'abbaye.
Artisanat. Rédaction et administration du périodique *Tijdschrift voor Liturgie.*
A noter. L'abbaye conserve la dévotion à Notre-Dame d'Affligem. Quand saint Bernard visita le monastère en 1146, il salua la Vierge qui lui rendit son salut.
Accès. 20 km au N-O de Bruxelles par la N 9 ou l'autoroute E 40 (sortie 19a Affligem, puis suivre Affligem-centrum et Abdij Affligern). SNCB : Aalst, puis bus n° A 2 (arrêt Affligem), puis 15 mn à pied.

Abdij Maria Mediatrix en H. Wivina

1790 Affligem
Tél : 00 32 53 78 31 08. Fax : 00 32 53 75 01 60
zuster.kirsten@pi.be

Bénédictines. Fondée en 1921 avec le concours de l'abbaye de Dourgne dans le Tarn (voir p. 190).
Offices. Chantés tous les jours par le chœur des moniales, en néerlandais. Les hôtes et les visiteurs peuvent se joindre aux moniales pour suivre les Offices. Laudes à 6h30 (7h30 les dimanches et fêtes), Messe conventuelle à 8h30 (9h30 les dimanches et fêtes), Office du midi à 12h, Office des Lectures à 16h30, Vêpres à 18h, Complies à 20h15.

Accueil. 6 chambres, pour des retraites privées hors clôture.
Artisanat. Icônes.
Accès. Voir Abdij Affligen. Depuis la gare SNCB, bus n° 4 (Hof Zomergem, arrêt Abdij Maria Mediatrix), puis 15 mn à pied.

AUBEL

Abbaye Notre-Dame du Val-Dieu

Val-Dieu 227. 4880 Aubel
Tél : 00 32 87 69 28 28 et 00 32 87 69 28 48 (visites).
Fax : 00 32 87 69 28 23
val-dieu@belgacom.net

Cisterciens. L'abbaye Notre-Dame du Val-Dieu, dont la devise est “in vinculo pacis“ (dans le lien de la paix), est née en 1216 du transfert de la communauté de Hocht, près de Maastricht. Centre religieux et culturel du Plateau de Herve, sa situation, à quelque 20 km des frontières allemande et hollandaise, motiva à la fois son rayonnement au-delà des limites politiques des états et le recrutement de ses moines tant en Allemagne et aux Pays-Bas qu'en Belgique. Les périodes de prospérité et de ferveur ont alterné avec les calamités et les misères de l'Histoire : incendies et inondations, décadence spirituelle (XVIe siècle), exactions des soldatesques (XVIIe siècle), émigration, dispersion de la communauté et spoliation des biens (1794, 1796, 1812), rachat limité aux lieux réguliers et à l'église (1840), renaissance de la vie monacale (1845) et restauration de la dignité abbatiale (1891). Toutefois, c'est au cours des années 1970 que le patrimoine immobilier conventuel avec ses dépendances attenantes a pu être reconstitué dans sa quasi-totalité. La vie spirituelle et matérielle de l'abbaye est aujourd'hui assurée par la Communauté Chrétienne du Val-Dieu. Associée à l'Ordre Cistercien, la communaué mixte regroupe des célibataires et des familles. Elle vit selon la règle de Saint-Benoît.

Voir. La basilique de style gothique primaire avec quelques vestiges de roman tardif, fut consacrée vers 1225, incendiée en 1286, réédifiée en 1331, agrandie à la fin du XVe siècle, ravagée par les calvinistes en 1574, reconstruite en 1625, détruite partiellement en 1839, restaurée selon les structures originelles et enfin dédiée à Notre-Dame en 1884. Son clocher octogonal fut doté d'une flèche svelte et élancée de 37 m de hauteur en 1934 et l'église fut en 1946 élevée par Pie XII au rang de basilique mineure. Les cloîtres sont en gothique avec arcs doubleaux et croisés d'ogives surbaissés. Ils datent du XVIIe siècle, qui fut l'âge d'or de l'expression architecturale cistercienne en Belgique, et furent complètement restaurés et réaménagés en 1911. Val-Dieu se modèle sur la rigueur de conception et les principes d'implantation et d'ordonnance des monastères issus de Citeaux.

En annexe du monastère se trouvent les anciens "quartiers de l'Abbé et des étrangers". Commencée en 1702, cette partie du monastère put rivaliser par le luxe et le confort avec les châteaux les plus élégants, car les résidences des grands seigneurs religieux qu'étaient devenus les abbés au XVIIe siècle, avaient renoncé à l'austérité primitive pour rechercher le luxe et l'élégance. Au départ de ce site classé s'ouvre une histoire longue de 800 ans, jalonnée d'œuvres exceptionnelles : les chapiteaux provenant du premier cloître, du XIIIe siècle, la belle statue de saint Bernard deatant de 1350 et celles de Robert de Molesmes, Albéric et Étienne Harding. Nombreux manuscrits et enluminures datant des XIIIe et XIVe siècles, ouvrages rares ou uniques provenant de la bibliothèque. Crosse du XVe siècle, reliquaires, calices, ostensoirs, ciboires. Remarquable collection d'orfèvrerie allant du XVe siècle à nos jours. Le visiteur peut voir plusieurs salles entièrement remeublées : l'ancien salon de l'abbé, tel qu'il était au XVIIIe siècle, la chapelle de l'abbé, de style néogothique.

Offices. En semaine : Laudes à 9h, Vêpres à 17h10. Les dimanches et fêtes : Messe à 10h30, Vêpres à 16h15 (dans l'oratoire).

Accueil. Chambres, appartements, pour des récollections et des retraites individuelles et collectives, en cours de restauration. Snack "Le Casse-croûte" (3 salles). Visites : groupes 15 personnes minimum sur réservation, individuel de Pâques à la Toussaint, le samedi à 15h sur inscriptionn (Tél : 00 32 87 69 28 48).

Artisanat. Fromages du terroir et bières de l'abbaye. Magasin d'objets d'art, de disques et de livres.

A noter. Colloques de réflexion sur des thèmes religieux, conférences-débats par des spécialistes.

Accès. 25 km à l'E de Liège. Par l'E 5 Liège/Maestricht, sortie n° 3 ; par l'E 40 Liège/Aachen, sortie n° 36. SNCB : Visé (12 km). Service de bus en semaine au départ de Visé, Julémont, Verviers et Aubel (l'abbaye est à 5 km) ; le dimanche au départ de Verviers.

AVERBODE

Abbaye d'Averbode

1 Abdijstraat. 3271 Averbode
Tél : 00 32 13 78 04 40. Fax : 00 32 13 78 04 39
abdij@abdijaverbode.be
www.abidjaverbode.be

Chanoines réguliers de Prémontré. Fondée vers 1134, l'abbaye fut toujours habitée par les Prémontrés, et a subi les hauts et les bas de l'Histoire. De 1797 à 1834, à cause de la Révolution française, les religieux furent expulsés. La communauté actuelle est un centre de vie spirituelle et liturgique, source d'une vie apostolique.

Voir. La cour d'honneur entourée de la porte d'entrée (XIVe siècle), de l'église abbatiale (1672), du logis abbatial (1732) et des dépendances (XVIIe siècle). L'ensemble a été restauré récemment. Les bâtiments conventuels, d'une unité remarquable, sont accessibles certains jours de l'année (se renseigner sur place).

Offices. Chantés en grégorien et en néerlandais, tous les jours. Messe conventuelle à 11h45 (11h le dimanche), Vêpres à 18h (17h30 le samedi).

Accueil. Retraites individuelles et en groupe à l'hôtellerie ou au centre de réflexion religieuse.

Artisanat. L'abbaye est connue pour ses éditions de livres et de revues pour enfants et jeunes.

Accès. Commune de Scherpenheuvel-Zichem, entre Hasselt et Louvain, près de Diest. Par l'A 2, sortie n° 23 ; par l'E 313, sortie n° 23 ou 24.

BOCHOLT

Priorij O.L.Vr. Van Klaarland

Vosheuvelstraat, 39. 3950 Bocholt
Tél : 00 32 11 44 61 69. Fax : 00 32 11 44 60 44
priery.kharland@wanadoo.fr

Trappistines. Fondé le 31 mai 1970.

Offices. Chantés par le chœur des moniales, tous les jours. En semaine : Office à 14h et Vêpres à 18h. Le dimanche : Messe à 11h15 et Vêpres à 17h.

Accueil. Pas de possibilité de logement, sauf pour des retraites individuelles.

Artisanat. Tissage à la main (sur commande), bougies, comprimés de levure de bière "Trappist Tablets" (vente à la porterie de plusieurs abbayes de Belgique et de France). Pour des commandes importantes, vente par correspondance.

Accès. 47 km au N de Tongeren (Tongres) par la N 730.

BOIS-SEIGNEUR-ISAAC

Abbaye des Prémontrés

2, rue A.-De Moor. 1421 Ophain, Bois-Seigneur-Isaac
Tél : 00 32 67 21 24 73

Chanoines prémontrés. En 1405, dans la chapelle de Notre-Dame, eut lieu un fait miraculeux : une sainte hostie consacrée se mit à saigner. L'évêque de Cambrai, ordinaire du lieu, approuva le miracle et imposa une procession le dimanche suivant 8 septembre, fête de la Nativité de Notre-Dame. Ce fut l'origine d'un monastère de chanoines réguliers de Saint Augustin en 1415. Ces religieux y restèrent jusqu'à la Révolution française en 1796. Les Prémontrés de Mondaye dans le Calvados (voir p. 78), qui durent quitter leur abbaye à cause de la loi de Combes, ont repris l'abbaye en 1903. Après leur retour en France, les Prémontrés d'Averbode les ont remplacés.

Voir. L'église, la statue de Notre-Dame de Grâce et de consolation

(XIVe siècle), les stalles et les boiseries (XVIIe siècle), l'autel de Laurent Delvaux avec les anges et la mise au tombeau (1752), les vitraux. La chapelle des reliques (1445), est un lieu de dévotion et de prière. On y conserve dans un bel ostensoir (1550) le corporal avec les taches de sang. Les pèlerins y confessent leur foi dans la présence réelle de Notre Seigneur dans l'Eucharistie. Pour vénérer la relique, sonner à la porte du chœur de l'église.

Offices. En semaine : Messe à 7h30. Les dimanches et fêtes : Messe à 8h, Grand'messe à 10h, Adoration eucharistique à 15h. Au monastère est ajoutée une maison où les retraitants peuvent passer quelques jours dans le recueillement, pour approfondir leur vie intérieure.

Accueil. Tous les jours, des pèlerins viennent à Bois-Seigneur-Isaac pour exprimer leur foi dans la rédemption et pour demander à Dieu sa grâce. L'église est ouverte de 7h15 à 12h et de 14h à 18h (17h en hiver). Le lundi de Pentecôte, anniversaire du miracle du Saint Sang, a lieu la grande journée des pèlerins. Le deuxième dimanche de septembre se tient la procession solennelle après la grand'messe de 10h, à laquelle assistent de nombreux pèlerins français de l'ancien diocèse de Cambrai.

Accès. 6 km au N de Nivelles par la N 54. Prendre le Ring de Bruxelles : Ring Ouest, sortie Ophain ; Ring Est, sortie Ittre. SNCB : Braine-l'Alleud, puis bus (7 km).

BONHEIDEN

Abdij Bethlehem

5, Zellaerdreef. 2820 Bonheiden
Tél : 00 32 15 55 14 79

Bénédictines. Fondée le 9 octobre 1969 à Herent (près de Louvain) par l'abbaye d'Hekelgern, transférée dans les environs immédiats de Malines le 30 août 1975.

Offices. Chantés en néerlandais tous les jours, Eucharistie en grégorien les jours de grandes fêtes. Horaires indicatifs : Office du matin à 7h, Messe conventuelle à 11h45 (10h le dimanche), Office à 14h30 (12h15 les dimanches et fêtes), Vêpres à 17h30.

Accueil. Ceux qui veulent partager la vie de prière et de silence (sauf en janvier). Réserver à l'avance.

Artisanat. Les moniales éditent en néerlandais des livres de spiritualité tant orientale qu'occidentale, répartis en plusieurs séries : monographies sur les pères de L'Église et traduction de certains de leurs textes avec commentaires ; commentaires d' Écriture Sainte et de textes liturgiques ; textes mystiques avec introduction et/ou commentaires ; cahiers de spiritualité monastique ; une nouvelle série profilant certains “amis“ du Seigneur ; la traduction des œuvres d'Adrienne von Speyr.

Accès. 3 km à l'E de Mechelen (Malines). SNCB : Malines, puis bus n° 53 jusqu'à Bonheiden.

BOUILLON

Abbaye Notre-Dame de Clairefontaine

Cordemois. 6830 Bouillon
Tél : 00 32 61 22 90 80. Fax : 00 32 61 22 90 81
accueil.clairefontaine@belgacom.net

Trappistines. Le monastère fut fondé en 1845 à La Cour-Pétral, au diocèse de Chartres, et ses religieuses vinrent relever le titre de l'abbaye de Clairefontaine, elle-même fondée près d'Arlon au XIIIe siècle et détruite à la Révolution en même temps que celle d'Orval (voir p. 326). Lors de la résurrection d'Orval (1926-1935), les réalisateurs de cette œuvre exceptionnelle firent revivre également Clairefontaine dans un nouveau cadre : la Vallée de la Semois, à 3 km de Bouillon.
Voir. Les bâtiments modernes de l'abbaye, réalisation exemplaire de l'architecte d'Orval H. Vies. Les fresques du cloître extérieur menant à l'église, les vitraux de Yoors et de Colpaert à l'église. Psalmodiés en français. On peut les suivre de la chapelle extérieure, ouverte à tous.

Offices. Eucharistie à 10h30 les dimanches et fêtes.
Accueil. L'aile de l'abbaye réservée aux hôtes possède une vingtaine de chambres. Retraitants et groupes y sont reçus toute l'année (sauf en janvier), bénéficiant du climat de prière et de solitude du monastère.
Artisanat. La boulangerie artisanale produit plusieurs spécialités de pains et de biscuits. Livres religieux, cartes, céramiques, broderies, enluminures, peinture sur soie et produits fabriqués dans d'autre monastères. Vente au magasin.
Accès. 18 km au N-E de Sedan par la N 58. SNCF : Sedan, puis car jusqu'à Bouillon. SNCB : Libramont (ligne Luxembourg/-Bruxelles), puis car jusqu'à Bouillon.

BRUGGE (BRUGES)

Monastère du Précieux Sang et de Notre-Dame du Mont-Carmel

Schuttersstraat 5. 8000 Brugge
Tél : 00 32 50 34 31 42

Carmélites. Fondé le 7 mars 1626 par les Carmélites anglaises d'Anvers, elles-mêmes instaurées par les "Mères espagnoles" compagnes de sainte Thérèse d'Avila. Le monastère fut expulsé sous Joseph II et les Carmélites durent se réfugier en France en 1783, puis en Angleterre en 1792. La vie conventuelle a été restaurée à Bruges en novembre 1816. Le monastère a essaimé au Japon en 1950.
Voir. Des petites maisons rassemblées pour former le monastère, l'"École latine" (XVe siècle) abrita la relique du Saint-Sang durant la Révolution française.

Offices. Liturgie en français.
Artisanat. Crèches et vierges en cire et en céramique, cartes de vœux, pâtisserie. Vente sur place.
A noter. Langues étrangères : anglais, japonais.
Accès. 43 km au N de Kortrijk (Courtrai) par l'E 403, 45 km au N-O de Gent (Gand) par l'E 40. SNCB : Brugge.

Monasterium de Wijngaard

(Monastère de la Vigne)
Begijnhof 30. 8000 Brugge
Tél : 00 32 50 33 00 11. Fax : 00 32 50 33 18 81
begijnhof.brugge@tiscali.be
www.monasteria.org

Bénédictines. En 1927, le chanoine Hoornaert, curé du béguinage, fonda la congrégation des Filles de l'Église "bénédictines missionnaires des paroisses" avec charge de rendre à l'ancien enclos du béguinage de Bruges l'atmosphère de silence et l'esprit de prière. La congrégation est affiliée depuis 1962 à l'Ordre bénédictin.
Voir. Le béguinage est une "cité en miniature" avec ses rues, ses sentiers, son église. Celle-ci date en partie du XIVe siècle : stalles et boiseries remarquables, statue miraculeuse de Notre-Dame de Consolation (XIIe siècle), mise au tombeau à la base du maître-autel. L'enclos est ouvert toute la journée (fermeture des portes à 18h30). A l'entrée, une maison béguinale a été transformée en musée.
Offices. Chantés. Le grégorien a été conservé pour l'Office du soir quotidien, l'Office du matin et la Messe des dimanches et fêtes.

En semaine : Office du matin à 6h15, Messe à 7h15, Office du midi à 12h, Office du soir à 17h30, Complies à 20h15. Le dimanche : Office du matin à 7h, Messe à 9h30, Office du milieu du jour à 12h, Office du soir à 16h30, Complies à 20h15.

Accueil. La maison d'accueil est comme un prolongement de la communauté dans la "recherche de Dieu". La communauté souhaite partager avec tous ceux qui viennent au monastère ce qu'elle vit : prière liturgique et personnelle, travail, climat de recueillement, de paix et de silence. Elle accueille des personnes qui veulent vivre, individuellement ou en groupe, de 3 jours à 3 mois, dans l'enrichissement d'un échange mutuel. Toute jeune femme qui cherche un approfondissement religieux, un dialogue de foi, une communauté de prière, un partage de vie fraternelle dans la quête de Dieu est priée de s'adresser à la Mère Prieure.

Artisanat. Dans la maison d'accueil béguinal, vente de souvenirs, de dentelles et de cartes postales. Au centre liturgique, vente de cierges de baptême et de mariage, et de divers objets d'art (provenant aussi d'autres monastères). Riche documentation sur la liturgie, la bible, la catéchèse, les sacrements, etc.

Accès. Voir Monastère du Précieux Sang et de Notre-Dame du Mont-Carmel.

Sint-Andriesabdij Van Zevenkerken

(Abbaye de Saint-André)
8200 Sint-Andries
Tél : 00 32 50 40 61 80. 00 32 50 40 61 81 (Père Abbé)
Fax : 00 32 50 40 61 92. 00 32 50 40 61 82 (Père Abbé)
koepel@online.be (Père Hôtelier)

Bénédictins. Fondée au début du XIIe siècle par le comte de Flandre Robert de Jérusalem avec des moines venus d'Affligem, détruite à la Révolution française, l'abbaye de Saint-André a été reconstruite en 1902 dans un de ses anciens domaines non loin de la ville de Bruges. Centre important de vie liturgique et missionnaire, elle essaima à travers le monde et a réalisé la restauration des monastères du Brésil, la fondation de l'abbaye de Tyniec en Pologne, de Chengtu-Valyermo en Chine-USA, d'Asirvanam et de Kappadu en Inde, de la Kiswishi au Congo (Katanga). Elle s'occupa et s'occupe encore toujours d'éducation avec son école abbatiale et édita des missels en langue française et néerlandaise.

Offices. Heures d'Offices : Laudes à 7h, Messe communautaire à 12h (11h le dimanche et jours de grande festivités), Vêpres à 18h (16h les samedi et dimanche), Vigiles ou Office des Lectures à 20h30.

Accueil. Traditionnel chez les Bénédictins, pour des retraites, des week-ends de réflexion, des séjours de calme et de solitude (s'adresser au Père Hôtelier). Pas de visite individuelle du monastère. Les groupes peuvent s'adresser au Père Luc (Tél : 00 32 50 40 61 87) pour la visite de l'église et un montage vidéo sur la vie du monastère. Il est également responsable des bâtiments de l'ancienne ferme transformés en home d'accueil pour la journée, sur rendez-vous naturellement.

Artisanat. Un confrère a un atelier de peinture d'icônes et un autre un atelier de céramique, un troisième confrère peint des tableaux dans le style du constructivisme abstrait Au Benedictusheem, à l'entrée du monastère, vous y trouverez une cafetaria (repas chauds et froids et toute autre consommation) et une librairie, consacrée au livre religieux. Situé au milieu d'un verger, l'ensemble est très attractif.

Accès. Quelques km au S-O de Bruges par la N 64. SNCB : Bruges, puis bus n° 66b Brugge/Roeselare (départ devant la gare de Bruges, arrêt devant le Café Heidelberg à Loppem), puis 2 km à pied.

Sint-Pietersabdij Steenbrugge

Baron Ruzettelaan 435. 8310 Assebroek (Brugge)
Tél : 00 32 50 35 72 51. Fax : 00 32 50 36 86 29

Bénédictins. Fondé en 1879 par l'abbaye de Dendermonde (Termonde, voir p. 311), le monastère devint abbaye en 1896. En 1934, elle obtint les droits de succession de Saint-Pierre d'Oudenbourg (Oudenburg), une abbaye sise dans la région, fondée en 1084 par S. Arnould, évêque de Soissons, et supprimée par la Révolution française. L'abbaye joua un rôle important dans le mouvement liturgique en Flandre entre les deux guerres. Depuis lors, ses publications s'orientent plutôt vers les études patristiques (série *Corpus Christianorum*) et médiévales. L'église abbatiale, en style néogothique, dessert depuis 1955 la paroisse environnante.

Offices. La Messe conventuelle (célébrée en semaine avec une fraternité de laïques), dans laquelle sont insérées les Vêpres, est chantée en néerlandais. Vêpres du dimanche et des grandes fêtes en grégorien. Les autres Heures sont chantées ou récitées en néerlandais. (Consulter les horaires sur place ou par téléphone.)

Accueil. L'hôtellerie, très réduite, est réservée à des retraitants individuels.

Accès. Voir Monastère du Précieux Sang et de Notre-Dame du Mont-Carmel.

BRUGGE-SINT-KRUIS (BRUGGE)

Sint-Trudoabdij Male

Pelderijnstraat 14. 8310 Sint-Kruis Brugge
Tél : 00 32 50 36 70 22 (Sœur Hôtelière, appeler aux heures indiquées plus bas)

Sœurs chanoinesses de l'Ordre du Saint-Sépulcre. Depuis 1954, les chanoinesses de l'abbaye, installées en communauté à Bruges au XIIe siècle, habitent le château médiéval, autrefois résidence favorite des comtes de Flandre.

Voir. Salle des chevaliers et église ouvertes de 9h à 12h et de 13h à 17h.

Offices. Possibilité de participer à l'Eucharistie quotidienne (Messe conventuelle à 7h30 en semaine et à 9h le dimanche) et aux temps de prière : prières du matin, du midi et du soir chantées en néerlandais par le chœur des chanoinesses (chant en grégorien et en néerlandais les dimanches et fêtes).
Accueil. Séjours de repos, de retraite et de réflexion, après accord avec la Sœur Hôtelière (appeler au n° indiqué, de 9h à 11h30 et de 15h à 17h uniquement).
Accès. 6 km de Bruges. SNCB : Bruges, puis car n° 58 (ligne Brugge/Eelo/Gent, départ de la gare) ou bus n° 6 (direction Malehoek), puis 15 mn à pied.

BRUXELLES

Monastère de Sainte-Anne et de Saint-Joseph

22, rue de Lausanne. 1060 Bruxelles
Tél : 00 32 2 537 07 53

Carmélites. Premier carmel belge, il a été fondé le 25 janvier 1607, à la demande de l'archiduc Albert et de l'archiduchesse Isabelle, par la Vénérable Mère Anne de Jésus, coadjutrice de sainte Thérèse d'Avila. Protégé par les archiducs, le carmel royal de Bruxelles a formé peu à peu un remarquable trésor, comprenant notamment des reliques de sainte Thérèse. Ce premier carmel a contribué à la fondation d'un grand nombre de maisons de l'Ordre en Belgique, aux Pays-Bas, en Allemagne, en Pologne, ainsi qu'en Amérique, en Afrique et en Asie. Dispersé avec les autres le 10 juin 1783, il trouva refuge au carmel de Saint-Denis, auprès de Mme Louise de France, prieure de ce monastère. Après la mort de Joseph II et la proclamation de l'indépendance des "États Belgique Unis" en 1790, les Carmélites rentrèrent au pays en juin 1790. Elles trouvèrent refuge, hors de la ville, à l'abbaye bénédictine où Thérèse de Rueda, abbesse, leur avait aménagé des locaux réguliers en attendant la construction d'un monastère. Le 24 novembre 1790, les Carmélites en prirent possession. Après la deuxième vague révolutionnaire de 1794 et la suppression des couvents, les Carmélites se réfugièrent provisoirement dans une vaste maison sise au Grand Sablon. De là elles emménagèrent successivement rue de Ruysbroeck (1800), puis rue Haute (1812). Sous le règne de Léopold Ier, elles firent construire leur troisième monastère rue des Quatre-Bras où elles entrèrent le 19 septembre 1834. Expropriées en 1889, elles devinrent propriétaires d'un terrain rue de la Source en juin 1890. La première pierre du quatrième couvent fut posée le 11 mai 1891. A la demande de S.E. le cardinal Suenens, elles durent céder leur chapelle pour en faire une paroisse. Le 1er octobre 1966, elles construisirent leur nouvelle chapelle et l'aile du noviciat rue de Lausanne. Seul de toutes les maisons religieuses remontant à l'ancien régime, le carmel royal de Bruxelles a continué de vivre sans interruption depuis trois siècles et demi.
Voir. Le carmel possède des tableaux de l'École flamande (XVIIe siècle), dont la vie de sainte Thérèse et de la Vénérable Mère Anne de Jésus, sa coadjutrice. Reproductions format carte postale éditées pour le 400e anniversaire de la mort de sainte Thérèse, en 1982.
Offices. Accessibles au public tous les jours, à toutes les Heures canoniales. Messe à 7h30 (9h le dimanche), Vêpres à 17h.

Accueil. Dans les locaux extérieurs, on reçoit pour une journée des groupes et des personnes pour une récollection individuelle.
Artisanat. Pains d'autel. Vente sur place et par correspondance.
A noter. Le monastère possède le corps de sa fondatrice, la Vénérable Mère Anne de Jésus, coadjutrice de sainte Thérèse et fille spirituelle de saint Jean-de-la-Croix. Ce dernier lui dédia le "Cantique spirituel". La cause de la Vénérable Mère Anne de Jésus est en cours.
Accès. Depuis la gare, bus ou taxi.

CHEVETOGNE

Monastère de l'Exaltation de la Croix

5590 Chevetogne
Tél : 00 32 83 21 17 63. Fax : 00 32 83 21 60 45
abbaye@monasterechevetogne.com
www.monasterechevetogne.com

Bénédictins. En 1923, Dom Lambert Beauduin, moine du Mont-César à Louvain (voir p. 321), élabora le projet d'un monastère qui serait fondé en vue de recréer l'unité chrétienne. Ce projet reçut l'approbation de Pie XI et la fondation nouvelle fut érigée à Amay-sur-Meuse (diocèse de Liège) en 1925. La liturgie y est célébrée parallèlement dans les deux rites : latin et byzantin. L'accroissement de la communauté amena son transfert à Chevetogne en 1939, dans l'ancien château qui avait déjà servi de refuge aux moines de Ligugé de 1903 à 1923 (voir p. 238). On y ajouta en 1957 une église orientale et en 1965 un centre œcuménique. Une nouvelle église pour les célébrations latines a été édifiée en 1982.
Voir. L'église orientale, dans le style de Novgorod du XIe siècle et ses fresques. L'église latine et ses fresques de style roman.
Offices. Matines à 6h, Sexte à 12h15, Vêpres à 18h30 (19h30 certains samedis et les veilles de fêtes), Complies à 20h30. Les dimanches et fêtes, Sexte et Liturgie à 10h15.
Accueil. La composition très internationale de la communauté facilite les contacts avec les visiteurs et les hôtes. L'hospitalité s'adresse plus particulièrement aux chrétiens des églises d'Orient et à ceux des églises issues de la Réforme. Elle s'étend tout naturellement aux catholiques soucieux d'une meilleure connaissance de l'orthodoxie.

Artisanat. Livres (liturgie et spiritualité byzantines et œcuméniques), encens, bronzes émaillés byzantins, icônes sur bois, carterie, disques de chant byzantin enregistrés par les moines de Chevetogne. Vente à la porterie et par correspondance

(catalogue sur demande, consultable également sur le site Internet du monastère).
Accès. 35 km au S de Namur par l'E 411 Bruxelles/Luxembourg (sortie n° 21) et par la route forestière. SNCB : Ciney (11 km), puis car Ciney/Mont-Gauthier.

CHIMAY
Abbaye Notre-Dame de la Paix

1, chaussée de Trélon. 6460 Chimay
Tél : 00 32 60 21 11 64. Fax : 00 32 60 21 49 36

Trappistines. La communauté de Notre-Dame de la Paix provient de la communauté de l'abbaye de Gomerfontaine (1207), près de Beauvais. Après la Révolution, quelques sœurs relancèrent la vie monastique d'abord à Neslé, ensuite à Saint-Paul-aux-Bois, près de Soissons. Exilée au début du XXe siècle, la communauté demeura quelques années à Fourbechies avant de se fixer à l'abbaye Notre-Dame de la Paix de Chimay, à quelques kilomètres de l'abbaye de Scourmont.
Offices. Office du matin à 7h30, Eucharistie à 8h45 (10h20 le dimanche), Office du soir à 17h suivi de l'Adoration.
Accueil. Petit nombre de chambres. Accueil de jeunes et d'adultes en quête de paix, de silence et de prière. Participation aux frais suivant les possibilités de chacun.
Artisanat. Hosties brunes et blanches (vente sur place et par correspondance), ornements d'église, chasubles tissées main (créations maison), aubes et linge d'église. Produits d'autres monastères : levure de bière (comprimés “trappist tablets“), icônes sur bois, céramiques. Pas de catalogue. Dans la librairie-boutique : cartes, signets, images, cadeaux religieux divers.
Accès. 57 km au S de Charleroi, 25 km au N-E d'Hirson. SNCB : Charleroi-Sud, puis car Charleroi/Chimay (arrêt La Bouchère).

DENDERMONDE (TERMONDE)
Abbaye Saint-Pierre et Paul

23, Vlasmarkt. 9200 Dendermonde
Tél : 00 32 52 33 87 80. Fax : 00 32 52 20 15 59

Bénédictins. L'abbaye a été érigée en 1837 par les moines survivants de celle d'Affligem (voir p. 299), supprimée en 1796 par les Français. Incendiée par les Allemands en 1914, elle a été reconstruite dans le style de la Renaissance flamande en 1924.

Offices. Messe et Vêpres chantées en grégorien. En semaine : Messe à 7h, Office de midi à 12h15, Vêpres à 18h. Le dimanche : Laudes à 7h, Messe conventuelle à 9h30, Vêpres à 18h.
Accès. 27 km à l'E de Gent (Gand) par la N 400 et la N 416.

DENÉE

Abbaye de Maredsous

5537 Denée
Tél : 00 32 82 69 82 11. Fax : 00 32 82 69 83 21
abbe@maredsous.com
www.maredsous.com

Bénédictins. Fondée le 15 octobre 1872.
L'un des rares monastères présentant un ensemble homogène dans le style néo-gothique.
Offices. Chantés en français, tous les jours. Office du matin à 7h, Messe à 12h (10h le dimanche), Vêpres à 18h30 (16h le dimanche).
Accueil. L'abbaye offre l'accueil d'une hôtellerie mixte, pour des personnes seules et en groupe. S'entendre avec le Père Hôtelier. Ceux qui cherchent conseil sont toujours reçus, dans la journée, à la porterie.
Artisanat. Ateliers d'art céramique. Fromage, bière. École, centre informatique, centre d'accueil avec une cafeteria, un magasin et une librairie religieuse où sont vendus la Bible pastorale, des œuvres de Dom Marmion, des cassettes et des CD ("Un Dimanche à Maredsous", l'Office et la "Messe : amis de Dieu"). Vente sur place et par correspondance.
Accès. 20 km au N-O de Dinant par la D 96 et la vallée de la Molignée. Par l'E 42 Liège/Charleroi, sortie n° 14 (Fosses, Saint-Gérard, Denée). SNCB : Namur, puis car Namur/Maredsous (arrêt au monastère).

DINANT

Abbaye Notre-Dame de Leffe

1, place de l'Abbaye. 5500 Dinant
Tél : 00 32 82 22 23 77
communaute@abbayedeleffe.be

Chanoines Prémontrés. L'abbaye Notre-Dame de Leffe veille aux portes de la ville de Dinant depuis 1152. Elle fait partie de l'ordre des Chanoines Réguliers de Prémontré, fondé en 1120 par saint Norbert. Ceux-ci sont des clercs vivant en communauté selon la règle de saint Augustin. Placés sous la protection de la Vierge Marie, ils unissent la louange de Dieu dans la liturgie avec le service des hommes par le ministère paroissial et l'hospitalité.
Bâtiments des XVIe et XVIIe siècles, de style mosan. (Visite guidée le mercredi et le dimanche à 15h de juin à août, visite individuelle sur demande le reste de l'année.) Dans l'église abbatiale, copie de *L'Adoration des bergers* de Hugo Van der Goes par Meerts. Orgue Thomas (1996), construit dans l'esthétique de Gottfreid Silbermann (Saxe XVIIIe siècle), 2 claviers, 25 jeux.
Offices. Matines à 6h30, Laudes à 7h30, Eucharistie et Sexte à 11h

(10h15 le dimanche), Vêpres à 18h30, Complies à 20h30. Adoration le jeudi à 18h15.

Accueil. Uniquement pour des retraites spirituelles. Pour les groupes de 12 personnes et plus, contacter la maison Saint-Norbert (Tél : 00 32 22 32 59).

Artisanat. Les chanoines de l'abbaye de Leffe sont en partie propriétaires de la fameuse bière de l'Abbaye de Leffe. Pour les amateurs de ce produit typiquement belge, il y a un Café Leffe dans le centre de Dinant (2, rue Adolphe-Sax. Tél : 00 32 22 23 72).

Accès. Par l'E 411 Bruxelles/Luxembourg, sortie n° 19 (Spontin) ou n° 20. SNCB : Dinant, puis 20 mn à pied, ou bus direction Namur (arrêt place de Leffe, à 200 m de l'abbaye).

EMBOURG

Monastère de Notre-Dame du Mont-Camel et de Saint-Elie

Chemin du Carmel, 27. 4053 Embourg
Tél : 00 32 43 65 10 81. Fax : 00 32 43 66 07 42
carmel-mehagne@tiscalinet.be

Carmélites. Fondé en 1627 par la sœur Christine, du carmel d'Anvers, elle-même formée par la Bienheureuse Anne de Saint-Barthélemy, compagne de sainte Thérèse d'Avila. La nouvelle communauté s'installa à Liège, place Saint-Paul, puis dès 1632 dans le monastère dit du "Potay", qu'elle ne quitta pas, même durant la Révolution. Le transfert des Carmélites à Mehagne s'effectua en 1933. Elles possèdent les archives de leur monastère depuis sa fondation.

Offices. Tous les jours : Eucharistie à 7h30 (9h le dimanche), Vêpres à 16h45. Visites de 9h à 11h30 et de 15h à 16h30, le dimanche de 10h à 11h30.

Artisanat. Décor de la porcelaine et de la faïence, étoles, pales brodés main.

Accès. 9 km au S-E de Liège. Par l'autoroute des Ardennes E 25, sortie n° 40 Embourg. SNCB : Liège-Guillemins, puis car n° 30 pour Embourg via Mehagne (départ en face de la gare, arrêt Chemin du carmel), puis 10 mn à pied.

ERMETON-SUR-BIERT

Monastère Notre-Dame

Rue du Monastère, 1. 5644 Ermeton-sur-Biert
Tél : 00 32 71 72 00 40 et 00 32 71 72 00 48 (Accueil)
Fax : 00 32 71 72 73 92
ermeton@tiscalinet.be (Communauté)
accueil@ermeton.be (Accueil)
www.ermeton.br

Communauté bénédictine. Fondée en 1917 à Bruxelles par le Père Eugène Vandeur, moine de Maredsous. L'initiative avait pour but de créer un monastère de moniales menant une vie proche de celle des moines bénédictins, accordée au temps de l'Église et du monde, centrée sur la liturgie - l'Eucharistie tout particulièrement - et ouverte à l'accueil de tous grâce à l'hôtellerie et aux modalités assouplies de

la clôture. Transféré à Ermeton-sur-Biert en 1936, le monastère a fondé à son tour une abbaye en Allemagne à Steinfeld, et une autre au Mexique à Ahuatepec.
L'ancienne chapelle castrale (XIIIe siècle) et divers bâtiments de l'ancien château (monuments historiques).
Offices. Chantés en français, accessibles au public. Laudes à 7h (7h30 le dimanche), Eucharistie à 7h45 (9h30 le dimanche), Sexte à 12h15, Vêpres à 18h (17h15 le dimanche), Vigiles à 19h45.
Accueil. 28 chambres dont 6 pour les couples, à l'hôtellerie. Le monastère reçoit des personnes et des groupes cherchant un lieu de calme et de prière. Les sœurs organisent et animent des retraites, des sessions, des journées d'initiation et de formation chrétienne (Bible, liturgie, spiritualité bénédictine ...), des rencontres pour jeunes (voir programme annuel). Une possibilité de partager la vie de travail et de prière de la communauté est offerte aux jeunes filles pendant toute l'année pour une durée déterminée (s'adresser à la Prieure). Renseignements et inscriptions auprès de la Sœur Hôtelière. L'accueil est fermé deux fois quinze jours par an.
Artisanat. Ateliers de reliure, dactylo-photocopie, gravure de partitions musicales par ordinateur, vannerie, bougies, cartes (photos, fleurs séchées, aquarelles, reproductions d'icônes), étains (reproduction de petits bas-reliefs de Pierre de Grauw, sculpteur à Paris, illustrant des scènes bibliques), librairie. Vente sur place et par correspondance (par fax et par e-mail).
Accès. 25 km au S-O de Namur par la N 92 et la N 951. 20 km au N-O de Dinant par la N 936 et la N 951. Car TEC n° 35 depuis Dinant, n° 150a depuis Tamines, n° 64 ou 21 depuis Namur. Arrivé à Furnaux, Saint-Gérard ou Maredsous, demander la voiture du monastère.

FLEURUS

Notre-Dame de Soleilmont

150, avenue Gilbert. 6220 Fleurus
Fax : 00 32 71 38 56 62

Trappistines. La fondation remonte sans doute au XIe siècle. La première mention certaine se trouve dans une donation de 1185. En 1237, la maison est incorporée à l'Ordre de Cîteaux. Depuis plus de sept siècles, en dépit des épreuves, une communauté prie en ce lieu où nos ancêtres païens adoraient le soleil. Les religieuses se sont réaffiliées à l'Ordre de Cîteaux en 1922. A Noël 1963, un incendie détruisit la quasi-totalité des bâtiments. Un nouveau monastère a été édifié non loin de là, fin 1973.
Voir. Les ruines de l'abbaye et l'église du monastère moderne.
Offices. En français, tous les jours. Laudes à 7h15, Tierce et Messe à 8h10 (10h50 le dimanche), Sexte à 12h10, None à 14h15 (15h le dimanche), Vêpres à 17h30, Complies à 19h25.

Accueil. Pour des retraites. Participation aux frais selon les possilités de chacun.
Artisanat. Hosties, images peintes, enluminures, céramiques, pain. Vente à la porterie.
A noter. L'abbaye conserve un tableau miraculeux de la Vierge, *Notre-Dame de Rome*, inspiré de celui qu'aurait peint saint Luc. Chaque année, le dernier samedi d'août, les marcheurs de la Grande Terre descendent en procession ce tableau de leur patronne jusqu'à l'église Saint-Barthélemy de Châtelineau, et le ramènent à l'abbaye le lundi. L'abbaye de Soleilmont possède aussi une relique du “Saint Clou“ très vénérée des pèlerins.

Accès. 12 km au N-E de Charleroi par l'E 21. L'abbaye est proche du cimetière de Charleroi.

FLOREFFE

Carmel de Sainte-Thérèse de Jésus

5, rue du Carmel. 5150 Floreffe
Tél : 00 32 81 44 43 64. Fax : 00 32 81 44 61 64
carflo@belcast.be

Carmélites. Fondé à Montélimar (Drôme) le 24 mai 1860. Les Carmélites exilées sont arrivées à Floreffe le 24 octobre 1902 et dans les bâtiments actuels le 29 octobre 1908.

Offices. Tous les jours : Laudes à 8h, Heure médiane à 11h45, Office des Lectures à 13h45, Vêpres à 17h, Eucharistie à 18h30 (10h le jeudi, 8h30 le samedi, 10h45 le dimanche), Complies à 21h. “Nous utilisons les chants liturgiques proposés par le Père André Gouzes de l'abbaye de Sylvanès (France). La musique de ces compositions crée un climat de recueillement et de joie, elle est au service de textes très denses, bibliques et patristiques, c'est une musique de la foi : elle soutient notre prière contemplative.“
Accueil. Retraitantes. Antenne-Jeunesse-Carmélitaine : possibilité pour jeunes filles de vivre dans le Monastère avec partage de vie et de prière, temps de service et de formation. Voir site du Carmel : www.catho.be/vieconsacree/urc/carflo/.
Accès. 10 km au S-O de Namur par la N 90 Namur/Charleroi. Par l'autoroute de Wallonie E 42, sortie n° 12 Namur-Ouest ou n° 13 Spy. SNCB : Floreffe, ligne Namur/Tamines, L (lent) (Floreffe = 3e arrêt à partir de Namur). Autobus TEC : ligne n° 10 Namur/Châtelineau (arrêt Floreffe Place Communale).

FORGES

Abbaye Notre-Dame de Scourmont

6464 Forges
Tél : 00 32 60 21 05 11. Fax : 00 32 60 21 36 96
abbaye@scourmont.be

Trappistes. Fondée en 1850 à l'initiative d'un curé des environs, l'abbé Jourdain, par des moines de l'abbaye Saint-Sixte de Westvleteren (voir p. 336). La communauté compte actuellement 20 membres.

Offices. L'accès de l'église est libre pour la Messe concélébrée et les Vêpres qui ont lieu en semaine à 8h45 et 18h30, le dimanche à 11h et 18h30.

Accueil. Le monastère reçoit des retraitants. Dates et conditions à convenir à l'avance avec le Père Hôtelier.

Artisanat. Bières et fromages. Vente à l'auberge voisine.

Accès. 9 km au S de Chimay, à la frontière française. SNCF : Hirson (France), à 25 km de Forges.

GERAARDSBERGEN (GRAMMONT)

Priorij O.L.V. Van Vrede

Hunnegem. Gasthuisstraat, 100. 9500 Geraardsbergen
Tél : 00 32 54 41 12 02

Bénédictines. Fondé en 1624.

Voir. Le prieuré a conservé d'importantes archives et la statue de Notre-Dame de Hunnegem, une Vierge du XVe siècle toujours vénérée.

Offices. Vêpres chantées à 18h30 en semaine, en néerlandais à 14h le dimanche.

Accès. 42 km à l'O de Bruxelles par la N 8 et la N 42.

GISTEL

Abbaye Sainte-Godelieve "Ten Putte»

Abdijstraat, 84. 8740 Gistel
Tél : 00 32 59 27 86 71. Fax : 00 32 59 27 77 91

Bénédictines. L'abbaye fut fondée vers l'an 1200 autour d'un puits (Putte) alimenté par la mare où fut jeté par ses bourreaux le corps de sainte Godelieve, massacrée en 1070 sur l'ordre de son mari, seigneur de Gistel. Si, leur abbaye dévastée, les religieuses durent s'enfuir à Bruges en 1578, le pèlerinage à Sainte-Godelieve continua. La vie monastique reprit en juillet 1891 et les bâtiments furent remaniés de 1953 à 1962, avec le concours d'artistes de talent. Le monastère a été rétabli au rang d'abbaye en 1934.

Voir. La tour, restant de l'ancienne église du XIVe siècle, l'église actuelle, le puits de sainte Godelieve et la statue qui marque l'en-

droit où elle fut étranglée (la majeure partie de ses reliques sont à l'église paroissiale de Gistel). Environ cent mille pèlerins viennent vénérer chaque année sainte Godelieve.

Offices. Accessibles à tous. Vêpres chantées en flamand le dimanche. Messe à 7h30 en semaine, à 8h le dimanche (plusieurs Messes par jour en juillet). Le Chapelet tous les jours à 15h30.

Artisanat. Céramique.

A noter. Les fêtes en l'honneur de sainte Godelieve se déroulent du 6 au 30 juillet. Le dimanche suivant le 5 juillet, une pittoresque procession évoquant les épisodes de sa vie parcourt les rues de la ville à partir de 16h. Sainte Godelieve est surtout priée pour la guérison des maux d'yeux et de gorge et pour "le rétablissement de la paix dans les familles".

Accès. 11 km au S d'Ostende par la N 33.

GRIMBERGEN

Abbaye Prémontrée-Premonstratenzerabdij

Kerkplein, 1. 1850 Grimbergen
Tél : 00 32 270 96 92. Fax : 00 32 270 12 28

Chanoines réguliers de l'Ordre de Prémontré. Grimbergen possédait probablement une collégiale dès le xe siècle. Après deux tentatives qui avortèrent, les Prémontrés s'installèrent entre 1124 et 1128, par l'entremise de Gauthier-Berthout, seigneur des terres de Grimbergen et avoué de Malines, et de ses héritiers. Grimbergen est ainsi la plus ancienne abbaye prémontrée vivante. Elle vécut jusqu'en novembre 1796, date où elle fut supprimée par les autorité françaises, pour se réinstaller en 1834, à l'instigation de J.-B. Van den Berghen, curé prémontré de Grimbergen. Sous la conduite du prélat W.-P. Wagenaar, les chanoines prémontrés de Grimbergen cherchent aujourd'hui à mener une vie de prière communautaire et se consacrent à l'étude de la théologie, au travail paroissial, à l'enseignement de la religion et à l'animation culturelle.

Voir L'église abbatiale est l'un des plus intéressants ensembles d'architecture et de décoration baroques en Belgique. Construite entre 1660 et 1700, elle frappe le visiteur par ses proportions impressionantes. Elle tient sa majesté de la hauteur des voûtes et de la coupole pendentive. On admirera surtout les quatre confessionnaux, du sculpteur anversois Willem Ign. Kerricx (1682-1745), la chaire de vérité de H. Fr. Verbruggen (1654-1724), les stalles du chœur et divers monuments funéraires. L'église contient en outre quinze tableaux de maîtres flamands des XVIIe et XVIIIe siècles. La grande sacristie (1763), entièrement recouverte de boiseries de chêne sculpté de style Louis XIV, est couronnée par une fresque et des grisailles rappelant la vie de saint Norbert. Les bâtiments conventuels, édifiés entre 1870 et 1990, renferment des tableaux intéressants représentant des abbés et des chanoines de l'abbaye. Visites guidées sur demande. Se renseigner auprès du Père Hôtelier.

Offices. En flamand. Tous les jours : Laudes à 7h, Messe concélébrée à 9h, Vêpres à 18h (14h le samedi, 14h30 le dimanche). Le dimanche, la Grand-Messe est chantée en grégorien à 10h.

A noter. Dans le domaine monastique, l'observatoire astronomique Mira (Abdijstraat, 20) est ouvert aux adultes (plus de 14 ans) tous les jours du 15 septembre au 30 juin, de 14h à 20h (sauf les dimanches et fêtes). On peut se procurer dans l'Abdijboekhandel (Kerkplein, 3) des disques, cassettes et CD de chants grégoriens prémontrés enregistrés à l'abbaye, ainsi que des objets d'art religieux.

Accès. 12 km au N de Bruxelles par le Ring (sortie n° 7) et la N 202, ou par l'A 12 (sortie NR 3 ou N 211). SNCB : Bruxelles-Nord, puis bus G ou H (destination Grimbergen-Humbeek).

HALLE

Monastère du Saint-Sacrement et de Notre-Dame

172, rue Cyprien-Verhavert. 1500 Halle
Tél/Fax : 00 32 356 65 03

Sacramentines. Fondé à Halle le 21 avril 1902 par des religieuses chassées du pensionnat qu'elles tenaient à Bernay (Eure). L'Ordre existe depuis 1656 et fut fondé pour adorer le Saint-Sacrement.

Offices. En flamand. Offices et Messe à 7h30.

Artisanat. Icônes peintes et peintures, pains d'autel. Vente à la porterie.

Accès. 15 km au S de Bruxelles par la N 6.

HASSELT-KURINGEN

Abbaye de Herkenrode

Herkenrodeabdij 1. 3511 Kuringen
Tél/Fax : 00 32 11 25 09 26
h.graf.herkenrode@VT4.net
http://users.pandora.be/herkenrode

Chanoinesses du Saint-Sépulcre. Fondée en 1182 par les comtes de Looz qui y avaient leur sépulture, Herkenrode fut à l'origine une abbaye cistercienne. En 1317, l'abbaye entra en possession de l'hostie de Viversel et devint un lieu de pèlerinage au Saint-Sacrement du Miracle. Herkenrode connut des périodes de prospérité mais fut plusieurs fois attaquée et pillée. En 1796, la

Révolution française causa sa fermeture. Depuis 1974, les chanoinesses du Saint-Sépulcre occupent une partie du domaine et y ont ouvert une maison de retraite. Le reste des bâtiments de l'abbaye appartient au "Vlaamse Gemeenschap" qui a entrepris sa restauration.

A noter. Visites commentées organisées dans le quartier des abbesses (XVe et XVIIIe siècles). On voit l'infirmerie, la basse-cour, la grange et le moulin à eau.

Offices. Les visiteurs et les hôtes peuvent suivre les offices : Prière du matin, Messe conventuelle (10 h le dimanche avec chant grégorien), Prières du midi, du soir et Complies (chantées en néerlandais).

Accueil. 40 chambres dans la maison de retraite "Huize Herkenrode", qui reçoit des groupes pour des retraites, des récollections, des réunions, des sessions. On peut également passer ici quelques jours de repos, de calme et de ressourcement spirituel.

Accès. 6 km au N-O de Hasselt.

HERNE

Monastère de Marie Médiatrice

Heilige Geeststraat 22-24. 1540 Herne
Tél : 00 32 23 96 17 43. Fax : 00 32 23 96 07 99
dominicaines.herne@skynet.be

Dominicaines. Fondé en 1926.

Offices. En français. Messe bilingue français-néerlandais le dimanche à 9h30. Laudes à 8h, Sexte à 12h15, Vêpres à 18h15 (18h le dimanche), Lectures et Complies à 20h15.

Accueil. 16 chambres (20 lits) à la "Maison de Prière", pour les personnes seules et les groupes en quête de silence et de recueillement. Pension : 21€. Un programme de retraites et de week-ends prêchés est également proposé.

Artisanat. Etoles tissées à la main (sur commande), cartes de vœux brodées.

Accès. 32 km au S-O de Bruxelles, à côté d'Enghien, sur la route de Tournai. SNCB : Enghien (à 2 km du monastère).

HEULE

Notre-Dame de Fatima

148, Moorseelsestraat. 8501 Heule
Tél : 00 32 56 35 39 42

Passionistes. Fondé le 13 septembre 1953.
Offices. Dans la chapelle, tous les jours, Offices à 6h15, 12h45, 14h, 17h30 et 20h30.
Accès. 3 km au N-O de Kortrijk (Courtrai).

HEVERLEE

Abdij Van 'T Park

(Abbaye du Parc)
Abdij Van Park 7. 3001 Heverlee
Tél : 00 32 16 40 36 40

Chanoines Prémontrés. Aux portes mêmes de Louvain, à 15 mn des boulevards, se dressent les bâtiments prestigieux de la célèbre abbaye, créée en 1129, du vivant de saint Norbert, par les Norbertins de Laon à la demande de Godefroid le Barbu, comte de Louvain. On vous y racontera sa longue histoire, interrompue de 1787 à 1789, puis de 1797 à 1836, date à laquelle les onze religieux survivants de la Révolution présidèrent à sa restauration. La dignité abbatiale y fut définitivement rétablie en 1872.
Voir. L'ensemble grandiose des constructions abbatiales, dont le détail défie l'énumération. Visites guidées en semaine, sur demande écrite, uniquement pour des groupes. Les dimanches et fêtes, visites pour tous à 16h. Contribution pour la restauration de l'abbaye : 3€ par personne, 2,50€ pour les groupes (20 personnes minimum).
Offices. En néerlandais. Messe conventuelle à 11h45 (11h les dimanches et fêtes, avec chant), Vêpres à 18h30.
Accueil. Très réduit.
Accès. Banlieue S-E de Leuven (Louvain).

LEUVEN (LOUVAIN)

Abdij Keizersberg

(Abbaye du Mont-César)
202 Mechelsestraat. 3000 Leuven
Tél : 00 32 16 31 00 60

Bénédictins. L'abbaye a été fondée en 1899 par celle de Maredsous sur l'emplacement d'un ancien château des Ducs de Brabant, dont il subsiste des vestiges intéressants (puits de 32 m de profondeur, murs de soutènement). L'abbaye a été, à partir de 1909, le berceau du renouveau liturgique dans l'église.

Voir. La statue monumentale de la Vierge (15 m) élevée en 1906.

Offices. En néerlandais, avec chants grégoriens, tous les jours. Messe conventuelle à 12h (10h les dimanches et fêtes), Vêpres à 18h15 (15h le samedi et le dimanche).

Accueil. Ceux qui désirent s'associer aux offices liturgiques et faire une retraite au calme, après accord avec le Père Hôtelier. L'abbaye héberge aussi des étudiants de l'Université catholique de Louvain.

Artisanat. Bière et fromage.

A noter. L'abbaye édite deux revues : *Les Questions liturgiques* et *Recherches de théologie ancienne et médiévale*, et possède une importante bibliothèque en sciences religieuses.

Accès. 18 km à l'E de Bruxelles par l'E 40. SNCB : Louvain.

LIÈGE

Abbaye de la Paix Notre-Dame

54, boulevard d'Avroy. 4000 Liège
Tél : 00 32 42 23 77 20. Fax : 00 32 42 23 35 80

Bénédictines. Dans le cadre de la réforme de Madame Florence de Werquignœul, l'abbaye de la Paix-Notre-Dame a été fondée à Liège par Madame Catherine Laubegeois, abbesse de la Paix Notre-Dame de Namur, en 1627. La vie bénédictine y a été menée sans interruption jusqu'à nos jours.

Voir. L'église (1690) dont certaines parties sont remarquables : la boiserie ajourée entourant la grille de clôture, *L'Assomption de la Vierge* de Godefrois Maes (1649-1700) et les statues encadrant l'autel, le buffet d'orgue du XVIIIe siècle.

Offices. Chantés en français, tous les jours. Messe conventuelle à 6h50 (8h30 le samedi et pendant les vacances scolaires, 9h30 le dimanche), Vêpres à 17h45.

Accueil. Individuel et par petit groupe. Animation et accompagnement sur demande.

Artisanat. Biscuits, travail du bois, icônes collées et écrites, peinture sur bois (spécialité régionale appelée "jolités de Spa"), coffrets, bijoux, plaquettes, peinture sur soie (foulards, tissus), peinture sur porcelaine (Delft et fantaisies), dentelles de Bruges. Vente à l'abbaye dans la boutique de l'Artisanat Monastique.
Accès. Par l'autoroute, sortie Avroy (tourner autour du boulevard en suivant la direction Centre). SNCB : au départ de la gare de Liège, direction Centre (20 mn). Bus n° 1, 4 ou 25 (arrêt rue Darchis).

Monastère des Carmélites de Cornillon

Rue de Robermont, 2. 4020 Liège
Tél : 00 32 43 43 64 54

Carmélites. Au XIIe siècle, deux communautés de frères et de sœurs soignaient les lépreux installés au pied de la colline de Cornillon. Le Christ demanda à une religieuse, sainte Julienne, de faire instituer une fête en l'honneur du Saint-Sacrement : la Fête-Dieu. Elle fut célébrée pour la première fois à Liège avant d'être étendue à toute l'Église par le Pape Urbain IV en 1264. L'antique sanctuaire de Cornillon, conservé dans son aspect primitif, est gardé par les Carmélites depuis le 30 septembre 1860.

Voir. L'ensemble pittoresque du site de Cornillon. L'abside de la chapelle et la tour de l'époque romane (XIIe siècle), la statue de sainte Julienne dans le parc de Cornillon (1960).
Offices. L'Office choral est célébré en français par la communauté ; l'ordinaire de la Messe est parfois chanté en grégorien. Messe tous les jours à 8h. De Pâques à la Toussaint, possibilité de participer aux Vêpres à 16h35, à l'Oraison jusqu'à 18h, et le premier dimanche du mois à l'Adoration du Saint-Sacrement de 9h à 12h et de 14h à 18h. Visiteurs et pélerins ont accès à la chapelle en tous temps, en sonnant à la porterie.
Artisanat. Hosties. Le carmel a édité un livre relatant la vie de sainte Julienne et l'institution de la Fête-Dieu : *Sainte Julienne de Cornillon, promotrice de la Fête Dieu, Son pays, Son temps, Son message* par M. le Chanoine J. Cottiaux, aumônier. Vente sur place, en librairie et par correspondance (19,72 € + frais d'envoi).
A noter. Le 7 août à 18h30, fête solennelle de sainte Julienne de Cornillon. Le diocèse de Liège a célébré en 1996 le 750e anniversaire de la Fête-Dieu.
Accès. SNCB : Liège-Guillemins, puis bus n° 1 et 10 (départ de la gare, arrêt au carmel) ou n° 17 (arrêt rue Lairesse).

LOPPEM

Monastère Notre-Dame de Béthanie

8, Sysen. 8210 Loppem-Zedelgem
Tél : 00 32 50 40 68 30. Fax : 00 32 50 40 68 37
priorij.bethanie@kerknet.be

Bénédictines de la Reine des Apôtres. Établi en 1921, le monastère a été fondé par Dom Nève, abbé de Saint-André à Bruges (voir p. 307), “pour l'implantation de la vie monastique dans les jeunes églises“.

Offices. Le public est admis à tous les Offices, chantés en néerlandais, et spécialement à la Messe de 10h le dimanche.

Accueil. Pour des séjours de réflexion et des retraites, en groupe et individuellement. Écrire à la Sœur Hôtelière.

Accès. 6 km au S de Bruges par la N 32 ou la E 40 (sortie 7 bis : Zedelgem-Torhout). SNCB : Brugge, puis bus n° 61 direction Zedelgem (Heure 10' et Heure 40' en semaine, et Heure 10' le dimanche et fêtes), arrêt sur demande Vijverkasteel", à 20 mn du monastère.

MALONNE

Monastère “Clarté Notre-Dame“

41, rue des Monastères. 5020 Malonne
Tél : 00 32 81 44 47 40. Fax : 00 32 81 45 02 67

Clarisses. Fondé en 1903 par le monastère de Saint-Omer dans le Pas-de-Calais.

Offices. Offices liturgiques célébrés tous les jours en français et ouverts à tous.

Accueil. 13 chambres (18 lits). Accueil individuel et en petit groupe, pour des retraites, des sessions, des séjours de recueillement et de repos. Salles de réunion, oratoire, bibliothèque, jardin.

Pour les jeunes, possibilité d'un accompagnement spirituel. Travail occasionnel au jardin à la demande.

Accès. 6 km au S-O de Namur par la N 922. SNCB : Namur, puis bus n° 6 ou 6/ direction Malonne (arrêt Place du Fond).

MARCHE-EN-FAMENNE

Carmel du Sacré-Cœur et de l'Immaculée Conception

51, chaussée de Liège. 6900 Marche-en-Famenne
Tél : 00 32 84 31 19 81. Fax : 00 32 84 34 56 56

Carmélites. En 1473, les Carmes de l'ancienne observance fondèrent un couvent à Marche-en-Famenne. En 1620, les Carmélites s'y établirent aussi. Les deux couvents furent supprimés par Joseph II et la Révolution française. En 1887, le carmel de Namur, riche en vocations, essaima à Marche-en-Famenne, dans un monastère construit tout exprès, à la chaussée de Liège.
Offices. Accessibles au public tous les jours, notamment pour la Messe à 9h. Offices à la demande : Milieu du jour à 13h45, Office du soir à 17h10, Complies à 20h15.
Accès. SNCB : Marloie ou Jemelle, puis 20 mn à pied.

MAREDRET

Abbaye de Maredret

9, rue des Laidmonts. 5537 Maredret-Antrée
Tél : 00 32 82 69 91 34 - 00 32 82 69 91 45
et 00 32 82 69 90 63 (Accueil)
Fax : 00 32 82 69 90 89

Bénédictines. Fondée le 8 septembre 1893.
Offices. En français, avec certaines parties en grégorien. Laudes à 7h30, Messe à 11h30, Vêpres à 17h (16h les dimanches et jours fériés), Vigiles à 20h15.
Accueil. Pour des retraites individuelles et en petit groupe (accompagné d'un prédicateur de son choix ou retraites organi-

sées par les moniales). Halte de recueillement. Contacter la Sœur responsable de l'accueil.
Artisanat. (entrée libre) Enluminures, miniatures, cartes et images religieuses pour toutes circonstances (vente sur place et par correspondance). Articles divers pour cadeaux et souvenirs. Confitures et jus de fruits de l'Abbaye.
A noter. Visite guidée de l'église abbatiale, pour les groupes, sur demande (responsable : Sœur Bruno). Expositions permanentes (entrée libre, accès par le magasin).
Accès. 20 km au N-O de Dinant par la D 96 et la vallée de la Molignée, 28 km au S-O de Namur par la N 92 et la N 951. SNCB : Namur gare, puis autobus n° 21 Namur/Maredsous (départ de la gare routière de Namur, prolongement jusqu'à l'abbaye de Maredret sur demande faite au chauffeur).

MONS

Carmel

100, rue du Pourcelet. 7000 Mons
Tél : 00 32 65 35 10 81. Fax : 00 32 65 84 03 69

Carmélites. Fondé le 10 décembre 1607 par la Mère Anne de Jésus, coadjutrice de sainte Thérèse d'Avila, qui avait déjà ouvert sur sa route notamment les carmels de Paris, de Pontoise (voir p. 160), de Dijon, de Bruxelles (voir p. 309) et de Louvain. En douze ans, le carmel de Mons fonda à son tour les carmels de Cracovie en Pologne, d'Anvers, de Gand, de Tournai, de Valenciennes (voir p. 209), de Douai (voir p. 205), de Nancy et de Morlaix (voir p. 105). Chassées en 1783 par le décret de Joseph II, les Carmélites trouvèrent refuge chez leurs sœurs de Douai, puis la Révolution française les dispersa. La vie monastique reprit à Mons le 16 novembre 1837.
Offices. Eucharistie à 7h45, Vêpres à 16h30 le dimanche.
Artisanat. Statues en cire (principalement pour crèches).
Accès. 70 km au S-O de Bruxelles par l'E 19 (sortie Nimg-ATH). SNCB : Mons, puis bus n° 15-1/5.

NAMUR

Monastère de la Résurrection

86, Su I'Tîdge. 5020 Vedrin (Namur)
Tél : 00 32 81 21 15 10

Rite byzantin.
Offices. Byzantins, mélodies slaves, langues française et slavonne. Les dimanches et fêtes, liturgie à 10h.
A noter. Le monastère s'est donné pour tâche de favoriser l'unité des chrétiens.
Accès. Service de bus au départ de la gare (se renseigner à l'avance).

ORVAL

Abbaye Notre-Dame d'Orval

6823 Villers-devant-Orval
Tél : 00 32 61 31 10 60, 00 32 61 31 19 91 et 00 32 61 32 51 10
(Hôtellerie, aux heures indiquées ci-dessous)
Fax : 00 32 61 31 55 95 et 00 32 61 32 51 36
dir.commercial.brasserie@orval.be (Brasserie)
www.orval.be

Cisterciens. Les premiers moines d'Orval (le Val d'Or) furent des Bénédictins venus de Calabre en 1070. Ils furent remplacés en 1110 par les Chanoines réguliers, puis en 1132 par les Cisterciens de Trois-Fontaines (Marne), envoyés par saint Bernard. En pleine zone frontière, le monastère eut beaucoup à souffrir des guerres et des pillages ; en 1793, la tourmente révolutionnaire l'anéantit. En 1926, le propriétaire du domaine invita les moines à y revenir. Depuis, les cisterciens y poursuivent l'œuvre commencée il y a neuf cents ans. La brasserie a été ouverte en 1931 pour aider financièrement à la construction du nouveau monastère.

Voir. Orval offre cette particularité presque unique de présenter deux ensembles de bâtiments monastiques : le monastère qu'occupent les moines avec la vaste hôtellerie qui le précède, de construction récente, et les ruines du monastère construit au cours des XIIe et XIIIe siècles. Seules ces ruines médiévales sont accessibles aux visiteurs.
Visites de 9h30 en été (10h30 en hiver) à 17h30. La visite comprend un montage audio-visuel sur l'histoire de l'abbaye et la vie monastique actuelle, les ruines de l'ancienne abbaye, un musée monastique dans les caves du XVIIIe siècle, un jardin de plantes médicinales, le musée pharmaceutique et une salle d'exposition.
Offices. Chantés en français. Eucharistie à 7h (11h30 le samedi, 9h30 le dimanche), Complies à 20h. Pour participer aux offices, s'adresser au Père Portier.
Accueil. Hôtellerie à la disposition des groupes et des personnes désireuses de faire un séjour dans un but de recherche spirituelle. Inscriptions et renseignements complémentaires à demander par écrit ou par téléphone à l'hôtellerie (de préférence entre 9h et 11h30, et entre 14h et 16h30).

Artisanat. Fromage, bière. Livres, articles religieux et souvenirs d'Orval. Vente au magasin.
Accès. Sur la frontière française. 70 km à l'O de Luxembourg, 29 km au S-E de Bouillon par la N 83 et la N 88. SNCB : Florenville, puis car n° 1006 jusqu'à Orval. SNCF : Carignan (ligne Paris-Gare de l'Est/Luxembourg), puis taxi (20 km).

OTTIGNIES

Monastère Saint-André de Clerlande

1, allée Clerlande. 1340 Ottignies
Tél : 00 32 10 41 74 63 et 00 32 10 43 56 52 (Accueil, Hôtellerie)
Fax : 00 32 10 41 80 27

Bénédictins. Fondé en 1971 par l'abbaye Saint-André de Bruges (voir p. 307), à proximité du campus de Louvain-la-Neuve. Fondation à Kinshasa.
Accueil. Pour loger, personnes seules, couples et groupes ne dépassant pas 14 personnes. Visites, conférences, jusqu'à 100 personnes.
Artisanat. Icônes, céramiques.
A noter. Ce monastère de 20 moines assure la direction du *Missel dominical de l'assemblée* (Éditions Brepols).
Accès. 29 km au S-E de Bruxelles par l'autoroute des Ardennes. SNCB : Ottignies (ligne Bruxelles/Namur). Le monastère est à 2 km.

PERUWELZ-BONSECOURS

Notre-Dame de Bon Secours

3, Vieux Chemin de Leuze. 7600 Peruwelz
Tél : 00 32 69 77 20 34. Fax : 00 32 69 77 03 84

Cisterciennes Bernardines d'Esquermes. La communauté, réfugiée à Bonsecours après son expulsion de France en 1904, s'est transférée à Peruwelz en 1981.
Offices. Tous les jours : Laudes à 7h, Eucharistie à 7h30 (9h le dimanche), Heures médiane à 12h15, Vêpres à 17h30, Office du soir à 20h.
Accueil. Groupes et retraites individuelles pour la journée.
Artisanat. Atelier icônographique. Vente des cartes et des icônes sur place et par correspondance (catalogue sur demande).
Accès. 20 km au N de Valenciennes par la D 935. Depuis la Belgique : E 42, sortie n° 29 Peruwelz. SNCB : Peruwelz.

POSTEL

Norbertynenabdij

(Abbaye des Prémontrés)
Abdijlaan, 16. B 2400 Mol-Postel
Tél : 00 32 14 37 81 21. Fax : 00 32 14 37 81 23
info@abdijpostel.be
gastenkwartier@abdijpostel.be
www.abdijpostel.be

Chanoines réguliers de Prémontré. Fondée le 1er août 1140, autonome en 1610, dispersée par la Révolution en 1797, restaurée en 1847, l'abbaye est située dans une vaste région de bois vert. Atmosphère vivante et récréative.

Voir. L'église romane, consacrée en 1190, et les bâtiments abbatiaux du XVIIIe siècle.

Offices. Le public est toujours admis aux Offices chantés : Office matinal à 6h45, Messe concélébrée à 11h30 (10h le dimanche), Office du soir chanté à 18h.

Accueil. L'abbaye reçoit volontiers des hôtes désireux de séjourner au calme ou d'effectuer une retraite. 34 chambres dont plusieurs à 2 lits. La communauté est néerlandophone, mais on parle le français, l'allemand et l'anglais.

Artisanat. Fromagerie renomée en expansion ; jardin aux herbes médicinales.

A noter. Riche bibliothèque, renfermant 100 000 volumes dont une quantité d'incunables et de post-incunables, et une collection remarquable de gravures anciennes dont celles de A. Dürer pour *L'Apocalypse*.

Accès. 20 km au S-E de Turnhout par la E34.

QUÉVY-LE-GRAND

Monastère Saint-Jean L'Évangéliste

7040 Quévy-le-Grand
Tél/Fax: 00 32 65 56 87 12

Bénédictins. Fondé le 1er septembre 1968, érigé en prieuré le 5 juillet 1969, pour être une communauté contemplative qui, dans l'esprit des fondateurs, ne doit guère dépasser une douzaine de moines. Le style en est simple et pauvre : des pavillons articulés autour de la chapelle.

Offices. La chapelle ne peut recevoir plus d'une trentaine de personnes. En semaine : Laudes à 6h, Tierce à 8h10, Eucharistie à 8h30, Sexte à 12h30, None à 14h30 (15h le samedi), Prière silencieuse à 17h15, Vêpres à 18h30, Vigiles à 20h50. Le dimanche : Laudes à 6h15, Tierce à 9h, Eucharistie à 10h30, Sexte à 12h30, None à 15h30, Vêpres à 17h15, Bénédiction du Saint-Sacrement à 18h45, Vigiles à 20h50.

Accueil. 6 chambres à 2 lits peuvent recevoir des retraitants (équipes de foyers, prêtres, jeunes gens) pour des week-ends de récollection et des retraites prolongées avec l'aide facultative d'un moine. Conditions : respecter le climat de recueillement des lieux, et supporter la solitude et le silence.

Artisanat. Icônes collées sur bois, petite librairie, enseignements spirituels sur cassettes. Vente à la porterie.

Accès. 12 km au S de Mons par la N 6. SNCB : Quévy (le monastère Saint-Jean est à 2,5 km).

Monastère de l'Annonciation

57, rue de la Station. 7281 Quévy-le-Grand
Tél : 00 32 65 56 89 34

Bénédictines. Cette petite communauté mène une vie monastique de prière, de louange, d'accueil et de travail.
Accueil. 3 chambres à l'hôtellerie.
Artisanat. Céramique.
Accès. Voir Monastère Saint-Jean L'Évangéliste.

RIXENSART

Monastère de l'Alliance

Rue du Monastère, 82. 1330 Rixensart
Tél : 00 32 26 52 06 01. Fax : 00 32 26 52 06 46
benedictines.rixensart@skynet.be

Bénédictines. Fondé en 1968 par le monastère Notre-Dame de Béthanie à Loppem-lez-Bruges (voir p. 323).
Voir. Les bâtiments modernes du monastère, œuvre de l'architecte R. Bastin, et les aménagements récents conçus par l'architecte J. Cosse.
Offices. En français, tous les jours, à 6h30 (7h45 le dimanche), 12h30, 17h et 20h30. Eucharistie à 8h15 (9h le dimanche).
Accueil. 24 chambres à l'hôtellerie (dont 2 chambres à 2 lits). Le monastère reçoit des hôtes cherchant le recueillement et désireux de participer à la prière communautaire. Il aide ceux qui le souhaitent par un accompagnement personnel de foi. A certains moments de l'année, des séjours en communauté sont prévus pour des jeunes en recherche. Aux grandes fêtes liturgiques, les hôtes trouveront une préparation aux célébrations. L'hôtellerie monastique accepte aussi des retraites organisées par d'autres. Une animation plus spécialisée est proposée par le centre “Le chemin“ : formation biblique, liturgique et catéchétique.
Artisanat. Aux éditions “Le chemin“, livres de catéchèse, de formation personnelle et de groupe.
Accès. 26 km au S-E de Bruxelles. Par l'E 19, sortie n° 19 direc-

tion Wavre. Par la N 27 puis la N 25, sortie Court-Saint-Etienne, direction Ottignies. Par l'E 411, sortie n° 5, direction Rixensart. SNCB : Rixensart (ligne Bruxelles/Ottignies).

ROCHEFORT

Abbaye Notre-Dame de Saint-Rémy

5580 Rochefort
Tél : 00 32 84 22 01 40

Trappistes. L'abbaye a été fondée en 1230 par Gilles de Walcourt, seigneur de Rochefort, pour des moniales cisterciennes. En 1464, elles furent remplacées par des moines du même Ordre. La vie monastique, supprimée à la Révolution française, a été reprise en 1887.
Voir. Le très beau porche d'entrée du XIIIe siècle.
Offices. En français et en grégorien. L'abbaye étant essentiellement un lieu de recueillement et de prière, les touristes n'y sont pas admis. L'église, qui se trouve à l'intérieur de la clôture, est accessible à tous pour la Messe et les Vêpres. En semaine : Vigiles à 3h30, Laudes à 6h30, Messe concélébrée à 7h suivie de Prime, Tierce à 9h, Sexte à 12h15, None à 14h15. Le dimanche : Prime-Tierce à 8h45, Messe concélébrée à 11h, Sexte-None à 14h15, Vêpres à 17h15, Complies à 19h15.
Accueil. 14 chambres, uniquement pour les messieurs et les jeunes gens désirant faire une retraite individuelle (possibilité de contact avec un moine). La place étant limitée, les moines ne peuvent accepter les personnes qui cherchent uniquement le repos.

Artisanat. Brasserie : bière spéciale "Trappiste de Rochefort". Vente en ville et dans la région.
Accès. Au S-E de Dinant par l'E 411 et la N 911. SNCB : Jemelle (4 km), puis car pour Rochefort.

Carmel

12, avenue du Rond-Point. 5580 Rochefort
Tél : 00 32 84 21 12 72

Carmélites. Fondé en 1906.
Accueil. Le monastère reçoit des personnes en quête de calme pour des retraites soit individuelles, soit en groupe. 3 lieux d'accueil :
- Notre-Dame de la Solitude : 4 chambres.
- Tabéel : 10 chambres (11 lits)
- Sarepta : ermitage équipé pour des séjours limités.

Le tout dans un environnement naturel très beau.
Accès. Voir Abbaye Notre-Dame de Saint-Rémy.

SAINT-HUBERT

Notre-Dame d'Hurtebise

2, rue du Monastère. 6870 Saint-Hubert
Tél : 00 32 61 61 11 27. Fax : 00 32 61 61 32 76
hurtebise@busmail.net

Bénédictines. Fondé en 1938, le monastère est situé dans un site remarquable de la forêt d'Ardenne.
Offices. En français. Tout le monde y est convié.
Accueil. Pour des retraites, des sessions et des séjours de recueillement. Mixte.
Renseignements sur demande.
Pains d'autel, icônes sur bois.
Accès. 31 km au S de Marche-en-Famenne par la N 4 et la N 89, 80 km au S de Namur. SNCB : Libramont (ligne n° 162 Bruxelles/Luxembourg), puis bus ou taxi (17 km) ou Poix-Saint-Hubert, puis bus ou taxi (9 km). Se renseigner auprès du monastère.

SCHOTENHOF

Priorij Regina Pacis

Sint-Amelbergalei 35. 2900 Schoten
Tél : 00 32 658 44 68. Fax : 00 32 658 83 01

Bénédictines Olivétaines. Congrégation issue de la communauté de l'Immaculée Conception, fondée à Rouen au début du XIXe siècle, transférée à Igoville (Évreux) en 1879, émigrée en Angleterre en 1901 à la suite de la loi Combes. Sensibilisées à l'idéal de l'unité par leur aumônier Dom Constantinus Bosschaerts, elles revinrent sur le continent en 1926 et s'établirent à Schotenhof pour collaborer avec lui en tant que moniales dans sa fondation " Vita et Pax" pour l'unité des Églises.

Offices. Chantés en néerlandais. En semaine : Laudes à 6h45, Eucharistie à 7h45, Office de midi à 12h15, Vêpres à 17h, Office des Lectures à 19h45. Le dimanche : Laudes à 7h, Eucharistie à 10h, Office de midi à 12h15, Vêpres à 17h, Complies à 20h. Une Divine Liturgie en slavon est célébrée une fois par mois dans la chapelle byzantine.
Accueil. Pour une retraite ou une récollection individuelle ou en groupe, écrire à la Sœur Hôtelière. Un collège d'humani-

tés anciennes appelé "Vita et Pax" est annexé au monastère. Contacts œcuméniques.

Artisanat. Ateliers de céramique, de tissage, de tapisserie, de sculpture et de peinture d'icônes. Vente sur place et sur commande. Il est possible de se procurer aussi des reproductions d'icônes et des cartes. Les visites se font sur rendez-vous.

Accès. 12 km d'Anvers. Demander un itinéraire au monastère. SNCB : Anvers-Central, puis bus n° 61 à Rooseveltplein (arrêt Lusthofdreef après environ 30 mn), puis 10 mn à pied.

STAVELOT

Monastère Saint-Remacle

Wavreumont. 4970 Stavelot
Tél : 00 32 80 86 23 18. Fax : 00 32 80 88 01 82
wavreumont@belgacom.net

Bénédictins. Le monastère a été fondé le 10 septembre 1950 à mi-distance entre Stavelot et Malmedy, cités qui doivent leur naissance aux deux abbayes qu'y établit saint Remacle, patron des Ardennes, en 650. Il en subsiste de vastes bâtiments du XVIIIe siècle. Les deux communautés n'avaient pour les gouverner qu'un seul abbé, prince du Saint-Empire. Elles furent dispersées en 1794. Le monastère Saint-Remacle de Wavreumont a été fondé par l'abbaye du Mont-César de Louvain (voir p. 321) pour lui succéder. Il est devenu prieuré conventuel en avril 1966.

Offices. En français, tous les jours. Offices à 6h20, 12h et 18h. Messe à 8h (8h30 le samedi, 10h le dimanche).

Accueil. Pour des retraites, à condition de respecter le climat de silence.

Artisanat. Atelier de fabrication de peinture-latex et de produits pour la protection des arbres (pâte de cicatrisation et répulsif anti-gibier), atelier de poterie et d'icônes. Plusieurs livres et des disques (composés et interprétés par des frères de la communauté) sont également en vente au monastère.

Accès. 55 km au S de Liège par l'E 40 et l'E 42 (sortie n° 11 Malmedy). SNCB : Verviers, puis bus n° 395 (direction Malmedy, arrêt Route de Wavreumont) ou Trois-Ponts, puis bus n° 45a (même direction, même arrêt), puis 10 mn à pied.

TIELT

Monastère "Mater Dolorosa"

Blekerijstraat 22. 8700 Tielt
Tél : 00 32 51 40 56 45

Passionnistes (Vie contemplative cloîtrée). Fondé à Pâques 1904 par quatre religieuses de Mamers dans la Sarthe (voir p. 222).

Offices. Chantés en flamand, accessibles au public.

Accueil. Aspirantes croyant être appelées à la vocation passionniste, et pouvant vivre quelque temps avec la communauté (un mois maximum, mais en cas de doute, elles peuvent revenir deux ou trois fois).

Accès. 33 km à l'O de Gand par la N 14 et la N 66.

TILFF

Abbaye Notre-Dame de Brialmont

4130 Tilff
Tél : 00 32 43 88 17 98. Fax : 00 32 43 88 10 44

Cisterciennes. Depuis 1961, les moniales vivent dans le diocèse de Liège et s'emploient à transformer le château de Brialmont en abbaye. Depuis le XIIe siècle, ce véritable nid d'aigle domine la vallée de l'Ourthe ; il servait jadis de place forte.

Voir Les vitraux de Joep Nicolas et le vitrail de la Vierge de M. Jacquemart à l'église. L'abbaye est située dans un merveilleux environnement. Promenades et charmants petits villages aux alentours.

Offices. Chantés en français. Les moniales partagent volontiers leur espace de prière, ouvert à tous, et accueillent les hôtes de passage à leur liturgie chorale. En semaine : Laudes à 7h, Eucharistie à 7h25, None à 14h20, Vêpres à 17h15, Complies à 19h40. Le dimanche : Laudes à 7h15, Eucharistie à 9h15.

Accueil. 22 chambres (dont 10 à 2 lits). Accueil individuel et en groupe, pour tous ceux qui veulent prendre un temps de ressourcement, de silence, de paix et de prière dans un cadre de verdure. La communauté parle français et néerlandais.

Artisanat. Les sœurs développent une production artisanale de champignons (l'agaric brun). Les caves peuvent être visitées le samedi matin de 10h à 12h. Les champignons, les œufs provenant de leur poulailler et leur production de céramiques sont en vente au magasin de l'abbaye. On y trouve également une librairie religieuse, une carterie, des cassettes et des CD, ainsi que des produits d'autres monastères (bières, fromages, confitures, miel, produits cosmétiques, produits ménagers, etc.). Magasin ouvert de 9h à 12h et de 14h30 à 17h.

Accès. 5 km au S de Liège par l'autoroute des Ardennes E 25 (sortie n° 42 Beaufays). SNCB : ligne n° 42 Liège/Trois-Pont/Gouvy/Luxembourg ou n° 43 Liège/Marloie/Jemelle. Par car : ligne n° 377 Liège/Tilff/Esneux/Comblain-au-Pont (départ de la gare routière de Liège) ou ligne n° 42A (départ de la gare de Liège Guillemins). Ensuite, taxi ou 20 mn à pied.

WATERLOO (ARGENTEUIL)

Carmel du Christ Ressuscité

Drève du Carmel, 24. 1410 Waterloo
Tél : 00 32 357 04 10. Fax : 00 32 357 04 11

Carmélites. Fondé en 1881.
Offices. La chapelle publique est ouverte aux heures des offices (horaires sur place).
Accueil. Selon les possibilités, pour des jours de prière et de silence dans la solitude.
Artisanat. Personnages en cire pour crèches, reliure artisanale en toile, cuir, etc... Vente sur place et par correspondance (envoi d'échantillons).
Accès. 20 km au S de Bruxelles. Prendre la chaussée de Louvain entre Waterloo et La Hulpe. SNCB : Waterloo ou la Hulpe.

WESTERLO-TONGERLO

Norbertijnenabdij Tongerlo

(Abbaye Prémontrée de Tongerlo)
Abdijstraat 40. 2260 Westerlo
Tél : 00 32 14 53 99 00. Fax : 00 32 14 53 99 08
abdij@tongerlo.org
www.tongerlo.org
www.jongerlo.org (pour les jeuns gens)

Chanoines réguliers de Prémontré. Fondée vers 1130, l'abbaye connut une longue prospérité. Le 6 décembre 1796, au moment de la Révolution française, les Chanoines durent quitter momentanément leur monastère ; ils ne regagnèrent Tongerlo qu'en 1840. Une partie des bâtiments a été incendiée en 1929 et reconstruite quatre ans plus tard.
Voir. La partie majeure de l'abbaye date de la Renaissance flamande (XVIe siècle). Porche d'entrée (XIVe siècle), maison abbatiale d'un magnifique style classique (XVIIIe siècle), réplique célèbre de la *Cène* de Léonard de Vinci par son élève Andréa Solario. Musée de Vinci, à droite du porche d'entrée (entrée 1,5€ , 1€ groupes d'au moins 15 personnes). Ouvert chaque dimanche de mars à octobre, chaque jour pendant les vacances de Pâques, et la période de mai à septembre : de 14h à 17h.
Offices. Chantés en néerlandais, tous les jours. Prière du matin à 6h45 (7h le dimanche), Messe concélébrée à 11h30 (10h30 le dimanche), Prière du soir à 17h30.
Accueil. Séjours individuels, retraites et visites guidées sur demande. Écrire au Chanoine Hôtelier. L'abbaye est néerlandophone (on parle aussi le français).
Artisanat. Librairie (catéchèse et liturgie en néerlandais), objets religieux et artisanaux, produits fermiers (pain, beurre, fromage et bière de l'abbaye). Vente aux magasins De Oude Linden (Tél : 00 32 14 53 82 11. Fax : 00 32 14 53 82 14) et De Oude Hoeve (Tél : 00 32 14 54 11 43).
A noter. Pèlerinage annuel aux reliques de saint Siard, le dimanche précédent le 14 novembre. Puisque la statue de l'enfant Jésus de Prague déménage de Tongres (prov. Limbourg) le 25 octobre 2003, le site du pélerinage sera dorénavant à l'abba-

tiale de Tonguerlo-Westerlo (prov. Anvers). Exposition permanente "L'abbaye : histoire et aujourd'hui" toute l'année. Tout près de l'abbaye se trouve le centre sportif (avec hôtel).
Accès. 39 km au S-E d'Antwerpen (Anvers) par l'E 313 (sortie n° 22) et la N 152 ou la N 19. SNCB : Herentals, puis bus Herentals/Westerlo.

WESTMALLE

Abbaye Notre-Dame du Sacré Cœur

2390 Westmalle
Tél : 00 32 33 12 92 00. Fax : 00 32 33 12 92 20

Trappistes. Fondée le 6 juin 1794. Après six semaines, abandon forcé et fuite au pays de Münster : fondation de l'abbaye de Darfeld (1795). En 1802, retour à Westmalle. De 1811 à 1814, suppression de l'Ordre par Napoléon. En 1836, élévation du monastère au rang d'abbaye, en 1838, fondation de Meersel, transféré à Achel en 1846 ; fondation de Tegelen (Pays-Bas), en 1884, de Bamania (Zaïre) en 1894 (supprimée en 1923) ; affiliation d'Orval (voir p. 000) en 1946 ; fondation de Brecht (moniales) en 1950.
Offices. Chantés en néerlandais, accessibles au public.
Accueil. Des hôtes sont reçus, en nombre restreint, après entente préalable avec le Frère Hôtelier.
Artisanat. Brasserie (bières de 6° et 8°). Fromages vendus à la porterie les jours ouvrables.
A noter. L'abbaye possède une bibliothèque riche de cinquante mille volumes, dont un grand nombre de livres anciens et rares ; collections de manuscrits, incunables, gravures sur cuivre.
Accès. 23 km au N-E d'Antwerpen (Anvers) par la N 12. SNCB : Anvers, puis car (ligne Anvers/Turnhout).

Monastère "Magnificat"

6, avenue Saint-Paul. 2140 Westmalle
Tél : 00 32 33 12 07 08

Annonciades. Les moniales de l'ordre de la Vierge Marie, ou Annonciades, fondées à Bourges par sainte Jeanne de France, ont été implantées en Belgique par l'entremise de Marguerite d'Autriche, qui a fondé Bruges en 1517. Louvain fut fondé en

1529. Le monastère de Louvain, ainsi que dix-sept autres monastères des Pays-Bas, furent très florissants jusqu'à la Révolution française. Celui de Tirlemont fut le seul à se maintenir. Il fonda le monastère de Merksem, en 1898. En 1970, la fusion de ces trois monastères se fixa dans le nouveau monastère de Westmalle. Les moniales ont pour règle d' "imiter Marie pour plaire à Jésus".

Voir. Les bâtiments ultra-modernes, de forme cubique, dans une splendide forêt de sapins.

Offices. Chœur des moniales, en néerlandais, tous les jours. Offices à 8h suivi de l'Office du milieu du Jour, Office des Lectures à 14h30, Vêpres à 17h, Complies à 20h30.

Accueil. Possible pour des retraites personnelles, avec participation aux offices.

Accès. Voir Abbaye Notre-Dame du Sacré Cœur.

WESTVLETEREN

Sint-Sixtus Abdij

(Abbaye Notre-Dame de Saint-Sixte)
12, Donkerstraat. 8640 Westvleteren
Tél : 00 32 57 40 03 76. Fax : 00 32 57 40 14 20

Trappistes. Il existe une tradition monastique locale, qui remonte avec certitude à 1260, et avec une grande probabilité à 806 et au-delà : moines columbaniens en 806, sœurs en 1260, Brigitains en 1615, Trappistes en 1831. La fondation actuelle a été érigée en abbaye en 1871.

Offices. L'accès est ouvert aux hôtes séjournant à l'abbaye, qui trouvent sur place les heures des divers offices (en flamand). Le portier peut aussi y donner accès aux gens de passage, cependant il n'y a pas de visite touristique du monastère.

Accueil. Pour une retraite spirituelle, en groupe ou individuellement. "On demande un effort sérieux d'intériorité et de calme". Réserver sa place à l'avance.

Artisanat. Brasserie. Vente uniquement au centr à côté de l'abbaye.

A noter. En face de l'abbaye se trouve le centre d'accueil De Vrede, qui présente un montage audio-visuel et des informations sur la vie des moines (en flamand) ouvert de 14h à 17h sauf le vendredi.

Accès. 16 km au N-O d'Ieper (Ypres) par la N 8.

Luxembourg

LUXEMBOURG

1. **Clervaux** : Abbaye Saint-Maurice et Saint-Maur
2. **Luxembourg** : Carmel
3. **Peppange/Bettembourg** : Monastère du Saint-Sacrement

CLERVAUX

Abbaye Saint-Maurice et Saint-Maur

9737 Clervaux
Tél : 00 352 92 10 27. Fax : 00 352 92 01 44

Bénédictins (Congrégation de Solesmes). Fondée par l'abbaye de Solesmes (voir p. 227) en 1890 à Saint-Maur de Glanfeuil dans le Maine-et-Loire, la communauté s'est réfugiée en 1901 à Baronville en Belgique, d'où elle a gagné Clervaux en 1910. Expulsés par les nazis en 1941, les moines sont revenus en 1945.

Voir. Dans l'église, plusieurs statues datant du XVe au XVIIIe siècle, et, dans la crypte, une exposition sur la vie monastique (entrée libre, toute la journée).

Offices. Chœur des moines, chants grégoriens avec des parties en français. Laudes à 7h30, Messe chantée à 10h30, Vêpres à 18h (17h les samedis, dimanches et fêtes), Complies à 20h30.

Accueil. 20 chambres dans l'hôtellerie contiguë au monastère. Accueil des hommes pour des retraites et des recollections, en groupes et individuelles. En face de l'abbaye, centre d'accueil pour groupes de jeunes (dames comprises) qui y font la cuisine, avec 40 lits et 5 chambres individuelles. En été (de juin à août) il y a de la place pour environ 70 jeunes en groupes. Centre ouvert toute l'année (A titre indicatif, compter à l'hôtellerie 22-30€ par jour, au centre d'accueil 5-7€).

Artisanat. L'abbaye édite des missels, des livres de spiritualité, d'érudition et de littérature ; elle a enregistré sur disques, cassettes et CD des chants grégoriens et en français, et des œuvres d'orgue de Dom Paul Benoît. Au magasin : grand choix de livres, CD, vidéo-cassettes, objets d'art religieux, crèches, croix, statues, etc... Ouvert toute l'année. Catalogue des publications des moines, sur demande. Vente occasionnelle par correspondance.

Accès. 65 km au N de Luxembourg-Ville par la N 7 (ou E 421) et la N 18. Train : Clervaux (ligne Luxembourg/Liège), puis taxi ou à pied par le bois.

LUXEMBOURG

Carmel

10, rue Sainte-Thérèse d'Avila. 1152 Luxembourg
Tél : 00 352 43 16 31. Fax : 00 352 42 18 28
carmel@pt.lu

Carmélites. Fondé en 1889.

Offices. En français, tous les jours. Laudes à 7h, Milieu du Jour à 12h, Vêpres et Eucharistie à 17h30 sauf Eucharstie le samedi à 17h, dimanche à 9h et jeudi à 8h, Complies et Office des Lectures à 20h.

Accueil. 4 chambres à la disposition des personnes cherchant un lieu de retraite, de silence et de prière.
Artisanat. Vêtements et linge liturgiques, drapeaux pour sociétés.
Accès. 4 km du centre-ville par le A 1 - E 44 direction Aéroport, sortie n°7.

PEPPANGE/BETTEMBOURG

Monastère du Saint-Sacrement

3, rue Saint-Benoît. 3391 Peppange
Tél : 00 352 51 10 61. Fax : 00 352 51 06 08

Bénédictines. Monastère fondé le 12 juin 1875 par les Bénédictines du Saint-Sacrement de Trêves, à l'époque du "Kulturkampf" allemand. D'abord installées à Bettembourg, elles ont gagné Peppange (qui en est tout proche) en novembre 1883. En 1888, une quinzaine de religieuses purent aller faire revivre la maison de Trêves et, en 1899, une seconde fondation eut lieu à Herstelle (diocèse de Paderborn). Les Bénédictines purent rester à Peppange pendant la première guerre mondiale, mais durent chercher asile ailleurs de 1940 à 1945.
Offices. Tous les jours : Laudes 7h, Messe 10h, Petites heures à 12h, Vêpres à 17h30, Complies à 20 h.
Accueil. Plusieurs chambres sont à la disposition d'hôtes en quête de calme et de réflexion.
Artisanat. Hosties.
Accès. 10 km au S de Luxembourg-Ville par la N 6 et par l'A 3 direction Thionville-Metz (sortie Bettembourg). Train : Bettembourg, puis taxi (2 km) ou Luxembourg, puis bus (arrêt près du monastère).

Suisse

SUISSE

1. **Collombey** : Monastère Saint-Joseph
2. **Develier** : Monastère du Carmel
3. **Estavayer-le-Lac** : Monastère Notre-Dame de l'Assomption
4. **Fribourg** : Abbaye de la Maigrauge
5. Monastère Saint-Joseph de Montorge
6. Monastère de la Visitation
7. **Grand-Saint-Bernard** : Hospice du Grand-Saint-Bernard
8. **Hauterive** : Abbaye d'Hauterive
9. **Jongny** : Monastère Sainte-Claire
10. **Romont** : Abbaye cistercienne de la Fille Dieu
11. **Saint-Maurice** : Abbaye de Saint-Maurice d'Agaune
12. **Sierre** : Monastère Notre-Dame de Géronde
13. **La Valsainte** : Chartreuse de la Valsainte

COLLOMBEY

Monastère Saint-Joseph

1868 Collombey
Tél : 00 41 24 471 23 69. Fax : 00 41 24 472 29 04

Bernardines. Fondé en 1629, le monastère reste le seul dépositaire d'un riche patrimoine historique et spirituel jusqu'en 1935, année de la fondation de Géronde sur Sierre. Les sœurs sont héritières d'une réforme cistercienne issue en 1622 de l'abbaye Sainte-Catherine d'Annecy, maison fille de Tamié en France. La réforme, sous l'impulsion de Louise de Ballon et de ses compagnes, compta une trentaine de monastères, principalement en Savoie. Tous disparurent à la Révolution.

Offices. En français. Vigiles à 5h, Eucharistie à 7h30 (10h30 les dimanches et fêtes chômées), Vêpres à 17h15, Complies à 19h ou 19h30.

Accueil. Une grande salle a été aménagée pour recevoir des groupes. L'hôtellerie comporte quelques chambres et un espace-jeunes pour des groupes. Les hôtes participent librement à la liturgie et peuvent rencontrer l'aumônier ou une sœur. Ils disposent d'un oratoire et d'une petite bibliothèque.

Artisanat. Hosties, vêtements liturgiques, chapelets.

Depuis 1975, la communauté gère la bibliothèque sonore des aveugles catholiques de Suisse romande, "l'Etoile Sonore". Ce service prête gratuitement des ouvrages enregistrés sur cassettes à des aveugles, des malvoyants et des handicapés ne pouvant tenir un livre.

Accès. 50 km au S-E de Lausanne. CCF : Aigle (ligne Lausanne/Brigue), puis train local AMC jusqu'à Collombey (ligne Aigle/ Monthey/Champéry, départ sur la place de la gare), puis 5 mn à pied.

DEVELIER

Monastère du Carmel

2802 Develier
Tél : 00 41 32 422 82 21. Fax : 00 41 32 422 82 24

Carmélites. Communauté fondée à Montélimar (France) en 1946 et transférée à Develier en 1980.

Offices. En français. Eucharistie à 8h15 (9h le dimanche), Vêpres chantées à 16h40. Pour les autres offices, consulter les horaires sur place.

Accueil. 2 chambres pour des retraites individuelles de 5 jours maximum.

Accès. 30 km au S-O de Bâle. Train : Delémont, puis des cars postaux assurent le trajet de jusqu'à Develier (4 km).

ESTAVAYER-LE-LAC

Monastère Notre-Dame de l'Assomption

1470 Estavayer-le-Lac
Tél : 00 41 26 663 42 22 et 00 41 26 664 04 14 (Hôtellerie)
Fax : 00 41 26 664 04 13

Dominicaines. Fondé à Echyssie, près de Lausanne, en 1280. La guerre incita Guillaume d'Estavayer à offrir aux moniales sa maison située aux pieds des remparts de la cité. Le transfert se fit en 1316. Humbert de Savoie construisit au XVe siècle le sanctuaire que l'on connaît aujourd'hui. Eglise restaurée à plusieurs reprises tout au long des siècles. Dernière retauration en 1973-75.

Offices. Messes chantées en français et en grégorien. En semaine : Laudes à 6h50, Messe à 7h30, Vêpres à 17h15. Le dimanche : Laudes à 7h15, Messe à 11h, Vêpres à 17h15, Complies et Vigiles à 20h.

Accueil. L'hôtellerie "La Source", entièrement rénovée, peut accueillir jusqu'à 40 personnes (6 chambres à 2 lits, dont 4 avec WC et douche, 8 chambres individuelles et une vingtaine de places en dortoir). 2 salles de conférence équipées. Possibilité de s'auto-gérer pour les repas.

Artisanat. Hosties et petits travaux d'artisanat.

Accès. Sur le lac de Neufchâtel. Par l'A 12 Vevey/ Berne, sortie Estavayer-le-Lac. CCF : depuis Genève, Yverdon puis Estavayer-le-Lac ; depuis Fribourg, Estavayer-le-Lac.

FRIBOURG

Abbaye de la Maigrauge

2, chemin de l'Abbaye. 1700 Fribourg
Tél : 00 41 26 322 91 50. Fax : 00 41 26 322 91 55

Cisterciennes. Abbaye fondée par un groupe de femmes en 1255.

Voir. L'église de style cistercien, dédicace en 1284. Une grille en bois marque la clôture, mais elle est ouverte pendant les offices. Dans une chapelle latérale : sarcophage peint contenant un Christ gisant sculpté (première moitié du XIVe siècle). Magnifiques stalles du XIVe siècle.

Offices. En français et en chant grégorien. En semaine : Vigiles à 4h, Laudes à 5h15, Eucharistie précédée de Tierce à 7h45, Sexte à 11h30, None à 14h, Vêpres à 16h45, Complies à 19h15. Le dimanche : Vigiles à 4h, Laudes à 7h, Eucharistie précédée de Tierce à 9h45, Sexte à 11h30, None à 15h, Vêpres à 16h45, Complies à 19h.
Accueil. Petite hôtellerie pour des retraitants individuels et en petits groupes (10 chambres). Possibilité d'assister aux offices, entretiens avec une sœur sur demande. Séjour de 6 jours maximum. Montage audio-visuel.
Artisanat. Hosties. Objets artisanaux, cartes, brochures, bougies, tisanes, confitures, "Eau Verte de la Maigrauge" (élixir digestif). Vente au petit magasin.
Accès. 30 km au S-O de Berne par l'A 12, 120 km au N-E de Genève par l'A 1, l'A 9 puis l'A 12. CCF : Fribourg. Pour la Maigrauge : par l'autoroute, sortie Fribourg-Nord. L'abbaye se trouve près du pont de la Motta, au bord de la Sarine, juste en dehors du mur d'enceinte de la vieille ville. Depuis la gare : taxi ou bus Neuville arrêt Pertuis puis à pied.

Monastère Saint-Joseph de Montorge

Chemin de Lorette 10. 1700 Fribourg
Tél : 00 41 26 322 35 36. Fax : 00 41 26 322 35 58

Capucines (vie contemplative franciscaine, règle du Troisième Ordre régulier de saint François). Fondé en 1628 par le seigneur Jacques Vallier, le monastère fait partie actuellement de la fédération Sainte-Claire, qui regroupe quinze monastères en Suisse. Sur la colline dominant le vieux Fribourg, le monastère jouit d'une situation naturelle merveilleuse.
Voir. Dans l'église, les autels de Reyff et le tabernacle de l'orfèvre Müller. Près du monastère, la chapelle Saint Jost et l'église Notre-Dame de Lorette.

Offices. Liturgie des Heures en français. En semaine : Laudes à 5h50, Eucharistie à 7h30, Sexte à 11h35, Vêpres à 18h30. Le dimanche : Laudes à 6h45, Eucharistie à 8h30, Salut au Saint-Sacrement et Vêpres à 17h. Adoration 4 jours et 2 soirées par semaine.
Accueil. Petite hôtellerie. Accueil individuel de dames et de jeunes filles pour un ressourcement spirituel. Séjour de 1 à 8 jours. Possibilité de participer aux offices. Accueil de groupes sur demande. Possibilité de partage avec les sœurs. Montage audio-visuel sur la vie du monastère. Accueil à l'intérieur du monastère des jeunes filles sentant un appel à cette vie contemplative. Séjour d'une semaine à un mois.
Artisanat. Vêtements liturgiques (aubes, chasubles, étoles), nappes d'autel, hosties, liqueur digestive, chapelets, dizainiers en bois.
Accès. Voir Abbaye de la Magrauge.

Monastère de la Visitation

Rue de Morat, 16. 1700 Fribourg
Tél : 00 41 26 347 23 40. Fax : 00 41 26 347 23 49

Visitandines. Fondé en 1635 par des sœurs du monastère de Besançon fuyant la guerre de Trente ans. Elles aidèrent à construire leur église en pierre de molasse, extraite des rives de la Sarine. En 1970, les sœurs participèrent à la restauration de cette même église, du chœur monastique et des principales pièces de l'ancien château.
Voir. Eglise Renaissance du XVIIe siècle à plan centré, avec voûtes gothiques et façade baroque, unique en Europe.
Offices. Chantés. En semaine : Laudes et Eucharistie à 7h30 (18h15 le mercredi avec l'Office du soir), Office du jour à 13h45, Office du Soir à 17h30, Complies à 20h15. Le dimanche : Laudes à 7h30, Eucharistie à 9h30, Office du jour à 13h45, Office du Soir à 17h30.
Accueil. Toute l'année de dames, de jeunes filles et de religieuses désireuses d'un vrai silence, dans le respect de la prière et de la vie propre de la communauté, pour un temps de retraite en clôture, avec possibilité d'accompagnement individuel. Séjour de 5 jours maximum. Partage de la prière commune dans la liturgie (Eucharistie et Offices) en semaine et le dimanche. Possibilité de rencontres au parloir pour les personnes seules et en groupe.
Accès. Voir Abbaye de la Magrauge.

GRAND-SAINT-BERNARD

Hospice du Grand-Saint-Bernard

1946 Bourg-Saint-Pierre
Tél : 00 41 27 787 12 36. Fax : 00 41 27 787 11 07

Chanoines réguliers de saint Augustin. L'hospice du Grand-Saint-Bernard doit son origine à Bernard de Menthon, archidiacre

d'Aoste (XIe siècle). Celui-ci entreprit la construction d'une maison d'accueil et de prière sur ce col, pour venir au secours des passants aux prises avec les difficultés et les dangers de la montagne. Une petite communauté se forma autour de lui et adopta la règle de saint Augustin. Elle se vit confier très tôt la charge de desservir les paroisses de la région. C'est ainsi qu'aujourd'hui encore, la congrégation des chanoines du Grand-Saint-Bernard se trouve engagée dans le ministère paroissial (diocèses de Sion et d'Aoste) et dans d'autres activités pastorales conformes à la vie des chanoines réguliers.

Voir. L'église (XVIIe siècle), le trésor (objets religieux, du XIe au XXe siècle), le musée, qui présente l'histoire et la géographie de la Maison, du col et de la région, le chenil (ouvert l'été uniquement). Audio-visuel présentant l'histoire et le message spirituel de l'hospice.

Offices. En français, chantés selon les possibilités. Matines et Laudes à 7h15, Eucharistie à 18h (20h30 le samedi, 10h30 le dimanche), Office du Milieu du jour à 11h45, Vêpres à 18h40, Complies à 20h45.

Accueil. Personnes seules et en groupe, pour le partage de la vie quotidienne et de la prière, dans un climat de simplicité et de fraternité, dans un cadre de montagne austère et rude. Nécessité d'un bon équipement (skis en hiver). S'annoncer à l'avance auprès des services d'accueil. Maison ouverte toute l'année, habitée en permanence par cinq membres de la communauté et quelques autres personnes collaborant à l'accueil et aux tâches domestiques.

Accès. Au col du même nom (2 472 m d'altitude), à la frontière italo-suisse. 45 km au s de Martigny (Suisse) et 32 km d'Aoste (Italie). Route ouverte à la circulation de mi-juin à mi-octobre. Service de bus postal "Martigny-Aoste" en juillet-août-septembre. Le reste de l'année, l'hospice n'est accessible qu'avec des skis de randonnée.

HAUTERIVE

Abbaye d'Hauterive

1725 Posieux
Tél : 00 41 26 402 17 83 et 00 41 26 402 17 81 (Vsites)
Fax : 00 41 26 401 10 53

Cisterciens. Fondée en 1138 par Guillaume de Glâne, vassal des comtes de Haute-Bourgogne, qui légua ses terres aux moines cisterciens de Cherlieu (Haute-Saône) pour qu'ils s'y établissent. Le monastère essaima en 1185 à Kappel am Albis (Zurich), mais cette nouvelle communauté disparut en 1527 lors de la Réforme. En 1848, à la suite du "Sonderbund", la communauté de l'abbaye d'Hauterive fut dispersée à son tour. L'abbaye abrita de 1850 à 1859 une école d'agriculture, puis jusqu'en 1940 l'École normale du canton. Les moines de Wettingen-Mehrerau (Autriche) y rétablirent la vie cistercienne en 1939. Pour cette raison, Hauterive appartient aujourd'hui à la congrégation cistercienne de Wettingen-Mehrerau.

Voir. Eglise et cloître des XIIe et XIVe siècles, merveilleux témoins de l'architecture cistercienne. Bâtiments conventuels du XVIIIe siècle. Visites guidées les jours ouvrables de 14h à 17h (prendre rendez-

vous par téléphone) et le dimanche après la grand-messe, de 10h45 à 11h45.

Offices. Chantés en grégorien, lectures en français. Messe à 7h (9h20 le dimanche).

Accueil. 14 chambres et dortoir de 8 lits pour les hommes, 18 chambres à 1 ou 2 lits pour les dames et les couples. Maisonnette de 6 lits (avec cuisine et salle de bains) pour les familles. Pour des séjours à caractère spirituel, individuellement ou en groupe. Entente préalable avec le Père Hôtelier.

Artisanat. Livres de spiritualité monastique, objets d'art, cartes et disques. Produits du monastère et d'autres communautés. Vente au magasin.

Accès. 7 km au S-O de Fribourg, sur la rive gauche de la Sarine. Par l'A 12, sortie Rossens ou Fribourg-Sud. CCF : Fribourg, puis taxi ou car GFM (ligne Fribourg/Bule par Farvagny, arrêt Grangeneuve), puis 10 mn à pied.

JONGNY

Monastère Sainte-Claire

"La Grant Part". 13 chemin des Crosettes. 1805 Jongny
Tél : 00 41 21 921 21 77. Fax : 00 41 21 922 07 35

Clarisses. Fondé à Vevey, en 1424, par sainte Colette. Au moment de la Réforme et de l'occupation de la région par les Bernois, le monastère se replia en France et les Clarisses ne revinrent en Suisse qu'en 1964, d'abord dans le canton de Genève (La Plaine), puis à Jongny en 1976. Cette fondation du monastère d'Evian fut érigée en monastère le 24 juin 1989.

Offices. Chantés en français, tous les jours. Horaire à consulter sur place. Offices ouverts à tous.

Accueil. Pour toute personne en quête de silence ou désirant partager la prière des sœurs. Séjour de 8 jours maximum. Les retraitants font leur cuisine.

Artisanat. Batik, images, bougies décorées.

Accès. 22 km de Lausanne, 80 km de Genève, 7 km de Vevey. CCF : Vevey, puis bus.

ROMONT

Abbaye cistercienne de la Fille Dieu

1680 Romont
Tél : 00 41 26 652 22 42. Fax : 00 41 26 652 23 15
office@fille-dieu.ch
www.fille-dieu.ch

Cisterciennes-Trappistines. Fondé en 1268 par trois jeunes filles du pays, Juliette, Pernette et Cécile, le petit prieuré reçut de l'évêque de Lausanne son beau nom "Fille-Dieu". En 1350, érection du prieuré en abbaye. En 1696, construction d'un nouveau monastère, l'ancien ayant été détruit par un incendie. En 1906, rattachement à l'Ordre Cistercien de la Stricte Observance. En 1987, création de l'Association d'Amis qui a permis à l'abbaye de retrouver la beauté architecturale de son église, consacrée le 31 août 1996 pour le 650e anniversaire de la première dédicace.

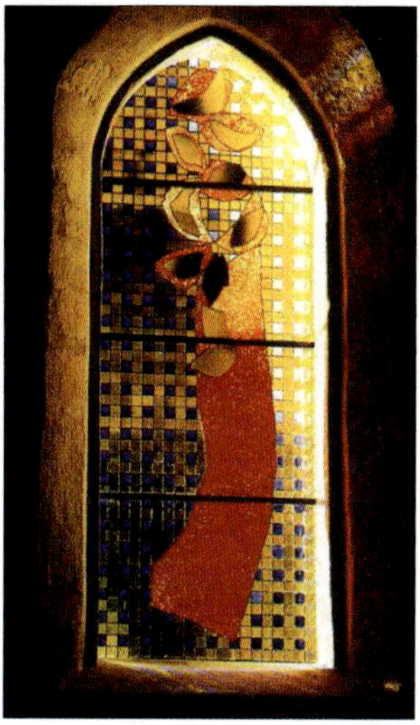

Voir. L'église restaurée du XIVe siècle classée Monument Historique d'intérêt régional-national. Les vitraux (par Brian Clark) du XXe siècle.

Offices. En français et Messe en grégorien. Chants polyphoniques. Vigiles à 3h45, Laudes et Messe à 6h45 (le dimanche, Laudes à 7h35, Messe à 9h30), Tierce à 9h, Sexte à 11h40, None à 14h, Vêpres à 17h, Complies-Salve à 19h10.

Pour des retraites silencieuses avec participation aux offices. Petite cuisine à disposition des hôtes qui désirent être autonomes. Familles, amis, retraitants, hôtes de passage vivent avec les sœurs la liturgie eucharistique et la louange des heures.

Accueil. 7 chambres pour retraitants (hommes et femmes), groupes et personnes désirant se ressourcer spirituellement. Un accompagnement est possible. Une participation à la prière liturgique de la communauté est souhaitée.

Artisanat. Pains d'autel, petit magasin, décorations de bougies.

Accès. 35 km au N-E de Lausanne et 23 au S-O de Fribourg. CCF : Romont.

SAINT-MAURICE

Abbaye de Saint-Maurice d'Agaune

Case postale 142. 1890 Saint-Maurice
Tél : 00 41 24 486 04 04. Fax : 00 41 24 486 04 05

Chanoines réguliers de Saint-Augustin. Fondée en 515, l'abbaye de Saint-Maurice doit son origine au sanctuaire élevé sur le tombeau des saints martyrs Maurice et ses compagnons, soldats thébains mis à mort vers la fin du IIIe siècle. Vers 380, saint Théodore, évêque d'Octodure, rassembla les corps des Martyrs dans une chapelle au pied des rochers. Saint Sigismond, fils du célèbre roi des Burgondes Gondebaud, fonda le monastère et, le 22 septembre 515, inaugura la "laus perennis", la louange perpétuelle sur le tombeau des martyrs. L'abbé saint Ambroise (516-520) éleva une nouvelle basilique contigüe au sanctuaire primitif. Le monastère d'Agaune ainsi fondé comprenait une communauté de moines préposés à la garde du sanctuaire et à l'accueil des pèlerins. Au IXe siècle, des chanoines succèdèrent aux moines ; en 1128, ils adoptèrent la Règle de saint Augustin. Les temps de ferveur et de ressourcement alternèrent avec des périodes plus difficiles. Mais la pression des autorités civiles, les troubles révolutionnaires, les incendies et les éboulements de rochers n'empêchèrent pas l'abbaye de poursuivre sa mission multiséculaire. Elle ose ainsi prétendre être le plus ancien monastère de l'Occident continuellement habité. Aujourd'hui, l'abbaye poursuit sa vocation liturgique sur le tombeau des Martyrs, veillant à demeurer un centre de prière, d'accueil, de rencontre et d'étude. Les 70 religieux exercent leur ministère dans les paroisses voisines, dans l'enseignement au collège-lycée de l'abbaye et dans les Missions.

Voir. Le célèbre trésor des Reliques des Martyrs. L'abbaye est gardienne d'une prestigieuse collection d'orfèvrerie religieuse, constituée essentiellement de reliquaires romans et d'objets de culte datant de l'époque mérovingienne jusqu'à nos jours. Visites en juillet-août à 10h30, 14h, 15h15, 16h30. En mai, juin, septembre et octobre, à 10h30, 15h, 16h30. De novembre à avril, à 15h. Groupes sur rendez-vous (tél : 00 41 24 486 04 10). Fermé le lundi et le matin des dimanches et fêtes.

Offices. En français, mais la Messe est généralement chantée en grégorien. En semaine : Laudes à 6h30, Office des Lectures à 11h30, Vêpres et Messe concélébrée à 18h, Complies à 20h15. Le dimanche : Laudes à 8h30, Messe concélébrée à 9h.

Accueil. Pas d'hôtellerie, si ce n'est quelques chambres à disposition des hôtes de passage. Le site ne se prête guère à une retraite : l'abbaye est située entre une falaise de roche, abrupte, une route, la ville et la voie ferrée. Possibilité de suivre les offices de la communauté

Artisanat. Vin.

Accès. 60 km au S-E de Lausanne et 15 km au N de Martigny par l'A 9. Gare CCF bien desservie, sur la ligne du Simplon et la ligne Saint-Maurice/Saint-Gingolph (France). L'abbaye se trouve à 5 mn à pied de la gare.

SIERRE

Monastère Notre-Dame de Géronde

Chemin des Bernardines, 53. 3960 Sierre
Tél : 00 41 27 455 11 68. Fax : 00 41 27 456 11 51

Cisterciennes Bernardines. Les moniales, venues de Collombey (voir p. 343), vivent sur l'un des plus anciens lieux de culte chrétien du Valais. Des vestiges d'une église des VIe et VIIe siècles y ont été retrouvés. La partie la plus ancienne des bâtiments conventuels date du XIe siècle. Plusieurs familles religieuses s'y sont succédées : Chanoines réguliers à l'époque où Géronde était encore un centre paroissial, Chartreux (bref essai d'implantation au XIVe siècle), puis Carmes (de la première moitié du XVe siècle au milieu du XVIIe siècle), et enfin Jésuites, pendant un court laps de temps, vers 1660. Séminaire diocésain de 1748 à 1778 et de 1808 à 1817, Géronde fut pillé à deux reprises sous la Révolution et devint un lieu de refuge pour des prêtres réfractaires (1793-1794). Le monastère reçut des Trappistes de 1804 à 1805 et de 1831 à 1834, puis des Dominicains de 1871 à 1874. De 1894 à 1929, Géronde abrita l'Institut cantonal des sourds-muets, confié aux sœurs de la Sainte-Croix (Ingenbohl). Les Cisterciennes bernardines y arrivèrent en 1935.

Voir. Restaurée en deux étapes (de 1962 à 1965 puis en 1970), l'église surprend par l'unité existant entre des éléments d'époque et de styles divers. On peut voir le vaste chœur gothique avec ses stalles sculptées (vers 1500, malheureusement endommagées), les arcades romanes de la nef surmontée d'une voûte baroque, et des vitraux modernes (1965).

Offices. En français et en grégorien. Laudes à 7h20 (7h30 les dimanches et fêtes), Messe à 8h (9h30 les dimanches et fêtes), Vêpres à 17h30, Complies à 19h45.

Accueil. 5 chambres, pour des récollections et des retraites individuelles. Séjour de 8 jours maximum.

Artisanat. Culture de la vigne et production de vin (vente sur place et expédition en Suisse uniquement). Hosties, vêtements liturgiques (sur commande), broderie (fichus et tabliers du costume valaisan).

Accès. 100 km au S-E de Lausanne. Par l'A 9, aller jusqu'à Sierre, puis prendre la direction "Lac de Géronde" (en contrebas du monastère). CFF : Sierre (ligne Lausanne/Brigue/ Milan), puis taxi (2 km) ou à pied (se renseigner auprès du monastère).

LA VALSAINTE

Chartreuse de la Valsainte

1654 Cerniat
Tél : 00 41 26 927 11 37. Fax : 00 41 26 927 20 81

Chartreux. Fondée en 1295 par Girard de Corbières, la Chartreuse de la Valsainte fait partie de l'Ordre fondé par saint Bruno au XIe siècle. Supprimée en 1778, elle fut rendue aux Chartreux en 1861.
Offices. En latin pour la plupart des chants et en français pour les lectures. Pour les pères, seulement trois sorties de cellule par jour : la nuit pour Matines et Laudes, le matin pour la Messe conventuelle, dans la soirée pour les Vêpres.
Accueil. Seuls sont admis, deux jours par an, les proches parents des religieux. Sont reçus aussi, pour une retraite prolongée où ils vivent la vie des moines, ceux qui veulent étudier une possible vocation cartusienne. On ne visite pas le couvent.
Artisanat. Activités manuelles. Les frères exploitent les forêts du monastère et subviennent aux besoins de la maison (jardin, menuiserie, forge, ferblanterie, boulangerie...). Les pères se livrent aussi à quelques occupations utiles à la communauté (reliure..).
Accès. 40 km au S de Fribourg. La gare la plus proche est celle de Bulle : on y arrive depuis Lausanne par train et depuis Fribourg par bus. A Bulle, bus direction Jaunpasse-Charmey (se renseigner sur les horaires).

BIBLIOGRAPHIE

Les quelques éléments de bibliographie présentés ici sont autant de pistes pour aborder ou approfondir les questions religieuses.

Généralités :
ALBERGIO (G.), FOUILLOUX (E.) (dir.) *Histoire du Concile Vatican II*, Cerf, 1998.
CLEMENT (O.) *L'Église orthodoxe*, PUF, coll. Que Sais-Je, n° 949, 1998.
FEUILLET (M.) *Vocabulaire du christianisme* PUF, coll. Que Sais-Je, n° 3562, 2000.
LE GOFF (J.), RÉMOND (R.) (dir.) *Histoire de la France religieuse*, Seuil, 1988-92.

Ordres religieux et vie monastique :
BAUD (P.) *La Vie cistercienne hier et aujourd'hui*, Cerf/Zodiaque, 1998.
BAZIN (J.-F.) *L'ABCdaire des Cisterciens et du monde de Cîteaux*, Flammarion-ANCR, 1998.
DAVRIL (A.) (Dom), PALAZZO (E.) *La Vie des moines au temps des grandes abbayes Xe-XIIIe siècles*, Hachette Littérature, 2000.
DUBOIS (J.) *Les Ordres monastiques*, PUF, coll. Que Sais-Je, n° 2241, 1998.
DUCHET-SUCHAUX (G. et M.) *Les Ordres religieux. Guide historique*, Flammarion, 1993.
SERROU (R.), VALS (P.) *Au "désert" de Chartreuse. La vie solitaire des fils de saint Bruno*, Horay, 1996.

Vie des saints :
Dix mille saints. Dictionnaire hagiographique, Brepols, 1991.
SESÉ (B.) *Petite vie de Catherine de Sienne*, Desclée de Brouwer, coll. Petite Vie, 2000. Dans la même collection : *François d'Assise, François de Sales, saint Bernard, saint Paul, Thérèse d'Avila, Thérèse de Lisieux, Thomas d'Aquin, Vincent de Paul* ...

SITES INTERNET

→ www.cef.fr

Site de la conférence des Evêques de France. Informations sur la vie catholique (Jubilé, JMJ, scouts...), diocèses de France, liturgie, et de nombreux liens vers d'autres sites, notamment ceux de monastères et d'abbayes

→ www.abbayes.net

Annuaire des Abbayes

→ www.fondationdesmonasteres.org

Site de la Fondation des Monastères aidant les communautés religieuses en difficulté pour conserver leur patrimoine culturel ou financer leur outil de travail

→ www.aimintl.org

Alliance InterMonastères

→ www.monastic-euro.org

Site de l'Association Monastic, rassemble 227 communautés monastiques et répertorie les produits de leur artisanat

→ www.siloe-librairies.com

Site du réseau des librairies religieuses Siloë

→ www.laprocure.com

Site de la librairie religieuse La Procure

INDEX PAR NOM DE LIEU

Sont répertoriés les cas où les noms de villes ne correspondent pas aux villes des adresses. Le nom de référence est la grande ville la plus proche, soit le nom du monastère, soit un hameau. Cet Index mentionne tous ces lieux.

FRANCE

BELGIQUE

LUXEMBOURG

SUISSE

INDEX PAR NOM DE MONASTERE

En premier lieu se trouve le nom du monastère, puis entre parenthèses sa dénomination, et enfin la ville où il se trouve.

FRANCE

BELGIQUE

Les noms des villes sont en français quand il existe une traduction.

LUXEMBOURG

SUISSE

Donnez-nous votre avis

Par vos remarques et vos suggestions, vous nous aiderez à améliorer ce guide et à le mettre à jour régulièrement

- Les renseignements portés sur ce guide sont-ils exacts ?

- Connaissez-vous d'autres monastères qui accepteraient figurer dans le guide ?

- Vos suggestions pour améliorer ce guide :

- Connaissez-vous les autres Guides Horay ? Lesquels ?

- Connaissez-vous notre site www.horay-editeur.fr ?

- Nom :

- Adresse :

N.B. Nous serions également reconnaissants aux moines et aux moniales de bien vouloir nous faire connaître leurs propres remarques.

Editions Horay
22 bis, passage Dauphine - 75006 Paris
guides@horay-editeur.fr
www.horay-editeur.fr

Guide des
monastères
d'Europe
II
accueil
offices
retraites
artisanat
GUIDES
HORAY

Touristiques, géographiques, historiques, pratiques,
les Guides Horay proposent des idées d'évasion,
une approche originale du voyage,
un tourisme "différent" ou des sujets de société
pour sortir des sentiers battus
et trouver des chemins "pas comme les autres".

Dans la même collection

Guide des Iles des côtes françaises
Guide des Minéraux, Coquillages et Fossiles,
Guide des Petits Trains touristiques en France
Guide de la Révolution française
Guide la France avant la France
Guide des Champs de Bataille en France
Guide des Moulins en France
Guide de Saint-Germain-des-Prés
Guide des Monastères d'Europe
Guide des Pierres mémorables
Guide des Animaux en France
Guide des Forêts de France
Guide des Maisons d'Hommes & Femmes célèbres
Guide des Russes en France
Guide des Ecoles pas comme les autres
(de la maternelle à la terminale)
Guide des Ecoles pas comme les autres
(les formations professionnelles)

Achevé d'imprimer en France
en juillet 2003 par Corlet
N° d'éditeur : 970
N° d'imprimeur : 72064
Dépôt légal 2003